GRAND PRIX STORY 2005

Alonso I. – Der neue König

Heinz Prüller

GRAND PRIX STORY 2005

Alonso I.
Der neue König

NP
BUCHVERLAG

Bibliografische Information Der Deutschen Bibliothek
Die Deutsche Bibliothek verzeichnet diese Publikation in der
Deutschen Nationalbibliografie; detaillierte Daten
sind im Internet über http://dnb.ddb.de abrufbar.

Bildnachweis:
APA-IMAGES / ITAR-TASS: S. 113 (oben links)
ARC Beaumont: U4 (unten rechts), S. 3, S. 38 (2x), S. 39 (unten), S. 73 (unten), S. 75 (4x), S. 78 (oben), S. 79, S. 113 (oben rechts, unten 3x), S. 114 (unten 2x), S. 115 (oben), S. 116, S. 117 (oben), S. 157 (mitte rechts), S. 158 (unten)
Gerhard Gradwohl: S. 157 (Mitte links)
Marcus Kucera: Cover (unten),U4 (oben, Mitte 2x), S. 34 (3x), S. 35 (2x), S. 39 (oben rechts), S. 40 (unten), S. 73 (oben links 2x, unten), S. 74 (unten), S. 80 (oben, unten links)S. 114 (oben), S. 115 (unten), S. 117 (unten 2x), S. 154 (3x), S. 155, S. 156 (2x), S. 157 (oben 2x, unten links), S. 158 (oben), S. 159, S. 160 (2x)
Thomas Melzer: U4 (unten links) S. 36/37 (1x), S. 39 (oben links), S. 40 (oben), S. 74 (oben), S. 76/77, S. 78 (unten), S. 80 (unten rechts, ganz unten), S. 120 (3x), S. 157 (unten rechts),
Automobilia Monaco: S. 153
Photo Press Service: S. 33 (oben, unten links)
Red Bull: S. 118, S. 119
Renault: Cover (oben), S. 33 (unten rechts)

Niederösterreichisches Pressehaus
Druck- und Verlagsgesellschaft mbH
NP BUCHVERLAG
St. Pölten – Salzburg

www.np-buch.at
verlag@np-buch.at

Gestaltung: Valentin Demetz-Wille, verlagsbüro wien
Gesamtherstellung:
Ueberreuter Buchbinderei und Buchproduktion Gesellschaft m. b. H.

ISBN 3-85326-387-9

INHALT

VORWORT VON FERNANDO ALONSO

„Ich komme von einem Land ohne Formel-I-Kultur. Und eigentlich hab ich mich allein nach oben gekämpft, weil ich von niemandem Hilfe hatte – außer natürlich von meinem Vater, dem ich alles verdanke. Aber in die Formel I bin ich durch meine Erfolge in kleineren Rennklassen gekommen, mit Unterstützung meiner Sponsoren.

Dieser Titel ist das Maximum, das ich in meinem Leben erreichen kann – ich hab es geschafft mit der Hilfe von drei, vier Menschen, nicht mehr.

Und jetzt muss ich mir neue Ziele suchen."

(Die ersten Worte von Fernando Alonso als neuer Formel-I-Weltmeister: Sao Paulo-Interlagos, 25. September 2005)

NIKI LAUDA: MEIN ALONSO-GEHEIMNIS

„Seine Leistung in kürzester Zeit hat mich sehr beeindruckt: Gewinnt 2003 seinen ersten Grand Prix, hat 2004 kein konkurrenzfähiges Auto, wird aber heuer mit einer solchen Perfektion Weltmeister, dass man schon sagen muss: Alonso ist einer der Größten! Weil er in kürzester Zeit alles gelernt hat, was er braucht.

Ich kann das beurteilen, weil ich ihn im Winter 2002/03 – damals bei Jaguar – selbst ausprobiert habe. Alonso war damals, nach seinem ersten Jahr bei Minardi, Renault-Testpilot. Also fragte ich Flavio Briatore: ‚Wenn du ihn nicht Rennen fahren lässt – kann dann ich ihn haben? Gib ihn mir für mein Team!‘

So kam es zum Test in Silverstone – unter irrsinnig schwierigen Bedingungen. Halb nass, halb trocken, wechselhafte Verhältnisse. Die Fahrer: Alonso und Pedro de la Rosa, die beiden Spanier. Es war wie Tag und Nacht. Alonso fuhr schon ab der 2. Runde sensationelle Zeiten, binnen kürzester Zeit, immer eine halbe oder ganze Sekunde schneller als de la Rosa. Unglaublich beeindruckend! Dabei hat er das Auto überhaupt nicht gekannt, saß zum ersten Mal im Jaguar. Ich war hingerissen und begeistert, wollte ihn natürlich gleich von der Stelle weg engagieren, aber Flavio bremste sofort: ‚Du kannst Alonso nicht kriegen, wenn ich ihn will‘ – und natürlich hat er ihn behalten.

Wie intelligent der junge Kerl das alles angegangen ist, was er in kürzester Zeit aus seiner Karriere gemacht hat, das hat mir gewaltig imponiert. Schnell Auto fahren können sie alle. Aber in der Lernphase so schnell alles in Griff bekommen, keine Fehler machen, keine Dreher usw. – das ist schon unglaublich.

Außerdem gibt er gute Interviews. Offen, ehrlich, interessant. Da ist nichts falsch. Mit seinen 24 Jahren ist Alonso heute schon einer der Größten, die wir in unserem Sport je hatten "

SO FUHREN SIE 2005

Ferrari V10

1 Michael Schumacher (Deutschland) 2 Rubens Barrichello (Brasilien)

(Freitag-Testpilot: keiner. Reifen: Bridgestone)

BAR-Honda V10

3 Jenson Button (England) 4 Takuma Sato (Japan)
4 Anthony Davidson (England)

(Davidson in Malaysia statt Sato. Freitag-Testpilot: keiner. Reifen: Michelin)

Renault V10

5 Fernando Alonso (Spanien) 6 Giancarlo Fisichella (Italien)

(Freitag-Testpilot: keiner. Reifen: Michelin)

Williams-BMW V10

7 Mark Webber (Australien) 8 Nick Heidfeld (Deutschland)
8 Antonio Pizzonia (Brasilien)

(Pizzonia ab Monza statt Heidfeld. Freitag-Testpilot: keiner. Reifen: Michelin)

McLaren-Mercedes V10

9 Kimi Räikkönen (Finnland) 10 Juan-Pablo Montoya (Kolumbien)
10 Pedro de la Rosa (Spanien)
10 Alex Wurz (Österreich)

(de la Rosa in Bahrain, Wurz in Imola statt Montoya. Freitag-Testpiloten: de la Rosa, Wurz. Reifen: Michelin)

Sauber-Petronas V10

11 Jacques Villeneuve (Kanada) 12 Felipe Massa (Brasilien)

(Freitag-Testpilot: keiner. Reifen: Michelin)

Red Bull Racing-Cosworth V10

14 David Coulthard (Schottland) 15 Christian Klien (Österreich)
15 Vitantonio Liuzzi (Italien)

(Klien in Melbourne, Sepang, Bahrain; Liuzzi in Imola, Barcelona, Monaco, Nürburgring; ab Montreal wieder Klien bis Saisonende. Freitag-Testpiloten: Liuzzi, Klien, Speed. Reifen: Michelin)

Toyota V10

16 Jarno Trulli (Italien) 17 Ralf Schumacher (Deutschland)
17 Ricardo Zonta (Brasilien)

(Freitag-Testpilot: Panis. Zonta Freitag-Testpilot und statt Schumacher im Indianapolis-Qualifying. Reifen: Michelin)

Jordan-Toyota V10

18 Tiago Monteiro (Portugal) 19 Narain Karthikeyan (Indien)

(Freitag-Testpiloten: Doornbos, Kiesa, Yamamoto. Reifen: Bridgestone)

Minardi-Cosworth V10

20 Patrick Friesacher (Österreich) 21 Christijan Albers (Holland)
20 Robert Doornbos (Holland)

(Ab Hockenheim Doornbos statt Friesacher. Freitag-Testpilot: Nissany, Toccacelo. Reifen: Bridgestone)

EVIVA ESPAÑA: DIE ALONSO-STORY

Der wuschelköpfige 19-Jährige, der sich auf dem Flug Singapur-Melbourne schüchtern in seinen Sitz drückte, studierte stundenlang das dicke, komplizierte Regelbuch der FIA, „nur damit ich ja keinen Fehler mach“: Fernando Alonso Diaz, ehrgeizig und zielbewusst, „weil ich in allem, was ich tu, immer der Beste sein will“, im März 2001 auf dem Weg ins große Abenteuer: zu seinem ersten Grand Prix, damals noch für das kleine, unterfinanzierte, aber immer sympathische Underdog-Team Minardi. Budget: ein Zehntel von Ferrari.

„Fernandos Auto wird im letzten Moment fertig. Ganz ehrlich: erst in der Box in Melbourne zusammengeschraubt“, erinnert sich Paul Stoddart, der bodenständige, hemdsärmelige Kämpfertyp von Teamchef. „Aber Fernando kommt damit, *against all odds*, in seinem allerersten Formel-I-Rennen ins Ziel und wird 12. Die Mechaniker haben vor Stolz und Freude geweint ...“

Manchmal auch gejubelt: In seinem fünften Grand Prix 2001 in Barcelona wird Alonso zwar „nur“ 13. – aber erst hinter ihm kommen die beiden damaligen Benetton-Renault-Piloten Fisichella und Button ins Ziel. Das ist schon Donnergrollen vor der Götterdämmerung. „Mein bestes Rennen“, sagt mir Alonso noch lang.

Er lebte damals fast ein Jahr in Faenza, mit den Mechanikern von Minardi, und war der Sonnenschein des Teams. Immer positiv, bei jedem Spaß dabei. Stoddart hatte damals die Minardi-Dreisitzer für Taxifahrten gebaut: Pilot vorn am Steuer, die aufgeregten Passagiere dahinter. Einmal schmuggelt sich Alonso mit neutralem Overall und Helm, also unerkannt auf den Hintersitz und lässt sich von seinem ahnungslosen Teamkollegen Tarso Marques im Renntempo chauffieren. Dem fallen beim Aussteigen fast die Augen aus dem Kopf, als er den blinden Passagier erkennt. Alonso schüttelt sich vor Lachen.

Oder das Privatrennen der Minardi-Dreisitzer in Donington mit abgesprochenem Drehbuch für den Zieleinlauf: Der berühmte Nigel Mansell muss vor Alonso gewinnen. Aber dann fliegt „Magic Mansell“, übereifrig aus der Kurve, steigt auf, klatscht aufs Cockpit des erschrockenen Alonso – und der Chef gewinnt: Paul Stoddart.

Sein Team, das er im Sommer 2005 an Didi Mateschitz verkaufte, heißt heute „Squadra Toro Rosso“: Der rote Bulle auf italienisch. Aber die Romantik ist geblieben.

„Für einen jungen Rennfahrer das beste Team, um anzufangen“, sagt Alonso heute noch dankbar. „Das Beste an Minardi waren immer die Menschen – innerhalb des Teams.“

Aber Niki Lauda fiel bei Alonso schon ganz am Anfang auf: „Dem brauchst nur in die Augen schauen, um zu wissen, was los ist. Der kennt sich aus. Der will Weltmeister werden."

2005 ist er es geworden. Und was für ein World Champion: Gerade erst 24 – der jüngste Weltmeister aller Zeiten. Der erste für Renault. Der erste Spanier. Und der erste mit spanischer Muttersprache seit dem sagenhaften Argentinier Juan Manuel Fangio, fünfmal Weltmeister, zuletzt 1957.

Und was für Kronprinzen, Alonso und Räikkönen, die den Abonnement-Weltmeister Michael Schumacher vom Thron stießen. Keine sorglosen Millionärssöhne, keine verhätschelten Königskinder. Räikkönens Vater, ein Baggerfahrer aus Helsinki, musste vier verschiedene Nebenjobs annehmen, um seinem Buben die Rennfahrerkarriere zu ermöglichen.

Alonsos Vater José-Luis, jetzt pensioniert, arbeitete in einer privaten Sprengstofffabrik in Oviedo (100.000 Einwohner) im Nordwesten von Spanien, in Asturien mit den Regionalfarben blau-gelb – genau wie die Renault-Raketen, die Fernando von Triumph zu Triumph schießt. Mutter Ana Diaz leitete im Kaufhaus „Corte Ingles" die Herren-Konfektionsabteilung und saß auch an der Kassa.

Beide traf ich 2005 auch an den Grand-Prix-Strecken. Der Vater kam regelmäßig bis zum Brasilien-GP, dann nicht mehr – die Mutter nur zu den deutschen Rennen. War aber alles nicht so geplant …

Fernandos um fünf Jahre ältere Schwester Lorena – heute Spitalsärztin in Gijon – bekam zu ihrem achten Geburtstag ein Go-Kart. Nach ersten Versuchen trotzte sie: „Das mag ich nicht." Also bekam ihr kleiner Bruder, noch keine drei Jahre, das Traumspielzeug aller Buben: Fernando, geboren am 29. Juli 1981, als der Formel-I-Zirkus gerade in Hockenheim gastierte: Sieger Nelson Piquet, der perfekt in seinen Brabham passte.

Der kleine Alonso nicht, erinnert sich sein Vater an die ersten Kart-Versuche. „Ich muss beim ersten Mal für Fernando Holzbretter an die Schuhe schnallen – damit er überhaupt die Pedale erreichen kann." Aber „Feri", wie ihn seine Amigos nannten, „weil ich Niño – ‚der Kleine' – nicht leiden kann", fuhr bald allen Größeren um die Ohren.

Vater Alonso: „Nach jedem Rennen marschierte Fernando schnurstracks zur Siegerehrung, weil er immer fest überzeugt war: Er hat gewonnen. Und wenn er keinen Pokal bekam, hat er vor Enttäuschung geweint."

Kann nicht oft passiert sein. Fernandos erste Kart-Anfänge sind 1984, das Jahr, in dem Niki Lauda seinen dritten und letzten WM-Titel gewinnt. Heute, da er unzählige Siege und Pokale gesammelt hat, gibt Fernando zu: „Ich mag jede einzelne Trophy, jede Auszeichnung. Und ich will immer noch viele mehr." Preisverteilungen? Siegerehrungen? Für ihn nie lästige Verpflichtung. „Ich will immer gewinnen. In jedem Sport."

Schon als Kind. 1994, als der große Schumi seinen ersten WM-Titel erobert, gewinnt Alonso die spanische Junior-Klasse im Kart. 1995 nochmals, außerdem holt er Platz 3 bei der Junioren-WM. Seit seinem 12. Geburtstag darf „El Niño", wie die spanischen Sportfans schon ihren Fußball-Liebling Butragueno nannten und heute Torres nennen, international fahren.

Das heißt: Tage- und nächtelange Autofahrten für Vater Alonso und Fernando zu den italienischen Rennstrecken, finanziert von kleinen Sponsoren. „Aus Dankbarkeit lass ich diese Pickerln auch später auf meinen Rennautos drauf." Wenn Papa Alonso keine Zeit hat, kümmert sich Gines Marco, ein Kart-Businessman aus Barcelona, um das Wunderkind.

Und 1996, in Schumis erstem Ferrari-Jahr, wird Supertalent Alonso in Genk (Belgien) sogar Kart-Weltmeister – erst 15-jährig. Darum versteht er heute die große Aufregung um den „jüngsten Formel-I-Weltmeister der Geschichte" nicht ganz: „Ich war in allen Kategorien, in denen ich fuhr, immer der Jüngste ..."

1997 noch spanischer Meister, 1998 Vize-Europameister – und irgendwann kreuzen sich die Spuren von Alonso und Räikkönen, der von 1991-99 Kart fuhr. „Aber Kimi ist zwei Jahre älter als ich. Sicher kannte ich Kimi von dort flüchtig – ich bin aber nicht sicher, ob wir je in der gleichen Klasse gegeneinander gekämpft haben."

1999 – als Hakkinen zum zweiten Mal Weltmeister wird und Schumacher sich in Silverstone ein Bein bricht – gewinnt Alonso, noch keine 18, schon gegen die Großen: In der „Euro Open by Nissan" mit sechs Siegen und neun Polepositions. So ein Siegertyp muss auffallen.

Und so kommt er in die Formel 3000, fightet mit falschem Set-up, gegen arrogante Technikchefs, wird trotzdem 6. in Spielberg, 2. in Budapest und gewinnt – als man endlich auf ihn hört und das Auto nach seinen Wünschen abstimmt – ganz überlegen auf der Herz- und Mutstrecke von Spa, anfangs noch gemanagt vom Ex-F-1-Piloten Adrian Campos, später von Flavio Briatore.

„1999 seh ich auch zum ersten Mal einen Grand Prix mit Schumacher", erinnert sich Alonso. „Aber Prost und Senna habe ich nie persönlich erlebt."

Und dann sitzt er, still und schüchtern, schon im Flugzeug nach Melbourne.

Nach dem Minardi-Jahr holt ihn Briatore als Testpilot zu Renault. Der Schumi-Weltmeistermacher, der seinen Renault-Chefs versprochen hat: „In fünf Jahren sind wir World Champions." Flavio vergattert Alonso mit den beiden Stammpiloten Fisichella und Trulli zum wochenlangen Fitnesstraining in seinem privaten Bungalowhotel „Lion in the Sun" in Kenia, „um die Hackordnung festzustellen", hält den ungeduldigen Fernando aber an der Leine: viele Tage in der Rennfabrik in Enstone, tausende Testkilometer – aber keine Rennen. Als Alonso dann endlich aufs Formel-I-Establishment losgelassen wird, ist er auf Anhieb eine Sensation: Jüngster

Poleposition-Pilot aller Zeiten in Malaysia, jüngster Grand-Prix-Sieger der Geschichte in Budapest – wo er den großen Schumi sogar überrundet.

2003 schon WM-Sechster mit 55 Punkten, 2004 WM-Vierter mit 59, 2005 Weltmeister mit 133 Punkten.

Hätte nicht unbedingt im Rennsport sein müssen. Auch im Tennis, als einer der spanischen „Sandplatzwühler", auch wenn er Rafael Nadal noch nicht kennt. Aber in Imola sieht man Alonso 20 Minuten lang aufschlagen und vollieren.

Auch im Radsport, denn das Alonso-Haus am Stadtrand von Oviedo steht am Fuß einer 20 km langen Steigung – der steilsten der ganzen Vuelta. Genau dort kämpfen und quälen sich jedes Jahr die Radprofis die Bergetappe hinauf. Alonso hat dort früher oft mit großen Augen zugeschaut, aber später selbst auch oft genug trainiert. „Als Autorennfahrer hatte ich nie ein Vorbild, bei den Radprofis schon – Miguel Indurain." Den fünfmaligen Sieger der Tour de France – vor Lance Armstrong.

Genauso viel Talent beweist Alonso, ein großer Fan von Real Madrid, auch im Fußball, wenn er in den Charity-Spielen der Formel-I-Truppe mehr Tore schießt als Schumacher. „Der Ferdinando", hat ihn Schumi anfangs genannt – wie den Stier von der Blumenwiese.

„Fernando ist noch ein halbes Kind, aber schon ein großer Champion", beschreibt ihn mir sein Teamchef, der charismatische Flavio Briatore, am besten – bereits 2003. „Und vor allem: der erste echte Superstar seit Ayrton Senna, den wir in unserem Sport haben. Schumacher ist ein Champion, claro – aber ein wirklicher internationaler Superstar ist für mich erst wieder Fernando Alonso."

Renault-Technikchef Pat Symonds, der schon mit Gerhard Berger und Alex Wurz, vor allem mit Senna, mit Schumacher gearbeitet hat und jetzt Alonso zum WM-Titel führte, nickt dazu: „Alle zehn Jahre kommt ein Supermann! Und in vielen Punkten ist Fernando jetzt schon genauso gut wie Ayrton und Michael."

Er stellt nicht nur die Formel I auf den Kopf, sondern macht ganz Spanien verrückt. Hat die Motorradstars aus den Herzen seiner Landsleute verdrängt, sogar die Erinnerung an den legendären Playboy-Rennfahrer Marquis Alfonso de Portago, der durch die Schlafzimmer der Hollywood-Göttinnen genauso erfolgreich stürmte wie mit seinem Ferrari über die Rennpisten – ehe er bei der Mille Miglia 1957 tödlich verunglückte.

Für den „Latin Lover" war das Leben ein einziges, rauschhaftes Abenteuer. De Portago flog zum Spaß unter Brücken hindurch, war als Trabrennfahrer dreimal französischer Amateur-Champion, sogar Teilnehmer am berühmten „Grand National" in Aintree, lenkte bei der Toni-Sailer-Olympiade 1956 in Cortina den Zweierbob „Spanien I" nach kurzem Training auf Platz 4, nur knapp hinter der Bronzemedaille – da gehörte er schon zum legendären, aber von einer Unglücksserie ausgelöschten jungen Ferrari-Team mit Castellotti, Musso, Collins, Hawthorn, von Trips usw. Keiner hat überlebt.

De Portagos größter Formel-I-Erfolg: Zweiter in Silverstone 1956, zusammen mit Peter Collins. Wagenwechsel war damals gestattet, die Punkte wurden geteilt.

Die deutschsprachige Formel I hatte zu Spanien jahrelang dramatischen Bezug. Jochen Rindt hatte 1969 in Barcelona seinen lebensgefährlichen Lotus-Unfall, weil der Heckflügel weggebrochen war: Zwei Tage Krankenhaus, behandelt vom berühmten Professor Soler-Roig, dessen Sohn Alex sich ein Jahr später als dritter Pilot ins Lotus-Team einkaufte. Nach vielen reichen Privatfahrern kamen später die Profis: Bei Minardi Luis Perez-Sala und Adrian Campos – der sich anfangs um die Alonso-Karriere kümmerte: „Fernando ist ein treuer Charakter. Darum hat er seine Kart-Sponsoren auch in die Formel I mitgenommen."

Spanische Formel-I-Wurzeln überall: Marlene Lauda lebt seit Jahren im sonnigen Barcelona, „weil mir Niki in Salzburg keine Winterreifen gekauft hat." Dort sind auch die Lauda-Buben Mathias und Lukas aufgewachsen. Heinz-Harald Frentzen gilt mütterlicherseits als „halber Spanier", Marc Surer lebt in Alicante – und alle trifft man immer wieder auf Ibiza.

Das deutsche Schicksalsrennen war Barcelona 1975, Montjuich-Park: Rolf Stommelen – mit seinem Hill-Ford sensationell in Führung – brach der Heckflügel. Vier tote Zuschauer, Abbruchsieger Jochen Mass sagte leise: „Ich schäme mich, dass wir überhaupt gestartet sind." 21 Jahre später erzwang Michael Schumacher auf dem „Circuit de Catalunya" eine Gala-Premiere: Sein erster Ferrari-Sieg, noch dazu im strömenden Regen, begründete Schumis legendären Ruf: „Der Mann, der übers Wasser gehen kann und aus Regen Champagner macht."

Aber oft war 's auch fad. „Früher wurde der spanische Grand Prix vor leeren Tribünen gefahren. Kein Fernsehen, keine spanischen Piloten. Jetzt sehen mir jeden Sonntag sieben Millionen Spanier zu", sagt Alonso nicht ohne Stolz. Wenn er gewinnt, signalisiert er mit hochgestreckten Fingern, der wievielte Sieg es ist. Eine Hand reicht längst nicht mehr.

Und jedesmal, zwischen Zielflagge und Siegerehrung, klingelt bei Fernandos Manager José Garcia das Handy. Anrufer: Seine Majestät, König Juan Carlos. „Richten Sie Fernando meine Gratulation aus. Wir hören uns später ..."

Alonsos Handy-Nummer ist top secret. Die haben außer seiner Familie höchstens zwei, drei Menschen. Und sein Privatleben: noch diskreter. Seine erste Freundin, die Jugendliebe, hieß Rebecca, studierte Musik und spielte Cello.

Seine jetzige heißt Carolin und studiert in Barcelona – aber das ist schon fast zuviel verraten. „Schreibt über mich als Pilot, was ihr wollt", sagt Alonso oft zu spanischen Reportern. „Aber mein Privatleben ist tabu." Seine aktuelle Jahresgage auch: etwa zwei Millionen Euro.

Alonsos Popularität sprengt alle Fesseln: „Als ich im Fernsehen sah, wie Live-Kameras vor unserem Haus in Oviedo aufgebaut wurden, bin ich richtig erschro-

ALONSO IN ZAHLEN

Fernando Alonso Diaz
Geboren 29.7.1981
Oviedo (Asturien) Spanien
Vater: Sprengmeister,
Mutter: Kaufhausangestellte
Erstes Go Kart mit 3 Jahren
Formel 3000: 1. Sieg 2000 in Spa
Formel I: 2001 Minardi,
2002 Renault-Testpilot,
ab 2003 Renault
Erste Poleposition: Sepang 2003
Erster Sieg: Budapest 2003
69 Grand-Prix-Starts
8 Siege, 9 Polepositions,
3 schnellste Runden,
total 247 WM-Punkte

Ergebnisse 2005:
3. Melbourne
1. Sepang
1. Bahrain
1. Imola
2. Barcelona
4. Monte Carlo
1. Nürburgring
Unfall Montreal
Nicht gestartet Indianapolis
1. Magny Cours
2. Silverstone
1. Hockenheim
11. Budapest
2. Istanbul
2. Monza
2. Spa
3. Interlagos
3. Suzuka
1. Shanghai

cken." Darum lebt er, wenn er gerade keine Rennen fährt, schon seit Jahren in einem Haus in Oxford, nahe der Renault-Fabrik: „Manchmal strampel ich dorthin mit meinem Rennrad – nur so zum Training."

Und Alonso privat? „Ich leb ganz normal, wie jeder in meinem Alter, betreib viel Sport mit Freunden, wenn sie nicht gerade auf die Uni müssen, und geh gern ins Kino. Und jeden Mittwoch treffen wir uns zum Fußballmatch."

Ein unkomplizerter, sympathischer Weltmeister, vielleicht wirklich der große Champion dieser Epoche. König Fernando I. – im harten Duell mit Kronprinz Kimi Räikkönen? Oder stürmt der 2005 abgelöste Michael Schumacher auf den Thron zurück? Fernando: „Was meinen WM-Titel besonders wertvoll macht: dass ich ihn gegen Schumacher errungen habe – solange er noch fährt."

Jetzt will Alonso „immer und überall weiter gewinnen", kann trotz aller seiner Talente aber auch nicht in die Zukunft schauen. Er ist ein begnadeter Kartenkünstler, kennt alle Zaubertricks, mit denen er uns (siehe Exklusivfoto in der GRAND PRIX STORY) schon oft verblüfft hat. „Hab ich alles von meinem Opa gelernt – und von ein paar älteren Schulfreunden."

Und deine Spezialtricks? „Werde ich nie verraten." Hauptsache, er weiß, wie er Weltmeister wird.

DIE YOUNGSTER-WELTREKORDE

Der jüngste Weltmeister:

1.	Fernando Alonso	2005	Interlagos	Renault	24 Jahre, 1 Monat, 27 Tage
2.	Emerson Fittipaldi	1972	Monza	Lotus	25 Jahre, 8 Monate, 29 Tage
3.	Michael Schumacher	1994	Adelaide	Benetton	25 Jahre, 10 Monate, 10 Tage

Der jüngste Grand-Prix-Sieger:

1.	Fernando Alonso	2003	Budapest	Renault	22 Jahre, 26 Tage
2.	Bruce McLaren	1959	Sebring	Cooper	22 Jahre, 3 Monate, 12 Tage
3.	Kimi Räikkönen	2003	Sepang	McLaren	23 Jahre, 5 Monate, 6 Tage

Der jüngste Poleposition-Fahrer:

1.	Fernando Alonso	2003	Sepang	Renault	21 Jahre, 7 Monate, 24 Tage
2.	Rubens Barrichello	1994	Spa	Jordan	22 Jahre, 3 Monate, 5 Tage
3.	Andrea de Cesaris	1982	Long Beach	Alfa Romeo	22 Jahre, 10 Monate, 4 Tage

Der jüngste Grand-Prix-Fahrer:

1.	Mike Thackwell	1980	Montreal	Tyrrell	19 Jahre, 5 Monate, 29 Tage
2.	Ricardo Rodriguez	1961	Monza	Ferrari	19 Jahre, 6 Monate, 27 Tage
3.	Fernando Alonso	2001	Melbourne	Minardi	19 Jahre, 7 Monate, 3 Tage

Der jüngste Fahrer, der die schnellste Runde im Rennen fuhr:

1.	Fernando Alonso	2003	Montreal	Renault	21 Jahre, 10 Monate, 17 Tage
2.	Bruce McLaren	1959	Aintree	Cooper	21 Jahre, 10 Monate, 18 Tage
3.	Kimi Räikkönen	2002	Melbourne	McLaren	22 Jahre, 4 Monate, 14 Tage

Der jüngste Fahrer auf dem Podest:

1.	Fernando Alonso	2003	Sepang	Renault	21 Jahre, 7 Monate, 25 Tage
2.	Ralf Schumacher	1997	Buenos Aires	Jordan	21 Jahre, 9 Monate, 14 Tage
3.	Elio de Angelis	1980	Interlagos	Lotus	21 Jahre, 10 Monate, 1 Tag

Der jüngste Fahrer, der einen Grand Prix anführte:

1.	Fernando Alonso	2003	Sepang	Renault	21 Jahre, 7 Monate, 25 Tage
2.	Bruce McLaren	1959	Sebring	Cooper	22 Jahre, 3 Monate, 12 Tage
3.	Rubens Barrichello	1994	Estoril	Jordan	22 Jahre, 4 Monate, 1 Tage

Die ungeschminkte Grand-Prix-Jahresbilanz 2005 von Niki Lauda.

Niki, zuerst ziehst du wahrscheinlich dein rotes Kappl vor dem neuen Weltmeister Fernando Alonso?

Lauda: „Wenn du heutzutage einen Formel-I-Champion aus der Eprouvette oder Retorte züchten willst – dann musst du Alonso machen! Schnell, verlässlich, irrer Speed, absolut perfekt, macht keine Fehler, zumindest keine gravierenden, fährt immer am Limit. Aber viel wichtiger: Dass er den Renault an der absoluten Grenze fahren kann, ohne dass er sich dreht."

Und so kam es, dass der Spanier den finnischen „Iceman" geschmolzen hat. Was war wirklich der Unterschied zu Räikkönen?

Lauda: „Kimi hat in einigen Rennen fahrerisch mehr Emotionen gezeigt: In Melbourne den Start verhaut, weil er den Motor abwürgte, am Nürburgring das Harakiri mit dem kaputten Reifen, und noch ein paarmal im Qualifying. Fehler, die sich dann doppelt auswirkten – in einem Ausmaß, das unerträglich ist. Mit den Motorschäden wird 's dann fad. Die privaten Eskapaden sind dagegen wurscht, wenn sie nicht mit Fehlern auf der Rennstrecke zusammenhängen – haben sie auch nicht getan."

Juan-Pablo Montoya kam bei McLaren erst ein bissl später in Schwung?

Lauda: „Man hat immer angenommen, Montoya ist der Schnellste. Wenn er einen guten Tag hat, kann ihn nicht einmal Räikkönen schlagen. Aber wenn er einen schlechten Tag hat, macht er Fehler."

Viele sagen, McLaren hätte heuer die Weltmeisterschaft weggeschmissen?

Lauda: „Die hätten wirklich locker Weltmeister werden können. Schuld haben die Fahrer nur teilweise, in einem geringen Ausmaß – schuld dran war in erster Linie die Technik. Zwar hatten sie ab etwa dem ersten Saison-Drittel das schnellste Auto, aber was hilft 's, wenn du es nicht ins Ziel bringst? Weiterentwickeln und verbessern musst du immer, aber im richtigen Maß zwischen Speed und Haltbarkeit – was Renault sehr erfolgreich hinbekommen hat."

Die Herzen der Ferraristi haben 2005 geblutet. Auch deines?

Lauda: „Ferrari war 2005 ein kompletter Ausfall. Gemessen an den so erfolgreichen letzten Jahren davor – eine Nullnummer. Anfangs sicher ausgelöst durch Reifenprobleme, aber dann kamen auch die Autoprobleme zutage. Wobei man eines klar sagen muss: Wenn die Reifen nicht funktionieren, kannst du das Auto nicht entwickeln – also ein ewiger Kreislauf. In dieser Situation musst du besonders drauf achten, was wirklich schuld ist. Und bei Ferrari gab es mehr Schuldzuweisungen, wer zu kritisieren ist – bevor man sich des Problems wirklich angenommen hat."

Für jeden Formel-I-Fan völlig unbegreiflich: Da waren Reifengiganten schon imstande, binnen zwei, drei Wochen einen völlig neuen Reifen zu bauen – und dann schafft es ausgerechnet Bridgestone nicht einmal in einem dreiviertel Jahr, die Probleme in Griff zu kriegen? Wegen des neuen Reifenreglements?

Lauda: „Weil die Reifenbelastung früher nur 80 km war – im Durchschnitt zwei Boxenstopps zum Reifenwechsel in jedem Grand Prix (heute: rund 320 km, inklusive Qualifying). Waren früher die Reifen, weil zu weich, vorzeitig verschlissen, hat der Fahrer halt seinen Boxenstopp vorverlegt und ist fünf Runden früher reingekommen. Also für die Reifentechniker ein ganz anderes Aufgabengebiet, eigentlich einfacher als heute. Jetzt muss alles passen, 320 km lang, weil du ja keine Möglichkeit mehr hast, zu korrigieren."

Kannst du die zwei Probleme auseinander dividieren: a) die Konstruktion der Reifen und b) die Gummimischung?

Lauda: „Die Konstruktion der Seitenwände – je nachdem, wie steif sie sind – beeinflusst die Performance. Aber die Seitenwände haben auch Einfluss auf die Gummimischung. Und wenn du im Eck bist, nicht weißt, in welche Richtung du gehen sollst – dann bist du in einem mörderischen Kreislauf."

Dadurch erschwert, dass Ferrari das einzige Spitzenteam auf Bridgestone war, also die ganze Testarbeit allein schaffen musste – bei der Michelin-Konkurrenz konnten sich sieben Teams die Arbeit aufteilen und dadurch siebenmal soviel Daten herausarbeiten. Die Testkilometer sagen alles: Michelin ca. 30.000, Bridgestone ca.15.000.

Lauda: „Klar, wenn alle Infos nur von einem Auto kommen, ist es schwierig. Und wenn dieses eine Auto nicht richtig geht … Ferrari gab die ganze Schuld am Anfang noch dem alten Vorjahrsauto, aber mit dem neuen (ab Bahrain) wurde es auch nicht besser – so ging eines ins andere."

Schumacher darf man an diesem Schlamassel aber sicher noch die geringste Schuld geben, denn sein Einsatz war, wie immer, total. Beispiel: seine vielen, für ihn ungewöhnlichen Dreher?

Lauda: „Sein Einsatz war da, sein Auto aber unfahrbar. Dann drehst du dich."

Aber dann flackerte hie und da wieder ein Hauch vom Super-Ferrari auf, wie in Imola, wo Schumi 1,5 Sekunden schneller fahren konnte als alle anderen? Oder wie in Budapest mit der Poleposition?

Lauda: „Das waren kleine Reifenfenster. Wenn du da mit deinem Auto drin bist, dann funktioniert 's.

Schumacher ist also für dich immer noch der gleiche?

Lauda: „Er weiß genau, warum er gewinnt, wenn er gewinnt – und warum er heuer nicht gewinnt. Seine Leistung ist immer die gleiche, ob er Erster oder Zehnter wird: weil das Auto nicht geht."

… was aber in Deutschland schon teils böse Kritik auslöste: Schumi macht Ferien in Dubai, statt zu testen. Oder: Schumi nicht mehr erste Liga. Die „Scuderia Ferrari" wird zur „Schneckeria" usw. Wie geht ein Champion damit um?

Lauda: „Damit muss ein Rennfahrer leben können. Aber es hätte auch mich geärgert, wenn 's unter die Gürtellinie geht. Der Michael hat gearbeitet wie ein Viech."

Wird er noch einmal Weltmeister? Oder haben ihn die Kronprinzen schon für alle Zeiten vom Thron gestoßen?

Lauda: „Hängt von Ferrari ab, wie 2006 das Auto geht."

Oder hätte er, nach deiner Meinung, nach dem siebenten WM-Titel zurücktreten sollen?

Lauda: „Nein. Ein Champion hört ja nicht auf, wenn er Weltmeister wird oder nicht – sondern weil es ihm keinen Spaß mehr macht. Aber du kannst genauso Spaß haben, wenn du Zweiter oder Dritter wirst – solang du um den Titel mitkämpfen kannst. Wenn du entthront wirst, ist das nicht so bitter. Du weißt ja als Fahrer um deine Probleme mit Auto und Reifen. Wenn andere bessere Voraussetzungen haben, kannst du ja nicht gewinnen. Mir selber war 1985 bei McLaren schon bei Halbzeit klar, dass ich meinen Titel nicht verteidigen kann, also was soll 's?"

Wer ist dir 2005 positiv aufgefallen?

Lauda: „Toyota anfangs, aber dann sind die Japaner stehengeblieben. Und dass Ralf Schumacher von Jarno Trulli anfangs niedergemacht wird, hat mich auch überrascht. Aber wir arbeiten dran, sagte Ralf – und recht hat er gehabt ..."

Welches Team hat dich am meisten enttäuscht?

Lauda: „Williams, auch Mark Webber – dagegen hat mich Heidfeld kurz überrascht. Negativ aber BAR-Honda wegen dem Benzinskandal, der in Imola aufflog. Und dazu die dumme Vertragssituation von Jenson Button, der immer einen Vertrag mit ausgerechnet dem Team hat, für das er gar nicht fahren will. Und der immer dafür zahlt, damit er dort nicht fahren muss. Der muss einen guten Manager haben ... Dass Barrichello von Ferrari zu BAR wechselt, ist gut für ihn. Jetzt kann er einmal zeigen, was er kann. Bei Jordan seh ich keine Verbesserung. Die Formel I hat nicht das Olympische Prinzip vom Dabeisein ..."

Und die „Formel Austria", das österreichische Red-Bull-Team?

Lauda: „Hat mich auch überrascht, aber mehr am Saisonanfang: mehr WM-Punkte denn je, aber jetzt muss für 2006 hart gearbeitet werden. Christian Klien hatte seine Ups and Downs, sich aber gut durchs Jahr geschlagen. Patrick Friesacher hatte leider nur ein kurzes Gastspiel. Minardi vegetierte immer knapp am Konkurs, auch unter Paul Stoddart – dem konnte gar nichts Besseres passieren, als dass Didi Mateschitz sein Team für 35 Millionen Dollar kaufte. Didi hatte mehr junge Fahrer als Cockpits, brauchte also ein Team als eigene Fahrschule – jetzt gehören ihm zwei Teams. Das hat 's noch nie gegeben."

Melbourne:
DIE BULLEN-PREMIERE

Die Show kann losgehen! Ein neues Reglement, erstmals seit 1977 (Walter Wolf) mit einem Austria-Team, erstmals seit 1995 (Berger-Wendlinger) mit zwei Österreich-Piloten. Und „König Schumi VII." beginnt in Melbourne seinen Angriff auf den achten WM-Titel – mit dem modifizierten Vorjahrs-Ferrari: „Damit kann ich zwar noch nicht gewinnen – aber du musst ja nicht schon im ersten von 19 Rennen Weltmeister werden."

Die neue Formel I für 2005:
QUALIFYING: Samstagnachmittag und Sonntagvormittag – die Rundenzeiten werden wie bei zwei Slalomdurchgängen addiert (ab dem Nürburgring wieder Rückkehr zum alten Einzelzeitfahr-System).
REIFEN: Sind härter geworden, weil sie jetzt pro GP etwa 350 km halten müssen (früher: rund 80 km). Jeder Fahrer hat drei Sätze zur Auswahl – beide Qualifyings müssen aber mit den gleichen Reifen bestritten werden.
BOXENSTOPP: Nur noch zum Nachtanken. Reifenwechsel während des Rennens verboten, auch der Wechsel von rechts und links, Reifendruck korrigieren aber erlaubt.
MOTOREN: Müssen jetzt zwei Rennen (inklusive Qualifying) halten und werden zwischendurch von der FIA versiegelt. Laufleistung: 1500-1600 km. Motorwechsel heißt: im nächsten GP strafweise um 10 Startplätze zurückversetzt.

Doch die Konkurrenz leckt Blut, zwingt Ferrari, schon viel früher als programmiert die neue „rote Göttin" einzusetzen – in Bahrain. Alarm wegen der Supertestzeiten von Renault und den Silberpfeilen? Zumal Jenson Button (BAR) trompetet: „Schumi ist nicht mehr unfehlbar – das hab ich gegen Saisonende 2004 gesehen. Und wenn er einen Fehler macht, passiert ihm gleich darauf ein zweiter!"

Darauf lauern alle, besonders der erstaunlich schlank gewordene Montoya, der anfangs Winter noch nicht in den McLaren gepasst hat: Sechs Kilo Übergewicht! „Aber ich bin jetzt 3 kg leichter", dementiert Montoya, den Barrichello immer „El Gordo" nennt – den Dicken. Und der „Herald Sun" hat prompt 30 von Montoyas heiß geliebten „Bic Mac" fotografiert: „Die hat Juan für mehr Speed geopfert …"

Nach der Kalorien- platzt eine andere McLaren-Bombe – mit Verspätung: „Ron Dennis wollte mich schon 2000 von Ferrari weglocken!" verrät Schumacher plötzlich in Melbourne. „Und er hat 's seither immer wieder versucht!"

Hochspannung jetzt in den Boxen, weil noch keiner weiß, wie sich das neue Reglement tatsächlich auswirkt. David Coulthard, einer der „drei Musketiere" von Didi Mateschitz, fragt mich: Wie hat Walter Wolf gleich sein erstes Rennen gewonnen? Vom 11. Startplatz. David, der jetzt mit 5-Tage-Bart und meist wie Kliens großer Bruder auftritt: „Wird schwierig sein. Aber eine neue Formel bringt oft Überraschungen – und wir sind standfest."

Die „Bullen" haben im Test viermal 1.500 km, also viele Renndistanzen, abgespult. Sogar mit dem Rennrad rasen Klien, Coulthard, Liuzzi viermal um den 5,4-km-Kurs. „Flott auf Zeit – und wir kommen nebeneinander ins Ziel." Echte Teamplayer halt – aber auch nötig bei der geplanten, aber immer wieder korrigierten Rotation ums zweite Cockpit.

„Zum ersten Mal", staunt Dr. Helmut Marko, „seh ich bei einer Formel-I-Party mehr Girls als Männer ..." Mitreißende Red-Bull-Fete am Hafenkai, mit Feuerwerk, Pop-Lady Pink und 2000 (!) geladenen Gästen. Während die ganze Dynamik der „Bullen" auch Klien mitreißt, wartet Friesacher im Crown-Hotel die halbe Nacht aufs endgültige Okay: Minardi am Start in Melbourne! Patrick: „Ich hab mir gleich gedacht: Die üblichen Machtspiele in der Formel I. Aber ich war mir immer sicher, es klappt noch!"

Die letzten Stunden sind dramatisch. Sechs Teamchefs hatten zugestimmt, dass Paul Stoddart seine Autos mit der (schnelleren) 2004-er-Aerodynamik ins Rennen schicken darf – die anderen Herren zieren und sträuben sich. Flavio Briatore lässt sich mühsam überreden, dann auch Peter Sauber. Fehlt nur die Unterschrift von Ferrari, früher jahrelang immer der „große Bruder" von Minardi, aber neuerdings nicht mehr im Gleichschritt. Schumi spürt kein Mitleid mit dem Team, das nur ein Zehntel (!) des Ferrari-Budgets hat: „Eine schwache Fußballelf kann auch nicht bitten: Lasst uns mit zwölf Mann spielen ..."

Um 21 Uhr klettert Ferrari-Chef Jean Todt in Melbourne aus dem Flieger und fährt sofort ins Crown-Hotel – wo Stoddart bereits sehnsüchtig auf ihn wartet. Die technische Abnahme (16 Uhr) ist längst vorbei, aber ein Extra-Check unmittelbar vor Trainingsbeginn absolut möglich – und damit Friesachers GP-Debüt gerettet.

Worum geht 's? „Der vier Jahre alte Minardi ist 4-5 Sekunden langsamer als der Ferrari. Die reduzierte Aerodynamik (25 Prozent weniger Anpressdruck) kostet nochmals soviel. 9 Sekunden pro Runde hinter den Schnellsten – keine Reklame für die Formel I", weiß Stoddart. „Aber Windkanaltests kosten 9000 Dollar pro Stunde – für uns ein Vermögen!"

Minardis letzte Rettung: Notfalls hatte man noch die für 2005 vorgeschriebenen Schnauzen und Flügel im Gepäck. Friesacher: „Ich hab trotzdem gut geschlafen."

Dein Teamkollege, dein größter Feind! Weil er derjenige ist, an dem du gemessen wirst. „Den du also unbedingt besiegen musst", wissen Klien und Friesacher. Die

Stallrivalen – ein eigenes Kapitel: Jochen Rindt fuhr in seinen Teams gegen fünf (!) Weltmeister, Niki Lauda gegen zwei, Gerhard Berger gegen einen, aber den Größten – Ayrton Senna.

Die wichtigsten Teamkollegen der Formel-I-Österreicher:

JOCHEN RINDT: Bruce McLaren, Richie Ginther, John Surtees, Pedro Rodriguez, Jack Brabham, Graham Hill, Mario Andretti, John Miles, Emerson Fittipaldi
HELMUT MARKO: Jo Siffert, Peter Gethin, Jean-Pierre Beltoise
NIKI LAUDA: Ronnie Peterson, Clay Regazzoni, Jean-Pierre Beltoise, Carlos Reutemann, John Watson, Nelson Piquet, Alain Prost
GERHARD BERGER: Joachim Winkelhock, Thierry Boutsen, Teo Fabi, Michele Alboreto, Ayrton Senna, Jean Alesi
JO GARTNER: Pier-Carlo Ghinzani
KARL WENDLINGER: J. J. Lehto, Paul Belmondo, Heinz-Harald Frentzen
ALEX WURZ: Jean Alesi, Giancarlo Fisichella
CHRISTIAN KLIEN: Mark Webber, David Coulthard
PATRICK FRIESACHER: Christijan Albers

Also analysieren Klien und Friesacher ihre Stallrivalen, die sie ab Melbourne bekämpfen müssen.

DAVID COULTHARD (33)

Mit dem Schotten ist Klien schon 2004 zusammengetroffen – als ihm Coulthard in Spa ins Heck knallte. Jetzt sind sie Teamkollegen: „Ein netter Kerl, kameradschaftlich, guter Teamplayer – ein cooler Typ, der gut zu uns passt, Probleme erkennt, uns auch technisch weiterbringt." Bei den letzten Spanien-Tests war Klien über eine Runde um 0,2 schneller, „aber in den Longruns, also über eine Renndistanz, ist David unheimlich stark." Coulthard, Gewinner von 13 GPs, fährt mit Nr. 14, Klien mit 15.

CHRISTIJAN ALBERS (25)

Wieder eine austro-holländische Partnerschaft – 34 Jahre nach dem Le-Mans-Triumph von Dr. Helmut Marko und Gijs van Lennep. Friesacher und Albers fuhren schon einmal fürs gleiche Team, aber nicht gleichzeitig: „Als ich als Formel-III-Pilot ins Team von Bertram Schäfer kam, war Albers dort schon weg – Richtung Formel 3000." Der „fliegende Holländer", früher Junioren-Fußballer bei Eindhoven, war deutscher Formel-III-Meister, DTM-Vizechampion. Friesacher: „Schnell und kampfstark – und im Privatauto ein absolut Verrückter, wie ich seit Zolder weiß. Da hab ich alle meine Sünden abgebüßt." Friesacher fährt mit Nr. 20, „weil Albers unbedingt die 21 will."

„Am meisten überrascht mich der Speed von Red Bull und Sauber!" Ein Kompliment von Michael Schumacher schon am ersten Tag. Freitag ist der große McLaren-Auftritt mit Bestzeit für Pedro de la Rosa, aber auch das Austria-Team von Red Bull bekommt viel Applaus.

Erst zweimal hat ein neues Formel-I-Team gleich seinen ersten Grand Prix gewonnen: Mercedes 1954 in Reims mit Fangio und Kling – am gleichen Tag, als Deutschland durchs historische 3:2 von Bern Fußballweltmeister wurde. Und der Austro-Kanadier Walter Wolf 1977 in Buenos Aires. Und dann spült die Regenlotterie beide Bullen-Autos weit nach vorne – gemeinsam in die dritte Startreihe.

Vorne zum ersten Mal in der modernen Grand-Prix-Geschichte zwei italienische Piloten: Fisichella (Renault) und Trulli (Toyota).

Bei den Buchmachern ist Giancarlo als 35:1-Außenseiter gesetzt. Worauf „Fisicos" Manager Zanarini einem Freund rät: „Setz unbedingt ein paar Euro auf Giancarlo." Drei Tage später kommt ein SMS: „Danke für deinen Tipp – ich hab mir vom Wettgewinn den teuersten Armani-Anzug gekauft."

„Fisi ist überhaupt der Geheimtipp für den WM-Titel", weil sogar Michelin-Rennchef Pierre Dupasquier prophezeit: „Der Fahrstil der Piloten wird heuer wichtiger denn je sein – das haben wir schon vor 20 Jahren bei Alain Prost gesehen. Wer reifenschonend fährt, gewinnt, die anderen müssen noch lernen. Alonso z. B. macht die Hinterreifen eher kaputt als Fisichella."

Auch ein Reifen-Guru, sehen wir 2005, kann manchmal irren. Aber der Franzose erinnert sich: „Als wir 2004 zum ersten Grand Prix nach Melbourne kamen, war Ferrari so überlegen, dass ich zu meinen Ingenieuren sagte: ‚Ihr könnt alle einpacken und heimfliegen, die Saison ist gelaufen, die WM fertig – wir haben keine Chance.' Und so ist es auch gekommen." 2005 kippt die Formel I erneut – aber in die anderen Richtung.

Für Schumacher beginnt die neue Formel I mit einem totalen Fehlstart. In der Regenhölle des ersten Qualifyings ans Ende des Feldes gespült, 24 Sekunden Rückstand, heimlicher Motorwechsel über Nacht – und dann nach mühsamer Aufholjagd Kollision mit dem Williams-BMW von Nick Heidfeld. 42. Runde, und beide Deutschen out.

„Typischer Rennunfall", urteilen die Sportkommissäre, „keiner hat Schuld". Michael ist genug bestraft. Er versucht zuerst wie 2003 am Nürburgring die Streckenposten zum Anschieben zu bewegen, dann rollt er mit dem beschädigten Ferrari an die Box und gibt auf.

Ein mieser Saisonauftakt. Michael verteidigt sich: „Ich hab Nick klargemacht: ich verteidige meine Position, als ich aus der Box kam. Dann sah ich ihn im Rückspiegel plötzlich nicht mehr – und wurde angerempelt." Dagegen Heidfeld: „Michael ließ mir absolut keinen Platz und drängte mich aufs Gras – wo man natürlich nicht bremsen kann." Neutrales Urteil von Niki Lauda: „Beide waren gleich teppert." Christian Danner sieht bei Schumis Aktion „einen Rückfall in alte Gewohnheiten", und Hans-Joachim Stuck kritisiert: „Schumi war um zwei Wagenbreiten zu weit rechts."

So endet die Aufholjagd von Schumacher. Dafür schaffen es zwei andere: Barrichello stößt vom 11. auf den 2. Platz vor, Alonso vom 13. auf den 3. Rang. Die Sensation aber ist die „Formel Austria". Als der erste „Bulle" (Coulthard) verblüffend auf Platz 2 vorstößt, schickt Team-Besitzer Didi Mateschitz, daheim vorm Fernseher, ein SMS in die Red-Bull-Box: „Unglaublich!" Später gratuliert er Dr. Helmut Marko und Christian Horner zur Sensationspremiere am Telefon.

Coulthard 4., nur um 10 Sekunden am Podest vorbei, und Klien starker 7. Obwohl beim zweiten Boxenstopp durch einen Jordan gebremst, trotz nervöser Hinterachse, aber clever ferngelenkt aus der Box: „Als die Funkmeldung kommt: Achtung, Räikkönen ist hinter dir, fahre ich einfach eine halbe Sekunde schneller!"

Und Coulthards süße Rache: deutlich vor beiden Silberpfeilen im Ziel! Bei McLaren 2004 das ganze Jahr kein einziges Mal am Stockerl – und jetzt als „Bulle" fast unter den ersten Drei. „Ich muss mich bei Mr. Mateschitz bedanken, dass er mir diese Chance gegeben und meine Karriere gerettet hat, ohne ihn hätte ich heuer kein Auto mehr bekommen. Red Bull hat mir totales Vertrauen geschenkt – und ich ihnen meinen totalen Einsatz!"

So total, dass Coulthard, natürlich unabsichtlich, einmal Patrick Friesacher anrempelt: „Sorry, Patrick." Der Kärntner macht eineinhalb Stunden lang keinen Fehler. „Aber das Auto ist wahnsinnig schwierig zu fahren, und die letzten Runden hab ich Nackenschmerzen."

Für Fisichella ist das Rennen „wirklich einfach". Briatore hat ihm befohlen: „Du musst 15 Sekunden Vorsprung herausfahren – aber dann nachlassen." Die Überrundung von Villeneuve kostet ihn 5 Sekunden, wofür sich Jacques entschuldigt. Drei Runden vor Schluss findet es Fisichella „höchste Zeit, meinem Team zu beweisen, was ich alles kann. Da knalle ich meine schnellste Runde auf den Asphalt." Und Alonso freut sich über seinen mit stürmischen Attacken herausgefahrenen dritten Platz: „Diese 6 WM-Punkte werden für mich heuer noch sehr wichtig sein."

Aber die wahre Sensation: Neueinsteiger Red Bull liegt – noch für viele Wochen – in der Konstrukteur-WM vor dem Superteam Ferrari.

Niki Lauda applaudiert der „Formel Austria": „Eine bessere Premiere gibt es nicht!" Sogar Flavio Briatore kommt gratulieren – etwas heiser. „Bravo, Fisi, fantastico!" Briatores Brunftschrei – am Boxenfunk für seinen Sieger – geht um die Welt. Fisichella und Alonso umarmen einander: Auftrag ausgeführt. Renault hat Siege befohlen: „Wir bleiben in der Formel I nur, wenn wir gewinnen." Und Briatore hat dem obersten Boss versprochen: „Meine Männer machen das schon!"

Vom WM-Geheimtipp zum echten Challenger? „Fisichella/Alonso sind für mich der heißeste Tipp für die WM der Konstrukteure", hat mir Gerhard Berger prophezeit. „Stürzen die Blau-Gelben mit ihren Superstarts und der perfekten Elektronik wirklich den Seriensieger Ferrari vom Thron?", überlegen wir bereits alle.

„Ein Traum-Wochenende für mich!", strahlt Giancarlo, den Tränen nahe: „Mein zweiter Sieg nach Malaysia 2003 – nach Abbruch und Diskussionen."

Nur: warum „Fisico" in panischer Eile so rasch wie möglich nach dem Rennen weg ist, behält er für sich: Sein kleiner Sohn Christopher (2) liegt mit einer beunruhigenden Magen-Darm-Infektion im Krankenhaus. „Hat mich fürchterlich belastet. Ich im Renneinsatz, der Bub 20.000 Kilometer entfernt in Italien. Zum Glück konnte ich am Start völlig abschalten und mich konzentrieren", verrät mir der Sieger, der zum ersten Mal in seiner Karriere WM-Führender ist – und als erster Italiener seit Michele Alboreto 1985. „Nur jetzt muss ich so schnell wie möglich nach Hause."

Aber in Rom angekommen, spürt Fisichella einen weiteren Albtraum: Der italienische Geheimagent Nicola Calipari, tragischer Held eines Geiseldramas im Irak, wo er eine Journalistin befreit hat, wird von amerikanischen Soldaten an einem Checkpoint irrtümlich erschossen.

Aber die neue Formel I lebt: Die Autos sind unglaublich standfest geworden: 17 im Ziel, außer der Kollision Schumacher-Heidfeld nur ein einziger Ausfall wegen Defekts (Albers – Getriebe). Alle Motoren, alle Reifen haben gehalten.

Frage an Willi Rampf, den Technik-Direktor von Sauber: „Wenn du die neue Formel-I-Mode analysierst ..."

„ ... dann fällt generell auf, dass sich die Autos nicht so grundlegend geändert haben wie vermutet. Jeder hat Probleme mit dem angehobenen Frontflügel – um genug Abtrieb zu bekommen. Schwund: 25-30%. Das heißt, wir verlieren bei 300 km/h zwischen 400 und 500 Kilo Bodendruck."

Um den verlorenen Abtrieb zurückzugewinnen, gibt es viele Konzepte. „Ferrari mit dem Vorflügel vorm Frontflügel, zum Beispiel. BAR hatte viele Lösungen, die wieder verschwunden sind. Jetzt haben sie einen Löffel in der Mitte. McLaren und Renault fanden schöne Lösungen – das schaut auch recht effizient aus."

Wo immer der Grand-Prix-Zirkus vorm Malaysia-Grand-Prix seine Zelte aufgeschlagen hat – überall rauchen die „Superhirne", laufen die heißen Diskussionen übers neue Reglement – und wie man es austricksen kann. „Melbourne", das wissen alle, „war erst der Anfang!"

MOTORTRICK: In Australien beendeten die BAR-Piloten Button (11.) und Sato (14.) das Rennen in der Box. Wie vorher vom neuen Teamchef, Richards-Nachfolger Nick Fry, beschlossen: „Wenn ihr nicht in den Punkterängen (1-8) seid, fahrt ja nicht durchs Ziel, sondern an die Box – dann sind wir zwar mit einer Runde weniger immer noch im Klassement, haben das Rennen aber nicht beendet – und dürfen damit mit einem neuen Motor ins nächste Rennen." Wie jeder, der nicht durch 's Ziel fährt, egal ob wegen Motorschaden, irgendeinem Defekt oder Kollision wie Schumacher – ohne dass er 10 Startplätze rückversetzt wird Aber dann gilt wieder die Motorregel für zwei Rennen. Die FIA: „Wir wollten keine Grauzone bei Motorschäden – wer ausfällt, ist sowieso genug bestraft." Aber: In Malaysia könnte das Beispiel BAR sicher Schule machen. Christian Klien: „Das werden wir 2005 noch öfter sehen. In Melbourne hatten sich das einige andere Teams überlegt – wir auch!"

Aber die FIA entschließt sich rasch zu einer „Aktion scharf" – die erste Korrektur des neuen Reglements: faule Tricks, das Rennen nicht auf der Ziellinie, sondern in den Boxen zu beenden, werden ab sofort bestraft. „Wer nicht ganz klar einen Defekt nachweisen kann, muss vor die Sportkommissäre!" Und dann droht Strafe.

Entweder Geld oder empfindliche Zeit-Addition – beides tut weh. „Aber jetzt unterscheiden wir ganz deutlich zwischen nicht ins Ziel kommen können – und nicht ins Ziel kommen wollen."

REIFENTRICK: Da kann man nicht wirklich „trickseln" – weil man für Reifenprobleme irgendwie immer bestraft wird. Beispiel: „Brake spots", ein böser Bremsplatten z. B. links vorn, so starke Vibrationen, dass der Fahrer an die Box muss. Dann darf er aber nur den einen, nicht alle vier Reifen, gegen einen gebrauchten Pneu auswechseln. Gleichzeitig tanken darf er auch nicht – und ein solcher Boxenstopp kostet, mit An- und Abfahren, gut 25 Sekunden. Und wenn ein Reifenschaden vorgetäuscht wird? Wenn ein Fahrer (wie 2004 nach Ralf Schumachers bösem Indy-Crash) fürchtet, die scharfen Karbonfiber-Teile hätten seine Reifen aufgeschlitzt – der Schaden aber nicht bewiesen werden kann? „Dann wird nach dem Rennen eine Strafminute dazuaddiert!" drohte FIA-Sicherheitschef Charlie Whiting in der Fahrerbesprechung. Die Piloten protestierten stürmisch: „30 Sekunden sind genug!" Vieles muss klargestellt werden: zum Beispiel, dass man den Reifendruck in den Boxen korrigieren darf – ohne Strafe, wie FIA-Chefkommissar Paul Gutjahr aufklärt.

STARTTRICKS: Weil Überholen 2005 nicht leichter geworden ist, werden viele Rennen schon am Start entschieden – nicht nur von den Startraketen Renaults. Diverse Schumacher- und Montoya-Aktionen haben schon öfter Unruhe ins Feld

gebracht. Darum die Selbsthilfe der Piloten innerhalb der Rennfahrergewerkschaft GPDA (Jahresbeitrag: je 1000 Euro, egal von Schumacher bis Friesacher). Worauf sie sich schon Mitte 2004 in einer GPDA-Sitzung geeinigt hatten: „Wer einmal die Spur wechselt, muss dort bleiben!" – das steht jetzt offiziell im FIA-Reglement – für alle Klassen, bis runter zu den jungen Wilden. Ex-BMW-Formel-Junior Klien: „Aber wie das dort funktionieren soll – mir ein Rätsel …"
Aber das ist erst der Anfang.

Sein Vater ist zur Känguruh-Safari in Australien geblieben – am Strand von Lankawi trainiert Christian Klien, wie viele Formel-I-Piloten, für den GP von Malaysia. Was traut er sich nach dem Melbourne-Sensationsdebüt von Red Bull in Melbourne zu? „Wir möchten wieder beide in die Punkte fahren!" Ich besuche Klien auf seiner Ferieninsel.

Wie trainierst du?

Klien: „Von 11 bis 13 Uhr, also während der größten Mittagshitze, Ausdauer – Mountainbiking, Tennis oder Strandläufe mit Puls 165 – also 15 mehr als im Rennen. Nachmittags Kajakfahren. Und gegen Abend noch Krafttraining für Nacken, Oberkörper, Schulter mit unserem neuen Fitnesstrainer James."

Die Malaysia-Werbung heißt: „Der coolste, aber heißeste Grand Prix des Jahres". Du hast ihn 2004 gut durchgestanden?

Klien: „Stimmt, ohne Probleme. Aber ich hab wieder die Trinkflasche im Cockpit, über Nacht eingefroren – nach einer halben Stunde im Rennen kannst dann anfangen, zu trinken."

Deine Stimmung nach dem Superdebüt in Melbourne?

Klien: „Eine Sorge weniger. Ein Riesenerfolg gleich im ersten Rennen, gar nicht erhofft und erwartet – das gibt Selbstvertrauen, macht noch mehr Spaß, weil man weiß: Mehr ist möglich! Nämlich jedes Rennen in die Punkte zu fahren."

Du wirkst seit Saisonbeginn 2004 viel reifer, nicht nur um ein Jahr, sondern um drei?

Klien: „Glaub ich auch. In der Formel I wirst du dreimal so schnell erwachsen. Und ich fahr heuer härter, aggressiver, brutaler, weil ich mich auch in dieser Formel gut eingelebt hab."

Was sagt das Team?

Klien: „Herr Mateschitz hat aus Amerika angerufen, Coulthard und mir gratuliert – seine Stimme hat sich fast überschlagen vor Freude. Aber wo wir wirklich stehen? Das sehen wir erst in Malaysia. In Melbourne hatten wir auch ein bissl Glück. In Malaysia müssen wir wieder das Qualifying gut umsetzen. Relativ schwierig, aber nicht unmöglich."

Hast du analysiert, wo du in Melbourne den Kontakt zu Coulthard verloren hast? Was willst, was kannst du noch besser machen?

Klien: „Es sind nur kleine Details, aus denen sich das ganze Puzzle zusammensetzt. Das macht halt den guten Rennfahrer aus. Ich muss jede Runde optimal fahren, je nach Verhalten der Reifen. Die In-Runden zum Boxenstopp sind kein Problem, die Out-Runden nach dem Tankstopp schwierig. 80 kg mehr, das spürst du."

Worauf bist du stolz?

Klien: „Meine schnellste Rennrunde war schneller als die von Coulthard. Und David gilt für alle als solider, schneller und starker Racer."

Coulthard (34) ist älter als sein Sportdirektor Christian Horner und unverheiratet. „Zuerst hab ich mich auf meine Motorsportkarriere konzentriert und nicht die richtige Partnerin gefunden" – aber vielleicht war 's auch umgekehrt.

Red Bull – das schönste Jahr deiner Rennfahrerkarriere?

„Ja, gleich nach meinem Abenteuer mit den argentinischen Zwillingsschwestern …"

Bei Red Bull ist Coulthard wie neugeboren. Bei McLaren war er neun Jahre lang im Schatten zweier Finnen, Hakkinen und Räikkönen – die Ron Dennis immer wie seine Söhne behandelte. David allenfalls wie seinen Neffen oder Cousin?

Der größte Unterschied zu früher? „dass ich mir meinen finnischen Wodka jetzt selber kaufen muss …"

Dafür schenkt er in seinem fabelhaften Monte-Carlo-Hotel seinen Gästen ein. „Die hatten beim Grand Prix schon früher gebucht, Red Bull nicht." Rabatt für sein Ex-Team McLaren? „Gibt 's keinen … aber es sind sehr gute Gäste." An der Hotelbar, vor allem.

Coulthard hat simple Lebensweisheiten: „Die meisten wissen gar nicht, wie wichtig schönes Wetter für die Psyche ist – darum liebe ich Monte Carlo." Und, als Rennfahrer: „Wenn du dich in deinem Team wohl fühlst, zuhause und geborgen, kannst du auch schneller fahren."

Um wieviel David?

„In jeder Kurve um ein Zehntel, wenn du volles Vertrauen hast. Und das macht pro Runde eine Sekunde."

Seine einzige Schwäche: manchmal das Qualifying. Das gleicht er oft aus mit sensationellen Raketenstarts – wie in Budapest und Suzuka. Wie „Wundersprinter" Armin Hary früher in den Startschuss hineinfiel, so prescht Coulthard auf die verlöschenden Lichter der Startampel zu – an der Grenze zum Frühstart? „Nein. Eine Kombination von perfekter Technik (Launch Control) und Kopfarbeit. Beim Start passiert viel im Kopf."

Oft staune ich über seinen starken Österreich-Bezug: als Maskottchen für viele.

Als Ski-Superstar Hermann Maier vor zehn Jahren in Flachau sein historisches Weltcupdebüt als Vorläufer gab und der berühmte Alberto Tomba (mit Nummer 1) am Start auf ihn warten musste – da fror auch Coulthard im Publikum. Aber heute weiss er: Ich hab damals eine Sternstunde erlebt.

Im Fußball genauso, bei den Heimspielen der Salzburger Bullen: Coulthard sitzt beim 4:0-Sieg gegen Mattersburg auf der Tribüne und vor allem beim 3:0 gegen Sturm Graz, mit dem die Bullen erstmals an die Tabellenspitze stürmen.

COULTHARD: JETZT DIE BRITISCHE NUMMER 1 – 483 PUNKTE

Fahrer	*Saisonen*	*Punkte*	*Rennen*	*Siege*	*WM-Titel*
David Coulthard	seit 1994	483	177	13	–
Nigel Mansell	1980-95	482	187	31	1
Damon Hill	1992-99	360	115	22	1
Jackie Stewart	1965-73	360	99	27	3
Graham Hill	1958-75	289	176	14	2
Jim Clark	1960-68	274	72	25	2
Stirling Moss	1951-61	186,6	66	16	–
John Surtees	1960-72	180	111	6	1

Sepang:
FAST VERDURSTET!

„Alles ist plötzlich anders als früher: die Winde, die Strömung, die kleinen Inseln. Manche sind verschwunden, manche sehen jetzt ganz anders aus." Die Formel-I-Piloten, wie jedes Jahr vorm Malaysia-GP zum Hitzetraining auf den Pazifikinseln oder asiatischen Stränden, ernst und nachdenklich auf den Spuren des Tsunami – knapp drei Monate danach.

Renault-Technikdirektor Pat Symonds, das Superhirn hinter Fisichellas Melbourne-Siegerauto, lag am Katastrophenstrand in Thailand, als ihm Bernie Ecclestons Renndirektor Herbie Blash – auf einem Hügel platziert – nach Leibeskräften brüllend zurief: „Pat, hol deine Frau und renn so schnell du kannst!" Als Symonds jetzt in Melbourne, von Blash zur Siegerehrung geleitet, mit dem Pokal ganz oben stand, hatte er seine eigenen Gedanken.

Von Ferrari-Chefkonstrukteur Rory Byrne, der in Thailand eine Tauchschule aufmachte, hörte man lange nichts. Ein Sauber-Mechaniker war Minuten vor dem Unglück abgereist, einer zum Glück gerade auf einem Schiff im offenen Meer – und Schumachers zwei Bodyguards sind nie mehr aufgetaucht.

Michaels großzügige Spende für die Flutopfer – 7,5 Millionen Dollar! – ging um die Welt. Andere Charity-Aktionen folgen, z. B. das Fußballmatch der F-1-Piloten fast jeden Mittwoch vor einem Grand Prix. „15 Matches!" rechnet Liuzzi vor, „mehr als je zuvor. Aber immer für einen guten Zweck."

Schumi selbst kickt schon in Malaysia: Mit einer Harley angebraust in Dungun, Sturmspitze bei einem Match zweier Dorfmannschaften, ein Goal aus 20 Meter, ein zweites aufgelegt, 2:1-Sieger, ein paar Autogramme – und weg ist er.

„Mr. Schumacher", berichten malaysische Reporter, „ist eine sehr scheue Person. Wir sehen ihn oft am Abend Rad fahren, aber er spricht nicht und lächelt nie." Wahrscheinlich nicht nur wegen seiner Melbourne-Karambolage mit Heidfeld.

Der Superstar – gejagt von einer wilden, jungen hungrigen Meute? Verschwörung gegen Ferrari? Michael weiß: Viele haben sich über seinen Melbourne-Crash gefreut. „Aber ich kenn auch viele, die sich über meine Siege freuen." Die Kollision mit Heidfeld ist abgehackt, aber nicht ausgeräumt: kein Anruf, keine Entschuldigung. „Wie sind über solche Kindereien hinaus." Aber warum hat der Superstar seine Kollisionen immer mit Williams-Piloten – Hill, Villeneuve, sogar Ralf, Montoya, und jetzt Heidfeld – und immer nur in Rechtskurven? Schumi grinsend, aber knallhart: „Ich kann 's auch nach links."

Als später in der Rennfahrer-Gewerkschaft GPDA die Karambolage diskutiert wird, gibt Michael zu: „Also gut, sag ich halt, es war mein Fehler."

Schumi-Boss und Ferrari-General Jean Todt ist in Malaysia sehr populär – der Verlobte des malaysischen Filmstars Michele Yeoh, weltberühmt geworden als James-Bond-Girl in „Tomorrow never dies." Die beiden, wird geflüstert, wollten im Sommer heiraten, aber wann? „Meine Liebe", sagt mir Todt, „gehört nur mir ganz allein."

Aber die Formel I war noch nie Liebe und Waschtrog. Kaum hat sich Michael von den Kollisions-Kritiken erholt, die nächste Ohrfeige für Ferrari. In Sepang zirkuliert eine Protestnote aller neun Teams gegen Ferrari, weil sich der Schumi-Stall überhaupt nicht um die Testbeschränkung schert, auch die freiwillige Reduktion nicht unterschrieben – und sogar zwischen Melbourne und Sepang in Mugello den neuen Ferrari getestet hat. Unerhört tobt die Neidgenossenschaft, von Ross Brawn nur mit Mühe beruhigt: „Regt euch nicht auf, 2004 waren 48 Testtage erlaubt, und wir haben nur 36 Tage genützt."

Aber manchmal doch Applaus und Umarmungen, als hätte Ferrari doch noch gewonnen. Rubens Barrichello feiert seinen 200. Grand Prix. Mit einer Obsttorte, „weil es für Schokolade viel zu heiß ist", und Komplimenten. „Danke euch allen, was ihr für mich getan habt."

Im benachbarten, eisgekühlten Glaspalast spielt Bernie Ecclestone mit Karl-Heinz Zimmermann hochkonzentriert Backgammon – wie früher mit Jochen Rindt.

Dann schneit Niki Lauda herein und freut sich über die halben Österreicher-Siege – über ihre Teamkollegen: „Gut für Klien, aber er muss ja seinen Platz gegen Liuzzi verteidigen." Denn Red Bull hat ja ursprünglich ein Rotationssystem fürs zweite Cockpit geplant. Und schon lässt Christian Horner ein offizielles Lob los: „Wenn Klien so weiter fährt, gibt es keinen Grund, für Imola die Fahrer zu wechseln ..."

Ganz in Kliens Sinn: „Ich hab alles fürs Team getan. Jetzt muss das Team entscheiden, wie es weitergeht. Aber ich glaub schon, dass ich das ganze Jahr im Auto bleib." Die „Formel Austria" macht Furore. Und falls sie sogar gewinnt?

Als 1977 der fast unbekannte Australier Alan Jones auf Shadow überraschend den Österreich-GP gewann, hatte in Zeltweg niemand die australische Hymne. „Spielts wenigstens was englisches", entschied der Rennleiter – und prompt klang für den Sieger Jones plötzlich aus dem Lautsprecher; „Happy Birthday"

Jetzt, seit unser „zuag'raster" Bulle David Coulthard in Melbourne den ersten Red-Bull-Sieg nur um 16 Sekunden verpasst hat, fragen viele Formel-I-Fans: Was passiert, wenn DC oder, noch sensationeller, Christian Klien den ersten GP fürs Austria-Team (mit Firmensitz England) gewinnt? Welche Hymne wird dann fürs Siegerteam gespielt: „God save the Queen" oder „Land der Berge"?

Didi Mateschitz plädiert für unsere Bundeshymne. „Oder wenigstens die steirische Hymne: Hoch vom Dachstein an ..."

Als Gerhard Berger 1997 in Hockenheim mit Benetton seinen 10. und letzten GP gewann, fuhr er mit Monaco-Lizenz. Gespielt wurde für Berger trotzdem die österreichische Hymne – und fürs Siegerteam Benetton? Bei Gerhards Premierensieg 1986 in Mexiko noch die englische, später, für Briatore/Schumacher, die italienische, und seit 2002 die französische Hymne.

2006 könnte die russische Hymne dazukommen, wenn „Midland F 1", wie Jordan bald umgetauft ist, gewinnt. Mit Austria-Hilfe? Alex Shnaider, der russisch-kanadische Teambesitzer und Stahlmagnat, ist ein langjähriger Freund von Frank Stronach – daraus wird jetzt technisch-kommerzielle Zusammenarbeit.

Sigi Wolf, Magnas Nr. 1, war nicht zufällig bei der Teampräsentation in Moskau – genau wie Ex-Eishockeystar, jetzt Sportminister Fetisow, früher die Nr. 2 in der „Sbornaya".

Die Jordan-Fahrerwahl ist exotisch: Tiago Monteiro – freundlich, sanfte Stimme, immer leicht unrasiert – kriegt am Renntag oft den flackernden Abenteurerblick portugiesischer Eroberer und Seefahrer, auch wenn er selbst nur Scuba-Diver auf den Malediven ist. Und Narain Karthikeyan ist der dritte Inder im Formel-I-Zirkus nach dem Schumi-Guru Baldir Sing (der sich in Istanbul endgültig von der Formel I verabschiedet) und Naf Sidhu, der den Masters-Grand-Prix für Formel-I-Oldies ab 45 aufgebaut hat.

Tiago Monteiro ist der erste Formel-I-Portugiese seit Pedro Lamy. Mit einer atypischen Karriere: „Meine Eltern besitzen ein paar Strandhotels an der Algarve, die ich einmal übernehmen sollte. Darum schickten sie mich auf die Hotelfachschule nach Glian in der Schweiz." Aber ein zufälliger Trip zur Rennstrecke in Südfrankreich änderte alles. „Ein paar schnelle Porsche-Runden, und ich war sofort Feuer und Flamme fürs Autorennfahren. Ich war schon 20 – aber ich wollte plötzlich nichts anderes mehr im Leben."

Die Eltern schluckten, und Tiago kämpfte sich – aus untersten Rennsportkatagorien – bis in die Formel I. „Einen Aberglauben nahm ich mit: Ich gewann mein erstes wichtiges Rennen, nachdem ich am Vorabend ein paar Schluck Wein getrunken hatte. Das hab ich beibehalten. Essen dagegen ist mir nicht so wichtig." Das hilft, wenn man (mit Freundin Laura) in London lebt.

Karthikeyan dagegen hatte schon immer Benzin im Blut: Sein Vater war Rallyefahrer. Heute ist Narain der große indische Hero, an Popularität geschlagen höchstens vom Cricket-Champion, sonst keinem. „Seit ich Grands Prix fahre, sitzen jeden zweiten Sonntag 40–80 Millionen Inder vorm Fernseher!" Darum tut es Narain später leid, dass er in Indianapolis den Sprung aufs Podest haarscharf, um Sekunden, verpasst hat. Ein Inder neben Schumi und Barrichello – unvorstellbar.

„Mein Fehler. Ich hätte nur um Sekunden schneller fahren müssen …"

Der zarte Karthikeyan – mit der Figur eines Ballettänzers – hat 2005 gut begonnen, aber dann wird Monteiro immer schneller, Nahrain pusht zu hart, um dessen Tempo mitzuhalten. Und macht prompt Fehler, erfängt sich aber wieder und ist vor allem im Regen einer der Schnellsten überhaupt. Und einer der Mutigsten: Er sucht in Indien immer die Natur, das große Abenteuer in den Bergen: „Am liebsten in der Nähe der Bengali-Tiger." Was den gläubigen Hindu Karthikeyan beschützt, ist ein Glücksarmband: „Das hat mir einmal ein Priester in einem Hindu-Tempel geschenkt."

Karthikeyan und seine Frau Pawi: Das sind die sanftesten Töne im Lärm der Formel I. Aber manchmal die schärfsten: In der Jordan-Box kocht Indiens Rennfahrerstar mit Eifer und Hingabe gern Curry-Reis: Ohne Rezept, aber immer sensationell.

Die Gluthölle von Malaysia! „Der einzige Grand Prix, bei dem du durch den Overall einen Sonnenbrand kriegst", stöhnt Jenson Button. „Und du kämpfst um Luft." Wie rüsten sich unsere Austria-Piloten? Mit Kühlanzügen wie die GT-WM-Piloten? Einer Kühlmaske wie Villeneuve? Nein – mit Fitness und tiefgeforenen Getränken im Cockpit. „Aber beim ersten Boxenstopp sind sie sowieso schon warme Suppen …"

Zwei Tennisspieler, die in der größten Mittagshitze bei 40 Grad mit den gelben Bällen aufeinander eindreschen – kann schon vorkommen. Aber wenn diese Hobbyspieler statt kurzen Hosen auch noch dicke, feuerfeste Rennoveralls anhaben – zwei total Verrückte?

Nein, nur Grand-Prix-Piloten, die für die Hitzeschlacht von Malaysia trainieren. Wie die Red-Bull-Junioren Christian Klien und Tonio Liuzzi, kommandiert von ihrem englischen Fitnesstrainer James in Lankawi – immer mehr die legendäre „Kyalami Ranch" der Rindt- und Lauda-Ära: Der einzige Ort, an dem Formel-I-Fahrer wieder miteinander reden, essen – und trainieren.

Montoya schleicht kopfschüttelnd am Tennisplatz vorbei, lacht über den Drill bei Red Bull. „Du bist ja schon fit", ruft Klien dem schlanker, 6 kg leichter gewordenen „El Gordo" zu, „wir müssen es noch werden." Vielleicht hat er auch gedacht: Wir lachen dann am Sonntag.

James hetzt Klien & Co sogar ins Boxtraining auf der Terrasse. K. o. darf im Hitzerennen keiner gehen. Der große Schumi radelt irgendwo in der Gegend. Mark Webber, der Thomas Muster in Nouza zum privaten Abendessen getroffen hat, paddelt zur nächstgelegenen Insel. Montoya geht am liebsten segeln – mit seiner ganzen Entourage.

Früh übt sich ... „Ich wusste schon mit drei Jahren, dass ich einmal Weltmeister werden will.“ Fernando stolz mit erstem Kart und erstem Helm. Papa Alonso musste extra Holzbretter an den Schuhsohlen befestigen, damit Fernando überhaupt die Pedale erreicht. 1996 in Genk war er Kart-Weltmeister, 2005 in Interlagos Formel-I-Champion.

Eviva, Espana! Die Formel I ein Meer von blau-gelben Flaggen – nicht nur die Farben von Asturien, sondern zufällig auch von Renault. Kimi Räikkönen war für Alonso ein großer Gegner. Auf der Straße war Renault zumindest im ersten Saisonviertel besser und schneller, in den Boxen (unten) fast immer.

Der jüngste Weltmeister der Formel-I-Geschichte, der erste Spanisch Sprechende seit dem legendären Juan Manuel Fangio, der erste Spanier, der erste für Renault – und der erste für Michelin seit Niki Lauda 1984! Michael Schumacher (unten mit Alonso und Fisichella) ahnte schon bald, wer sein Thronfolger wird.

Fade Formel I? Keine Fans mehr, kein Interesse? Die Siegerehrung von Spa – Räikkönen, Alonso, Button - beweist das Gegenteil. Kimi verzögerte die WM-Entscheidung noch um ein Rennen.

Alonso vor Schumacher: Dieses Bild sahen wir 2005 oft. Am spannendsten war Imola, wo Michael phasenweise 1,5 Sekunden schneller fahren konnte als alle anderen – aber Alonso fuhr nicht nur mit dem Gasfuß, sondern auch mit viel Hirn und oft verblüffender taktischer Reife. Doch Michael scheint zu denken: „Warte nur, 2006 komm ich wieder."

„Wie ein Film, der ein Jahrzehnt später zum zweiten Mal abläuft“: Alonso-Entdecker Flavio Briatore hat schon 1994/95 Schumacher zu zwei WM-Titeln geführt. Oben: Verleihung der begehrten „Bandini-Trophy“ und Magier Fernando, der Zauberer, als Harry Potter der Formel I. Unten: Auch König Juan Carlos ist begeistert: „Ich bin stolz auf dich!“

Unser Formel-I-Quiz: Welcher Helm paßt auf welchen Kopf?
Obere Reihe: Albers, Friesacher, Karthikeyan, Monteiro, Villeneuve, Massa.
Mitte: Alonso, Fisichella, Button, Sato, Ralf Schumacher, Trulli, Klien, Coulthard.
Unten: Heidfeld, Webber, Michael Schumacher, Barrichello, Montoya, Räikkönen.
Übrigens: Die FIA-Choreographie fürs traditionelle Jahrgangsfoto ergibt sich nicht aus den WM-Punkten, sondern aus den Teamfarben.

Und dann seh ich das Symbolbild des aktuellen Formel-I-Drills: Ein Riesenloch am Strand, ausgehoben wie ein Schützengraben, tief und mit den Konturen eines Formel-I-Cockpits. Drin liegt, Beine angewinkelt, Ellbogen hart an der Sandmauer, der Japaner Takuma Sato in der Badehose – und macht Lenkbewegungen für imaginäre Kurven.

Dabei presst ihm jedesmal sein englischer Fitmacher einen schweren Ball gegen die Halsmuskeln, um die enormen Fliehkräfte zu simulieren: Die Formel-I-Version von Edgar Allan Poes „Schlangengrube und Pendel“, im Sand von Malaysia.

Dort überstrahlt Fernando Alonso zum ersten Mal alles – auch die neuerliche Enttäuschung von Schumacher.

„Maximal 4. Platz“, tippt Renault-Feldherr Briatore beim traditionellen Fahrerlager-Toto. Und dem früheren „Piccolo Commendatore“ Niki Lauda vertraut Schumi seine Strategie an, die nicht aufging: „Mit harten Reifen konservativ beginnen und später automatisch nach vorn fahren – wenn alle Konkurrenten ins Reifenschlamassel schlittern.“ Weil die ganze Michelin-Phalanx weiche Pneus gewählt hatte. Aber nur einen Reifen zerreißt es – bei Kimi Räikkönens McLaren.

Und Barrichello steigt wegen kaputter Hinterreifen aus – heraufbeschworen durch ein Gummistück, das sich im Heckflügel verklebt hat. „Die Vibrationen ruinieren die ganze Balance.“ Michael hat am Ende stark abgefahrene Pneus, fast schon wie die verbotenen Slicks, ohne Rillen. Ein FIA-Sportkommissar: „Bei einem Sieg hätten wir ganz genau gecheckt. Aber bei einem 7. Platz ...“ Wobei die zwei Punkte, glaubt Technik-Boss Ross Brawn, am Saisonende noch lebenswichtig sein könnten. So bescheiden ist das Superteam geworden.

„Aber alles auf die Reifen zu schieben, wäre zu einfach“, ringt sich Schumi Erklärungen ab. „Da sind viele Gründe, nie nur ein einziger. Die Formel I ist viel zu komplex. Und wir sind momentan einfach nicht stark genug.“ Bernie Ecclestone: „Ferrari fährt momentan rückwärts. Aber Ferrari bleibt immer Ferrari – die kommen immer wieder nach vorn.“ Schon in Bahrain – mit dem neuen Wunderauto F 2005?

„Nach einem solchen Rennen gibt ’s keine Entschuldigung“, stöhnte Ferrari-General Jean Todt, getröstet von seiner James-Bond-Lady Yeoh. Michael Schumacher flüchtet, so rasch er konnte, aus Malaysia zurück nach Europa: „Am Mittwoch teste ich in Mugello zum ersten Mal unseren neuen Ferrari F 2005. Immer etwas Spezielles. Diesmal ganz besonders.“

Ferrari – die großen Verlierer von Malaysia. „Einen 7. Platz brauchst wirklich nicht viel feiern“, sagte Schumi leise – da wurde Barrichellos 200. GP vorher schon mehr bejubelt. Komisch – diesmal trauten die wenigsten dem Superstar vom 13. Startplatz noch eine Sensation zu.

Klien – nach sensationellem zweitem Qualifying (5.) vom 7. Platz gestartet, fällt zwar bis zur ersten Kurve zurück, weil er die falsche Motoreinstellung (1 statt 3) hat, leistet sich aber später den Luxus, Barrichello niederzukämpfen. „Einen Ferrari überholen, das war cool." Christian lernt an jedem Formel-I-Tag dazu. Diesmal waren die Out-Runden (nach dem Boxenstopp) schon perfekter. „Hätte ich meinen zweiten Boxenstopp nur um eine Runde verzögern können – ich hätte auch Schumacher geschlagen. Aber so war Schumi, als er aus der Box kam, schon vor mir."

Am Ende ein furioser Dreiersprint Schumacher–Klien–Räikkönen um Rang 7, den Schumi gewinnt. Klien: „Ich hätte nur noch ein, zwei Runden gebraucht ..." 6. in Spa, 7. in Melbourne, 8. in Sepang: „Ein sensationelles Rennen, vielleicht mein bisher bestes. Ich bin richtig happy." Sportdirektor Horner: „Wenn Klien so weiterfährt, bleibt er das ganze Jahr im Auto. Aber wer in Imola fährt, Klien oder Liuzzi, sag ich in Bahrain."

Pech des Tages: Patrick Friesacher. An Albers vorbei, an den Jordans vorbei – und dann auf dem Öl der BAR-Honda (zwei Motorschäden) ausgerutscht. Schock des Tages: Räikkönens zerfetzter Hinterreifen. Missverständnis des Tages: Kollision Fisichella-Webber. Augenzeuge Lauda: „Schuld von Fisico". Die Sportkommissäre sehen es genauso – der Melbourne-Held kommt mit einer Ermahnung davon.

Und Alonso zeigt der Konkurrenz zum ersten Mal 2005: hier kommt der Weltmeister.

„Bravo, Fernando! Du bist der Beste, du bist die Nummer 1!" Flavio Briatores Stimme überschlägt sich fast am Boxenfunk, als sein „Wunderkind" Alonso bei 40 Grad Gluthitze triumphierend über die Ziellinie rast. Was jedoch keiner weiß: Der Held der Hitzeschlacht von Malaysia ist dem Kollaps nahe, halb verdurstet, dehydriert: „Mein Trinksystem war kaputt – ich hatte das ganze Rennen nichts zu trinken! Du peitscht dich weiter, weil du musst – aber auf der Ziellinie war ich völlig fertig."

Die spanische Siegerhymne schafft Alonso mit Mühe stehend, die Marseillaise für Renault fast nur noch sitzend. Auch Toyota-Sensationspilot Jarno Trulli (Zweiter) ist total groggy.

Bernie Ecclestone analysiert: „Renault super, Toyota hat drei Jahre auf diesen Tag gewartet – aber am meisten freut mich euer Austria-Team. Eine sehr sympathische Truppe. Großartig, was Red Bull leistet." David Coulthard Sechster, Christian Klien Achter – zwei Rennen, zweimal beide Piloten in den WM-Punkten! „Sensationell für ein neues Team", applaudiert auch Lauda. „In der Marken-WM schon mehr Punkte als Jaguar im ganzen Jahr – und jetzt sogar vor Ferrari!"

Toyota – Trulli, Tränen und Triumphe. Jarno erkämpft in der Hitzeschlacht von Malaysia den ersten Podestplatz für den japanischen Giganten im 53. Grand Prix. Toyota-Rennchef Tsutomu Tomita: „Das war erst der Anfang!“ Aber warum weint Jarno Trulli, der immer lustige Italiener mit der originellen Frisurmode, vor den TV-Kameras und blickte bei der Siegerehrung, Pokal in den Händen, starr zum Himmel?

Jarno beweint den Tod seines besten Freundes: „Stefano Bandini, ein Rettungsflieger, war bei einem Brand in Italien im Einsatz, landete mit seiner Canadair im Wasser und hatte dann beim Start unglaubliches Pech – er prallte gegen eine Stromleitung. Das beim Qualifying zu hören, war ein Schock für mich. Darum widmete ich meinen 2. Startplatz genau wie den 2. Platz im Rennen meinem Freund Stefano.“

Schon 2004 hatte Trulli einen Podestplatz seinem schwer erkrankten Renningenieur gewidmet – aber dem Techniker geht es inzwischen schon viel besser. Und bei Toyota wurde in Malaysia gefeiert. Sogar Bernie Ecclestone, der schon Ende 2001 zur Präsentation des neuen Teams extra nach Köln angeflogen war, kam gratulieren: „Ihr habt vier Jahre lang unerhört hart auf euer Ziel hingearbeitet, jetzt habt ihr es geschafft. Ich freu mich für euch!“

Das Team mit dem größten Budget (400 Millionen Dollar), das wie Ferrari und Renault vom Chassis bis Motor und Getriebe das ganze Auto selbst macht. Der erste GP-Sieg steht kurz bevor – aber wer holt ihn?

„Wir haben auf alle Reglement-Änderungen super reagiert, beide anstrengenden Rennen mit beiden Fahrern beendet – wir wachsen mit der Herausforderung“, schwört Tomita. Aber wer holt den ersten Toyota-Sieg im großen japanischen Duell mit der anderen Supermacht Honda – die aber heuer noch keinen WM-Punkt geholt hat? Dagegen Toyota-Rennchef Tomita: „Wir haben unter härtesten Bedingungen zweimal zwei Qualifyings, zweimal zwei volle Renndistanzen ohne Defekt geschafft. Wir sind gerüstet!“

Aber wer holt den heiß ersehnten ersten Toyota-Sieg? Jarno Trulli, der seinem jahrelangen Fluch („superschnell über eine Runde, fällt aber in der zweiten Rennhälfte regelmäßig zurück“) in Malaysia mit seinem ersten Triumph seit Monte Carlo 2004 (mit Renault) endgültig davongefahren ist? Oder der mit einem 5-Jahresvertrag, drei Jahre plus Option auf zwei weitere Jahre geholte Ralf Schumacher, bislang deutlich unter seinem Wert geschlagen? Lockerer Sitzgurt in Melbourne, daher Extra-Boxenstopp. Und in Malaysia? „Ein bissl zu zaghaft überholt“, glaubt Niki Lauda, „darum hat er sich den Frontflügel beschädigt.“

„Von allen drei Piloten auf dem Siegerpodest war Nick Heidfeld mit Abstand der fitteste!“ gratulierte auch Niki Lauda dem neuen Williams-BMW-Piloten zum überraschenden dritten Platz in Malaysia – Nicks erster Podestplatz seit Rang 3 für Sauber 2001 in Brasilien.

Dein stolzestes Ergebnis, Nick?

Heidfeld: „Stolz ist ein schwieriger Begriff. Aber ganz sicher eines meiner besten Rennen überhaupt – vor allem mein aufregendstes, weil ich mich vom 10. Platz nach vorn kämpfen musste. Der Start war gut, ich bin gleich an den beiden Red Bulls vorbei, dann hinter Räikkönen festgesteckt. Aber bei den Überholmanövern rund um mich hab ich Übersicht behalten. Beim Duell von Webber mit Ralf hab ich mich rausgehalten, dann von der Kollision Fisichella–Webber profitiert."

Aber das war nicht das Einzige, was half?

Heidfeld: „Ich wäre gut genug gewesen, auch so an Fisichella vorbeizukommen. Das Rennen hat riesig viel Spaß gemacht, und auch das Team ist super mit mir zufrieden."

Keine Probleme, keine Defekte?

Heidfeld: „Die Telemetrie ist ausgefallen und wie meist bei Hitzerennen war auch meine Trinkflasche defekt – ich hab ab der 4. Runde nichts mehr trinken können."

Und dieses Schicksal verbindet ihn mit dem Sieger Alonso. Benzin-Blutsbrüder im Geiste.

Und David Coulthard ist ab Malaysia der britische Fahrer, der die meisten WM-Punkte von allen herausgefahren hat – mehr Zähler als die Weltmeister aus England und Schottland. Als ich ihm seinen persönlichen Erfolg vorrechne, ist er stolz: „Als ich in die Formel I kam, war mein Ziel: halb so erfolgreich sein wie Jim Clark und Jackie Stewart." Genau dort ist er jetzt schon angelangt. Bis Saisonende kommt Coulthard noch auf 499 Punkte. Die 500er-Grenze wird er wohl 2006 überschreiten.

Toyota ist die „UNO der Formel I", mit Headquarters in Tokio, Köln und den USA – manche sagen auch: „The Mexican Army". Die Teammitglieder kommen aus 32 (!) Nationen, darunter die ganze Catering-Truppe aus Österreich – schließlich war der Salzburger Roland Ratzenberger der erste Nicht-Europäer, den Toyota als Werkfahrer verpflichtet hatte. Gustav Brunner ist seit vier Jahren Chefdesigner, der bullige Mike Gascoyne, genannt „der Rottweiler", technischer Direktor. Der Motorchef Luca Marmorini kam von Ferrari. „Und typisch für unser Team ist Marie-Louise: halb Japanerin, halb Deutsche", lächelt John Howett – ein Engländer.

Toyota ist auf dem Weltmarkt die Nummer 2 hinter General Motors: 7 Millionen verkaufte Autos 2004. Und der Corolla hat mit 30 Millionen verkauften Autos seit 1966 den VW-Käfer und Golf als Weltbestseller abgelöst. Die Zielrichtung ist klar.

„Der einzige Grund, warum wir in der Formel I sind: um zu gewinnen!" Und der 5-Jahres-Plan zum WM-Titel könnte aufgehen. „Alle glauben, wir sind das reichste Team der Formel I. Stimmt nicht: Ferrari, McLaren-Honda, Williams-

BMW geben mehr Geld aus als wir. Sagen wir: Toyota ist in der gleichen Liga mit den Topteams."

Toyota ist mit Motorsport groß geworden. Der Durchbruch: Ove Anderssons Triumph bei der East African Safari Rallye. Der bescheidene Superstar, ein Bauernsohn aus Schweden, war einmal samt Siegerauto bei mir im TV-Studio – und er sitzt heute noch in der Formel-I-Box, freut sich über Rennerfolge in den USA; bei den Indy-Cars, in der IRL, in der Formel III in Europa. Letztes Jahr produzierte (und verkaufte) Toyota sieben Millionen Autos: Platz 2, weltweit, hinter General Motors, weit vorm japanischen Rivalen Honda. „Aber die haben eine andere Kultur und Philosophie als wir."

Niemand kann sich in die Mentalität der Japaner hinein denken – ein alter Spruch in der Formel I. Und auch Toyota hat seine Rituale: Teamchef Tamita hatte zu Saisonbeginn geschworen: „Nach unserem ersten Podestplatz schneide ich meinen Schnurrbart ab!" Unerwartet rasch befreite ihn Jarno Trulli schon in Malaysia von seiner Zierde – in Bahrain erschien Tamita-San bereits glatt rasiert. „Und seither hab ich immer eine Badehose in meinem Reisegepäck. Nach unserem ersten Sieg – egal wo – spring ich ins Wasser!" Wie die Honda-Mugen-Ingenieure nach Olivier Panis Sensationssieg in Monaco 1996 – aber Honda ist ja eine andere Philosophie.

Früher hat seine originelle Zopf-Frisur die Fans bewegt, jetzt seine aggressive Aufwärm-Gymnastik. Eigentlich ein Supersportler. Trulli rannte schon den New York Marathon, startet oft bei Charity-Läufen und ist stolz drauf, „dass ich als Fackelläufer das Olympische Feuer durch meine Heimatstadt Pescara tragen darf – leider nur 200 Meter lang …"

Offenbar die Natur des Toyota: schwankende Leistungen im Rennen. Dadurch staut sich hinter dem Super-Qualifyer Trulli oft eine bunte Autoschlange, aus der keiner überholen kann: der berühmte „Trulli-Train", heißt es dann, was Jarno ärgert: „Alle, die meinen Trulli-Zug kritisieren, sollen lieber meine Rundenzeiten mit denen meines Teamkollegen vergleichen."

Das Qualifying-Duell 2005 endet 16:3 für Trulli …

Ralfs Leitspruch? „Cash ist fesch und ich nehme jede Währung der Welt." Die 14 Millionen Dollar für den Vertrag mit Toyota hat Willi Weber ausgehandelt. Außerdem hat er sich bemüht, Ralf und Cora – im Gegensatz zum häuslichen Doppel Michael und Corinna – zum Glamour-Paar des Formel-I-Zirkus aufgebaut.

Bahrain:
DIE GÖTTIN FLOPPT

Vor dem dritten WM-Lauf, dem Wüsten-Grand-Prix von Bahrain, passiert Juan-Pablo Montoya ein mysteriöser Unfall. McLaren braucht einen neuen Piloten. Zum Glück hat man genug Auswahl.

Pedro de la Rosa ist ein netter, gescheiter Kerl, der sich die Fantasie eines Kindes bewahrt hat. Zum Beispiel, wenn er das McLaren-Team mit Fabelwesen aus der Tierwelt vergleicht. Ich muss herzlich drüber lachen: „Montoya ist ein Löwe, der dich immer und überall anfällt. Räikkönen eine Giftschlange: Beobachtet lang und schnappt dann zu. Wurz eine Giraffe. Ron Dennis ein Elefant – aber mit sehr, sehr gutem Gedächtnis."

Und du, Pedro? „Ich bin so flink wie ein deutscher Schäferhund ..."

Nicht nur beim Testen oder als Freitagfahrer, sondern auch als Montoya-Ersatz für Bahrain. Das heißt: endlich eine Chance für Alex Wurz als Freitags-Pilot.

„Und warum hat man das nicht schon gleich früher gemacht?" wundert sich Niki Lauda über die Panikaktion der Silberpfeile – Wurz in die Fabrik nach Woking geholt. Plötzliche Aktion „Cockpit anpassen, Sitzprobe." Dazu Alex: „Hoffentlich geht sich das bis Bahrain noch aus" – wo er als Ersatzpilot Gewehr bei Fuß steht. Aber noch hofft McLaren-Mercedes auf Montoya.

FERRARI: DIE PREMIERENRENNEN IMMER GEWONNEN

Seit 1999 hat Ferrari (fünfmal Michael Schumacher, einmal Eddie Irvine) jedes seiner Premierenrennen mit einem neuen Modell gewonnen.

Jahr	*Ferrari-Modell*	*Rennstrecke*	*Platzierungen*
1999	F-399	Melbourne (1. Lauf)	1. Irvine, 2. Frentzen, 3. Ralf Schumacher
2000	F-1-2000	Melbourne (1. Lauf)	1. M. Schumacher, 2. Barrichello, 3. R. Schumacher
2001	F 2001	Melbourne (1. Lauf)	1. M. Schumacher, 2. Coulthard, 3. Barrichello
2002	F 2002	Melbourne (1. Lauf)	1. M. Schumacher, 2. Montoya, 3. Räikkönen
2003	F 2003 GA	Barcelona (5. Lauf)	1. M. Schumacher, 2. Alonso, 3. Barrichello
2004	F 2004	Melbourne (1.Lauf)	1. M. Schumacher, 2. Barrichello, 3. Alonso

Dazu Niki Lauda, dem Willi Dungl nach Rippenbruch, Skidaumen, Handgelenksbruch usw. etliche Formel-I-Starts gerettet hatte: „Natürlich wird das Team alles tun, um Montoya fitzukriegen. Wenn nicht – dann wäre für mich logisch, dass Pedro de la Rosa fährt. In Melbourne und Malaysia am Freitag immer sehr schnell und kennt im Gegensatz zu Wurz das Auto.“ Aber wenn Alex in seinem Vertrag die Klausel „Reservefahrer“ hat und der Spanier nicht? „Dann müsste rechtlich eigentlich Wurz fahren“

Aber: Wurz kennt weder den MP 4/20 noch den Wüstenkurs von Bahrain. „Kein Problem“, beruhigt Alex, „das war immer eine meiner Stärken: Mich sehr schnell auf eine neue, fremde Strecke einschießen.“ Von der Ersatzbank direkt ins Match, vom Reservefahrer zum großen Helden – davon träumen alle dritten oder vierten Piloten der Formel I. Wurz selber ist 1997 bei Benetton dreimal für Gerhard Berger eingesprungen – und fuhr in Silverstone sogar aufs Stockerl.

Mika Hakkinen musste sich einmal wegen Blinddarmoperation vom Dänen Magnussen vertreten lassen, nach Schumachers Beinbruch 1999 holte Ferrari den Finnen Mika Salo als Ersatz – und der schenkte in Hockenheim Eddie Irvine den Sieg. Genützt hat 's für die WM nichts. Bei Williams blieben Pizzonia und Gene, Ersatzfahrer für Ralf Schumacher, eher farblos. Und das unglaublichste Schicksal: Nach der Katastrophenserie 1982 bei Ferrari (Villeneuve, Pironi) wurde Patrick Tambay als Ersatz geholt und gewann sensationell in Hockenheim: Tränen unterm Lorbeerkranz.

Was ist dagegen schon, wenn Montoya auf einen Tennisball steigt …

Dichtung und Wahrheit in der Formel I. Oder: Weh dem, der lügt. McLaren, Mercedes, Montoya – oder alle zusammen? Angeblich war Juan-Pablos mysteriöses „Tennisunglück“, wie von den Silberpfeilen verbreitet, gar kein Tennisunfall – sondern ein böser Sturz mit seiner Moto-Cross-Maschine in der Nähe von Madrid.

Spanische Reporter kamen dem als erste auf die Spur – und jetzt ist vor allem in Deutschland die Hölle los. Haben die Silberpfeile die ganze Welt angeschwindelt?

Ein Formel-I-Pilot, grinsend: „Der Fitnessguru, der angebliche Tennispartner, kann ja gar nicht Tennis spielen …“

Zwei Formel-I-Piloten sagten mir: „Wir wissen doch alle: Montoya kriegt jedes Jahr im März eine neue Moto-Cross-Maschine – und die hat er natürlich gleich ausprobiert.“

Fragen wir Pedro de la Rosa: „Ich hab mit Montoya telefoniert. Er sagt definitiv, es war ein Tennisunfall.“ Aber Pedro muss natürlich die McLaren-Linie verteidigen. Und die Silberpfeile drohen bereits mit Anwälten, falls sich jemand erfrecht, von einem Motorradcrash zu reden.

Warum das ganze Theater? Es geht, wie immer in solchen Fällen, um viel Geld.

Hat sich Montoya beim Fitnesstraining verletzt, zahlt die Versicherung Arztkosten, Verdienstausfall usw. – bei einem Motorsport-Freizeitunfall aber nichts.

Schon Michele Alboreto, Gerhard Bergers Ferrari-Teamkollege, war einmal offiziell auf einer Seife im Badezimmer ausgerutscht. In Wirklichkeit: vom Motorrad gestürzt.

Wer jetzt wirklich profitieren könnte, ist Alex Wurz – falls Montoya doch für Imola ausfällt. „Unsere Regelung: Nr. 2 de la Rosa, Nr. 3 Wurz gilt nur für Bahrain!", hat sich McLaren schon festgelegt. Alex: „Man wünscht keinem anderen Rennfahrer eine Verletzung, nur damit man selber zum Zug kommt – aber wenn 's so sein soll ..."

Die Bestzeit von Alex Wurz am Freitag – ein Formel-I-Märchen aus 1001 Nacht? Als wäre er vom Grand-Prix-Zirkus nie weggewesen: Nach rund 100.000 anonymen McLaren-Testkilometern (dreimal um den Erdball!) seit 2000 endlich wieder voll in Action, aber auf einer fremden Strecke und erstmals in einem neuen, unbequemen MP 4/20, fliegt Alex allen davon: nur eine halbe Sekunde überm Schumacher-Poleposition-Rekord, 1,3 Sekunden schneller als der WM-Leader Fernando Alonso! „Ich bin so unheimlich geil aufs Rennfahren – und es hat mir soviel Spaß gemacht ..."

Leider nur Freitag, danach muss Wurz wieder aus der Box zuschauen. Nicht anders geplant. Aber die McLaren-Bosse sind höchst zufrieden: „Saubere Arbeit Alex, verdammt guten Job gemacht!" Was auch immer sein Auftrag war – Wurz hat ihn erfüllt: Die richtigen Reifen (Entscheidung bis 8 Uhr früh) aussortieren, Longruns und kurze Sprints, um Rückschlüsse fürs Qualifying zu ermöglichen, Abstimmungsprobleme und vor allem die richtige Bremsbalance zu finden. Natürlich ist die schnellste Runde auch immer eine Frage des Sprits. Renault z. B. hatte ausgerechnet: 10 kg mehr oder weniger Sprit in den Tanks machen in Bahrain vier Zehntelsekunden pro Runde, bei Red Bull nur drei Zehntel – weil man dort offenbar weniger Sprit braucht. Und bei McLaren sind alle Technik-Daten sowieso Staatsgeheimnis.

Der richtige Hammer kommt aber dann erst im zweiten Training: Wurz schnellster McLaren-Pilot, 20 saubere Runden, in allen drei Sektoren überlegene Bestzeit! De la Rosa verblasst als Dritter. Ein Last-Minute-Tausch de la Rosa gegen Wurz wäre theoretisch möglich, ist aber nicht erwünscht. Wie es so schön heißt: Der Mohr hat seine Schuldigkeit getan ...

Christian Klien ist zunächst 13., schneller als Coulthard, und Patrick Friesacher mit der alten Minardi-Schnauze von 2002 immerhin 21. – alle drei Österreicher haben ihre Stallduelle gewonnen! Und Michael Schumachers neuer Ferrari? Noch Brems- und Abstimmungsprobleme, Barrichello sogar arbeitslos in der Box –

Getriebeschaden! „Wir müssen reparieren, weil wir kein Ersatzgetriebe mithaben!" Oder nur für Schumi reserviert …

Ole, Fernando – Alonso ist der neue Wüstenkönig! Bei 42 Grad Gluthitze rast der Renault-Superstar zur Halbzeit-Poleposition in Bahrain – auch Favorit für den dritten WM-Lauf. „Warum soll ich nicht wieder gewinnen?" Aber aufpassen auf Schumi – Dritter mit dem neuen Ferrari. Und bravo Christian Klien: Attackiert vom 8. Platz weg – mit einem Techno-Trick!

„Weil Freitag unsere Bremsen bei 600-700 Grad blockierten, haben wir über Nacht die Bremsen gewechselt: von Brembo zu Carbon Industries. Unter 600 Grad beißen sie nicht, über 700 wird das Pedal lang und länger – jetzt passt alles!" Keine Verbremser, keine Flat-spots, eine saubere, fehlerlose Runde – und Kliens Qualifying-Stallduell mit Coulthard steht bereits 4:1! Jetzt müssen für Christian zum viertenmal WM-Punkte drin sein – bei seinem letzten GP für längere Zeit!

Patrick Friesacher kämpft gegen seine Verkühlung, den Uralt-Minardi und die Mörderhitze: Das heißeste Formel-I-Rennen aller Zeiten – und wieder drohen Sandstürme.

Als Sturmwind fegt Renault durch die Wüste: 1000 U/min mehr erlaubt – und wieder katapultiert sich Alonso nach vorn. Michael Schumacher bringt Ferraris neue Göttin F 2005 auf Platz 3, während für Barrichello das kaputte Getriebe mühsam geflickt wurde – erst am Abend kommt ein Flieger aus Italien mit den neuen Ersatzteilen.

Aber Ferrari hat noch größere Sorgen: Beunruhigt über die Meldungen aus dem Vatikan, telefoniert Jean Todt 30 Minuten lang mit Fiat-Chef Montezemolo – unter welchen Umständen man eventuell die Ferraris aus dem Rennen ziehen würde. Jarno Trulli (Zweiter) nimmt als Erster seine Sponsoren vom Helm und klebt darauf die Initialen des Papstes.

Sonntag fragen wir uns alle: Haben wir schon den Weltmeister gesehen? Der spanische „Magier" Fernando Alonso, Hobby-Zauberer und aktueller Superstar, triumphiert auch im Wüsten-Grand-Prix von Bahrain – der total 100. Grand-Prix-Sieg von Renault! Dafür eine peinliche Pleite von Ferrari: Michael Schumacher erstmals seit 58 Rennen (Hockenheim 2001) wegen Defekts out. Und Christian Klien (7. Startplatz) im Pech – er fährt keinen einzigen Meter!

Alonso also vor Trulli und Räikkönen. Und eine stille, würdige Siegerehrung. „Wir bleiben ruhig, spritzen nicht mit dem Rosenwasser", hatten sich alle beteiligten Teams geeinigt. Ferrari startet, tief betroffen vom Ableben des Papstes, mit schwarzen Wagenschnauzen, Trulli bekreuzigt sich nach seinem tollen 2. Platz. Und die RAI sagt die TV-Übertragung von der Weltpremiere des neuen Ferrari F 2005 kurzfristig ab.

DIE GOLDENE SCHUMI-SERIE – 58 RENNEN OHNE DEFEKT

2001:
1. Budapest
1. Spa
4. Monza
2. Indianapolis
1. Suzuka

2002:
1. Melbourne
3. Sepang
1. Interlagos
1. Imola
1. Barcelona
1. Spielberg
2. Monte Carlo
1. Montreal
2. Nürburgring
1. Silverstone
1. Magny-Cours
1. Hockenheim
2. Budapest
1. Spa
2. Monza
2. Indianapolis
1. Suzuka

2003:
4. Melbourne
6. Sepang
UNFALL Interlagos
1. Imola
1. Barcelona
1. Spielberg
3. Monte Carlo
1. Montreal
5. Nürburgring
3. Magny-Cours
4. Silverstone
7. Hockenheim
8. Budapest
1. Monza
1. Indianapolis
8. Suzuka

2004:
1. Melbourne
1. Sepang
1. Bahrain
1. Imola
1. Barcelona
KOLLISION mit Montoya in Monte Carlo
1. Nürburgring
1. Montreal
1. Indianapolis
1. Magny-Cours
1. Silverstone
1. Hockenheim
1. Budapest
2. Spa
2. Monza
12. Shanghai
1. Suzuka
7. Interlagos

2005:
KOLLISION mit Heidfeld in Melbourne
7. Sepang

Gesamtbilanz der 58 Rennen zwischen Hockenheim 2001 und Bahrain 2005:

58 Rennen
33 x Sieger
8 x 2. Platz
3 x 3. Platz
3 x 4. Platz
1 x 5. Platz
1 x 6. Platz
3 x 7. Platz
2 x 8. Platz
1 x 12. Platz
Ein Unfall
Zwei Kollisionen (mit Montoya und Heidfeld)

Die Ferrari-Blamage bleibt den Tifosi erspart. Obwohl Renault-Teamchef Briatore und Haug (Mercedes) im Fahrerlager-Toto unmittelbar vorm Start noch auf „Sieger Schumi“ tippten – ein Tag zum Vergessen für Ferrari. Barrichello geht zweimal das Getriebe k. o., Schumacher, anfangs auf Platz 2, die Hydraulik. Ende zweier goldener Serien: Erster Schumi-Defekt seit Hockenheim 2001, 58 Rennen, damals wegen defekter Benzinpumpe. Und: Erstmals hat ein neuer Ferrari seine Premiere nicht gewonnen.

Schumacher bleibt cool: „Wahrscheinlich hab ich durch rumfliegende Teile etwas in die Hydraulik gekriegt. Aber: Positiv, dass ich wieder vorn mithalten konnte.“ Aber nur: wie lang? Wenn man sich Barrichellos total abgefahrene Reifen anschaut …

Ferrari hat, durch die Renault-Offensive gezwungen, die Premiere von Barcelona auf Bahrain vorverlegt – zuviel Risiko? „Nein“, bestreitet Niki Lauda, „das war notwendig. Erfahrung mit einem neuen Auto kannst nur im Rennen sammeln.“ Aber: Jetzt wird ’s immer schwieriger für Ferrari und Schumi – der Druck wächst mit jedem Renault-Sieg.

„Ich hab das beste Auto, kann immer und überall gewinnen und machte keinen einzigen Fehler“, strahlt Alonso, mit 26 Punkten überlegener WM-Leader. Die Heldenverehrung in Spanien wird für ihn schon fast beängstigend. „Ich trau mich zuhause in Oviedo kaum mehr in mein Elternhaus, sondern wohne bei Freunden. Und dann seh ich im Fernsehen live, wie die Fans und die Journalisten unsere Villa belagern. Wenn ich dran denk, was erst beim Grand Prix in Barcelona los sein wird …“ Alonsos Siege (bereits sein dritter) werden immer eindrucksvoller. Wechselt er in zwei, drei Jahren als erster spanischer F-1-Weltmeister zu Ferrari?

Christian Klien teilt Schumis Schicksal: Ein Teufelchen hat sich in die Elektronik geschlichen. War ’s ein Sandkorn aus der Wüste? „Anfangs alles normal“, rekapituliert Christian. „Ich fahr zum Startplatz, stell den Motor ab, warte eine halbe Stunde, um beim 1-Minute-Signal neu zu starten – nix!“ Bis 30 Sekunden vorm Start in die Aufwärmrunde, sagt die Regel, können die Mechaniker am Auto arbeiten – dann schieben sie es in die Box, wo vorm Start die Motoren auf 34 Grad (10 Grad unter Lufttemperatur) gekühlt werden.

Und dort verfolgte Klien den heißesten Grand Prix der Geschichte – mit Herzweh! „Heute wäre ich weit gekommen! Dritter, vierter, fünfter – alles war möglich. Zwei Ausfälle vorne, die anderen am Start hinter mir – und von der Rundenzeit wäre ich mit den Schnellen mitgekommen. Wirklich schade!“

Vor allem, weil ihm ein Top-Ergebnis viel geholfen hätte. Klien schluckt den Ärger runter. „Abhaken, vergessen, keine Energie verschwenden, denk positiv.“ Danach fliegt er auf zwei Tage nach Abu Dhabi, dann folgt England, dann ein Test in Barcelona – wo sich alle Bahrain-Helden treffen, die belohnten und die unbelohnten.

Auch David Coulthard, der Villeneuve von der Piste schubste, sich aber entschuldigte – es ging immerhin um einen WM-Punkt. Mann des Rennens? Sicher Ersatzmann Pedro de la Rosa, der kämpfte und überholte wie Montoya. „Sogar besser", sagen manche. Und vor allem: schnellste Runde im Rennen für den Ersatzmann.

24 Punkte hat noch keiner aufholen können – mit 24 Punkten Rückstand nach drei Rennen ist noch nie jemand Weltmeister geworden! Michael Schumacher – nach seinem schlechtesten Saisonstart in 14 Jahren Formel I, also in einem kritischen Stadium seiner Karriere.

Nach der Pleiten-, Pech- und Pannen-Premiere des neuen Ferrari in Bahrain: der Schumi-Rennstall unter Druck. „Malaysia war für uns schon ein Weckruf", sagte Michael Schumacher „Aber manchmal", philosophiert Technikdirektor Ross Brawn, „tut es auch uns ganz gut, wenn wir einen Tritt in den Hintern kriegen." 2005 wahrscheinlich viel öfter, als ihm lieb ist.

Niki Lauda analysiert für uns die aktuelle Situation von Schumacher und Ferrari:

„Auch wenn darüber jetzt viel diskutiert wird – es war sicher richtig, absolut korrekt, dass Ferrari die Weltpremiere des neuen F 2005 um zwei Rennen auf Bahrain vorverlegt hat. Das Beste, das Ferrari in der gegenwärtigen Situation tun konnte. Und, das Beste daran: Der Ferrari ist schnell! Aber das weiß man ja vorher nie, das kann man nur im Rennen herausfinden. Das einzige Problem, das Ferrari jetzt hat, ist leicht zu beheben: Die Haltbarkeit und Zuverlässigkeit des neuen Autos. Man testet und testet und testet, bis einem alle Teile um die Ohren fliegen – dann weiß man Bescheid. Und dafür hat Ferrari jetzt noch mehr als zwei Wochen Zeit bis Imola. Und noch eines war wichtig beim vorgezogenen Einsatz des F 2005: Schumacher und Barrichello können die Reifen mit dem neuen Auto testen! Würde Bridgestone die neuen Reifen mit dem alten Auto entwickeln, wäre das womöglich eine noch größere Katastrophe. Ich nehme an, dass Schumacher und Barrichello in Bahrain verschiedene Reifen hatten, der Brasilianer eher die weicheren: Das zeigt, dass Bridgestone immer noch Probleme hat.

Aber Ferrari hat natürlich jetzt zwei riesengroße Sorgen. Das erste ist Ferrari selbst. Das zweite, dass mit Renault plötzlich ein Team aufgetaucht ist, das alles gewinnt. Das gibt den Franzosen zusätzlich Auftrieb, Motivation, so weiterzumachen – und sie werden so weitermachen und weitergewinnen, vielleicht auch gleich in Imola.

Das ist eine völlig andere Situation als vor 20, 25 Jahren beim anderen Franzosen-Team, Ligier mit Jacques Laffite und Patrick Depailler – wo sie meist schon Samstag, nach der Poleposition, ihre Siege vom Sonntag feierten – und dann verloren.

Fernando Alonso und Giancarlo Fisichella aber sind nach drei aufeinander folgenden Siegen weiter hoch motiviert und für Ferrari kommt ein weiteres Problem dazu: Dass außer Renault auch noch andere Teams um Podestplätze mitfighten. Toyota ist sehr stark, fast auf einer Stufe mit Renault. Dass die Silberpfeile wieder nach vorn kommen, habe ich angekündigt – und dann kommt schon Williams-BMW. Diese Teams sind ein zusätzlicher Prellbock zwischen Renault und Ferrari, bei einem ohnehin schon riesigen 24-Punkte-Abstand zwischen Alonso (26) und Schumacher (2).

Und dazu kommt das – meiner Meinung nach – blöde Punktesystem 10-8-6 usw., das bedeutet: Selbst wenn Schumacher ab Imola jedes Rennen gewinnen sollte und Alonso jedesmal Zweiter wird, könnte es, beim jetzigen Punktestand noch 12 Rennen dauern, bis Schumacher mit Alonso gleichzieht. Noch 12 Rennen – das wäre der 15. WM-Lauf am 4. September, ausgerechnet der Ferrari-Grand-Prix in Monza!

Dass man mich nicht falsch versteht: Michael wird nicht 12 mal hintereinander gewinnen und Alonso genausowenig 12 mal in Folge Zweiter werden, aber allein dieses Rechenbeispiel zeigt: Wenn Schumacher und Ferrari nicht bald anfangen zu gewinnen, wird es sehr schwer werden, meinen Freund Flavio Briatore überhaupt noch einzuholen.“ Soweit Niki Lauda.

Kaum zurück in Europa, hat der Formel-I-Zirkus seine Zelte schon wieder in Barcelona aufgeschlagen. Ab sofort laufen die großen, wichtigen Tests für Imola, bei den Silberpfeilen sogar mit drei Piloten, Räikkönen, de la Rosa, Wurz – aber noch ohne den verletzten Montoya. Um dessen Fitnesszustand wird im Team ein großes Geheimnis gemacht: niemand redet drüber. Über die Räikkönen-Eskapaden umso mehr.

Aber die Bosse spielen auch die viel publizierten Abenteuer ihres trinkfreudigen finnischen Piloten total herunter. Norbert Haug, der schwergewichtige Mercedes-Sportchef: „Auch ich war in finnischen Zeitungen schon auf der Titelseite.“ Darauf Ron Dennis, sarkastisch: „Wahrscheinlich mit deinen Diät-Rezepten, oder?“

Ansonsten fiebert man bei Mercedes der DTM entgegen, mit dem Comeback-Star Mika Hakkinen, dessen Autobiographie jetzt mit einiger Verspätung auf den Markt kommt – vorläufig nur in finnischer Sprache. Eines der spannendsten Kapitel: Die Stallkollision mit David Coulthard 1999 in Spielberg. „Das darf doch nicht wahr sein!“ brüllte Hakkinen ins Bordmikro, „bei Ferrari würde so etwas nie im Leben passieren!“ Die Box war gleicher Meinung und entschied spontan: „Wir werden Coulthard deswegen rauswerfen.“ Mika, nachdem er sich etwas abgekühlt hatte: „No, no … David soll schon im Team bleiben.“ Der Grund? Als Nachfolger des Schotten hätte Hakkinen den unberechenbaren Eddie Irvine akzeptieren müssen … Der Ire gewann damals auch den Österreich-GP, mit Coulthard (2.) und Hakkinen (3.) neben sich auf dem Podest.

Aber was ist aus dem großen Aufsteigerteam von 2004 geworden?

Heulen und Zähneknirschen beim vorjährigen Team-Vizeweltmeister BAR-Honda: Nach drei Rennen steht das anglo-japanische Team immer noch ohne WM-Punkte da – diese riesige Enttäuschung verlangt einen Aufstockung an der Teamspitze. Gil de Ferran, jahrelang einer der stärksten Indy-500- und Champ-Car-Piloten, bereits auf die andere Seite der Leitplanken gewechselt, wird auf Honda-Befehl dem jetzigen Teamchef Nick Fry zur Seite gestellt. Fry war früher im Schatten des höchst erfolgreichen David Richards gestanden und nach dessen Ausscheiden auf die Nr.-1-Position nachgerückt.

Im Formel-I-Zirkus nennt man Nick Fry „the hairdresser", weil er immer aussieht wie frisch vom Friseur. Bei der Europa-Saisonpremiere im Ferrari-Autodrom von Imola stehen ihm bald alle Haare zu Berge.

Normal hätte Williams in Imola einen stolzen Rekord zu feiern: den 500. Grand Prix! Nur Ferrari (709 Starts) und McLaren (580) liegen in dieser ewigen Statistik noch vor Williams. „Aber gefeiert", sagt das anglo-deutsche Team, „wird am Wochenende in Imola bei uns deswegen noch nichts." Erstens, weil Williams noch nie fürs exzessive Feiern berühmt war, zweitens ist das Ferrari-Autodrom, in dem vor elf Jahren Ayrton Senna in einem Williams tragisch verunglückt, wohl für keinen ein geeigneter Ort – und drittens wundert sich das Team: „Wieso sollte das überhaupt unser 500. Grand Prix sein? Diese runde Zahl, dieser Meilenstein reflektiert weder die Williams-Firmensaga noch Frank Williams persönlichen Rekord genau!"

Also denn: Das erste Mal, dass Frank Williams ein Formel-I-Auto einsetzte, war am 4. Mai 1969 beim spanischen GP in Barcelona: einen Brabham BT 26/1, gefahren von seinem Lieblingspiloten Piers Courage. In den knapp 36 Jahren seit damals hat Williams 543 mal ein Formel-I-Auto ins Rennen geschickt „und damit", gratuliert sein Team in Oxford, „den Rekord anderer nobler Herrschaften geschlagen: Enzo Ferrari mit 441, Ken Tyrrell mit 418 und Colin Chapman mit 301 Grand Prix."

Aber das ist noch lang nicht die volle Story: Das berühmte Namenskürzel „ FW" tauchte erstmals 1973 unter der Teamführung von Frank Williams auf: Der FW O1 war der Iso-Rivolta FX 3-2, der 1973 in Buenos Aires mit den Piloten Howden Ganley und Nanni Galli debütierte. So betrachtet, jawohl, ist der Imola-GP am Sonntag der 500. Grand Prix der Autos mit dem „FW"-Emblem, aber nicht der 500. Grand Prix von „Williams Grand Prix Engineering", wie die „Royal Watchers" des englischen Sir Frank festhalten, denn damit begann – nach dem Verkauf des ursprünglichen Teams an den austro-kanadischen Multimillionär Walter Wolf – die so erfolgreiche Partnerschaft Frank Williams – Patrick Head. 1977 anfangs noch mit einem March-Cosworth 761, aber schon 1978 erblickte der erste eigene, selbstgebaute Williams das Licht der Welt: Der FW 06, mit dem Alan Jones aufhorchen ließ. „Und seit damals", betont Williams, „haben wir 444 Grand Prix gefahren. Das ist unser wahrer Rekord – und unsere wahre Geschichte."

Wenn man nur diese 444 GP aus 28 Jahren hernimmt, hat Williams 113 davon gewonnen, (als letzter: Juan-Pablo Montoya 2004 in Brasilien) und 290 Podestplätze erzielt (den letzten mit Nick Heidfeld in Malaysia). Zusätzlich haben die „Williamse" 2.445,5 WM-Punkte erzielt, 24 Polepositions und 128 schnellste Runden gedreht – bei insgesamt knapp 45.000 Rennrunden. Die Formel I, das Spiel mit tausenden Gesichtern, Millionen Zahlen und Wahrheiten. Williams ist nur eine davon, aber eine faszinierende.

Wenn die „Silberpfeile", wie schon 2003/04, binnen zwei Jahren vier neue Formel-I-Modelle bauen und in die Schlacht werfen, wundert das keinen – wenn aber Minardi zum ersten Mal seit vier Jahren (!) mit zwei neuen Autos zum Heim-Grand-Prix nach Imola kommt, applaudieren alle. „Denn mit meinem alten Auto", lächelt Patrick Friesacher, „sind bei Minardi ja noch Fernando Alonso und Mark Webber gefahren!"

Gebaut hat alle Modelle der gleiche Konstrukteur: Ing. Gabriele Tredozzi mit einem Schmalspur-Budget: höchstens ein Zehntel der 350 bis 400 Millionen Dollar, die Ferrari und Toyota verfeuern, hilft den „Zwergen" von Minardi, mit rund 220 Mann ihren Rennbetrieb aufrechtzuerhalten. „Aber man sieht sie fälschlich als Underdogs", hat der später zu Toyota übergewechselte Konstrukteur Gustav Brunner korrigiert. „Die Technik hat in Faenza – nur 20 Kilometer vom „Autodromo Ferrari" – „absolut hohes Niveau".

Manchmal fast nostalgisch: Mit seinem verbissenen einsamen Kampf, beim Saisonstart in Melbourne hat der Teambesitzer Paul Stoddart die Australier schockiert und die FIA verärgert. Ein echter Insider: „Wie ein kleiner Hund, der glaubt, dass er mit den großen Hunden pinkeln kann". Aber Friesacher verteidigt seinen Chef: „Im Herbst 2004 hatten alle Teams zugestimmt, dass sie die Ausnahmeregelung für Minardi unterschreiben." Zumal Imola bei Formel-I-politischen Problemen immer im Gleichschritt mit Minardi gegangen war? „Jetzt nicht mehr ..."

Der neue Minardi, schwärmen die Piloten, „sieht wunderschön aus: flach und niedrig, rundere Seitenkästen, viel mehr downforce – in der Fabrik sagen sie alle: wie ein McLaren!" Dazu kommt der neue Motor. „60 PS mehr", sagt Cosworth. Der erste Minardi ist fertig zusammengeschraubt. Dass der Holländer das erste Auto bekam, stört den Österreicher nicht: „Albers hat den Vertrag als erster unterschrieben, damit gehört ihm auch das erste Auto und der erste Test."

Kann der neue Minardi helfen, Paul Stoddarts Traumziel zu realisieren? „WM-Rang 9 – und damit endlich die Jordans überholen und vom letzten Platz wegkommen.“ Patrick Friesacher ist noch nie so nobel angereist wie jetzt zum Imola-GP: Mit einem für die ganze Saison zur Verfügung gestellten, rassigen, schwarzen Lamborghini „Gallardo“, wie bei allen Lambo-Modellen der Name eines spanischen Kampfstiers. „Das Wappenzeichen dieses Straßensportautos ist der Stier – der würde gut zum roten Bullen passen“, vergleicht Friesacher. Mit einem Lambo als Privatauto steht sogar ein Minardi-Pilot in Poleposition.

Imola:
DER VERLORENE SPRIT

Alle Formel-I-Fans fiebern der traditionellen Europa-Saisonpremiere in Imola entgegen – vor allem die Tifosi. „Unsere Regenerationsphase ist vorbei, ab jetzt werden wir wieder siegen!" trompetet Luca Montezemolo – die totale Kampfansage von Ferrari. Und Rubens Barrichello, die „Nummer 1 B" nach den erfolgreichen Tests in Mugello und Fiorano: „Wir sind bereit zu gewinnen!"

Aber Schumi hat in Imola schon mehrmals getrickst und gezaubert: 1996, in seinem ersten Ferrari-Jahr, mit der ersten Imola-Poleposition nach 13 Jahren (Rene Arnoux 1983) nicht nur Damon Hill in letzter Sekunde ausgetrickst, sondern ein ganzes Land in einen Freudentaumel versetzt – und 1999 sogar als erster Ferrari-Pilot nach 16 Jahren (Patrick Tambay 1983) im Ferrari-Autodrom gewonnen.

Denn Ferrari-Siege sind auf der malerischen Berg- und Talstrecke in der Provinz Emilia Romagna nie selbstverständlich. Von den bisherigen 24 WM-Läufen gewann Williams genau ein Drittel (8), Ferrari 7, McLaren 6, Brabham, Lotus und Benetton je ein Rennen. Freilich: Schumacher ist mit sechs Imola-Erfolgen der Rekordsieger von San Marino, und seit 1999 hieß der Mann ganz oben auf dem Podest sowieso immer Schumacher: fünfmal Michael, einmal Ralf – sein Premierentriumph für sich und Gerhard Berger mit dem Williams-BMW 2001.

Jetzt wird es höchste Zeit für Michaels ersten GP-Sieg seit Suzuka am 10. Oktober 2004, den ersten für Ferrari seit der Reglementänderung, „die sich aber nicht gegen Ferrari gerichtet hat", analysiert Niki Lauda. „Es ging ja um allgemeine Speed- und Kostenreduzierung, damit die Formel I nicht jedes Jahr um 3-4 Sekunden schneller wird – und der ganze Sport durch weniger und härtere Reifen billiger wird. Da haben manche bessere, manche schlechtere Lösungen gefunden. Aber das Reifenwechsel-Verbot, außer bei Defekten, hat überhaupt nichts gebracht. Und abgesehen davon, dass der neue F 2005 zu spät kam, ist der ganze Grund fürs Ferrari-Debakel das Reifenproblem."

Denn Schumacher sagt selber erstmals: „Mit dem Speed des F 2005 bin ich zufrieden, mit der Lebensdauer der Reifen noch nicht." Bridgestone muss immer Lösungen mit härteren und langlebigeren Reifenmischungen finden – auch wenn die Michelin-Konkurrenz durch ihre sieben Spitzenteams siebenmal soviel testen kann wie Ferrari. Aber wie schon die Fußballgötter sagten: „Die Wahrheit ist auf dem Platz." Oder im Ferrari-Autodrom am Sonntag.

Die unsinnige Regel, dass Freitag-Piloten in den letzten zwei Jahren maximal sechs GP gefahren haben dürfen, ist begraben: Ab sofort sind alle Fahrer mit Superlizenz fahrberechtigt. Erster Profiteur der Reglementänderung: Christian Klien, der sein Renncockpit bei Red Bull ab Imola für drei (letztlich vier) GPs an den Formel-3000-Europameister Vitantonio Liuzzi abtreten muss – aber wenigstens Freitag weiter Gas geben darf.

Sein Gesicht passt zu der Studie, die der italienische Teamchef de Sanctis in der Rindt-Heldenära für alle schnellen Rennfahrer erstellt hat: „Flache Backenknochen, schmale Augen." Auch als Typ passt „der Toni" perfekt zu Red Bull: schief aufgesetztes Kappl, Hosenboden bis zu den Kniekehlen runtergerutscht, immer lustig, Mädchenschwarm. „Im Fitness-Trainingslager komm ich mir vor wie im Kloster."

Manche glauben, er spielt den Kasperl. Aber er ist wirklich so.

Im Red-Bull-Quiz von „F 1 Racing" verliert er gegen Klien, stolpert gleich bei der Frage: Wieviele Formel-I-Weltmeister hatte Österreich? Liuzzi: „Zwei – Lauda und Berger" (Rindt hat er vergessen). Zweite Chance: Wie buchstabiert man Mateschitz? Da tut sich Klien leichter.

Renault führt in der Marken-WM gegen Toyota 36:25, das Fahrerduell Alonso gegen Fisichella (dazwischen Trulli) steht 26:10 – aber bei den blau-gelben Raketen droht, bei aller sportlichen Rivalität, kein Stallkrieg: Dazu hat Flavio Briatore alle Zügel zu fest in der Hand. Dabei wäre Imola das klassische Autodrom für Intrigen mit katastrophalen Folgen – wie die Geschichte beweist.

FERRARI 1982: Vorm Rennen wird an die Ferrari-Piloten Gilles Villeneuve und Didier Pironi der Befehl ausgegeben: „Liefert euch ein Scheinduell an der Spitze, wechselt oft die Positionen – aber am Ende muss Villeneuve gewinnen." Denn Ferrari spielt den Kanadier 1982 als WM-Favoriten. Villeneuve und Pironi bieten den 100.000 die vereinbarte, mitreißende Show, aber daraus wird im Finish bitterer Ernst: Pironi lässt Villeneuve nicht mehr vorbei und stiehlt ihm um 0,366 Sekunden den Sieg. Das Kindergesicht des Kanadiers bei der Siegerehrung ist versteinert: „Ich bin maßlos enttäuscht. Nie wieder red ich mit diesem Kerl ein Wort."

13 Tage später, am 9.Mai 1982, entreißt Pironi dem Stallrivalen in Zolder (Belgien) den Platz in der ersten Startreihe. Worauf Villeneuve nochmals auf die Piste stürmt, alles riskiert – und tödlich verunglückt. Niki Laudas Requiem auf Villeneuve: „Er war der Beste von uns – und ganz bestimmt der Schnellste."

Pironi aber gewährt das Schicksal nur kurzen Aufschub: 13 Wochen später crasht er im Regentraining von Hockenheim nach Kollision mit Prost fürchterlich: „Ich hab die Bäume von oben gesehen." Unzählige Knochenbrüche beenden Didiers Karriere. Er wird TV-Kommentator, fährt Motorbootrennen, und endet tragisch: Pironi ertrinkt am 23. August 1987 bei einem Bootsunglück. Seine damals hochschwangere Freundin bringt kurz danach Zwillinge zur Welt – und tauft sie Didier und Gilles. Die Buben sind jetzt 17 Jahre alt.

1989 in Imola rettet der Liebe Gott – und ein Trio mutiger Streckenposten – Gerhard Berger aus einem lichterloh brennenden Ferrari. Berger damals: „Jetzt werden viele sagen: Opfer der Stallrivalität mit Nigel Mansell – dabei war es ein Materialbruch: Ein Teil des Frontflügels ist weggebrochen." Berger wurde wieder gesund, dafür brach an diesem Tag in Imola die totale Feindschaft zwischen Alain Prost und Ayrton Senna aus.

McLAREN 1989: Prost und Senna hatten damals einen Nichtangriffspakt vereinbart: Bis zur Tosa-Kurve kein Überholmanöver. Trotzdem überholt Senna gleich nach dem zweiten Start den Franzosen auf der Geraden. Prost blickt total überrascht, fassungslos zur Seite, Senna rechtfertigt sich später: „Unser Abkommen galt nur für den ersten Start." Prost, verbittert und nervös, dreht sich später – und so gewinnt Senna klar mit 40 Sekunden Vorsprung. Bei McLaren: Frust und totale Eiszeit. Prost droht Senna mit Ohrfeigen und dem Team mit sofortigem Rücktritt. Worauf sich Senna auf Befehl von Teamchef Ron Dennis bei Prost entschuldigen muss. Aber vergessen ist der Vertrauensbruch nie. Die Feindschaft gipfelt in den zwei berühmten Kollisionen Senna-Prost in Suzuka, echte Versöhnung gibt es auch nicht, als Prost zurücktritt – aber in Imola 1994 kommt es kurz vorm Start noch zum berühmten Friedensdialog: „I miss you – du gehst mir ab." – „Du fehlst mir auch."

Wenige Minuten später ist Senna tot, sein Williams in der Tamburello zerschellt.

„Roter Teppich" für die Formel Austria! Red-Bull-Sportchef Christian Horner fliegt von London auf Blitzbesuch nach Paris – Audienz bei der FIA, gemeinsam mit Ferrari und Jordan, um die Reglement-Entwürfe für 2008 zu diskutieren. Eingeladen: auch alle sieben anderen Teams. Aber die ziehen es vor, nicht zu kommen. Brisanter Hintergrund: der Machtkampf in der Formel I.

Denn bald gehts darum, auf welche Seite sich die „Bullen" im Power-Krieg der Formel I schlagen: zu Bernie Ecclestone und Ferrari – oder zur GPWC mit BMW, Renault, Mercedes, Honda und Toyota. Das neue Team – heiß umworben!

Horner berichtet über „total offene, direkte Gespräche. Die FIA wollte nur einmal unsere Position abchecken – wohin wir tendieren. Und wir wollen natürlich wissen, was rundherum vor sich geht. Wir sind offen für alle Meetings. Das wichtigste: dass wir bei der besseren Serie mitmachen." Und die kann wohl nur die WM von Ecclestone sein, für die sich Ferrari bereits bis 2012 verpflichtet hat – und nicht die Abtrünnigen-Serie der Automobilgiganten. Aber die haben wiederum die Motoren …

Nochmals Horner: „Die Gespräche gehen natürlich weiter. Bis Ende Juli will die FIA unseren Standpunkt wissen." Bis dahin muss auch die Motorfrage entschieden sein – damit Red Bull die Autos für 2006 bauen kann. Im Imola-Autodrom platzt die Bombe: Didi Mateschitz unterschreibt einen Zwei-Jahresvertrag für Ferrari-Motoren 2006/07, hält sich aber unverändert dezent im Hintergrund: „Ich an der Boxenmauer? Was soll ich dort?" Weitere Entscheidungen stehen kurz bevor.

Aber langsam müssen auch bei den Silberpfeilen die Würfel gefallen sein: Scanning für Juan-Pablo Montoyas verletzte Schulter – danach die Entscheidung. Alex Wurz, bei den letzten Tests in Le Castellet schneller als de la Rosa, lauert in den Startlöchern: „Aber ich werde Montoya nicht anrufen – denn das wollen andere auch …"

Ich sag ihm am Telefon: „Ich hab das Gefühl, du fährst in Imola." Und irgendwann kommt ein SMS auf mein Handy: „Dein Gefühl hat dich nicht getäuscht."

Er war der Formel-I-Österreicher, der am schnellsten von allen aufs Stockerl fuhr – Dritter in Silverstone 1997, im dritten Rennen. Aber auch der mit der längsten Grand-Prix-Pause: fast fünf Jahre! Aber jetzt endlich steigt Wurz in Monaco in seinen Mercedes E-Klasse und fährt nach Imola: Zum Start seiner zweiten Karriere. Cool, unaufgeregt, „ohne Probleme und ohne Angst."

Alex, die Formel-I-Fans in Österreich sind ziemlich aufgeregt …

Wurz: „Davon hab ich in Monte Carlo außer 100 SMS nicht so viel mitgekriegt – aber in Imola dann bestimmt umso mehr. Schon in Bahrain haben sich alle für mich gefreut. Und ich geh auch in Imola wieder ins GPDA-Meeting – schließlich zahl ich auch als Testfahrer 1000 Euro Mitgliedsbeitrag."

Ganz ehrlich – hast du nach fast fünf Jahren Schattendasein noch geglaubt, dass du jemals wieder Grand Prix fahren kannst?

Wurz: „Ja – eigentlich schon! Auch wenn ich mir nicht wirklich gewünscht hab, dass ich durchs Pech eines anderen fahren kann. Und: Ich glaub nicht, dass Imola mein letzter Grand Prix sein wird!"

Unbedingt mit McLaren?

Wurz: „Ich war immer ein ehrgeiziger Sportler. Nur ja nie aufgeben."

Und was wäre mit anderen Teams? Es kriselt zwischen Sauber und Villeneuve. Würdest du wechseln wollen, würde dich McLaren freigeben?

Wurz: „Zu spekulativ, deine Frage …"

… oder redest du schon mit McLaren über ein 6. Jahr als Test- und Reservepilot?

Wurz: „Noch zu früh."

Ehrlich, wie nahe warst du einem Cockpit im Austria-Team?

Wurz: „Also, dem Jaguar-Team war ich äußerst nahe. Den neuen Chefs dann nicht mehr."

Worauf freust du dich in Imola am meisten?

Wurz: „Natürlich aufs Fahren, dass wieder alles anfängt – das Warten war nicht so schön."

Alex, deine Rennpause war ewig lang – fast fünf Jahre. Zu lang?

Wurz: „Autorennfahren ist ein bissl wie Radfahren, das verlernst auch nicht."

Dein erster Formel-I-Start mitten im Pulverdampf seit Malaysia 2000 – ein Problem?

Wurz: „Glaub ich nicht. Ich hab mit dem MP 4/20 in den letzten Wochen 1.700 Testkilometer abgespult, dazu 30 bis 40 Starts geübt, auch Boxenstopps, natürlich ohne Druck und Reaktionszeit – aber ich hab auch für Sonntag keine Sorgen – und keine Angst."

Deine Ziele?

Wurz: „Ich geh nicht nach Imola, um hintennach zu fahren – sonst würde ich auch gar nicht im Auto sitzen. Sondern um zu zeigen, was ich kann – und umzusetzen, was ich bei fast 100.000 Testkilometern gelernt hab."

Das Rezept für Imola?

Wurz: „Der richtige Mix aus Ausgeglichenheit und Gelassenheit. Das Auto ja nicht überfahren. Temperament zügeln, sehr viel Gefühl."

Du brauchst genau die gleiche Abstimmung wie Kimi Räikkönen. Im Detail?

Wurz: „Sehr viel Grip auf der Vorderachse, eher lockere Hinterachse. Und ja kein Untersteuern."

Imola – ausgleichende Gerechtigkeit, Belohnung fürs viele Testen oder die große Chance?

Wurz: „Chance für mich selber."

Die Formel I ist oft total verrückt. Was ist, wenn du gewinnst?

Wurz: „Dann mach ich am Sonntag eine Riesenparty."

Stimmen zum Comeback?

KIMI RÄIKKÖNEN, sein Stallkollege: „Mir völlig wurscht, wer mein Teamkollege ist – Montoya, de la Rosa, Wurz oder wer auch immer. Ich konzentriere mich nur auf mich und arbeite nur für mich – wie immer. Ich tu meinen eigenen Job – genau wie vor drei Wochen in Bahrain mit de la Rosa. Aber Alex und ich haben wenigstens ähnliche Autoabstimmung."

GERHARD BERGER, den er 1997 für drei Rennen ersetzte: „Für den Alex nach jahrelanger mühsamster Testarbeit eine Riesenbelohnung, gleichzeitig eine neue Chance, sein Potential zu zeigen – obwohl es mit 31 schwierig sein wird, als Stammfahrer in ein Formel-I-Team zurückzukommen. Aber man weiß ja nie. Ich bin jedenfalls überzeugt, dass er am Wochenende einen guten Job machen wird."

DR. HELMUT MARKO, sein zeitweiliger Manager: „Ausdauer und Beharrlichkeit machen sich bezahlt. Erfreulich, dass es Wurz zurück ins Grand-Prix-Startfeld geschafft hat. Er sitzt in einem Topauto. Jetzt hat er Chancen, wirklich zu zeigen, was er kann."

CHRISTIAN KLIEN: „Ich freu mich für ihn, weil er so lang drauf gewartet hat. Nur schade, dass wir Österreicher nur am Freitag zu dritt fahren können. Alex wird seine Chance sicher nützen, obwohl er so lang keine Rennen fuhr – aber ich denk: Er ist auf dem gleichen Niveau wie de la Rosa."

Nie wirklich mit anderen Rad an Rad – aber jetzt erstmals wieder im Pulverdampf und Stahlgewitter! 19 Autos mit 18.000 PS rund um dich – wirklich kein Problem? „Nein, ich hab mich jahrelang drauf gefreut. Warum soll ich es jetzt nicht genießen? Ich hab 40 Starts trainiert, noch mehr Boxenstopps – das Rennfahren verlernst nie!"

Niki Lauda – 1982 selber nach zweieinhalb Jahren totaler Pause, also ohne Testfahrten, sensationeller Comeback-Superstar in Kyalami (4.) – unterschreibt, was Wurz sagt: „Ob Rennpause von fünf Jahren oder nur über den Winter, ist wurscht. Wie ein neuer Saisonbeginn halt. Kein Problem. Du bist sofort wieder mittendrin im ganzen Ablauf – und natürlich kommt die Routine dazu. Ich hab dann in Long Beach schon mein drittes Rennen gewonnen …"

Kämpft der gereifte Wurz (31) anders als der junge Twen Alex, der im Oktober 2000 (unfreiwillig) aus dem Benetton gestiegen ist? „Je nachdem wie er früher gefahren ist", analysiert Lauda. „Wenn er früher nicht aggressiv war, wird er 's auch heute nicht sein – hat er aber früher attackiert, dann bestimmt auch heute. Da ändert sich nix."

Alex hat angegriffen: 1998 in Interlagos beim Überholmanöver des Jahres gegen Frentzen – und in Monte Carlo sogar respektlos gegen den großen Schumi. Ergebnis? Kollision von der Loews-Kurve bis zum Tunnel, böser Crash unten am Hafen. Jetzt sitzt er in einem Topauto.

„McLaren", sagt Wurz, „hat das beste Testpilotenduo der Welt – besser als fast alle Rennteams. Ich hab die tolle Show von Pedro de la Rosa in Bahrain (5.) im TV miterlebt. Aber: Wenn ich heute so riskant überhol wie Pedro, steck ich irgendwann im Sand – und mein Rennen ist vorbei."

Die Latte liegt hoch. Ron Dennis: „Ich bin sicher, Alex wird heute genauso gut abschneiden wie Pedro – wenn nicht noch besser!" Mein Tip: Wenn Wurz durchkommt, macht er WM-Punkte – bei einem verrückten Rennverlauf kommt er sogar aufs Stockerl! Denn: Die Silberpfeile sind im letzten Rennviertel oft die stärksten Autos. Schwächen? Nur im Qualifying. „Und in der ersten Kurve", sagt Dennis.

Faszinierende Zeitreise: Zum ersten Mal seit 20 Jahren – Adelaide 1985 – fahren Lauda, Piquet und Rosberg in Imola ein Rennen! Der Unterschied zu damals? 1985 saßen die Väter im Cockpit, jetzt die Söhne. Und nicht in der Formel I, sondern in der sensationellen neuen Serie GP 2: mit Nummer 16 Mathias Lauda, im wichtigsten Jahr seiner Karriere – mit 3 Nelsinho Piquet, der wie früher sein Vater extrem viel getestet hat – und mit 9, schnell und draufgängerisch, Nico Rosberg.

Wie war 's 1985? Niki schied in seinem allerletzten Rennen, in Führung liegend, wegen Bremsdefekts aus – Keke Rosberg (Williams) gewann – Nelson Piquet (Brabham) blieb ohne WM-Punkte ...

Lauda jr. ist im ersten Training 11. „Gut für den Anfang", kommentiert Niki und steigt sofort in den Flieger nach Imola – damit er rechtzeitig zum Qualifying kommt: 24 junge Wilde im Pulverdampf. „Irrsinnig kompetitiv, die GP 2, und eine echte Vorstufe für die Formel I. Die Autos haben Karbonfiber, viele PS – wir werden 2005 noch tolle Rennen erleben." Leider nie mit Lauda jr. auf dem Siegerpodest. Den Gesamtsieg holt sich, eindrucksvoll, Nico Rosberg.

In der Formel I gegen-, im Fußball miteinander: Michael Schumacher schießt zwei Tore für die Rennfahrermannschaft in Imola, Fernando Alonso eines. Aber noch heißer als im Strafraum geht 's hinter den Kulissen zu. Alonso als Nachfolger von Schumi, läuft offenbar schon ein spannender Countdown. Aber bis wann?

„Alonso statt mir bei Ferrari? Wäre eine optimale Entscheidung", sagt Schumi. Und bestätigt: „Wenn ich bei Ferrari aufhör, fahr ich nirgendwo anders mehr." Aber wann? Sein Vertrag läuft bis Ende 2006 – aber der siebenfache Weltmeister (36) denkt schon weiter – bis zu seinem 40. Geburtstag!

„Ich hab mit Jean Todt schon Gespräche über meine Vertragsverlängerung aufgenommen!" verrät Schumi in Imola. „Aber rein privat. Das sind noch keine wirklichen Verhandlungen ..." Aber wo Rauch ist, ist immer Feuer. Bei Schumacher besonders. Vor allem in Imola. Seit sechs Jahren gewinnt hier immer nur ein Schumi: fünfmal Michael, einmal Ralf. Aber jetzt steht 's in der WM 26:2 für Alonso.

Ich treff Fernando im malerischen, mittelalterlichen Städtchen Brisighella, wo er zu Fanfarenklängen die heiß begehrte „Bandini-Trophy" bekommt. „Ich liebe Pokale, kann nie genug davon haben. Und ich tu alles, um noch viel mehr zu kriegen." Die italienischen Tifosi, sage ich ihm, vergöttern dich schon jetzt – Vorschuss auf eine Ferrari-Karriere nach Schumi?

Fernando: „Ich weiß nicht. Ich hoff nur, dann beim richtigen Team zu sein ... vielleicht ist das Ferrari, vielleicht auch nicht."

Räikkönen hat erstmals 2005 Poleposition – Michael ist durch einen Ausrutscher im zweiten Qualifying auf den 13. Startplatz zurückgefallen. „Mein Fehler ärgert mich nachher doppelt – aber an einen Podestplatz glaub ich nicht." Kimi gewinnt gegen Alonso den Sprint zur Tamburello, führt bis zur 9. Runde überlegen. Dann reißt (vor lauter Mercedes-PS?) links hinten die Antriebswelle – und Alonso führt automatisch.

Auch Friesacher bricht die Halbachse, Liuzzi wird farbloser 11., rückt aber durch zwei BAR-Honda-Disqualifikationen und eine 25-Sekunden-Strafe von Ralf Schumacher auf Rang 8 vor, Coulthard damit von 13 auf 11. Red Bull geht also leer aus, und Klien tut beim Zuschauen das Herz weh. Und darum lebt die „Formel Austria" in Imola nur vom McLaren-Einspringer Alex Wurz: Fehlerlos und nervenstark beim Start und den Boxenstopps – und im Windschatten einer Fünferkette mit Webber, Sato, Villeneuve und Barrichello jenseits von 300 km/h. „Ein schwieriges, taktisches Rennen mit viel Sprit, starkem Übersteuern – wirklich nicht einfach. Aber meine Strategie geht auf."

Über weite Phasen hält Wurz sogar die schnellste Runde im Rennen, weil an der Spitze bald Kampflinie gefahren wird. Das Protokoll eines mitreißenden Grand Prix – aber die wahren Hintergründe wissen wir erst später.

23. Runde: Der führende Alonso tankt, damit führt Jenson Button im BAR-Honda.
24. Runde: Weil Button tankt, ist wieder Alonso vorn.
27. Runde: Schumacher fädelt sich nach seinem Tankstopp als Dritter ein und fährt (dank einem „Reifenfenster") zeitweise sensationelle Rundenzeiten – bis zu 1,5 Sekunden schneller als Alonso und Button.
42. Runde: Alonso stoppt zum zweiten Mal, kommt als Dritter auf die Piste zurück.
47. Runde: Button, durch Webber irritiert, lässt sich von Schumacher austricksen. Der Ferrari erstmals in Führung.
48. Runde: Button an der Box, jetzt führt Schumacher 14,5 vor Alonso.
49. Runde: Schumis Boxenstopp bringt wieder Alonso auf Platz 1. Abstand 1,3 Sekunden.

Und bald steckt Schumi unter Alonsos Getriebe. Die letzten 12 Runden sind ein faszinierender Zweikampf: Der aktuelle, noch regierende gegen den neuen König. Fernando fightet wie der junge Schumi, Michael mit aller Cleverness, Härte, allen Tricks. Er wittert, dass Alonso im Finish Reifenprobleme hat, sieht aber nur zwei Möglichkeiten, ihn zu schlagen: „Entweder ein Fahrfehler von ihm, der ihm aber nicht passiert. Oder eine Harakiri-Aktion von mir, aber darauf verzichte ich. Nur: Ein paarmal bin ich verdammt nah dran!"

Alonso wehrt sich mit dem Riesenherzen eines Youngsters, aber den Tricks eines ausgekochten Rennfuchses: Lässt Schumi im Kurveneingang immer ein bisschen auflaufen, um dann raketenartig zu beschleunigen. Bis zur nächsten Kurve.

„Nie im Leben hätte ich daran gedacht, Schumacher vorbeizulassen und an die sicheren WM-Punkte zu denken – ich will, ich muss unbedingt gewinnen. Schon allein für meinen spanischen Grand Prix – Barcelona ist schon total ausverkauft."

Alonso gewinnt den nervenzermürbenden Gigantensprint auf der Ziellinie um 0,215 Sekunden. „Mein dritter Sieg hintereinander – grandios!" Fernandos dunkelbraune Augen funkeln vor Kampflust. „Und jetzt kommt erst mein Heim-Grand Prix." Aber auch Schumacher fühlt sich als Sieger: „Wir sind zurück bei der Spitze, und dort werden wir auch bleiben" – glaubt er jedenfalls.

Überstrahlt vom Superduell, aber genauso faszinierend: Die Comebackfahrt von Wurz auf Rang 4. Mit dem gleichen Resultat hat sich Niki Lauda 1982 in Kyalami zurückgemeldet. „Jetzt hab ich Lust auf mehr. Aber die Entscheidung liegt beim Team – und wann Montoya wieder fit ist."

Doch es kommt noch besser. Noch Sonntagabend tauchen die ersten Gerüchte auf: Button wegen eines BAR-Benzintricks in Disqualifikationsgefahr – Wurz sogar Dritter? Ich informier Alex im VIP-Zelt von Karl-Heinz Zimmermann.

„Ich fahr heim nach Monte Carlo", sagt er trotzdem, „wenn 's den Button rausschmeißen und ich Dritter bin, erfahr ich das morgen auch noch …"

Die FIA-Sportkommissare unter Leitung des Schweizers Paul Gutjahr und die FIA-Techniker, die Jo Bauer kommandiert, arbeiten im hermetisch abgesperrten Fahrerlager noch, als es bereits dunkelt und nieselt, bis zur Geisterstunde. Und ich erinnere mich an frühere, legendäre Techno-Tricks der Formel-I-Hysterie.

Bis zu 80 Liter in den Wassertanks, Bleikugeln im Benzin, kiloweise Ballast in den Reifen!

Wie ausgeklügelt immer ein Motorsport-Reglement sein mag – die „Superhirne" der Formel I finden immer Möglichkeiten, die Gesetze auszutricksen. Sehr komplex in einem so technischen Sport, manchmal plump, meist raffiniert, oft originell. Kleine Zeitreise: Es gab einmal einen Tourenwagen-Europameister, der merkwürdigerweise nach der Zieldurchfahrt (als Sieger) regelmäßig einen Plattfuß hatte, also während der Auslaufrunde auf der Strecke stehenblieb. Worauf sofort die Boxencrew mit einem Ersatzrad zu Hilfe eilte – und dieses Rad war mit Bleigewichten künstlich vollgespickt. Hauptsache, das Gewicht stimmt.

Am originellsten aber war der Wassertrick von 1984: Ken Tyrrell, der frühere Jackie-Stewart-Chef, ließ für seine Piloten Bellof und Brundle riesige Wassertanks einbauen und anfüllen – bis zu 80 Liter! Das befohlene Mindestgewicht damals: 540 kg, vorm Start kontrolliert. Nur breiteten sich nach 2, 3 Runden riesige Wasserlachen auf der Strecke aus, dass man glauben konnte: Es regnet. In Wahrheit ließen Bellof und Brundle nur ihre Wassertanks aus … aber mit ihren leichten Saugmotor-Autos besiegten sie meist die viel PS-stärkeren Turbo-Bomber: Bellof Sensationsdritter in Monte Carlo, Brundle Zweiter in Detroit. Jeder wusste: Da war etwas faul.

Die FIA schaute lang zu, aber erst am 29. 8. 1984 schmiss sie beide Tyrrells aus der WM, disqualifizierte sie rückwirkend für alle Rennen, strich sie aus allen Ergebnissen. Bellof, das damalige „Jahrhunderttalent", verunglückte ein Jahr später – Brundle ist heute Coulthard-Manager und TV-Kommentator.

Andere erfanden die „Schaumgummikugeln", angeblich, um zu verhindern, dass der Sprit in den Tanks hin und her schwappt. In Wahrheit: Natürlich Bleikugeln, um das Gewicht ein bissl raufzutreiben ... Oder, was auch heute noch oft passiert: Eifrige Mechaniker tun beim letzten Boxenstopp, als würden sie die Kühler sauberputzen, befestigen aber in Wahrheit Wolfram-Platten, damit das Gewicht stimmt ... Ich kenne hunderte Beispiele.

Oft war 's auch Blödheit oder Schlamperei: James Hunt durfte einmal trotz 800 Gramm Untergewicht einen Sieg behalten – aber Niki Lauda wurde 1982 in Zolder zuwenig Sprit eingefüllt: Als Dritter wegen Untergewichts disqualifiziert – was Niki damals sogar die WM-Titelchance kostete.

Im gleichen Jahr flogen in Rio der Erste und Zweite (Piquet und Rosberg) gnadenlos aus der Wertung – beide unterm Limit von 580 kg. Profitiert hat Alain Prost – der später als Teamchef seinen Fahrer Nick Heidfeld um 2 kg zu leicht ins Qualifying schickte. Prost selber war 1985 in Imola als Sieger disqualifiziert worden, weil sein McLaren-Porsche zu leicht war. Der alte Rennfahrerspruch: Irgendwann erwischt 's jeden einmal.

BAR-Honda ist weder das erste noch das letzte Team, das zu schwindeln versucht. Jenson Button und BAR-Honda – das Netz wird enger! Mathematisch errechnete 11,5 kg Untergewicht alarmieren den Formel-I-Zirkus. Hier die Backgroundstory: Verdacht, Anklage, Beweisführung, alle Techno-Tricks – und die Verteidigung.

DER VERDACHT: Dass Button im 2. Qualifying so schnell war und trotzdem mit einem leichtem Auto so lang (24 Runden) bis zum ersten Boxenstopp draußenbleiben konnte, stimmte FIA-Renndirektor Charlie Whiting misstrauisch. Er schöpfte Verdacht und ließ den BAR-Honda genau überprüfen: 606,1 kg inklusive dem dazugerechneten Gewicht des Piloten – vorgeschrieben sind mindestens 600 kg inklusive Fahrer, Öl und Wasser, aber ohne Benzin. Danach wurden unter totaler Geheimhaltung die Benzintanks leergepumpt – und siehe da: nur noch 594,6 Kilo, also reglementwidrig!

DIE UNTERSUCHUNG: Wo steckten also die geheimnisvoll verschwundenen 11,5 kg Sprit? Kilo ist nicht gleich Liter. 10 kg = 14 Liter, 11,5 kg = also 16,10 Liter. Darauf begannen die technischen Kommissäre zu forschen. Ein Formel-I-Gummitank nach Militär-Standard ist bei BAR nicht flach, sondern hoch, wie ein kleiner Turm – mit vielen Kammern und vielen Schläuchen. Und einer besonderen Geheimkammer, die fürs Qualifying und zum Start zwar auch mit Benzin gefüllt ist, sich aber dann sukzessive leert. Der Verdacht: Beim ersten Boxenstopp (24.) wird sie nicht nachgefüllt, erst beim zweiten und letzten (48.), damit das Gewicht offiziell wieder stimmt – dazwischen aber fährt Button also in Imola 24 Runden mit einem um 11,5 kg leichteren Auto. Der Spritverbrauch in Imola: 3,1 kg pro Runde, 10 kg machen pro Runde einen Unterschied von 0,43 Sekunden – also hat Button, rein rechnerisch, von seinem Benzintrick 10,3 Sekunden profitiert. Und im Ziel lag er 7,2 sec. vor Wurz.

Das alles haben die FIA-Techniker entdeckt – aber in Imola gab es noch keinerlei schriftliche Anklage. Einer der Sportkommissare: „Wenn mit dem Gewicht geschwindelt wurde, muss Button disqualifiziert werden!" Das traut sich aber am gleichen Tag doch keiner.

Bis die FIA eingreift: Berufungsverhandlung und Abstimmung am 4. Mai in Paris. BAR-Teamchef Nick Fry: „Ich bin optimistisch! Wir waren während des ganzen Rennens nie unter dem Mindestgewicht – und wir werden das beweisen."

Jenson Button und BAR-Honda – die Schlinge zieht sich zusammen! Auch wenn FIA-Präsident Max Mosley sanft den Retourgang einlegt: „Ich hab nach Imola nie gedroht, dass wir Button und BAR aus der WM rausschmeißen – ich hab jetzt gar nichts gesagt! Sondern nur schon im Februar bei einem Lunch mit englischen Reportern in London angekündigt: Wer absichtlich betrügt, fliegt raus!"

Ganz allgemein, keineswegs speziell zum explosiven Fall BAR-Honda: „Ich kann doch nicht das Gericht präjudizieren und schon vor der entscheidenden Verhandlung meine Meinung abgeben." Mittwoch, 10 Uhr, geht 's los: FIA-Hauptquartier, Place de la Concorde 8 in Paris – wo schon viele Sünden bestraft wurden. Vier Richter müssen prüfen, ob BAR-Honda mit dem Zusatztank absichtlich betrogen hat. Wenn das bewiesen wird, müssen die Richter wohl auf Ausschluss von der WM entscheiden – wie 1984 bei Tyrrell wegen der riesengroßen Wassertanks oder 1995 bei Toyota in der Rallye-WM wegen des illegalen Turboladers.

Wenn das Gericht auf Regelverstoß, aber ohne betrügerische Absicht entscheidet, könnte BAR mit einem blauen Auge davonkommen – aber mit einer horrenden Geldstrafe bis zu einer Million Dollar! Soviel musste Benetton 1994 zahlen, weil Schumacher in Silverstone die schwarze Flagge ignorierte – aber der wahre Hintergrund war damals die umstrittene, verbotene Traktionskontrolle.

Und jetzt? Rückwirkend bestrafen ist schwierig, selbst wenn BAR seit Saisonbeginn mit dem Zusatztank trickst – aber Button, Sato und Davidson hatten ja 2005 vor Imola noch keine WM-Punkte geholt. Aber was war 2004, als Button sensationell auf WM-Rang 3 vorstieß und BAR-Honda sogar Vizeweltmeister wurde? Heute schwer zu sagen, unmöglich zu überprüfen.

BAR-Honda wird vor Gericht gute Anwälte brauchen, beruft sich sicher auch auf den „Catch Tank“ (Auffangtank), den jedes Formel-I-Auto hat – nur fasst der normal nur drei Liter. Keine 12, 14 oder 16 wie der BAR-Zusatztank ...

Dass Alex Wurz statt Button den 3. Platz für Imola zugesprochen erhält, wird immer wahrscheinlicher. Alex fliegt seelenruhig nach Russland, als PR-Botschafter für McLaren-Sponsoren. Millionenstreit in Paris, Liebesgrüße aus Moskau. Und ich darf mit Sondergenehmigung der FIA der Gerichtsverhandlung in Paris zuhören.

Als tags darauf, 14 Uhr das FIA-Urteil gegen BAR-Honda ins Barcelona-Fahrerlager dringt, weint sogar der Himmel – aber nur bei Button & Co. Bei allen anderen Formel-I-Teams: kein Mitleid! Gnadenlos fliegen beide BAR-Honda aus dem Imola-Klassement. Und die „Aktion scharf“ der FIA gilt auch für den spanischen und Monaco-GP: Die anglo-japanischen Renner noch zwei Rennen gesperrt – und danach ein Jahr auf Bewährung.

Der Österreicher Erich Sedelmayer, einer der vier Richter: „Das Urteil war einstimmig – 4:0!“

Die härteste Formel-I-Strafe, seit 1984 die Tyrrells wegen ihrer Wassertank-Tricks fürs ganze Jahr gesperrt wurden – und seit 1994, als Benetton mit der (verbotenen) Traktionskontrolle schwindelte. BAR-Honda stolperte über seinen verbotenen Benzintrick mit der Geisterkammer im Tank. Und laut Urteilsbegründung, weil man die FIA-Kommissäre in Imola glatt angelogen hat.

„Ist jetzt alles Benzin aus den Tanks?“ war die Frage bei der Gewichtskontrolle. Antwort: „Ja“. Darauf suchte die FIA weiter und fand noch 8,92 kg Sprit in der „Geheimkammer“ plus 2,46 kg am Boden des Benzintanks. Als alles Benzin ausgepumpt war, wog Buttons Auto 594,6 kg – vorgeschrieben sind mindestens 600 kg. Und als Ballast darf Benzin nicht verwendet werden.

Daher die drakonischen Strafen, zumal mir hohe FIA-Funktionäre verrieten: „Wenn wir jetzt nicht scharf durchgreifen, schwindeln bald alle! Dann haben wir bald überdimensionierte Auffangtanks – oder riesige sogenannte Ölkühler wie beim Staubsauger-Brabham von Niki Lauda 1978 in Anderstorp.“ Damals hatte Brabham-Konstrukteur Gordon Murray einen gigantisch überdimensionierten Ölkühler im Heck eingebaut, dessen einziger Zweck war: mehr Saugwirkung zu erzielen, also die Bodenhaftung zu erhöhen.

Die Neidgenossenschaft Formel I protestierte. Lauda durfte seinen Sieg behalten, aber der „Staubsauger“ durfte nie wieder ein Rennen fahren. Nicht weil er reglementwidrig war, nur „im Geiste des Gesetzes“ nicht ganz gepasst hat.

27 Jahre später, im Fall BAR-Honda, hatte FIA-Präsident Max Mosley die

Sperren angekündigt – er war der Hardliner. Sportlich, technisch, kommerziell, finanziell – der Rausschmiss hat viele Folgen.

Für BAR-Honda: Eine Ohrfeige für den Sponsor – ausgerechnet beim meistpublizierten GP in Monaco nicht starten zu dürfen, erst wieder am Nürburgring. „Und in Japan", sagen viele sarkastisch, „machen sie jetzt Harakiri."

Alex Wurz bekommt nachträglich den 3. Platz für Imola: „Den nehm ich gern, bin happy damit, auch wenn ich ihn lieber auf der Strecke erkämpft hätte – wie 1997 in Silverstone. Aber wenn Buttons Auto im Qualifying nicht untergewichtig gewesen wäre, hätte ich ihn schon in der Startaufstellung geschlagen." Und jetzt, Alex? „Frag ich Ron Dennis um die Extra-Prämie, und dann klopf ich an Buttons Haustür und hol mir meinen Pokal …"

Barcelona:
„EINER WIE SENNA“

Die Alonso-Mania geht los! Schon bei der Autobahn-Ausfahrt riesige, offizielle Verkehrsschilder wie „Parken verboten“, nur steht drauf: „Keine Tickets mehr!“ Trotzdem noch Menschenschlangen vor den (zugesperrten) Kassen – ein 23-Jähriger fasziniert ganz Spanien, die ganze Formel I – außer vielleicht Ferrari.

„Zwei Formel-I-Teams“, sagt Fernando, „sind nicht fair – BAR-Honda und Ferrari!“ Das Button Team, ganz klar – aber was hast du mit Ferrari gemeint? Wirklich gesagt, Ferrari schwindelt? „Nein – ich find nur nicht in Ordnung, dass sich Ferrari als einziges Team nicht an die freiwillige Testbeschränkung hält. Das ist nicht gesetzwidrig – nur gegen den „Spirit of the Sport“, also unfair.“

In Spanien riesengroße Aufregung: Alonso habe gesagt, Ferrari schwindelt, steht in den Zeitungen. Dazu Alonso: „Das hat eingeschlagen wie eine Revolution. Ich hab das Wort „Trampa“ verwendet. Das heißt auf spanisch beides: Betrug oder Unfairness. Ich hab nur Unfairness gemeint …“

Das Superduell Alonso-Schumacher von Imola – in Barcelona die Neuauflage? Beide verteidigen sensationelle Rekorde: Fernando seinen Hattrick, Schumi seine einzigartige Barcelona-Serie: 14 mal gestartet, 14 mal in den Punkten, nie ausgefallen. Nur einmal, 2003, hat ihn die Defekthexe fast noch am Rockzipfel erwischt: als sein Auspuff abbrach. Michael rettete als Sieger gerade noch 5 Sekunden über die Ziellinie. Zweiter damals: Alonso, gerade 21 geworden.

Ein Heimtriumph in der Formel I, ein Sieg im eigenen Grand Prix – für viele Piloten immer noch das größte Ziel! Aber erstaunlich selten wirklich erreicht: Von den bisher 735 WM-Läufen seit 1950 wurden nur 59 vom eigenen Lokalmatador gewonnen – im Durchnitt also nur ein einziges Rennen pro Jahr oder jeder 13. Grand Prix! Viele Piloten sind jahrelang vergeblich einem Heimsieg nachgejagt, der zweifache Weltmeister Graham Hill sogar 17 Jahre lang. Jacky Ickx hat nie den belgischen GP gewonnen, Ronnie Peterson nie den schwedischen, Gerhard Berger nie den österreichischen – und viele hatten auch geographisches Pech, weil z. B. Hakkinen oder Räikkönen nie einen GP von Finnland hatte, Juan-Pablo Montoya nie einen GP von Kolumbien etc.

Seit Riccardo Patrese 1990 hat kein Italiener mehr in Monza oder Imola gewonnen, seit Ayrton Senna bzw. Alain Prost 1993 kein Brasilianer oder Franzose mehr bei seinem Heimrennen: Der Fluch des Home-Grand-Prix!

An der Spitze unserer Statistik steht natürlich Michael Schumacher: Schumi gewann 1995, 2002 und 2004 jeweils den GP Deutschland in Hockenheim, dazu noch vier sogenannte „GP von Europa“ auf dem Nürburgring: 1995, 2000, 2001 und 2004 –

macht total 7 Heimsiege auf deutschen Rennstrecken. Ralf Schumacher holte seine Heimsiege 2001 in Hockenheim und 2003 auf dem Nürburgring. Fernando Alonso muss noch warten.

DER KOMPLETTE REKORD DER HEIMSIEGE, EGAL OB NATIONALER ODER EUROPA-GP:

In Deutschland:
7 Michael Schumacher
2 Ralf Schumacher

In England:
5 Jim Clark
5 Nigel Mansell
2 Stirling Moss
2 Jackie Stewart
2 David Coulthard
1 Tony Brooks
1 Peter Collins
1 James Hunt
1 John Watson
1 Damon Hill
1 Johnny Herbert

In Argentinien:
4 Juan Manuel Fangio

In Brasilien:
2 Emerson Fittipaldi
2 Nelson Piquet
2 Ayrton Senna
1 Carlos Pace

In Kanada :
1 Gilles Villeneuve

In Italien:
2 Alberto Ascari
1 Dr. Nino Farina
1 Ludovico Scarfiotti
1 Elio de Angelis
1 Riccardo Patrese

In Frankreich:
6 Alain Prost
1 Jean-Pierre Jabouille
1 Rene Arnoux

In den USA :
1 Mario Andretti

In Österreich:
1 Niki Lauda

In Südafrika:
1 Jody Scheckter

Liebesgrüße aus Moskau – von Juan-Pablo Montoya und Alex Wurz! Seit Wochen ist der Kolumbianer nach seinem mysteriösen Sportunfall verschollen, in Miami und Madrid bei Ärzten, sogar für seinen Teamchef Ron Dennis unauffindbar – am Wochenende ist er zum ersten Mal wieder aufgetaucht. Völlig unerwartet, wo ihn keiner vermutete – in Russland.

Wurz ist von McLaren-Mercedes, während Kimi Räikkönen und Pedro de la

Rosa in Jerez testeten, für zwei Sponsor-PR-Tage in Moskau eingeteilt. Überraschend kam auch Montoya dazu. In offenbar geheimer Mission – auf den Spuren von James Bond 007. Denn McLaren hielt nicht nur den Russland-Trip Montoyas geheim, sondern zog sogar die Fotos zurück …

„Wir fahren mit einem offenen 500-PS-Motorboot gerade am Kreml vorbei", berichtete Wurz live am Handy. „Wir sind sogar beide Captains von Moskau geworden, mit dem typischen Kappl und Kapitänspatent. Das sind nur fünf auf der ganzen Welt!"

Den berühmten Eishockeystar Fetisow, heute Sportminister, hat das McLaren-Duo auch getroffen: Shakehands, Foto und Fachsimpelei über die Eishockey-WM. Nach Österreich kommt Fetisow nicht, dafür der russisch-kanadische Jordan-Teambesitzer Alex Shnaider nach Barcelona – zum ersten Mal.

Aber die wichtigste Frage kann noch keiner beantworten: Montoya-Comeback in Spanien? Das entscheidet McLaren – mit den Ärzten – erst im letzten Moment.

„Aber dem Juan geht 's ganz normal, unter den Umständen sehr gut", sagt die Bootscrew, „wüsste man nicht, dass er sich verletzt hat – man würde es gar nicht merken." Trotzdem ist Montoyas Start in Spanien noch höchst zweifelhaft.

Toyota hat die Berufung gegen die Rückversetzung Ralf Schumachers vom 8. auf den 11. Rang in Imola fallen gelassen, den Protest bei der FIA also zurückgezogen, „weil zuviele Flug- und Hotelkosten plus Hotelgebühren usw. involviert wären." Ralf findet die 25-Sekunden-Zeitstrafe wegen angeblicher Behinderung von Nick Heidfeld in den Boxen zwar immer noch ungerecht, aber er akzeptiert sie. Dem Frust fuhr er bei den Reifentests in Jerez mit schnellen Low-Fuel-Runden (1:17,3) davon, „aber insgesamt konnte ich nicht soviele Runden drehen, wie ich wollte. Immerhin – wir haben neue Teile für den spanischen Grand Prix."

„Alles wie früher. Immer noch der gleiche Lärm." Gerhard Berger zum ersten Mal seit dem Monaco-GP 2004 wieder bei der Formel I, spürt in Barcelona: „Nix hat sich verändert." Außer, dass BMW mit Williams ohne Sportdirektor Berger nicht mehr gewinnt. Wie lang hält die brüchige Ehe? „Wir haben den Vertrag mit BMW bis 2009", verrät mir Patrick Head, „ein sehr guter Motor. Und wenn nicht BMW, kriegen wir einen anderen Siegermotor." Und Sauber kriegt BMW oder umgekehrt – für 50 Millionen Dollar?

Es kriselt auch woanders. Jenson Button – durch die Benzintrickaffäre genug gestraft – hat die Hochzeit mit seiner Louise abgesagt. Der Formel-I-Star und die Popsängerin haben sich getrennt: „Formel I und Show, das stiehlt dir alles zuviel Zeit fürs Privatleben. Und ich stürz mich jetzt total ins Testen – ich will heuer noch viele Rennen gewinnen!"

Die Farce von Indianapolis: Nach Ralf Schumachers Reifenplatzer-Unfall zieht Michelin seine sieben Teams (14 Fahrer) vom Rennen zurück. Der Boykott, der die US-Fans total verärgert: „Ihr braucht überhaupt nicht mehr zu kommen. FIA-Bestrafung bleibt aus. Aber Michelin ersetzt die Tickets und zahlt extra 20 Millionen Dollar.

Das Geisterrennen. Die sechs Autos – zwei Ferrari, je zwei Jordan und Minardi – verlieren sich im weiten Oval von Indy. Woanders wird der Platz zu eng: In Spa verbremst sich Sato in der ersten Kurve, was Schumachers Serie von Pleiten, Pech und Pannen verlängert. Am Schumi-Einsatz mangelt es nie, am Reifengrip aber immer und überall.

Zärtlicher Rambo: Montoya mit Söhnchen Sebastian und seinem Vater, dem Architekten aus Bogota. Juan-Pablo hat einen mühsamen Beginn bei McLaren: Zu schmales Cockpit, dann ein Trainingsunfall, aber immer hart im Zweikampf. Ron Dennis (unten) zieht die Fäden in der Box der Silberpfeile. Funkbefehle wurden von der FIA abgehört.

Exklusives Dokument der Video-Überwachungskameras in Le Castellet: Alex Wurz' alarmierender Crash bei geheimen Testfahrten weit jenseits von 300 km/h. „Von allen Formel-I-Unfällen, die der Fahrer unverletzt überlebt hat, der Aufprall mit der höchsten Geschwindigkeit!“ weiß der „Weltmeister der Testpiloten.“ Ursache: Schlamperei. Ein Rad war falsch (gegen die Laufrichtung) montiert worden.
Großes Bild: Phantome in den belgischen Ardennen. Montoya, Räikkönen und der Toyota von Trulli aus Regen und Nebel aufgetaucht wie ein Geschwader.

V-Power

Der beste neue Grand Prix: Istanbul. Die malerische Berg- und Talstrecke am Bosporus begeistert auch Mike Tyson – und geboxt wird nach dem Start wirklich: Massa ganz links neben Ralf und Michael Schumacher, davor macht sich Button aus dem Staub.

HONDA
LOOK RIGHT

Keine Kampftrinker, sondern nur völlig ausgetrocknet. Räikkönen und Alonso feiern getrennt nach einem ihrer vielen Duelle 2005. Unten: Kimis alarmierender Reifenplatzer-Unfall am Nürburgring – eine Runde zu spät. Aber er hätte wechseln dürfen.

DIE GROSSEN SIEGESSERIEN

Jahr	*Fahrer (Auto) aufeinanderfolgende Siege*
1952	Alberto Ascari (Ferrari) 6
1953	Alberto Ascari (Ferrari) 3
1954	Juan Manuel Fangio (Mercedes) 3 + 3
1957	Juan Manuel Fangio (Maserati) 3
1960	Jack Brabham (Cooper) 5
1963	Jim Clark (Lotus) 4
1965	Jim Clark (Lotus) 5
1966	Jack Brabham (Brabham) 4
1969	Jackie Stewart (Matra) 3
1970	Jochen Rindt (Lotus) 4
1971	Jackie Stewart (Tyrrell) 3
1975	Niki Lauda (Ferrari) 3
1988	Ayrton Senna (McLaren) 4
1989	Ayrton Senna (McLaren) 3
1990	Alain Prost (Ferrari) 3
1991	Ayrton Senna (McLaren) 4, Nigel Mansell (Williams) 3
1992	Nigel Mansell (Williams) 5 + 3
1993	Alain Prost (Williams) 4
1994	Michael Schumacher (Benetton) 4 Damon Hill (Williams) 3
1995	Michael Schumacher (Benetton) 3
1996	Damon Hill (Williams) 3
1998	Michael Schumacher (Ferrari) 3
2000	Michael Schumacher (Ferrari) 3 + 4
2002	Michael Schumacher (Ferrari) 4 + 3
2003	Michael Schumacher (Ferrari) 3
2004	Michael Schumacher (Ferrari) 5 + 7
2005	Fernando Alonso (Renault) 3

Dagegen – gegen alle Scheidungsgerüchte – keine Zielflagge für Räikkönen und seine Jenni: Die Ex-Miss-Scandinavia ist in Barcelona, ziemlich verliebt, sogar in der McLaren-Box.

Aber Marlene Lauda fehlt heuer! Sonst immer bei ihrem „Heim-Grand-Prix“ dabei, heuer nicht – weil ihr Sohn Mathias im GP-2-Rennen startet. Marlene: „Ich brings nicht übers Herz, nach dem Niki auch dem Mathias zuzuschauen – ich hätte zuviel Angst.“

Auch „Kaiser“ Franz Beckenbauer, von Didi Mateschitz zum GP eingeladen, fehlt aus privaten Gründen: Krankheitsfall in der Familie.

Der Kanadier-Russe Alex Shnaider, neuer Jordan-Besitzer, hat seine Stars von den „Toronto Maple Leaves“ mitgebracht – sofern sie nicht bei der Eishockey-WM dabei sind. Flavio Briatore den Las-Vegas-Millionär, der ihm für 35 Millionen Dollar seine Yacht „Lady in Blue“ abgekauft hat.

Und im Fahrerlager, dort, wo bis Freitag die fünf riesengroßen BAR-Honda-Trucks parkten, zwischen Ferrari und Renault – dort spielen jetzt Alonso und Fisichella Fußball. Die Welt dreht sich schnell in der Formel I.

Jeweils drei oder noch mehr aufeinander folgende Siege in einer Grand-Prix-Saison schafften bis jetzt schon viele Piloten (links).

Buttons Superzeit beim Testen (1:13,4) wird in Barcelona nicht erreicht. Worauf in der BAR-Box der Verdacht aufkeimt: „Da seht ihr! Fast alle hatten doch den gleichen Trick. Nur: Uns hat die FIA herausgepickt und bestraft."

Merkwürdig: Noch am Donnerstag, nach dem BAR-Schuldspruch von Paris, wurden für zwei Spitzenteams heimlich neue Benzintanks nach Barcelona gebracht ... Und als die riesigen BAR-Honda-Transporter abhauen mussten, klaffte plötzlich ein riesiges Loch zwischen den gigantisch-großen Transportern.

Schwindeln alle, Max? frag ich den FIA-Präsidenten. „Nein!" widerspricht Mosley. „Ich hätte am liebsten BAR fürs ganze Jahr aus der WM rausgeschmissen. Renault, Ferrari usw. sind sauber."

Mosley hofft „auf ein WM-Duell Alonso gegen Schumacher bis zum 19. und letzten Rennen. Aber da muss Ferrari Gas geben." Michael beurteilt Spanien als „nicht vielversprechend", klammert sich aber an seine goldene Serie: Alle 14 Barcelona-Rennen mit WM-Punkten beendet – sechsmal als Sieger! Aber diesmal erwischt ihn das Pech doch noch.

Jarno Trulli ist von seiner Halbzeit-Poleposition „selber überrascht. Aber Ralf ist noch stärker als ich." Nur dreimal schlägt Ralf den Italiener im Qualifying-Duell 2005, erstmals in Spanien. Räikkönen holt Pole, neben ihm steht der über eine Runde immer sehr starke Mark Webber.

Wenn man die Startplätze wie früher beim Eiskunstlauf zu einer „Platzziffer" addiert, dann ist Webber bis zum Frühsommer der stärkste Qualifyer der ganzen Formel I. Aber ganz Spanien sehnt sich nach der großen Alonso-Show. „Gewinnen ist vom dritten Startplatz aus schwierig, aber ich will allen Spaniern die Freude machen." Vor allem seinem extrem sportlichen König Juan Carlos, der Fernando als Erster gratulieren möchte.

"A-lon-so! A-lon-so!" peitschen die Sprechchöre über den „Circuit de Catalunya", ein Meer in Blau-Gelb. Die Farben von Renault – aber auch von Asturien.

Ferrari heckt eine unglaubliche Strategie aus: Die Superhirne schicken ihre Autos mit plattelvoll gefüllten Tanks ins Rennen. Auch wenn sie es offiziell abstreiten: Für nur einen Boxenstopp. Schumi tankt in der 32. Runde in 8,8 Sekunden, Barrichello zwei Runden später in 11,0 Sekunden.

Bei McLaren und Renault läuft alles laut Plan, unkompliziert und direkt, ohne Risiko. Die schnellste Lösung, vom Computer ausgespuckt: Tankstopps in der 24. und 44. Runde. Räikkönen startet perfekt, Alonso schießt an Webber vorbei. So bleibt es bis zu den ersten Boxenstopps: 25. Runde Räikkönen – 8,6 sec. 27. Runde Alonso – 7,9 sec.

Kimis Strategie: „Ich muss sofort Tempo machen, einen Vorsprung herausjagen, bis ich sicher vorn bin." Und Fernando sieht bald ein, „dass Kimi an diesem Tag nicht zu schlagen ist. Also soll er ruhig gewinnen. Ich will nicht riskieren, rauszufliegen und deswegen in zwei Wochen in Monaco als Erster ins Qualifying zu müssen." Gedanken an Monte Carlo, ausgerechnet wegen seines spannungsgeladenen Heim-Grand-Prix, während ganz Spanien mit seinem Helden mitfiebert – Alonso muss wirklich schon sehr an die WM denken …

Dafür reißt die goldene Schumacher-Serie ein zweites Mal, diesmal endgültig. Nach dem Hydraulik-Defekt von Bahrain jetzt auch das Ende seiner spanischen Fiesta: zweimal Reifenschaden! Erst links hinten wegen eines kaputten Ventils, dann links vorn, weil Schumi beim Anbremsen ein Wrackteil überfahren hat – analysiert jedenfalls Bridgestone.

Schumis Benzinrisiko hätte sich beinahe ausgezahlt, auch wenn er relativiert: „Ich denke, ich hätte kurz vor Schluss noch einmal tanken müssen." Bei Barrichello aber klappt es – mit nur einem Boxenstopp Neunter.

„Ich hätte Dritter werden können", grübelt Michael. „Sechs Punkte wären gut gewesen." Aber: „Je weiter weg die WM von uns ist, desto lockerer kann ich fahren. Aber abschreiben will ich die WM nicht. Ihr kennt mich ja lang genug. Ich geh mit frischem Mut an die nächste Aufgabe."

Das Schumi-Reifendrama prallt von Räikkönen und Alonso völlig ab. „Meine Reifen sind gut", bestätigt Kimi über Boxenfunk. „Ich könnte noch viel schneller fahren." Und Fernando, mit dem gleichen Gummi wie der Finne: „Ich hab es konservativ angelegt, wie angekündigt – in den letzten 20 Runden auf die Reifen aufpassen."

Dahinter die beiden Toyotas trotz Trulli-Feuerzauber beim Boxenstopp, also Jarno vor Ralf Schumacher.

Aber Räikkönen ist an diesem Tag unschlagbar: 27 Sekunden vor Alonso im Ziel – der silberne Stern strahlt sogar über Alonsos Königreich. Aber die 125.000 im Hexenkessel von Barcelona feiern Fernando wie einen Sieger: schon 44 WM-Punkte! Und auch König Juan Carlos gratuliert seinem schnellsten Untertan genauso herzlich wie sonst, wenn er gewonnen hat: „Ganz Spanien ist stolz auf dich! Und mach weiter so!"

Die faszinierende Zeitreise der Formel I: Alle 10 Jahre taucht ein neuer Superstar auf – und alle drei hatten sie den gleichen Lehrmeister! Renault-Technikdirektor Pat Symonds (51) bildete schon 1984 Ayrton Senna bei Toleman aus, 1994 Michael Schumacher bei Benetton – und jetzt Fernando Alonso bei Renault. Erstmals und exklusiv: Superhirn Symonds vergleicht die „Großen Drei".

CHARAKTER:
Symonds: „Alle drei extrem selbstbewusst, total von sich überzeugt: Ich bin der Beste. Wichtig für jeden Siegertyp. Michael und Fernando fühlen sich in ihrem ganzen Leben total relaxt und happy. Für Ayrton galt das nicht: ein Charakter mit Problemen, anfangs ein nervöser Typ – Michael war entspannter, ausgeglichener, hatte mehr Spaß am Leben als Ayrton – der immer nur 100-prozentig an die Formel I dachte. Und darunter gelitten hat."

TALENT:
Symonds: „Talent zum Rennfahren haben viele, aber wirklich herausragend sind nur diese drei, weil mehr dazu gehört: Abstimmung, Fertigwerden mit wechselnden Bedingungen, sofort Linie, Stil, Fahrweise ändern, wenn etwas nicht so läuft."

TECHNISCHES WISSEN:
Symonds: „Bei Senna gab es noch nicht einmal einen Datencomputer, erst kurz vor der Schumacher-Ära, ab 1990. Jetzt, mit Alonso, haben wir unsere Windkanalmodelle und Simulationen, brauchen aber immer noch den Fahrer – als Bestätigung."

FAHRWEISE:
Symonds: „Alle drei gleich. Sie setzen sich ein Ziel: Soundso schnell muss ich fahren, um das oder jenes zu erreichen – und genau das schaffen sie dann auch."

LINKSBREMSEN:
Symonds: „Senna bremste immer nur rechts, Schumi wechselte bald auf links, und Alonso hat schon immer mit dem linken Fuß gebremst."

FAHRINTELLIGENZ:
Symonds: „Schumi hat mich immer überrascht mit seinem „total recall" – unglaublichem Erinnerungsvermögen, fotografischem Gedächtnis. Zum Beispiel, wenn er sagt: Das Auto fühlt sich genauso an wie vor zwei Jahren in Kanada und damals hatten wir den Stabilisator um zwei Millimeter verändert … Sennas Erinnerung war gut, Alonsos ist ganz normal. Aber er weiß, wenn wir an der Abstimmung arbeiten, ganz genau, wie es vor einem Jahr bei diesem oder jenen Rennen mit Räikkönen war."

TESTEN:
Symonds: „Alonso ist fantastisch. Er spürt die geringste Veränderung am Auto und kann das auch ganz präzise sagen. Und er weiß auch immer genau, was er will."

BOXENFUNK:
Symonds: „Alonso redet am Boxenfunk vernünftig und eher viel, Schumi das gleiche – und Senna hatte ja noch keinen Funk im Auto."

START:
Symonds: „Der Beste kann immer nur der sein, der in einem Auto mit Renault-Startkontrolle sitzt …"

ÜBERHOLEN:
Symonds: „Weder Senna noch Schumacher – der Beste ist Alonso! Weil er immer die Lücken zwischen zwei Autos erkennt, noch bevor sie sich auftun."
CHARISMA:
Symonds: „Alonso ist noch sehr jung, ein eher ruhiger, stiller Typ – vielleicht kommt das noch nicht so ganz rüber wie bei Schumacher oder früher Senna. Aber er versteht ein Rennen, weiß genau, was zwischen Start und Ziel passiert, was möglich ist und was nicht – und vor allem wann."
KONDITION:
Symonds: „Michael hat die beste. Aber Alonso ist nicht weit weg von ihm. Dagegen hatte Senna, als er in die Formel I kam, überhaupt keine Kondition."
WELTMEISTER:
Symonds: „Bei Senna wusste ich schon sehr frühzeitig: Der wird einmal ein ganz großer Champion. Schumi hab ich bis zu seinen ersten zwei WM-Titeln begleitet. Und Alonso halt jetzt zum ersten Titel."
ERINNERUNGEN:
Symonds: „Bei Senna denke ich immer an seine unheimliche Aufholjagd in Monaco 1984. Bei Schumi an seinen ersten WM-Titel. Und bei Alonso heute auch schon."
EGOISMUS:
Symonds: „Dankbarkeit und Komplimente von Senna, Schumi oder Fernando? Mir hat noch nie ein Rennfahrer etwas Nettes gesagt …"

„Weekend of a Champion" hieß vor mehr als 30 Jahren eine Filmdokumentation, die der Meisterregisseur Roman Polanski mit dem berühmten Jackie Stewart gedreht hatte – vor der einmaligen Kulisse des Märchen-Grand-Prix in Monte Carlo. Vom Aufstehen und Rasieren bis zur Siegerehrung – und dem Galadiner mit Fürst Rainier und Gracia Patricia. Damals war die große Renault-Elf-Nachwuchsförderung voll angelaufen, und von Jean-Pierre Beltoise bis Patrick Depailler gewannen die Tricolore die wichtigsten Formel-I-Rennen, auch Monaco. Fünf, sechs Rennfahrergenerationen später heißt der neue Jackie Stewart für viele Formel-I-Insider Fernando Alonso: genauso professionell wie der dreimalige Weltmeister, genauso liebenswürdig und auch schon weltweit populär.

Also begleiten wir den Spanier auf einer Etappe zum neuen König der Formel I: Ein Tag mit Fernando Alonso. Und da fällt als Erstes auf, wie freudig und positiv er die ganze harte Wochenendarbeit nimmt – und wie locker er mit dem Stress zurechtkommt. 19 Rennen in einem Jahr, von März bis Oktober. Einmal acht Rennen binnen zehn Wochen. Im Monat Juli – zum ersten Mal überhaupt – gleich vier WM-Läufe.

Und immer der gleiche Ablauf. Donnerstag, gleich nach der Ankunft, zu Fuß um die ganze Rennstrecke, zusammen mit Giancarlo Fisichella und den Ingenieuren. Fernando studiert Kurvenlinie und Bremspunkte, fährt sich quasi mental in die Strecke ein – wie es auch Skirennläufer am Start tun. Ernst und voll konzentriert.

So, als würde Alonso einen Schalter umlegen. „Der private Fernando", sagt sein Renningenieur Ron Nelson, „hört nie auf, Späße zu reißen und Blödsinn zu machen. Da ist er wie jeder Twen, knapp über 20. Aber im Fahrerlager oder auf der Strecke, da kommt die Maske runter. Keine Zeit mehr zum Blödeln. Fernando verschwendet auch keine Worte mehr – und wenn er redet, ist er schon total fokussiert aufs Rennen."

In der Formel I gibt es für Spitzenpiloten in einem Spitzenteam, auf dem Weg zum WM-Titel, keine Sekunde Leerlauf: Das ganze Wochenende ist für Alonso und Fisichella vorprogrammiert. „Wir haben zwei Aufgaben", weiß der Spanier. „Zuerst einmal totale Konzentration aufs Rennen, mit allen Briefings, Analysen, technischen Diskussionen usw., aber parallel dazu unsere Medien- und TV-Interviews plus unsere Auftritte bei den Events unserer Teampartner." Schließlich hat Teamchef Flavio Briatore schon vor 10 Jahren – damals noch Boss von Schumacher und Benetton-Renault – gewusst: „Kommunikation ist in unserem Business das Wichtigste." Und da macht Alonso, am Beginn seiner himmelstürmenden Formel-I-Karriere noch eher schüchtern und zurückhaltend, längst eine perfekte Figur. Immer charmant und ehrlich, nie abgehoben oder arrogant, und er redet auch keine sinnlosen Worthülsen, wie man sie bei vielen anderen Fahrern hört. Alle spüren und wissen: Dieser neue Champion ist echt.

Sein Arbeitstag beginnt mit dem Frühstück, manchmal im Hotel, aber meist im Renault-Motorhome auf der Rennstrecke. Kein „Palazzo Prozzo" wie bei McLaren, sondern charmant und gemütlich, auch nie überlaufen – natürlich mit einem eigenen Abteil für die Piloten. Für Alonso und Fisichella der Platz, wo sie relaxen können, ihre Ruhe haben. Dort trifft man auch meist Alonsos Vater José Luis, und Alonsos Mutter – beide keineswegs der Typ nervöser „Eislaufeltern", sondern ruhig und zurückhaltend. Man ahnt, woher Fernandos innere Kraft kommt.

Im Freitagstraining dreht er, außer einer Überprüfungsrunde, meist nur ganz wenige Runden, um den Motor zu schonen – seit die Motoren zwei komplette Wochenenden halten müssen, eine logische Entscheidung. „Aber manchmal ändern wir auch die Strategie." Vollgas heißt es dann im Samstag-Qualifying. Und etwa 90 Minuten später, um 15 Uhr gibt es als Jour fixe das „Media Briefing": Alonso und Fisichella sitzen – an zwei verschiedenen Tischen – mit den wichtigsten der rund 1000 Formel-Journalisten zusammen. Zuerst wird englisch geredet, danach italienisch bzw. spanisch. Wobei auffällt: Je öfter Alonso gewonnen hat, umso mehr spanische Reporter kamen zum nächsten Grand Prix.

An Popularität hat Fernando Alonso, schon dreimal Spaniens Sportler des Jahres, längst nicht nur die Motorradcracks, sondern auch den Real-Madrid-Kapitän Raul überholt. Fußball – auch ein heißes Thema für Fernando. „Wäre ich nicht schon ab meinem dritten Lebensjahr Kart-Rennen gefahren, ich wäre wahrscheinlich am ehesten Fußballer geworden. Ich wollte immer schon der Beste sein, bei allem was ich tu, und immer und überall gewinnen!" Er brilliert auch heute, mit Schumi als Nebenmann, bei jedem Charity-Match der Formel-I-Truppe. Oder mit seinen Mechanikern im Fahrerlager. Sein Renningenieur Rod Nelson: „Er ist wie jeder junge Mann in seinem Alter, spielt Fußball, verbringt seine Freizeit mit Freunden" – die am Wochenende immer knapper wird.

Aber wenigstens können die Formel-I-Piloten anno 2005 – nach den Programmänderungen – am Sonntag länger schlafen. Angenehm für jeden Spanier. Normal kommt Alonso, von seinem Vater begleitet, um 9.30 Uhr auf die Rennstrecke, trifft sich im Renault-Motorhome mit Fisichella, sprintet zwischen Fahrerlager, Boxen und den riesigen Trucks der Ingenieure, schüttelt ein paar Hände, posiert höflich und freundlich, nie gelangweilt, für ein paar Fotos – und erfüllt dann seine Pflichtauftritte bei den Renault-Partnern und -sponsoren, charmant, aber präzise dirigiert von Patricia Spinelli und Bradley Lord, die sehr viel Sympathien für dieses Team erwecken.

Jede Minute ist eingeteilt.

11.30 Uhr: Zweieinhalb Stunden vorm Start – zusammen mit seinem Vater und dem Manager Luis Garcia im abgeschirmten Motorhome – noch ein leichtes Mittagessen, wie von allen Rennfahrern bevorzugt: Pasta, Salat, etwas Obst. Und viel zu trinken. Um 11.45 Uhr steigt das letzte, wichtigste Meeting mit den Ingenieuren. 30 Minuten lang analysiert man das ideale Szenario fürs Rennen: Wie ist die Strecke heute beschaffen? Wie wird das Wetter? Welche Strategie ist die beste: zwei Stopps oder drei Stopps? In welcher Runde kommen Alonso und „Fisico" zum Nachtanken an die Box? Welche Taktik haben wohl McLaren und Ferrari? Und wie reagieren wir in einer Safety-Car-Phase? Oder wenn sonst etwas Außergewöhnliches passiert? Fragen über Fragen, und langsam steigt die Spannung, nur etwas aufgelockert von der Parade-Runde für die begeisterten Fans – entweder in offenen Oldtimern oder auf der Ladefläche eines Trucks mit Winken, Lächeln und Smalltalk mit den Konkurrenten – sonst kommen die F-1-Stars an einem Rennwochenende ja kaum zum Reden. Fernando hat keine Probleme, mit Räikkönen oder Montoya zu plaudern … Aber dann will auch er nur noch seine engsten Vertrauten um sich haben.

Um 13.20 Uhr der „Final Countdown": Motorchef Denis Chevrier und Motoringenieur Remi Taffin besprechen ein letztes Mal mit Alonso, wann er welche der sechs verschiedenen Motorpositionen (von Sprit sparen bis zu maximaler Drehzahl und Power) benützen sollte. Also: wann voll attackieren, und wann defensiv fahren. Um 13.25 Uhr noch ein paar Aufwärmübungen, kurzes Stretching, überwacht von seinem Trainer Edoardo, bevor er ins Cockpit klettert. Um 13.30 Uhr ist die Boxenausfahrt offen – bis spätestens 13.45 Uhr muss Alonso auf seinem Startplatz stehen. Meist steigt er nochmals aus und klettert um 13.50 Uhr zurück ins Cockpit. Ab jetzt ist er endgültig allein, aber über den Boxenfunk mit seiner Crew verbunden. Und die weiß: „Fernando redet gern und viel und immer leidenschaftlich.“

Besonders, wenn er um zirka 15.30 Uhr gewinnt und während der Auslaufrunde aus dem Cockpit heraus seine Siege anzeigt: Nr. 1 in Sepang, Nr. 2 in Bahrain, Nr. 3 in Imola … und später: Nr. 4 am Nürburgring, Nr. 5, zur großen Freude des neuen Renault-Präsidenten Carlos Ghosn, in Magny-Cours, Nr. 6 in Hockenheim, Nr. 7 in Shanghai … und noch kein Ende abzusehen.

18 Uhr: Alonso, immer noch gefeiert, schreibt im Fahrerlager die letzten Autogramme. „Mach ich gern für die Fans, aber schade nur, dass ich nicht alle happy machen kann.“ Und er selbst, wie glücklich ist Alonso wirklich? „Ich weiß, dass ich mit meiner jetzigen Art zu leben auf vieles verzichten muss. Man erwartet von mir, dass ich immer nur total professionell bin – und das kann manchmal hart sein. Aber wenn ich dann auf dem Podium Champagner verspritzen kann, ist das alles vergessen. Dann gibt ’s keine bessere Motivation.“

Monte Carlo:
DIE THRONFOLGER

Der Formel-I-Klassiker von Monte Carlo wird 2005 ein Grand Prix mit Trauerflor: Fürst Rainier III. ist am 6. April 82-jährig gestorben. Zu den Trauerfeierlichkeiten kommen von allen Piloten, die jemals in Monaco gewonnen haben oder steuerschonend im Fürstentum leben, nur zwei – Alain Prost und Gerhard Berger. Auf die Idee, den Grand Prix abzusagen, kommt natürlich keiner: die Tribünen, die Charterflüge, die Hotelreservierungen … aber es ist kein Grand Prix wie jeder andere, das spüren alle, am besten der sensible Gerhard Berger.

Gerhard, die Welt blickt wieder nach Monte Carlo – aber zum ersten Mal seit 1955 fehlt Rainier III., Europas längstregierender Monarch, in der Fürstenloge?

Berger: „Die Atmosphäre ist heuer traurig und ruhiger als sonst, vor allem aber sehr respektvoll. Der Fürst war ein sehr großer Förderer des Sports, nicht nur Fußball oder Tennis, sondern besonders der Formel I – und hat das Geschehen immer sehr genau beobachtet. Die Fürstenfamilie zählt in Monaco sehr viel. Jetzt übernimmt Prinz Albert die Aufgaben seines Vaters."

Dessen jährliche, traditionelle Gratulationsformel in der Fürstenloge („I'm happy it's you") ja berühmt war. Was ändert sich diesmal am Zeremoniell?

Berger: „Prinz Albert wird nicht die Siegerehrung durchführen, und das legendäre Galadiner im Sporting Club, bei dem der jeweilige Sieger (Ayrton Senna sechsmal, Michael Schumacher und Graham Hill je fünfmal, Alain Prost viermal) traditionsgemäß immer am Tisch des Fürsten Platz nehmen durfte, wird heuer ausfallen. Als offizieller Anlass abgesagt. Der Grand Prix steht diesmal im Zeichen der Trauer um den Fürsten. Deswegen sind in Monte Carlo auch alle betrübt. Es ist eine tolle Familie, die Monaco regiert, und die Bevölkerung begegnet jedem einzelnen Mitglied der Fürstenfamilie mit viel Respekt. Der Grand Prix wird natürlich stattfinden als Grand Prix – aber die Atmosphäre wird ruhiger sein."

Deine aktuellen Eindrücke von der neuen Formel I?

Berger: „Wir haben heuer endlich wieder eine tolle Saison, weil einige Autos vorn an der Spitze mitmischen. Die vorübergehende Fadesse ist vorbei, die Formel I ist spannend wie in ihrer allerbesten Zeit. Ein kleines Manko ist zwar, dass man kaum überholen kann, und auch das jetzige Qualifying-System ist nicht perfekt – aber dafür kommen genug andere Höhepunkte, vor allem durch Räikkönen und Alonso."

Muss man Schumacher schon abschreiben, wie bereits manche glauben?

Berger: „Überhaupt nicht, keine Rede davon. Michael ist ein ganz ausgekochter, erfahrener, mit allen Wassern gewaschener Typ – der wird ganz sicher auch wieder gewinnen. Einen siebenfachen Weltmeister lässt das kalt, was manche glauben oder kritisieren. Michael ist für mich immer derselbe. Und Hauptsache, die WM ist wieder spannend. Es macht Spaß, wieder zuzuschauen."

Und der „nächste Schumi", der neue Superstar für die nächsten 10 Jahre heißt Alonso?

Berger: „Glaub ich schon. Alonso ist der Aufsteiger des Jahres. Aber vergiss Kimi Räikkönen nicht. Zwar ein ganz anderer Typ als der Spanier, aber aber auch extrem talentiert und schnell."

Und Juan-Pablo Montoya, den du seinerzeit zu Williams-BMW in die Formel I geholt hast?

Berger: „Auch ein guter Mann, zweifellos – aber mit seinen üblichen Schwankungen."

Du warst voriges Jahr, als jahrelanger Ferrari-Pilot, in die Rennabteilung in Fiorano eingeladen, hast Schumachers Ferrari bei der Streckeneröffnung in Shanghai gefahren – wie ist dein aktuelles Verhältnis zum Formel-I-Zirkus, vor allem zu deinem früheren Team?

Berger: „Zu BMW lose-freundschaftlich."

Und hast du derzeit Angebote?

Berger: „Einige ... und alle aus der Formel I. Sag niemals nie, aber derzeit mach ich nichts in dieser Richtung. Aber: Ich hab dem jungen Bruno Senna in England geholfen, dem Neffen von Ayrton. Seine Schwester Viviane war bei mir und fragte um Rat, da hab ich natürlich meine Kontakte spielen lassen. Bruno erinnert mich sehr an Ayrton – am meisten im Aussehen und im Denken."

Wir erleben momentan überhaupt eine Phase der Rennfahrer in zweiter Generation – Nelson Piquet jr., Nico Rosberg, Mathias Lauda, usw.?

Berger: „Stimmt – und ich beobachte auch die Jungen in der GP-2-Serie, aber mehr in Bezug auf ihre Väter. Speziell Rosberg, zu dem ich auch nach unserer eigenen Rennkarriere immer Kontakt hatte. Der junge Rosberg ist sehr überlegt, macht einen guten Job, jetzt schon als zweiter Formel-I-Testfahrer bei Williams-BMW, ist schnell, die Richtung stimmt – er wird sicher seinen Weg machen. Und Piquet junior ist ein genauso schneller junger Mann."

Zurück zur aktuellen Formel I. Wer wird heuer Weltmeister?

Berger: „Schwierig vorauszusagen, auch wenn Alonso einen deutlichen Vorsprung hat. Aber Räikkönen ist keineswegs weg vom Fenster – nur Schumacher hat noch Probleme, das richtige Paket zusammenzukriegen. Ich hoff, dass er es schafft, dann haben wir einen tollen Dreikampf um den Titel, vielleicht kommt sogar noch ein Vierter dazu – das ist es, was die Formel I braucht. "

Und deine eigene Motorsportambitionen, Gerhard?

Berger: „Ich bin voriges Jahr in Brünn mit einer Motorrad-Rennmaschine gefahren, hab mir auch eine Teilnahme an Training und Rennen überlegt, aber schließlich nein gesagt – nach 20 Jahren als aktiver Rennfahrer muss ich nicht unbedingt riskieren, mir nochmals wehzutun. Aber ich bin begeistert von der Motorrad-WM, war beim Grand Prix in Jerez zuschauen, komm auch wieder nach Barcelona, hab selber zwei große MV-Agusta, mit mehr als 1000 ccm."

Aber du brauchst nicht unbedingt viele PS?

Berger: „Voriges Jahr um diese Zeit bin ich mit dem Rennrad von Tirol zurück nach Monte Carlo gefahren – meine eigene, private Tour de France über 700 oder 800 km. Leider hat 's auf den letzten 100 km geregnet ... Aber ich war zuletzt auch Heli-Skiing in den Rocky Mountains. Auch sonst läuft alles perfekt, der Firma in Tirol geht 's gut, eigentlich hab ich ein Superleben – mir geht nichts ab."

Glanz und Glitter, PS und Promis, Stars und Sternchen – der ganz normale Party-Rummel in Monte Carlo. Privates Fest bei Gerhard Berger, Didi Mateschitz bei der „Star Wars"-Premiere, Juan-Pablo Montoya erstmals mit Frau und Baby, detto Jarno Trulli, Mercedes zelebriert seinen 200. Grand Prix, Bernie Ecclestones charmante Töchter Petra und Tamara debütieren als Models für Papa Bernies neue Fashion-Line: Der große Zampano präsentiert seine offiziellen Formel-I-Accessoires, Gürtel und Kappen für 200 Euro, mit offiziellem F-1-Logo und Swarovski-Steinen, „nicht Ramsch, sondern Qualität."

Und auf den Luxusyachten wird sowieso immer gefeiert. Am stilvollsten bei der Kaviar-Party des neuen Jordan-Besitzers Alex Shnaider, russisch-kanadischer Stahlmilliardär, angeblich fünftreichster Mann der Welt. „Frank Stronach kenn ich gut – Roman Abramovich natürlich auch." Der hat aus Chelsea den „FC Chelski" gemacht – gelingt Shnaider das gleiche in der Formel I? „Wird schwierig und länger dauern." Seine Fahrer für 2006? „Damit haben wir noch ein bissl Zeit. Aber ich muss einen russischen Piloten aufbauen – für die Formel I."

Von Shnaiders 25-Millionen-Dollar-Yacht „Midlandia" sieht man die Riesenschiffe von Abramovich: fast zu groß, um in den Hafen reinzukommen – wie früher die legendäre schneeweiße „Christina" von Onassis. Shnaiders Nachbaryacht ist Flavio Briatores „Lady in Blue", schon verkauft, aber Flavio hat sie noch für eine Woche ausgeborgt. Man muss ja schließlich was herzeigen in Monaco.

Noch gesehen im Hafen: Eddie Irvines „Annaconda", Fisichellas „Fisi", mit der er von Rom heraufgekommen ist, und Eddie Jordans „Snapper" – wenigstens die hat er sich behalten.

Michael Schumachers Arme wurden auf 14 Millionen Dollar versichert, Räikkönen und Montoya fahren mit 250 km/h die teuersten Diamanten auf ihren Helmen spazieren etc.

Am unauffälligsten, bescheidensten, fernab vom ganzen Rummel, ein spanisches

Ehepaar aus Oviedo: Mutter und Vater Alonso, nirgendwo als Party-Aufputz. Nicht einmal bei der Premiere von „Star Wars" im Forum Grimaldi – wie vor genau 50 Jahren, am Vorabend des Grand Prix 1955, die Weltaufführung eines reißerischen Rennfahrerfilms. Nach zehn Minuten stand Alberto Ascari, der erste Ferrari-Weltmeister, auf und ging: „Mir wird schlecht. Zuviele Unfälle. Ein böses Omen für morgen." Prompt raste er tags darauf wegen Bremsdefekts ins Meer, versank samt Lancia-Rennwagen – und wurde von Froschmännern und Onassis-Matrosen geborgen.

Aber das Schicksal holte ihn ein: Vier Tage später starb Ascari bei Testfahrten in Monza.

Und jetzt wieder Monte Carlo – da fährt jedes Jahr der Aberglauben mit, mehr als auf jeder anderen Rennstrecke: Das legendäre Auto-Roulette. Ayrton Senna spielte jedes Jahr am Vorabend des Rennens im Casino seine Startnummer – und sechsmal gewann er wirklich. Vizeweltmeister Jacky Ickx nahm immer seinen Hotelschlüssel mit: „Als Garantie, dass ich überleb und nächstes Jahr gesund wiederkomm." Stefano Modena (Dritter 1989) stellte jedesmal sein Hotelbett um: „Kopf zur Tür, Füße zum Fenster, damit mir nichts passiert. Weil sie in Italien die Toten immer mit den Füßen voran aus dem Zimmer tragen …"

Sie alle haben ihren Aberglauben, sogar Schumacher: Steigt immer von der gleichen Seite in den Ferrari. „Nur einmal hab ich drauf vergessen." Und, Michael? „Das Rennen war genau gleich wie immer." Als er aber 2004 in Bahrain den Talisman seiner Corinna im Zimmer vergaß, musste ein Ferrari-Techniker zurück ins Hotel rasen, „sonst wäre der Michael nicht gestartet." Und nochmals Alarm in Silverstone, wo er den Glücksbringer im Fahrerlager verlor – aber wieder bekam.

Ein Formel-I-Reporter verrät: „In Monte Carlo geh ich am Samstag jedes Jahr mit dem Sieger von morgen abendessen." Mit wem wohl dieses Jahr?

Fürs ungeliebte zweite, entscheidende Qualifying bekommt Ralf Schumacher 0,5 Sekunden Zeitstrafe aufgebrummt, weil einer seiner Reifen nicht markiert war. Michelin: „Sorry, Ralf, wir entschuldigen uns." Und Rennchef Pierre Dupasquier prophezeit: „Diesmal kann nur einer aus den beiden ersten Startreihen gewinnen!" Außer er hieß Jochen Rindt – der stürmte 1970 vom 8. Startplatz zum Sieg. Schumacher gewann vier seiner fünf Monaco-Rennen vom 2. Startplatz, ist aber aktuell kein Favorit. Es riecht nach einem neuen Sieger – Fernando Alonso?

„Fahr so langsam wie möglich", war jahrelang die Strategie in Monte Carlo, „damit dein Auto durchhält." In der modernen Formel I aber ist es ein 260-km-Sprint von Start bis Ziel – wenn die Technik nicht k. o. geht! Kurze Analyse: Worauf kommt 's an – mit welcher Taktik gewinnt man?

- Anpressdruck: maximal, der größte von allen Rennstrecken.
- Reifen: So weich wie möglich, aber nicht unbegrenzt – zu weiche Pneus ziehen Blasen.
- Sprit: Verbrauch relativ gering: nur 40 Prozent einer Runde wird mit Vollgas gefahren (normal: 60 %). Verbrauch pro Runde 2,2 kg (= 2,86 Liter). Über die 78 Runden: 171,6 kg oder 223,08 Liter. Die Formel-I-Tanks fassen zwischen 80 und 105 kg oder 104 bis 136 Liter. Ferrari hat den größten Tank, Renault den günstigsten Spritverbrauch.
- Strategie: Ein oder zwei Boxenstopps? Barrichello ist in Barcelona mit nur einem Tankstopp durchgekommen – Schumi plante das gleiche, bis ihm zwei Reifen platzten. Jetzt rauchen in den Boxen die Superhirne. Red-Bull-Technikdirektor Günther Steiner: „Rein rechnerisch bist du mit einem Stopp um 1 Sekunde schneller als mit 2 Stopps – aber die Gefahr ist, dass du im Stau stecken bleibst." Monte Carlo – die Tangente der Formel I …

Aber vor allem: Monte Carlo – das Rennen des Jahres in der Formel I! Zum ersten Mal in memoriam Fürst Rainier III. Aber nicht sein Sohn und Thronfolger wird den Sieger ehren, sondern Minister Leclerc, zusammen mit Max Mosley und Automobilclub-Präsident Boeri. Prinz Albert wird erst am 6. Juli inthronisiert – bis dahin darf er keine Interview geben, keine offiziellen Amtshandlungen vornehmen, wird also diesmal noch vom Protokoll eingebremst.

Kurz vorm Start treffen der große Schumi und Friesacher im Fahrerlager zusammen. Michael bremst seinen Elektroroller vor Patrick brüsk ab. „Nicht so schnell!" warnt Friesacher den Champion, der aber nur lacht: „Wie du die haarige Situation im Qualifying gemeistert hast – bravo!"

Leider wird es für Patrick im Rennen noch haariger: „Ein Patschen im Tunnel – anders kann ich es mir nicht erklären." Der Defekt reißt den Minardi in der Schikane von der Strecke, gottlob ungefährlicher als der (vermeintliche) Felgenschaden von Wendlinger 1994.

Räikkönen und Alonso in der ersten Startreihe: Das sieht nach einem Königssprint aus. Michael lauert auf Rang 8. Die große Frage: Ein- oder Zwei-Stopp-Strategie? Red Bull setzt, genau wie Räikkönen, auf einen Stopp – für Kimi total richtig.

Was für ein Formel-I-Krimi im Fürstentum: Mit Spannung, vielen Zwischenfällen, einer (harmlosen) Massenkollision und Safety-Car-Einsatz. Als sich Albers dreht, ist die Straße blockiert, Michael Schumacher rammt Coulthard am Heck. David ist eliminiert, Schumi muss zur Reparatur an die Box.

Die Kugel im Auto-Roulette fällt also nicht auf die rote 1, sondern auf die heiße 9 von Räikkönen – im 200. Grand Prix von Mercedes. Kimis einziges Problem:

„Während der Safety-Car-Phase geht mein Reifendruck so stark runter, dass mein Auto auf den Bodenwellen aufsetzt. Ich bin heilfroh, als ich wieder Vollgas geben kann."

Nur WM-Leader Alonso kann Kimi anfangs folgen, fällt aber später zurück – wegen der Reifen. Dabei hat Renault, genau wie Williams-BMW, wegen zu großem Reifenverschleiss im Training auf die härtere Mischung gesetzt. Und dann halten die harten Reifen nicht, dafür aber die weicheren von McLaren ... Wenigstens für Gerhard Bergers Ex-Team zahlt sich das aus: Heidfeld und Webber quetschen sich im Finale am Spanier vorbei, obwohl Alonso kräftigst Widerstand leistet – solang er kann.

Der Deutsche, schon Formel-III und Formel-3000-Sieger in Monaco, freut sich später: „Mein schönster, größter Erfolg." Woanders geraten sich – unvermeidlich in Monte Carlo – die Teamkollegen in die Haare: Stallkrieg bei Sauber, zwischen Villeneuve und Massa.

Villeneuve ist der erste und einzige Weltmeister, der je für Sauber fuhr. Das jahrelange Teenie-Idol ist seinem Chef auch heute noch dankbar, „dass er mich in die Formel I zurückgeholt hat" – trotz allem.

„Auch ein ehemaliger Weltmeister muss einsehen, dass man ein Jahr Abwesenheit von der Formel I nicht über Nacht wegstecken kann. Denn zum Saisonanfang", rügt ihn Peter Sauber, „war Villeneuve langsam – und ist auch schlecht gefahren." Bald gilt Jacques, viel kritisiert, als „Sollbruchstelle" auf dem Transfermarkt. Die ewigen Gerüchte über seine Ablöse nerven ihn, stimmen aber nicht. „Ich hab einen 2-Jahresvertrag mit Sauber" – und der gilt natürlich auch bei BMW, seit man Sauber übernommen hat. „Ich denk über gar keine Alternativen nach, red auch mit keinen anderen Teams." Auszahlen lässt sich ein Weltmeister (von 1997) nicht, dazu ist er viel zu stolz. Und immer noch ehrgeizig.

„Was immer jetzt passiert", sagt er mir im TV-Interview, „kann mir nichts von alldem wegnehmen, was ich in der Formel I erreicht hab. Und hat auf meine Zukunft nur sehr, sehr wenig Einfluss ..."

Endlich, in Imola, zeigt Villeneuve erstmals richtig auf: mit einem starken 4. Platz. Und sagt einen Monat später in Monte Carlo: „Wäre Imola nicht gewesen, wäre ich wohl gar nicht mehr hier." Aber ausgerechnet in Monaco bricht – völlig unnötig – der Stallkrieg mit Felipe Massa aus: Die beiden Sauber-Piloten schießen einander in St. Devote gegenseitig aus dem Rennen – wie bei der berühmten Stallkarambolage Wendlinger-Lehto 1983.

„Ihr habt mich fünf WM-Punkte gekostet!", schimpft Peter Sauber jetzt und vergattert beide zum Strafrapport: „Bei mir in der Fabrik in Hinwill." Weil aber das Datum geheim bleibt, wartet ein dicker kanadischer Reporter zwei Tage vor der

Einfahrt in die Fabrik – und schläft, isst und trinkt sogar in seinem Auto. Sein Reporterpech: Villeneuve wird heimlich durch die Tiefgarage ins Chefbüro durchgeschleust …

Märchen, Mythen, Monte Carlo: Kimi Räikkönen gewinnt den Formel-I-Klassiker 13 Sekunden vor Heidfeld, 18 vor Webber und 36 vor Alonso, womit er bestätigt: Ein zweiter neuer Thronfolger für Schumacher ist da! „Leider bringt auch ein Monaco-Sieg nur 10 Punkte – aber es ist halt doch etwas ganz Besonderes. Jetzt gibt 's noch eine tolle Party!" sagt Kimi, im Feiern schon lang ein Weltmeister, nach der stillen, würdigen Siegerehrung – der ersten ohne Fürst Rainier III. 1955.

Aber da hat sich das Kampfgewitter um die Plätze 6, 7 und 8 noch lange nicht verzogen: Der große Schumi trickst in der letzten Runde (!) in der Hafenschikane noch Barrichello aus und kollidiert um ein Haar sogar noch mit seinem Bruder. „Ich hatte nur 0,06 Rückstand, da war eine Attacke schon gerechtfertigt." Ralf ist total überrascht, wie die TV-Bilder beweisen, und echt sauer auf seinen Bruder: „Aber der Michael kann ja nie etwas dafür … wie immer."

„Da hat Micha sein Hirn ausgeschaltet", schimpft Ralf, während Rubens erst später kritisiert – als er bei Ferrari schon gekündigt hat. Der jüngere Schumi reagierte empört, der ältere maliziös, unschuldig wie immer. Niki Lauda als Schiedsrichter: „Die zwei haben Stress miteinander – als Brüder!"

Abgesehen vom Stahlgewitter in Monaco, gab es zuletzt auch wenig brüderliche Kommentare, die von übergroßem Familiensinn trieften. Als ich während der schwarzen Michael-Serie den jüngeren Schumi fragte: „Tut dir dein Bruder Leid?" antwortete Ralf klipp und klar: „Nein. Mir tut nur Montoya Leid, weil er wegen Verletzung zwei Rennen auslassen muss." Und später, als Juan-Pablo längst zurück war, aber Michael immer noch nicht gewann, beantwortete Ralf ähnliche Fragen nach Michaels Sorgen mit Ferrari: „Ich kann mich nicht darum kümmern, ich hab meine eigenen Probleme …"

Über ihre Formel-I-Autos, betonen beide, hätten sie längst aufgehört zu reden. Worüber dann? „Über Sport, unsere Familien, aber über Motorsport schon lang nimmer", präzisiert Ralf. „Es gibt andere schöne Themen." Außer zuletzt in Monte Carlo, wo die Bruderliebe wieder deutlich abgekühlt ist.

Schumi gegen Schumi auf dem Nürburgring! Boshaft-händereibend warten die Zyniker im Formel-I-Zirkus auf den nächsten Bruderkrieg. Vier Tage nach Monte Carlo treffen sie einander wieder, auf Deutschlands „heiliger Rennstrecke" – und Michael wird wie immer betonen: „Kein Bruderkrieg, nur ein Bruderduell." Aber in Monaco war die Atmosphäre vergiftet.

Seit Barcelona um 25–30 PS mehr – diese Leistungsexplosion ist ein Hauptgrund für Kimi Räikkönens Siegesfahrten in Spanien und Monaco! „Ich habe das beste Auto der ganzen Formel I – und überhaupt das schnellste und stärkste, das ich je gefahren bin", freut sich der Finne zwischen Monte Carlo und Nürburgring. Er strotzt vor Selbstvertrauen und kehrt (ausnahmsweise) sein Innenleben nach außen: „Ich hab, ganz ehrlich, jetzt genau das gleiche Gefühl wie Mika Hakkinen 1998!"

Hat der „Iceman" schon als Kind davon geträumt, einmal den Klassiker von Monte Carlo zu gewinnen? „Was ich als kleiner Bub träumte, daran kann ich mich heute nicht mehr erinnern – aber ich weiß genau, wie mir 2003 in Monaco zumute war, nachdem mich Juan-Pablo Montoya geschlagen hatte. Ich weiß, was man als Zweiter in Monte Carlo fühlt – und darum habe ich die letzten zwei Jahre von diesem Sieg geträumt ..."

Als er ihn realisierte, kamen sogar beim coolen Kimi leichte Emotionen durch. „Dem schaut der Schalk aus den Augen", befand Gerhard Berger in der TV-Kabine, während die Italiener immer noch glaubten: „Er schaut durch alle durch. Auch wenn Räikkönen gewinnt, macht er immer ein Gesicht, als käme er gerade von einem Begräbnis." Aber das hat man ja auch seinem McLaren-Chef Ron Dennis immer nachgesagt – sogar nach Doppelsiegen.

Kimi Räikkönen schaut immer nach vorn: „Jetzt fühl ich wirklich: Ich hab endlich ein Auto, mit dem ich immer ganz vorn mitfighten und sogar Weltmeister werden kann! Dieser MP 4/20 ist das beste Rennauto, in dem ich je gesessen bin. Aber ich muss mich bei den beiden Williams-BMW-Piloten herzlich für ihre Hilfe bedanken – schon in Monte Carlo: Nick Heidfeld und Mark Webber haben mit ihren Fahrten aufs Podest Fernando Alonso auf den vierten Platz zurückgedrängt. Das hat mir unheimlich Freude gemacht und war auch sehr wichtig, weil Alonso nur fünf Punkte gemacht hat. Das ändert das ganze Bild, und ich erwarte von Williams auch in den nächsten Rennen, dass mir Nick und Mark helfen. Ich freu mich, dass Williams wieder so stark geworden ist."

Schrittmacherhilfe für Räikkönen auch am Nürburgring – und wieder die gleiche Siegesfeier? Der berühmte NHL-Eishockeystar Temu Selanne und Slalomkönig Kalle Palander (mit eigenem Segelboot im Hafen) singen begeistert die finnische Hymne, als Kimi von der Siegerehrung zurück ins Motorhome kommt. Danach organisiert Sonia Irvine, die Schwester des Ex-Piloten, eine tolle Siegesparty, die bis in die frühen Morgenstunden dauert. „Aber Kimi hat sich total manierlich aufgeführt", verrät ein Rennfahrerkollege. „Diesmal überhaupt keine Stunts ..."

„Die Überraschung des Jahres? Vielleicht Nick Heidfeld!" prophezeite Gerhard Berger vor Saisonbeginn. Und prompt fuhr der Mönchengladbacher jetzt zum zweiten Mal aufs Podest: Nach Rang 3 in Malaysia jetzt sogar ein 2. Platz in Monte

Carlo, Bester von drei Deutschen. Aber: Typisch für die Karriere des zurückhaltenden, bescheidenen Mönchengladbachers: dass sein bisher größter Erfolg im Schatten des Schumi-Bruderstreits fast unterging …

Wie lange braucht man nach einem solchen Superrennen in Monte Carlo, bis man wieder „normal" ist?

Heidfeld: „Zwei Tage! Solange brauchte ich, um mich von Monaco zu erholen, so anstrengend war dieses Rennen. Körperlich und geistig sicher der anstrengendste Grand Prix überhaupt. Für am gefährlichsten halte ich den Tunnel – wegen dem Speed. Auf anderen Strecken brauchst du bei 200 bis 300 km/h weniger Konzentration als mit 180 in Monaco, wo du ständig irgendwo anschlagen kannst. Da brauchst du zwei Tage zur Erholung. Ich war viel Rad fahren und schwimmen – das war meine Vorbereitung für den Nürburgring."

Der Druck des Heim-GP ist also nicht zu stark?

Heidfeld: „Druck machst du dir als Rennfahrer immer selber – aber den empfinde ich überhaupt nicht als unangenehm. Ganz im Gegenteil, ich freue mich auf die Unterstützung – und auch das Interesse wegen der zusätzlichen PR-Termine ist mir willkommen."

Vergleichen wir mit Monte Carlo: Auch dort hast du das Formel-III-Rennen gewonnen, dann die Formel 3000 – was hat eigentlich den größten Spaß gemacht?

Heidfeld: „Bis letzten Sonntag Formel III und 3000, weil ich dort gewonnen hab. Aber die Herausforderung, mit einem Formel I dort zu fahren, ist die größte – mit diesem Gefühl war ich auch ins Rennen gegangen. Wir müssten locker in die Punkte fahren können, hab ich mir gesagt, eventuell sogar mehr …"

War es ein perfektes Rennen, auch von der Strategie her?

Heidfeld: „Wir hätten den Boxenstopp besser timen können. Ich war ziemlich weit hinter Räikkönen zurück, als das Safety-Car herauskam – also hätte die Box noch mehr Zeit gehabt als bei Kimi, um mich reinzuholen. Ich meldete am Boxenfunk: Safety-Car draußen – aber ich bekam keinen Befehl, zum Tanken reinzukommen. Also blieb ich draußen. Dann musste ich kurz warten, aber die Mannschaft arbeitete großartig, und beim Boxenstopp hab ich sogar Fisichella überholt. Also hab ich durch den Boxenstopp nichts verloren, aber wir hätten dort Zeit gewinnen können."

Eine kurze Zwischenbilanz nach dem ersten Saisondrittel?

Heidfeld: „Nach dem 3. Platz von Malaysia hatte ich mir eigentlich mehr erhofft, als bis Monaco eingetreten ist – aber von Enttäuschung will ich da nicht reden, weil es mit dem neuen Auto immer aufwärts ging – und das haben wir im Rennen ja bewiesen."

Und da war die 2000-Dollar-Strafe für Speeding in der Boxenstraße während des Trainings kein Thema mehr. Trotzdem: Was ist passiert?

Heidfeld: „Da habe ich den Geschwindigkeitsmesser zu spät eingeschaltet.

Und wer zahlt jetzt die Strafe?

Heidfeld (lächelnd): „Ich hoffe das Team."

Am Nürburgring beginnt eine neue Ära – das neue (alte) Qualifying. Deine Meinung dazu?

Heidfeld: „Das Bisherige hat mir nicht gepasst und was jetzt ab dem Nürburgring kommt, passt mir auch nicht. Ich bin aber sehr dafür, dass am Samstagabend die Startpositionen für den Grand Prix feststehen."

Deine Zielstrebigkeit, deine Hartnäckigkeit in schwierigen Situationen – und der Kampf um ein Cockpit fast jeden Winter – haben zu Recht imponiert. Wie sieht es jetzt aus für 2006?

Heidfeld: „Solange ich Leistung bring, brauch ich mir deswegen keine Gedanken über meine Zukunft zu machen und dafür unnötig Energie verschwenden."

Nürburgring:
KIMIS BÖSER FLUCH

„Für eine Schlammschlacht geb ich mich nicht her. Aber ich werde in Zukunft Michael auch nicht mehr um jeden Preis gegen alle verteidigen – wie schon so oft!" Ralf Schumacher hat die Bruderliebe nicht neu entdeckt, Michael schon gar nicht: Seit der Monaco-Kollision immer noch kein Wort geredet bis Donnerstag, 15 Uhr.

Bei der gemeinsamen Talk-Show der feindlichen Schumi-Brüder. Auf dem Nürburgring – wo Michael und Ralf schon zwei Kollisionen hatten.

Mit Spannung wartet der Formel-I-Zirkus, was da passiert. Entschuldigung? Sicher nicht. Bruderbeschimpfung? Noch weniger. Angeblich will Vater Rolf (seit dem Tod der Mutter deutlich auf Michaels Seite) Frieden stiften ... und falls wirklich, für wie lange?

Ralf: „Ich nehm jetzt keine Rücksicht mehr. Ab jetzt ist Michael für mich ein Gegner wie Montoya oder jeder andere."

Und Michael hat mir bei ähnlichen Situationen (Kollision mit Villeneuve 1997) schon gesagt: „Das Schwerste ist, mir gegenüber zuzugeben, dass ich einen Fehler gemacht hab ..."

Michael hat sich noch schnell auf seiner eigenen Kart-Bahn in Kerpen ausgetobt und wie jedes Jahr seine Ferrari-Mannschaft eingeladen. Ralf war im Marketing unterwegs – schließlich ist Toyota in Köln beheimatet: nur eine Stunde vom Nürburgring. Ralf kämpft um seinen ersten Podestplatz 2005, Michael um den Weg zurück.

Andere schauen nur noch nach vorn. „Ich will Weltmeister werden! Ob mit eigenem Team oder nur mit unserem Motor – Hauptsache Weltmeister!" verrät mir Dr. Mario Theissen, Gerhard Bergers langjähriger BMW-Partner, beim Abendessen im BMW-Motorhome. „Wir sind mit einem 5-Jahresplan angetreten – und haben's bisher nicht geschafft."

Dafür aber jetzt – statt mit Williams mit Sauber? Schon demnächst ist in München großes Meeting mit der Besitzerfamilie Quandt. Ohne Quandt läuft bei BMW nichts. Die Weichen für eine Sauber-Übernahme sind längst gestellt, nur technische und finanzielle Details sind noch zu klären.

Nürburgring, die „Walhalla der deutschen Formel I" – gestern, heute, morgen. Vor 41 Jahren debütierte hier der exotische weiße Grand-Prix-Bolide mit dem roten Sonnenball, der Honda. Mit Mechanikern, die in der Box auf eine Weckeruhr drückten, und dem Piloten Ronnie Bucknum die Rundenzeiten auf Pappkartons hinaushielten. Jetzt feiert BAR-Honda (nach zwei Rennen Sperre) mit Button und Sato ein

Comeback. Button: „Wir werden noch alle überraschen – wir gewinnen morgen!“

Vor genau 30 Jahren fuhr Niki Lauda jene sagenhafte Nordschleifen-Runde von 6,58,6 – ein Rekord für die Ewigkeit. Jetzt kämpft sein Sohn Mathias in der GP-2-Serie mit Scott Speed, der in Montreal und Indy bei Red Bull dritter Pilot wird – neben Coulthard und Klien.

Christian fährt nach dem Motto: „Kopf runter, Gas geben, dann geht 's wieder! Ich bring immer meine bestmögliche Leistung.“ Trotz Test-Handicap: „Coulthard hatte seit Saisonbeginn volle 8 Testtage, Liuzzi 5, ich nur einen …“ Aber aufzuhalten ist Klien nicht. Was sagt die FIA zu den Fahrerwechseln? Charlie Whiting: „Jedes Team darf das ganze Jahr vier Piloten einsetzen – aber dauerndes Wechseln wollen wir nicht – schaut amateurhaft aus.“

Als Nick Heidfeld zum Nürburgring kommt, plagt ihn der böse Heuschnupfen – extrem bei 32 Grad Hitze. Aber erstens helfen dagegen homöopathische Tropfen. Und zweitens: Hat nicht schon Marlene Lauda immer gesagt: „Dean Martin singt auch nur, wenn er Schnupfen hat“? Zum Glück kommen die homöopathischen Tropfen rechtzeitig.

Zurück in die Vergangenheit: Das erste Einzelzeitfahren nach neuem (altem) Modus bringt eine Poleposition-Sensation: Heidfeld im weiß-blauen Williams-BMW startet zum ersten Mal ganz vorn. Die Konkurrenz reagiert erstaunt, teils schockiert, der Held des Tages jubelt – soweit der stille, ernste Heidfeld jubeln kann: „Meine erste Pole, noch dazu zu Hause – davon hab ich immer geträumt.“

Und auf dem Nürburgring, wo für Nick alles begonnen hat, ist es noch schöner: „Hier, auf dem Parkplatz, hat mir mein Vater das Radfahren beigebracht, das Kartfahren – und hier fuhr ich auch meine ersten Autorennen. Viele hab ich gewonnen.“

Seit Platz 2 in Monaco ist Nick überzeugt: „Ich muss in die erste Startreihe.“ Dort steht jetzt neben ihm Räikkönen, sein früherer Teamkollege bei Sauber, Qualifying-König 2005, auch sein Nachbar in der Schweiz: „Aber wir sehen uns daheim fast nie.“

Auf dem Nürburgring ist die Familie komplett in der Box, sogar die Oma. Mama Heidfeld erzählt mir: „Nick hat seit frühester Kindheit immer alles für den Rennsport geopfert – sicher sogar einen Teil seiner Jugend verloren. Aber jetzt kriegt er alles wieder zurück.“

Ernst, zielstrebig, gewissenhaft. Schon mit 19 saß er als Testpilot im McLaren, hatte schon einen Formel-I-Vertrag mit Mercedes – genützt hat 's ihm nichts. Lieber kaufte McLaren für 20 Millionen Dollar Räikkönen aus dessen Sauber-Vertrag, statt einfach Heidfeld zurückzuholen – Nick hat das sehr geschmerzt. Auch wenn er das jahrelang nicht zugab – erst jetzt darüber spricht.

Heidfeld passt nicht so ganz zum High Life der Formel I. Sein Markenzeichen: schlampig gekleidet, an jedem Handgelenk eine Uhr, mit kurzen Schritten durchs Fahrerlager trippelnd, den rechten Arm nach hinten hängend („das hatte er schon als Kind"). Für Sponsoren nicht immer der strahlende Sonnyboy: zu introvertiert. „Aber so ist halt mein Charakter. Muss ich ihn wegen der Formel I ändern? Hauptsache, meine Leistung stimmt."

Und wie! Denn schon der Stichkampf gegen Pizzonia ums Williams-BMW-Cockpit war gnadenlos, wurde den ganzen Winter beinhart durchgezogen – dann hatte es Nick zur Freude von BMW endlich geschafft. „Heidfeld oder Mark Webber", prophezeite Gerhard Berger, „kann für mich der Aufsteiger des Jahres werden. Und ich würde mich nicht wundern, wenn es Nick ist."

Noch jeden Winter hat Heidfeld um sein Cockpit zittern müssen. Jetzt zum ersten Mal nicht. „Solang ich meine Leistung bring, brauch ich mir keine Sorgen zu machen …"

Jetzt steht er ganz vorn, der große Schumi nur auf Rang 10, hinter seinem Bruderherz. „Aber dem brauchst nichts beizumessen. Ralf ist ein Gegner wie jeder andere – und wie oft in der Vergangenheit."

Michael Schumacher kommt Sonntag um 10.15 Uhr zum Nürburgring. Rote Pulloverärmel verknotet – Wettervorhersage: 20 % Regen, aber 80 % für die letzten Runden! An Schumis Arm: natürlich Corinna, nicht Lisa.

Lisa Lilley? Das ist die neue Benzinchefin von Ferrari, charmante Engländerin, erst 30, aber schon Doktor der Chemie – und leidenschaftlicher Rennfan. Am Ring erstmals verantwortlich für die Benzin- und Tankstrategie von Ferrari. Und weil sie alle Ferraristi ins Herz geschlossen haben, wird auch einer der beiden Tankrüssel nach ihr benannt: „Little Lisa"

Lisa Lilley weiß, was alle nur spekulieren: Ob Schumi versucht, mit nur einem Tankstopp durchzufahren. Oder zumindest einen sehr langen ersten Turn hinzulegen. Im Gegensatz zum extrem kurzen des sensationellen Poleposition-Piloten Nick Heidfeld – in einem leichteren Williams-BMW.

In Heidfelds Box: keine Lisa, aber die komplette Familie plus seine Verlobte Patricia, Europameisterin im Dressurreiten – der man aber die Goldmedaille gestohlen hat. Dafür erwarten sie und Nick im Sommer ihr erstes Baby.

„Ich freu mich für Heidfeld", kommentiert Schumacher die Poleposition. „Nick ist mein Freund …" Aber natürlich haben auch die Reifen ihren Anteil. Ein Techno-Geheimnis? Michelin hat auf seinen Reifen eine ganz dünne, weiche Oberschicht, die nur fürs Qualifying hilft – und nach drei schnellen Runden abgefahren ist. Dann kommt die härtere Mischung zum Wirken.

Sonntag frühstücke ich mit Walter Wolf, dem austro-kanadischen Millionär und Ex-Rennsportkönig, auf der Döttinger Höhe. Der Chef dort verkauft auch 3500 (!) Rennauto-Modelle. „Herr Wolf, grad hab ich eine neue Lieferung bekommen. Mit ihrem dunkelblau-goldenen Wolf-Formel I, Startnummer 20. Kostet nur 36 Euro."

Wolf lehnt großzügig ab: „Danke nein, ich hab zuhause den Großen."

Stars, wohin man blickt. Im Fahrerlager-Gewühl treffe ich Thomas Gottschalk. Sein Siegertipp? „Kimi Räikkönen. Weil er vorige Woche bei mir in „Wetten, dass ..." war – damit hat er sich fürs Gewinnen qualifiziert." Nur: Heute wird es mehr wehtun als im Studio.

Den großen Schumi erwische ich mit Kamera und Mikrofon vor der Begrüßungsrunde im offenen Sportauto – und erinnere ihn: „Vor zehn Jahren hast du in einem sensationellen Finish noch Alesi eingeholt und trotz drei Boxenstopps gegen nur einen gewonnen." Schumi blinzelt leicht versonnen: „Das waren noch andere Zeiten ... Aber vielleicht reicht 's heute fürs Podest." Das hoffen für ihn alle Deutschen, auch jene, die schon schreiben: „Schumi nur noch zweite Liga."

In der ersten spielen 2005 Räikkönen und Alonso – und kurz vor seinem ersten Boxenstopp sogar Coulthard. Was für eine Premiere: Zum ersten Mal trumpft die „Formel Austria" an der Spitze auf, liegt ein Red-Bull-Auto in einem Grand Prix in Führung! Leider schaltet der Schotte beim Boxenstopp den Speed-Limiter (100 km/h) um einen Hauch zu früh aus – wie schon im Training. „Da kostet mich ein km/h zu viel 2000 Dollar – im Rennen aber unseren ersten Podestplatz!"

Routinier David hat recht: Durch die Boxendurchfahrtsstrafe verliert er 10 – 12 Sekunden, am Ende fehlen ihm nur 15 Sekunden auf Platz 2. Was Didi Mateschitz heute noch Leid tut.

Coulthard verliert am Ring einen Podestplatz, für Räikkönen aber geht 's plötzlich ums Überleben. Renault und Williams-BMW haben die harten Reifen gewählt, McLaren aber die weichsten überhaupt: „Unsere Silberpfeile sind so perfekt ausbalanciert, dass wir uns das leisten können." In Monaco hat sich Renault mit den Pneus verspekuliert – diesmal hat Räikkönen mörderisches Pech.

Kimis Drama beginnt 25 Runden vor Schluss. Der führende Finne handelt sich beim Überholen von Villeneuve rechts vorn einen Bremsplatten ein: „Scherzl" weggebremst, heißt das im Lauda-Deutsch. Dadurch aber: heftige Vibrationen, die immer schlimmer werden. Die FIA-Regeln sind unklar: Reifendruck darf zwar in der Box korrigiert werden (aber ohne gleichzeitigem Tanken). Aber wann darf man einen kaputten Reifen wechseln? Erst, wenn er aufgeschlitzt ist? Wenn der Fahrer funkt: „Ich seh vor lauter Vibrationen keine Straße mehr"? Oder wenn ihn die Box hereinholt?

Zwischen Räikkönen und Ron Dennis beginnt der erregte Funkverkehr: Wie zwischen Kampfpilot und Flugzeugträger. SOS, was tun wir? Die Vibrationen werden die letzten Runden immer schlimmer, Kimis Rundenzeiten immer langsamer – und Alonso greift unbarmherzig aus einem deutlichen Rückstand an. „Ich fang an, Kimi zu jagen – vielleicht kann ich ihn in einen Fehler hetzen. Aber ganz ehrlich: Ans Gewinnen hab ich nicht mehr geglaubt."

Räikkönen, längst mit dem Rücken zur Wand, fährt auf Durchkommen. Niki Lauda fühlt mit Kimi mit. „Kein Rennfahrer der Welt fährt kurz vor Schluss zur Sicherheit noch an die Box, weil er Reifenvibrationen spürt – egal wie stark. Da willst du nur durchhalten, durchfahren, gewinnen! Ich hätte es genauso gemacht: Versucht, mich ins Ziel zu retten."

Niki hatte vor 30 Jahren in der Eifel – gleichfalls den Sieg vor Augen – einen Reifenschaden. Der Boxenstopp warf ihn auf Platz 3 hinter Reutemann und Laffite zurück. Aber eine Runde mit Patschen war auf dem alten Nürburgring 22,9 km lang ...

Als Räikkönen in der 58. Runde auf die Bremse steigt, wird das Hoppeln endgültig zum Drama: Radaufhängung rechts vorn gebrochen, da hilft alle Fahrkunst nichts mehr. Das Rad ist binnen Zehntelsekunden weggefetzt, hängt nur noch am dünnen Rettungsseil. Wenn es reißt, kann es den Fahrer erschlagen – wie es Markus Höttinger 1980 in Hockenheim passiert ist.

Räikkönen zieht den Kopf ein, duckt sich in Lebensgefahr tief ins Cockpit. Das Seil hält. 200.000 Zuschauer und Millionen TV-Fans bleibt das Herz stehen – wie schon früher bei Mika Hakkinen. Auch Räikkönen kann unverletzt aussteigen: Alle Schutzengel sind mitgeflogen. Und zur Siegerehrung dürfen Alonso, Heidfeld und Barrichello.

Flavio Briatore, knallhart: „Ich hab mit Kimi und McLaren kein Mitleid. Wir waren diesmal cleverer." Und glücklicher.

Das Bild des Tages: Nach Räikkönens 300 km/h-Seiltanz schlagen plötzlich Polizisten eine Schneise durch die Massen. Kimi, der Pechvogel, eskortiert vom Motorhome Richtung Ausgang, Security-Leute vor und neben sich, an der Leine seinen Schäferhund „Ajax" hinter sich, und hoch aufgerichtet seine Frau Jenni Dahlman. Beide: ernst, aber nicht unglücklich. Kimi verbirgt seine Entäuschung hinter Sonnenbrillen, Kappe aufgesetzt, Gesicht unbewegt – wie immer.

„Schade, aber so ist die Formel I", sagt er leise. „Nächstes Mal geht 's wieder besser." So hat schon Mika Hakkinen oft geredet. Auch nach alarmierenden Unfällen, auch in Deutschland, auch auf der Jagd nach dem WM-Titel.

Die Fragen, die Kimi durch den Kopf jagen, beantwortet er erst später.

Die FIA genauso – mit dem neuen Reglement für 2006, das Reifenwechsel im Fall von Vibrationen ganz offiziell erlaubt. Das alte Reglement hätte den schnellsten Fahrer des Jahres beinahe umgebracht.

Montreal:

SORRY, MONTOYA!

Jacques Villeneuve im Kampf gegen zwei Legenden: Die eigene und die seines unvergessenen Vaters – wieder einmal. Auf dem „Circuit Gilles Villeneuve", bei seinem Heim-GP, steht der Kanadier, seit seinem großen WM-Jahr 1997 ohne Sieg, unter Druck.

„Jacques ist zu langsam", kritisiert ihn sein Teamchef Peter Sauber, was seinen Piloten überrascht: „Wenn solche Dinge nicht intern besprochen werden können, sondern an die Öffentlichkeit gelangen, ist das eine Schwäche des Teams. Und schadet nur der Leistung."

Villeneuve, mit 34 immer noch das unbekümmerte „Canadian Kid", dem seine zigtausend CDs oft wichtiger scheinen als seine Rennkarriere, sitzt grinsend in seinem trendy Restaurant „Newtown" („Villeneuve" auf Englisch) in der Crescent Street im Herzen von Montreal.

Auf den Teamchef-Rüffel reagiert er nicht. „Ich nehm das mit Humor ... Wenn die Kritik fair ist, okay. Wenn nicht, geht sie bei einem Ohr rein, beim anderen raus."

Sauber hat ein Schwarzbuch, in das er alle Plus- und Minuspunkte seiner Piloten einträgt. Plus bei Villeneuve: 4. Startplatz in Melbourne, 4. im Rennen von Imola. Minus: Sein misslungenes Überholmanöver gegen den Teamkollegen Felipe Massa in Monaco. Jacques landete in der Reifenmauer, Felipe rutschte von der Strecke.

Zwei Tage später: Donnerwetter in der Fabrik in Hinwill, Villeneuve vergattert zum Rapport. „Wenn man erst sieben WM-Punkte hat, darf man nicht fünf durch ein solches Manöver verschenken!" schimpfte der Boss. „Das Schlimmste, das einem Teamchef passieren kann!"

Villeneuve darauf, cool und extra dry: „Wenn sich in einem Formel I Rennen nichts tut, schimpfen alle: wie langweilig. Und wenn man Action macht wie ich, ist es auch nicht recht ..." Aber: abwarten, was am Sonntag passiert! Und bis Ende 2006 – solang läuft der Sauber-Villeneuve-Vertrag. Auch wenn 's nicht jedem passt.

Das Schumi-Dream-Team zerbröckelt! Michaels indischer Fitness-Guru Baldir Sing, seit 1995 der Mann hinter der unheimlichen Konzentrationskraft des heuer noch sieglosen Champions, tritt ab, zaubert schon in Montreal nicht mehr in der Ferrari-Box. Michael: „Ich versteh ihn. Baldir hat eine Frau, die auch beruftstätig ist, und zwei süße Kinder. Und er hat mich zehn Jahre lang perfekt betreut." Mit allen asiatischen Tricks?

Schon beim Kanada-GP werkt ein neuer Physiotherapeut: Michael, von der

Sportklinik Bad Nauheim. Aber den Ferrari schneller machen, die Bridgestone-Reifen massieren kann auch er nicht. Schumi, mit Frau Corinna und seinen Kindern Gina-Maria und Mick von seinen jährlichen Texas-Ferien gekommen, sagt: „Ich bin da, um meinen achten Montreal-Sieg zu holen" – aber überzeugt klingt er nicht.

Umso mehr zu reden: über die Reifensituation. Charlie Whiting macht nochmals allen Piloten klar: „Reifenwechsel bei Reifenschaden selbstverständlich erlaubt – ohne Zeitstrafe. Wenn der Reifenwechsel nicht notwendig war, strafen die Sportkommissäre."

Bisher streng geheim: Die FIA kann – in allen 20 Autos – den Boxenfunk mithören! Kritik an McLaren, weil sie Kimi Räikkönen am Nürburgring immenser Gefahr aussetzten, gibt es nicht. „Das ist Sache des Teams." Schumacher gesteht: „Ich wäre, den Sieg vor Augen, auch eher draußen geblieben." Dagegen Barrichello: „Ich wär rein gekommen! Lieber sicherer Zweiter als ein böser Unfall."

Der droht auch in Kanada: Bei der letzten Schikane, hinter dem Randstein, plötztlich eine 25 cm hohe Mauer. „Die wirkt wie eine Sprungschanze, wenn du gradaus drüberfährst", fürchten die Austria-Piloten Klien und Friesacher. „Dann krachst du, Heck voran, gegen die Mauer." Müsste sich Charlie noch genau anschauen. Genau wie den Fahrerwechsel-Rhythmus bei Red Bull. Teamchef Christian Horner bestätigt zum hundertsten Mal: „Klien fährt die nächsten vier Rennen hundertprozentig, bis inklusive Silverstone – und dann höchstwahrscheinlich auch in Hockenheim und Budapest."

Klien selber glaubt: „Wir dürfen diese Saison nur noch zweimal wechseln." Dagegen die FIA: „Die Regel sagt nichts über den Rhythmus der Fahrerwechsel. Aber: In jedem Auto dürfen pro Saison vier Piloten sitzen!" Klien, Liuzzi – aber der „dritte Mann" Scott Speed, der erste Formel-I-Ami seit Michael Andretti, gilt nicht. Klien, trotzdem: „Wir haben ein bissl zu viele Fahrer ..."

Von denen sich natürlich keiner an die größte Katastrophe des Automobilrennsports erinnert: vor genau 50 Jahren in Le Mans. Beim Kanada-Grand-Prix jährt sich diese historische Tragödie um die Silberpfeile.

Das Aufblitzen wie bei einem Leuchtspurgeschoss, der Motor, der wie eine Bombe im Zuschauerraum einschlägt, 85 Tote: Die schrecklichen Bilder vom 24-Stunden-Rennen von Le Mans tauchen wieder auf. 11./12. Juni 1955, vor genau 50 Jahren: Das Schlimmste, das im Autorennsport je passiert ist. Wie, um Gottes willen, war das nur möglich? Juan Manuel Fangio, der Katastrophe knapp entronnen, stellte mir Jahre später auf einer Hotelterrasse in Monte Carlo, indem er ein paar Weingläser über den Tisch schob, die Situation dar: Eine Verkettung unglücklichster Umstände. Und alle zur falschen Zeit am falschen Ort.

Mike Hawthorn (Jaguar), der zu spät für den Boxenstopp bremst. Lance Macklin

(Austin Healey), der ausweichen muss. Pierre Levegh (Mercedes), der mit 300 km/h heranrast, mit Macklin kollidiert – was die Katastrophe auslöste.

Levegh war ein mysteriöser, rätselhafter Mann. Richtig hieß er Pierre Bouillon, als Rennfahrer nahm er den Namen seines Onkels Vegyel an und machte daraus das beinahe-Anagram Levegh. Schon 1952 hätte er, ganz allein und stur ohne Ablöse fahrend, um ein Haar in Le Mans gewonnen, führte mit seinem Talbot bis zur 23. Stunde – dann verschaltete er sich, übermüdet und überfordert – Motorschaden. Die Franzosen tobten, zwei Silberpfeile erbten den Sieg.

Für 1955 setzte Mercedes (als clevere Marketingstrategie gedacht) Levegh ins dritte Le-Mans-Auto – neben Fangio/Moss und Kling/Simon – sein Copilot: Der US-Kriegsfliegerheld Johnny Fitch aus Indianapolis.

Aber die Autos waren seit 1952 viel schneller geworden, die Zielgerade nicht breiter, die Boxen immer noch ungeschützt – und Levegh noch älter: schon weit über 50. Fangio verriet mir: „Levegh hat mir anvertraut: Er hat Angst wegen der schmalen Geraden und des hohen Tempos." Alles spitzte sich zu – unabänderlich wie in einer griechischen Tragödie. Bis zum großen Crash.

Hawthorn stieg kreidebleich aus seinem Jaguar, stammelte im Schock: „Ich bin an allem schuld". Worauf ihn Rob Walker – später Jochen Rindts erster Teamchef – mit Brandy überschüttete: „Red keinen Blödsinn. Du musst wieder einsteigen. Fahr weiter." Die Apokalypse von Le Mans: Motorlärm mischte sich mit den Sirenen der Rettungswagen, den Schmerzensschreien der vielen Verletzten – warum, um Himmels willen, wurde das Rennen nicht abgebrochen? Antwort: Um noch mehr Chaos zu vermeiden. Die abströmenden Zuschauer (300.000) hätten die Ambulanzwagen blockiert.

Während die Autos also weiter kreisten: In den Boxen Geheimverhandlungen zwischen den Rennleitern von Mercedes und Jaguar, dem Altösterreicher Alfred Neubauer und Lofty England, der nachher viele Jahrzehnte in Österreich lebte. Die Frage: Sollen wir aus dem Rennen aussteigen? Jaguar lehnte ab, Mercedes wartete auf die Direktoren-Entscheidung aus Stuttgart: Wir fahren bis Mitternacht, bis unsere Silberpfeile auf Platz 1 und 2 liegen, dann aber: sofortiger Rückzug. Und Jaguar gewann – mit dem Unglückspiloten Hawthorn, später, 1958, Englands erster Formel-I-Weltmeister und nach seinem Rücktritt im Straßenverkehr tödlich verunglückt – bei einem illegalen Wettrennen gegen den Mercedes von Rob Walker.

In allen schrecklichen Katastrophenberichten über Le Mans 1955 stand aber auch eine heroische Tat: Wie Pierre Levegh, den Tod vor Augen, in der letzten Sekunde seines Lebens den dichtauf folgenden Fangio mit einem Handsignal warnte: Überhol rechts, nichts links – denn dort ist die Straße gleich blockiert.

Jahre später traf ich den Mercedes-Pressechef der 50er-Jahre, Arthur Käser, zufällig auf einer Schweizer Skihütte. Wir redeten von Levegh, dem Helden, aber er schaute mich nur ernst an: „Ich verrate Ihnen jetzt ein Geheimnis, das keiner kennt: Die Geste von

Levegh hat es nie gegeben. Ich habe sie erfunden – damit in dem ganzen Meer von Blut und Tränen wenigstens eine einzige positive, menschliche Nuance vorkommt ...“

Die Folgen waren sowieso verheerend. Mercedes zog sich (für Jahrzehnte) vom Rennsport zurück, Grand-Prix-Rennen wurden abgesagt, sind in der Schweiz heute noch verboten – und aus England kamen Verdächtigungen: Leveghs Silberpfeil wäre aus Magnesium gewesen, daher die Feuerblitze, als Treibstoff hochexplosiver Raketensprit usw. – alles dementiert.

Der genaue Unfallrapport blieb – ein Abkommen zwischen den Regierungschefs de Gaulle und Adenauer – 25 Jahre geheim. 1980 wurde die Frist um weitere 25 Jahre verlängert – bis heute. Beim Gericht in Chartres schlummern die letzten Geheimnisse über das Todesrennen Le Mans 1955.

Von den damals Beteiligten lebt keiner mehr. Als letzter starb Lance Macklin, hochbetagt, als Segellehrer in Spanien. Die Silberpfeile kamen zurück und erlebten 1997 in Le Mans dreifachen Schock: Die Piloten Webber und Dumbreck überschlugen sich dreimal wegen Problemen mit der Aerodynamik: „Man hatte uns gewarnt, ja nicht zu knapp an die Toyotas heranzufahren.“ Diesmal passten die Schutzengel auf – aber Mercedes zog seine Boliden vom Rennen zurück.

„Le Mans 11./12. Juni 1955“ steht heute noch auf einem Gedenkstein auf der Zielgeraden – vis a vis von der Box, in der Jochen Rindt 1965 seinen ersten großen Sieg feierte. 1971 gewann Helmut Marko, 1996 Alex Wurz das 24-Stunden-Rennen – das aber auch einem Österreicher das Leben kostete: Jo Gartner 1986. Triumph und Tragik in Le Mans – mehr als in jeder anderen Sportarena.

„Sie legen, knieend, die Gewehre an und zielen aufeinander!“ So dramatisch schildert ein prominentes Williams-BMW-Teammitglied die Atmosphäre bei den Weiß-Blauen. Gerhard Berger hat seinerzeit die Ehe Williams-BMW gestiftet, jetzt ist er wieder in Montreal – aber weder als Scheidungsrichter noch als Friedensstifter, sondern ganz privat, eingeladen von McLaren-Teambesitzer Mansour Ojjeh: „Gerhard, flieg mit mir nach Kanada.“

Dort spürt jeder: Atmosphäre total vergiftet, seit Patrick Head die deutschen Partner als „unaufrichtig und unprofessional“ verdammt hat. Dr. Mario Theissen hat den 40 %-Eigentümer (wahrscheinlich gerade beim Segeln) nicht angerufen, glaubt aber: „Seit Patrick nicht mehr zu den Rennen kommt, sonderns seine Infos aus Zeitungen und Internet bezieht, hat er über manches falsche Ansichten.“

Und Frank Williams hat noch eins draufgesetzt, als er öffentlich verglich: „Unsere Zusammenarbeit mit Honda und Renault war früher besser.“ Logisch, sagt dazu Dr. Theissen, bis Mitte der 90er-Jahre waren die Motorenpartner reine Motorlieferanten – erst jetzt sind sie miteinander vernetzt. Das kann Probleme schaffen. Weil die einen so englisch sind – und die anderen so deutsch. „1999–2000 hatten wir 115 Motorschäden!“ kritisierte Sir Frank. Und er war es auch, der die Geheimverhandlungen Sauber – BMW der Öffentlichkeit verriet: „Sorry – das tat ich aus Versehen“, entschuldigt er sich jetzt. Und Theissen: „Ich hab Williams seit ersten Gesprächen mit Sauber über alles informiert.“

An sich läuft der Vertrag Williams-BMW bis 2009. Will Sir Frank, politisch-geschäftlich immer schon sehr clever, BMW zum Vertragsbruch provozieren – weil er schon einen stärkeren Partner an der Hand hat? Ich kenne das Geheimnis: es ist Cosworth, die Motorfirma mit der größten Achtzylinder-Erfahrung.

Samstag gegen Mitternacht im Fahrerlager von Montreal: Williams und Theissen reden – im Kamera-, Mikro- und Blitzlichtgewitter – erstmals wieder miteinander. Korrekt und höflich, aber nicht herzlich. Wie auch in den Boxen. „Die Arbeit der Ingenieure, die Technik ist von allem unbeeinflusst.“ Krisenzeiten haben auch schon McLaren und Mercedes gemeistert. „Aber das war kein identisches Problem – andere Rahmenbedingungen, eine andere Vorgeschichte. Die kann man nicht 1:1 kopieren.“

Die Ursachen des Übels? Theissen: „Wir haben gemeinsam 2003 nur knapp die WM verpasst, seither kämpfen auf beiden Seiten eine Menge Leute, die enorm viel für dieses Ziel einsetzen – und wenn man dem fünf Jahre lang nachlaufen muss, führt das zu Spannungen. Wir werden uns nach Indy in Ruhe unterhalten, dann ist der große Dampf raus. Die letzten Äußerungen sind nicht hilfreich – aber daraus spricht eine Menge Frust.“

Und was Sauber betrifft: „Da erwarte ich unseren Vorstandsbeschluß noch vor Ende Juni.“ Heiße Wochen, jedenfalls, bis Patrick Head vom Segeln zurückkommt: erst wieder zum englischen GP. „Power and money“ gehören zum Grand-Prix-Zirkus genauso wie die Technik und der Sport. Und die Gefahr?

„Die Formel I ist wieder ein spektakulärer Mix aus Taktik, Schnelligkeit und Risiko – eben echtem Rennfahren. Auch Unfälle wie von Kimi Räikkönen am Nürburgring gehören dazu. Die letzten Jahre waren ja nur noch Sprintrennen – aber jetzt lebt die Formel I wieder richtig auf. Und alle jene, die auf die neue Reifenregel schimpfen, haben den Grand-Prix-Sport noch nicht kapiert.“

Soweit der große Showman der Formel I – Renault-Teamchef Flavio Briatore in Montreal. Nach dem tollsten Qualifying der Saison, als die Formel I Kopf stand: Absturz der zuletzt so starken Williams-BMW, auch von Kimi Räikkönen wegen zu harter neuer Pneus („mit den alten Reifen wäre ich eine halbe Sekunde schneller“) und einer sensationellen ersten Startreihe: Jenson Button, heuer nach Imola gesperrt und immer noch punktelos, holt mit dem BAR-Honda Poleposition – und der siebenfache Weltmeister und siebenmalige Kanada-Sieger meldet sich eindrucksvoll zurück.

Comeback von Michael Schumacher aufs Podest? Startplatz 2 in Montreal – wie schon in Bahrain – macht den „Ferraristi“ neuen Mut. „Egal ob zwei oder drei Stopps: Zum Sieg kann beides führen“, analysiert Niki Lauda und sieht voraus: „Die große Frage ist nur, ob seine Reifen über den ganzen Rennverlauf funktionieren.“

Der große Schumi, von vielen schon in die zweite Liga abgeschoben, greift in Kanada wieder nach dem Sieg, als nicht mehr alle an ihn glauben wollen. Ein Gefühl, das auch Lauda schon kannte: Nach seiner Fuji-Aufgabe in der Regenhölle 1976, als er den Mut zur Angst hatte, prophezeiten „Experten“: „Lauda wird nie mehr ein Rennen gewinnen.“ Er gewann schon das erste Rennen danach: Kyalami.

Und als er nach seiner Rennpause 1979–82 wieder anfing, sagte sogar Jackie Stewart voraus: „Nikis Comeback wird peinlich sein.“ Er gewann schon das dritte Rennen seiner zweiten Karriere – Long Beach.

Montreal – auch für Lauda ein Beweis, dass Schumacher wieder siegfähig ist? „Mit der ersten Startreihe bist du auf jeden Fall hoch motiviert – auch schon für Indianapolis. Ob er gewinnt, trau ich mir noch nicht zu sagen. Aber wenn er die Chance hat, diese Position mit allem Risiko in einen Sieg umzusetzen – dann wird er es tun, immer und überall.“

Schon zu lang hat man Schumis Reifen beschimpft. Dabei war das neue Getriebe ein fast noch größerer Sargnagel. Bei privaten Testfahrten, vornehmlich in Fiorano, gingen 15 Ferrari-Getriebe kaputt, und seit der Rennpremiere der neuen „roten Göttin“ in Bahrain noch einmal acht Getriebe. Darum auch in Montreal das große Zittern, nachdem schon Samstag zwei Getriebe k. o. gegangen sind: bei Schumi im Vormittagstraining, bei Barrichello im Qualifying.

„Dein Getriebe“, schnüffelt Schumacher, „hat genauso gestunken wie meins …“

Favoriten sind Räikkönen und Alonso, dessen Chef Briatore trompetet: „Renault hat das beste Paket von allen. Den besten Fahrer, das beste Auto – nur vielleicht nicht den besten Motor. Aber wir haben die tollste Saison seit Jahren – nicht nur, weil Renault dauernd gewinnt!“

Als hätten die Formel-I-Götter Ferrari beschworen: „Macht ein Jahr Pause, lasst 2005 endlich die anderen Weltmeister werden!“ Schon sieben Rennen ohne Sieg: Der neue Ferrari, erstmals komplett konstruiert von Ing. Aldo Costa, hat nicht nur Reifenprobleme. Schumi über Räikkönens Bremsplatten vom Nürburgring: „So etwas sind Fehler des Fahrers – darf halt beim Bremsen nicht passieren.“ Und dann hat ’s ihn im Training selber erwischt.

Aber was, wenn zwischen den Mauern und Leitplanken von Montreal wieder ein „Fall Räikkönen“ passiert? Die Fahrerbesprechung mit der FIA neben dem „Circuit Gilles Villeneuve“, am Ufer des St.-Lorenz-Stroms, ist kurz. Charlie Whiting hat schon alles gesagt: „Auch die kleine Steinmauer hinter der letzten Schikane ist harmlos, nicht gefährlich." Und der neue Asphalt? „Für uns besser – als in Melbourne oder Imola", glaubt Ferrari. Dagegen Christian Klien: „Schmierig wie Barcelona."

Belag in der Formel I – eine eigene Wissenschaft. In Zeltweg hatte Bernie Ecclestone die Asphaltmischer angewiesen: „Bitte um einen glatten, rutschigen Belag – dann sehen wir spannendere Zweikämpfe." Dagegen in Bahrain: „Mehr Klebstoff in den Asphalt-Mix, weil der Wüstensand die Strecke ohnehin zu rutschig macht." Hauptproblem für Klien und Coulthard ist jetzt aber nicht der Belag, sondern der mangelnde Topspeed: „Wir sind 15 km/h langsamer als die Schnellsten".

Wer „bremst" sich zum Sieg – 280 Mal von über 300 auf 80, 90 km/h? Die Minardi haben als einzige die amerikanischen Bremsen aus der IRL-Serie. „Wenn das Pedal länger und weicher wird", weiß Patrick, „verlängert sich jeder Bremsweg um 5 Meter. Und das fängt schon nach 10 Runden an ..."

Der Kanada-GP wird der Thriller des Jahres. Stahlgewitter auf der Strecke, Dramen in der Box, „Mauerküsse" von Siegpiloten, Verwirrung hinter dem Safety-Car, beide Renault out – und bei 33 Grad Hitze ein Fotofinish um den Sieg! Vielleicht sogar der falsche Sieger?

Montoya hat bereits im Winter kampflustig angekündigt: „Ich werde den Iceman schon noch zum Schmelzen bringen!" In Montreal gelingt es ihm beinahe. Aber auch Schumacher schleicht sich an: Schon bald das Ende des Ferrari-Fluchs?

Nur haben Button und Schumacher – die erste Reihe – die gleichen Startprobleme. Darum macht Fisichella nach einem Traumstart anfangs das Tempo, bis er im Boxenfunk hört: „Alonso kann schneller fahren als du." Die verschlüsselte Aufforderung: „Lass Fernando vorbei", denn Stallorder ist ja verboten. Himmel und Hölle bei Renault. „Fisico" tut gehorsam seine Pflicht, in der 33. Runde geht seine Hydraulik k. o. Geknickt kommt Giancarlo an die Box zurück – seine Körpersprache sagt alles.

Alonso, in Führung, donnert sechs Runden später unter starkem Druck der Silberpfeile gegen die „Mauer der Weltmeister", wie man schon 1999 die letzte Schikane getauft hat: „Mein Auto hat zu stark abgehoben, war in der Luft. Da kannst die Kurve nicht mehr kriegen." Gebrochene Radaufhängung rechts hinten: Montreal ist Alonsos erster Ausfall 2005 – und sein einziger.

Nach dem Renault-Doppel jetzt der Tag der Silbernen oder der Roten? Montoya, immer vor Räikkönen, führt nach Alonsos Crash, jetzt 2,3 sec vor Kimi, der zugibt. „Juan-Pablo ist in einigen Rennphasen schneller als ich." Wer bremst, verliert – die alte Weisheit, speziell auf dem mörderischen Bremskurs von Montreal. Aber die Silberpfeile verzögern am besten. Dank neuer Bremsen aus geheim getestetem, aber erstmals im Rennen eingesetztem Weltraummaterial, wie mir Alex Wurz verraten – und „Superhirn" Adrian Newey unmittelbar vorm Start bestätigt hat.

Kimi nach über 300 Kilometern: „Ich hab nicht die geringsten Bremsprobleme." Die Gespenster vom Nürburgring sind verscheucht. Andere haben weniger Glück: Jarno Trulli auf Rang 3 explodiert die Bremsscheibe in einem Feuerzauber: „Ich hab gekämpft, solange es ging."

Coulthard und Klien kämpfen trotz PS-Manko und 15 km/h fehlendem Topspeed heroisch. Christian lässt den voll attackierenden Villeneuve hinter sich, fightet Rad an Rad mit Weber und Barrichello, der aus den Boxen gestartet bis auf Rang 3 vorstürmt. Auch bei Schumacher hält die „rote Göttin" nach 15 heimlichen und acht offiziellen Getriebeschäden diesmal perfekt. Dafür platzt Heidfelds BMW-Motor – mitten in der Ehekrise mit Williams.

Gerhard Berger spürt in der BAR-Box, wie die Japaner mit Button mitfiebern: Der erste Honda-Sieg seit Berger 1992 in Adelaide ist greifbar, aber dann springt Jenson „zu weit über den Randstein. Kaum ist das Auto herunten, schon kracht er gegen die Mauer."

Die folgende Safety-Car-Phase stellt das Rennen nochmals auf den Kopf – und Montoya fühlt sich vom eigenen Team um den Sieg geprellt: Dennis & Haug holen Juan-Pablo nicht sofort zum Nachtanken an die Box, sondern wollen sie unbedingt für Räikkönen freihalten. Montoya vertrödelt eine Runde hinter dem Safety-Car, kocht vor Wut – und da ist man für Fehler immer anfällig: Der „Rambo" fährt zu früh aus der Box!

Das geheime (nicht öffentliche) Video der McLaren-Bordkamera zeigt spätnachts genau: Als das Rotlicht der Boxenampel verlöscht, ist Montoya mit einem Tempo von 100 km/h noch drei bis vier Meter von der Boxenausfahrt entfernt – also korrekt.

„Kann eine optische Täuschung gewesen sein – durch den Winkel der Kamera zur Ampel. Denn die Kamera schimmert noch", weiß Charlie Whiting, nachdem er sich das Video zehnmal angeschaut hat. Aber das hilft Montoya auch nichts mehr.

Bernd Mayländer, der Safety-Car-Pilot, hat sich, völlig richtig, vor Montoya eingefädelt. „Dann aber fuhr Montoya an die Box und damit hatte ich Ralf Schumacher hinter mir – aber der war eine Runde zurück." Totale Verwirrung, aber vom Kontrollturm kommt der Funkbefehl an Bernd: „Position halten!"

Inzwischen überholt Montoya Coulthard, der sich am Boxenfunk aufregt: „Wieso tut Montoya, was er gar nicht darf? Überholt mich glatt hinter dem Safety-Car!" Normal wäre Montoya mit einer milden Boxendurchfahrtsstrafe davongekommen. Aber da haben die drei Sportkommissäre schon ihr Blitzurteil gefällt. Schwarze Flagge für Montoya – Ausschluss vom Rennen. Wie schon 2004 in Indianapolis – auch dort höchst umstritten.

Montoya ärgert sich grün und blau, aber seine Kritik am Team ist schaumgebremst. Und aus den McLaren-Kommentaren spricht schlechtes Gewissen: „Wir verlieren und wir gewinnen gemeinsam ..."

So gewinnt Räikkönen ein Herzschlagfinale gegen Schumacher, der „nicht den Speed hat, um Kimi anzugreifen“, um 1,1 Sekunden: dank seiner Weltraum-Wunderbremsen und trotz schiefem Lenkrad. Dritter Barrichello, Massa gewinnt ein Duell mit Webber, dahinter Ralf, Coulthard und Klien.

Ein paar Bierflaschen auf dem Tisch, finnische Kumpel und NHL-Eishockeystars um sich geschart, Pedro de la Rosas quicklebendige Tochter Georgina (2) auf dem Schoß – mit einer kleinen Gartenparty am St.-Lorenz-Strom feierte Kimi Räikkönen seinen dramatischen Sieg in Montreal. Aufatmen nach der Beinahe-Katastrophe vom Nürburgring.

„Gibt 's also doch Gerechtigkeit und Fairness?“ frage ich Kimi.

„Ja, manchmal.“ Ein Zwinkern in den wasserblauen Augen.

„Und woran hast du in der letzten Runde gedacht? An den Nürburgring?“

„Nein. Nur gehofft, dass meine Lenkung hält. Seit dem ersten Boxenstopp stand das Lenkrad schief, zog immer nach links – und es wurde immer schlimmer. Die Box wusste Bescheid, konnte mir aber auch nicht helfen.“

„Angst gehabt, Kimi?“

„Nein, nie! Wenn etwas bricht, dann bricht 's halt“, sagt er unbeeindruckt und erinnert mich unwillkürlich an den alten Motorsport-Spruch: „Die Finnen, die spinnen.“

„Aber du hattest doch schon 2004 in Kanada Probleme mit der Lenkung?“

„Stimmt. Hundert Boxenstopps (es waren fünf). Trotzdem bin ich noch Fünfter geworden.“

„Aber diesmal – dein schönster und bester Sieg?“

„Nein, das war Spa, 2004. Aber natürlich ist jeder Sieg der wichtigste.“

Was McLaren auch extrem geholfen hat: die neue Vorderradaufhängung seit Barcelona. Die neue Geometrie hat aus dem MP 4/20 erst das Superauto gemacht.

Und dann kommt eine Kampfansage wie ein Donnerschlag: „Ich hab nur noch 22 Punkte Rückstand auf Alonso. Wir haben noch elf Rennen. Wenn ich sie alle gewinn, bin ich sowieso Weltmeister – da kann Alonso ruhig jedes Mal Zweiter werden …“

Explosive Spannung jetzt vor der „Hölle von Indianapolis“. „In Indy“, hat Räikkönen schon vorher gewusst, „ist unser Auto noch besser als in Kanada.“ Und fürs Steiloval von Indy hat McLaren sicher nicht wie die Indy-500-Bleifußpiloten die Lenkung nach links verstellt – die Formel I fährt in der „Welthauptstadt der Autorennen“ rechtsherum.

Zweiter hinter Fernando Alonso in Imola, Zweiter hinter Kimi Räikkönen in Montreal – jeweils mit nur einer Sekunde Rückstand: Michael Schumacher hat seine

Verkaufte Teams: Der neue Jordan-Besitzer Alex Shnaider (rechts mit Teammanager Dr. Kolles) präsentiert bei minus 30 Grad auf dem Roten Platz von Moskau die russische Formel I (mit Karthikeyan und Monteiro). Mitte: Peter Sauber hat sein Team an BMW verkauft – aber auch Jacques Villeneuve? Unten: Minardi-Chef Paul Stoddart telefoniert am meisten wegen Patrick Friesacher (im Cockpit) – der 35-Millionen-Deal mit Didi Mateschitz geht blitzartig über die Bühne.

Väter und Söhne: links: Niki und Mathias Lauda, Mitte: Nelson Piquet jr., rechts: Keke und Nico Rosberg: Champions von morgen zwischen A-1, GP 2 und Formel I.
Unten: David Coulthard braucht sich bei Red Bull nicht mehr glatt zu rasieren, Vitantonio Liuzzi auch nur, wenn er will.

„Viel Spaß haben und trotzdem erfolgreich sein“: Das Motto des neuen österreichischen Formel-I-Teams gilt auch für Christian Klien (oben).
Seriöse Konferenz: Technikdirektor Günther Steiner, Sportchef Christian Horner und Red-Bull-Motorsportberater Dr. Helmut Marko, Ex-Le-Mans-Sieger.

MICHELIN
HANGAR-7

„Da werden Sekunden zur Ewigkeit", schrecken sich Kliens Eltern: Christians Salto mortale in Budapest. Unten: Die vielbestaunte „Energy Station" – neuer Mittelpunkt, Communication Center und Promi-Treff im Fahrerlager. Auch Bernie Ecclestone – mit Didi Mateschitz und Red Bull Racing-Direktor Dany Bahar – freut sich über soviel frischen Wind.

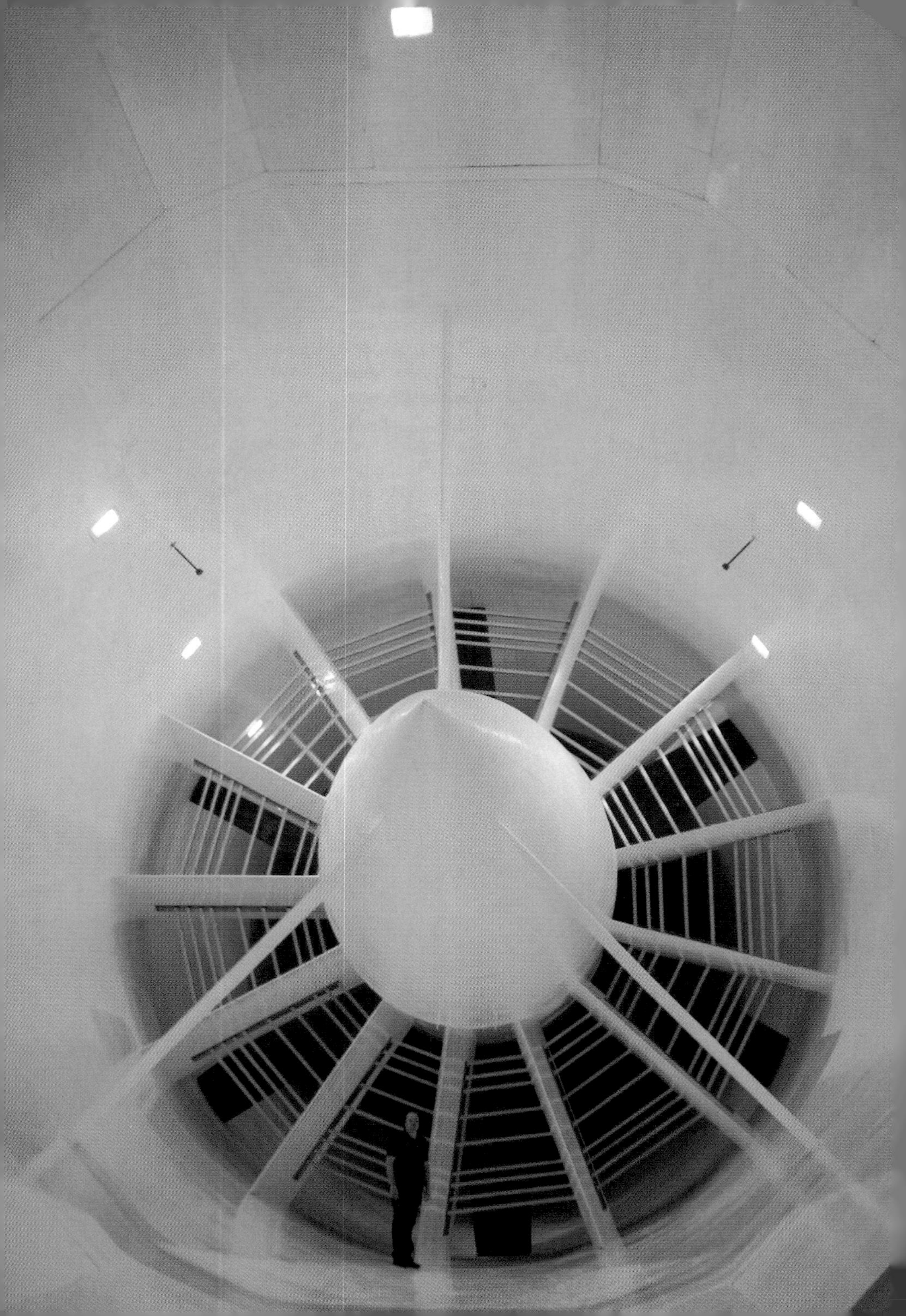

Formel I exklusiv:
Hinter den Kulissen des neuen Teams.
Links der gigantische Windkanal, in dem schon englische Militärjets, die Concorde etc. entwickelt wurden. Oben: Die Autoklaven zum Backen der Karbonfiberteile. Mitte: das Konstruktionsbüro. Unten: Das Headquarter in Milton Keynes von außen – mit der österreichischen Flagge neben dem Union Jack.

Die Formel Deutsch: Nick Heidfeld fasziniert mit Podestplätzen und Poleposition auf dem Nürburgring, Ralf Schumacher mit viel Einsatz und positivem Denken bei Toyota.
Unten: Scheidung Williams-BMW im verflixten sechsten Formel-I-Jahr. Jetzt kommandiert Dr. Mario Theissen allein die deutsch-Schweizer BMW-Truppe.

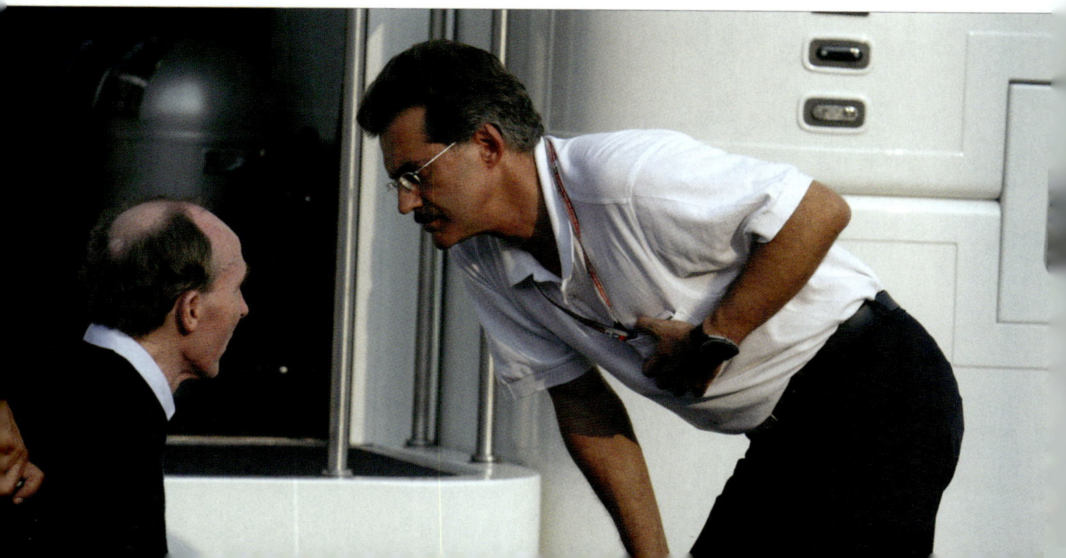

mutmaßlichen WM-Rivalen (oder Kronprinzen?) genau studieren können. War der Kanada-GP schon der große Umschwung, rechtzeitig vor Indianapolis? „Nein“, sagt Schumi, „wir wollen das nicht überbewerten, weil es so gelaufen ist. Ein schönes Ergebnis, besonders für Barrichello, der als Letzter gestartet ist und Dritter wurde – aber das Safety-Car hat uns auch geholfen. Immerhin, wir sind jetzt wieder etwas mehr konkurrenzfähig.“

Ralf Schumachers Toyota hielt im Gegensatz zu Trullis Auto (Bremsscheibe explodiert), aber der Kerpener hätte mehr als Platz 6 verdient: Opfer des Safety-Cars, das sich nach Buttons „Mauerkuss“ richtigerweise vor Räikkönen einreihte, aber als der McLaren an die Boxen fuhr, lag plötzlich der überrundete Toyota von Ralf hinter Bernd Mayländer: „Wir hatten Pech, aber der Befehl vom Kontrollturm war: Bleibt in eurer Position.“

Vor Indianapolis hat Ralf Respekt wie immer, aber keine Angst: „Ich hab ja auch an meinen Unfall vom Vorjahr keinerlei Erinnerung.“

Indianapolis:
DIE GROSSE FARCE

Christian Klien, die US-Stadt Minneapolis und ein Rennrad – was haben die drei gemeinsam? Drei Trainingstage zwischen zwei GPs, Montreal und Indy – aber im Kopf die Tour de France! Klien, Mark Webber und Rubens Barrichello stürzen sich gemeinsam ins große Abenteuer, trainierten gemeinsam mit Kevin Livingstone und den anderen Giganten des US-Profiteams „Discovery Chanel“ mit schon vor zwei Monaten millimetergenau vermessenen Rennrädern.

„Nur leider ohne Lance Armstrong – aber dessen Tempo hätten wir nie halten können. Am ersten Tag eingefahren, dann 70 km, am dritten 40 km“, verrät mir Klien. „Bergauf, bergab, nicht ganz so streng, wie es normal bei den Profis zugeht – aber ich hab einen Heidenrespekt. Und jetzt einen Muskelkater.“ Barrichello, normal der Schumi-Domestik, steigt am zweiten Tag ab, die anderen halten durch. Webber ist ja schon die Australien-Tour für Charity mitgestrampelt – und sogar ein paar Etappen der Tour de France für Hobby-Rennfahrer.

Klien hielt sich tapfer – zur Belohnung bekam er nicht nur das Superrennrad. Sondern in Indy (wie Coulthard) auch erstmals den stärkeren Motor. Den hatte er schon im Winter 200 km getestet, aber da war er noch nicht standfest genug. Teamchef Christian Horner verrät die aktuellen Daten: „19.000 U/min, 30 PS mehr!“ So sprengt der Bulle in die Arena. Der „Rambo“ auch.

„Nein – verärgert bin ich nimmer!“ Juan-Pablo Montoya schnurrt in den Indianapolis-Boxen wie ein Kater. Sein Zorn über die schwarze Flagge von Montreal ist verraucht. „Ron Dennis ist sogar noch in der Nacht in mein Hotelzimmer gekommen und hat sich wegen verpatzter Safety-Car-Phase und Boxenstopp entschuldigt. Das wäre Williams nie eingefallen … Aber ich will Sonntag der Erste sein, der in Indy die 500 Meilen und den Grand Prix der USA gewinnt!“

Schicksale in Indy. Das gleiche Hotel, die gleiche Etage, nur ein Zimmer daneben – Toyota statt Williams-BMW. Aber diesmal will Ralf Schumacher die „Hölle von Indy“ keinesfalls wieder im Ambulanzwagen verlassen: „Zweimal zwickt mich der Teufel nicht, einmal reicht!“ Wie 2004 bei seinem fürchterlichen Crash: gefährlicher Höhepunkt der bösen Reifenplatzer-Unfälle – bis zu Räikkönen am Nürburgring!

Und jetzt donnern sie wieder durch die Steilwand im US-Speed-Tempel, nach 25 Sekunden Vollgas mit 350 km/h, mit Herz und Respekt wie Christian Klien, mit Neugier wie Patrick Friesacher – aber ohne Angst. Ralf: „Ich hatte an meinen Unfall ja keine Erinnerungen – auch nicht, als ich zum ersten Mal wieder herkam.“ Dem großen Michael ging 's nach seinem Silverstone-Beinbruch 1999 genauso: „Du denkst kurz daran, schaust hin: aha, das war 's – dann ist es schon vorbei." Trotzdem kommen die Schumi-Brüder in Indy wieder in die Schlagzeilen: mit angeblichen Rücktrittsplänen. Dazu Michael: „Ich glaub, Ralf hat momentan wichtigere Dinge, an die er denken sollte …"

Was hat er wirklich gesagt? Auf die Frage, „Kannst du Weltmeister werden, solang Michael noch fährt?", hatte Ralf nichts anderes geantwortet als: „Ich weiß nicht, wie lang Michael noch fährt, und auch nicht, wie lange wir zum WM-Titel brauchen – 3, 4 oder 5 Jahre." Daraus entstand (zum 100. Mal) der Schumi-Rücktritt: weit hinausgezögert. Denn befragt, ob er nach seiner Formel-I-Karriere wieder die 24 Stunden von Le Mans fahren möchte, grinste Michael: „Wenn 's Le Mans dann noch gibt."

Leider gibt 's für seinen Bruder auch noch die Kurve 13 im Indianapolis-Speedway – offenbar jedes Jahr.

Ralf Schumachers Reifenplatzer-Unfall (sein zweiter nach 2004) alarmiert die Formel I. Bis lange nach Mitternacht überprüfen die Michelin-Ingenieure den linken Toyota-Hinterreifen. Oder was davon übrig blieb.

Christian Klien, der 14. vom Freitag, sah schon vorm Schumi-Unfall aus der Box im TV, wie der Toyota mit dem Unterboden aufschlug: „Schon ein komisches Gefühl, wenn du nachher das erste Mal durch die Steilkurve rast, an der Mauer vorbei – da hast viel Respekt. Meine Vorderräder vibrierten, und du fragst dich: halten sie?"

Michael Schumacher, der 2004 in Indy neunmal (!) an seinem noch im Cockpit sitzenden Bruder vorbeigefahren war: „Ich kam gerade an die Box, als ich sah, dass Ralf selber ausstieg und ohne fremde Hilfe vom Auto wegging – ich bin sehr froh, dass ihm nichts passiert ist. Aber auch, dass sich unsere Mauer-Veränderungen seit dem Unfall 2004 ausgezahlt haben."

Ralf selber funkte seiner Box cool: „Interessant: schon wieder die gleiche Kurve. Normal sagst du: Der Blitz trifft dich nicht zweimal. Mich schon. Als ich in die letzte Kurve einlenkte, spürte ich: Irgendwas geht links hinten schief." Wie beim Toyota-Testpiloten Ricardo Zonta, der nur Minuten vorher rausgeflogen war – auch er mit kaputtem linkem Hinterreifen!

Gefährlicher Trick an der Risikogrenze – mit dem Reifendruck? Schon beim Wüsten-GP in Bahrain hatte Kimi Räikkönen drei Kurven nach dem Boxenstopp einen „Patschen" – weil man den Reifendruck in der Box gesenkt hatte: damit die Reifen weicher werden, mehr Grip haben. Normal: 1,2 bis 1,4 bar, hinten eine Spur mehr. Manchmal fahren Formel-I-Autos mit 1,0 bar aus der Box raus – und dann kracht 's fürchterlich. Die Reifenfirmen geben immer Empfehlungen – aber nicht immer halten sich alle dran.

„Wir schon“, sagt Red-Bull-Technikdirektor Günther Steiner. Trotzdem heute Angst? „Ich muss ja net fahren …“

Zum Glück fährt seit zwei Jahren überall der Reifenspion mit: Sensoren messen permanent den Reifendruck und melden ihn über Telemetrie in die Box. Dort kann er notfalls korrigiert werden – von der FIA erlaubt.

Während in Indianapolis der gefährliche Reifenkrieg tobt, sitzt dessen unfreiwilliger Verursacher schon im Flugzeug zurück nach Europa: Ralf Schumacher nach seinem zweiten High-Speed-Mauer-Crash im Steiloval binnen eines Jahres.

Interview mit dem Toyota-Piloten.

Ralf, war dein Startverzicht deine Entscheidung oder die des Rennarztes?

Ralf Schumacher: „Die Entscheidung von Dr. Gary Hartstein, dem Nachfolger von Prof. Sid Watkins, aber ich war letztlich der gleichen Meinung wie er. Das Risiko wäre einfach zu groß gewesen. Wir hatten Reifenprobleme, und man konnte uns nicht garantieren, dass die Pneus im Rennen halten. Und das wäre problematisch gewesen: Zwei deutsche Unfälle auf der gleichen Strecke binnen kurzer Zeit – das wäre für mich zu gefährlich gewesen. Also war es die richtige Entscheidung.“

Ralf, 13 Minuten nach Trainingsbeginn, die Kurve 13, genau die gleiche wie vor einem Jahr – bist du eigentlich abergläubisch?

Ralf Schumacher: „Als ich nach Indy kam, hab ich gleich gesagt: Ich mach mir keine Sorgen wegen meines Vorjahres-Unfalls. Erstens, weil ich daran unverändert keine Erinnerung hab, erst im Krankenhaus wieder aufgewacht bin – und zweitens weil keinen Menschen zweimal der Blitz trifft. Jetzt hoff ich, dass mir wenigstens das dritte Mal erspart bleibt.“

Hoffen alle – aber deine Unfallserie mit Verletzungen muss einem Sorgen machen, nicht nur deiner Frau Cora, die dich gleich nach dem Crash in Indy angerufen hat?

Ralf Schumacher: „Für die Unfälle kann ich nichts. Zwei Reifenplatzer in Indianapolis, aber die können überall anders auch passieren. In Monza brach mir bei den Testfahrten die linke Hinterradaufhängung – das kann ich auch nicht beeinflussen. Und heuer in Monte Carlo hatte ich plötzlich weniger Untersteuern als erwartet – was kann ich da dafür?“

Aber was passiert in Indianapolis im Grand Prix? Wenn wieder ein Bolide wegen eines Reifenschadens mit 350 km/h entgleist – mitten im Feld?

Charlie Whiting will grundsätzlich nicht gern mit der roten Flagge abbrechen – also: Safety-Car, ein Slalom zwischen Autowracks? Als die wildesten Absage-Boykott-Drohungen durchs Indy-Fahrerlager schwirren, Gerüchte wie Ungeziefer aufkommen, frage ich den mächtigen Toyota-Rennchef Tsutomu Tomita: „Wie möglich oder wahrscheinlich ist es, dass Sie Ihre Autos vom Rennen zurückziehen?"

„Zu 50 Prozent", sagt der Japaner ehrlich.

Eine mutige Aussage – nach der allerersten Poleposition überhaupt durch Jarno Trulli. Aber auch dem wilden Crash von Ralf Schumacher. Viele rechnen bei diesem Grand Prix damit, „dass ein oder zwei Teams in Indy aussteigen". Schumachers Ferrari-Renningenieur Chris Dyer fürchtet sogar ein ganz schmales Startfeld: „Ich hoff nur, dass Minardi keinen WM-Punkt macht" (wie 2004). Die Fronten laufen kreuz und quer.

Peter Sauber, nachdenklich: „Wenn uns Michelin empfiehlt oder nahelegt, nicht zu starten – dann fahren wir natürlich nicht! Wie schon 2000 in Interlagos." Damals brachen beiden Sauber-Piloten (Salo und Diniz) die Heckflügel – worauf sie Sauber vom Rennen zurückzog.

Mut zur Angst – wie Niki Lauda 1976, als er in der Regenhölle von Fuji nach zwei Runden ausstieg und praktisch den WM-Titel herschenkte. Die Fuji-Strecke hat jetzt Toyota gekauft.

Amerikas ewiger Indy-Held Mario Andretti erinnert sich an 1969. Damals schickte Lotus-Chef Colin Chapman drei Sensationsautos zum berühmten 500-Meilen-Rennen: die Lotus 64 mit Vierradantrieb für Andretti, Graham Hill und Jochen Rindt. Dann hatte Andretti im 350-km/h-Nudeltopf einen Feuerunfall, weil ein Radträger brach – und „Mr. Lotus" zog alle drei Autos zurück. „Was mich ein Vermögen kostete", verriet er mir damals, „und mir viel Ärger mit der Reifenfirma Firestone eintrug." Aber Sicherheit hatte Vorrang.

Nicht immer im großen Rennsport. Die Silberpfeile mussten sich 1998 in Le Mans dreimal überschlagen (!), bis man die Piloten Webber und Dumbreck endlich aus dem Rennen nahm. Als Webber aber 2002 als Minardi-Pilot in Barcelona im warm-up der Heckflügel runterfiel, ließ ihn Paul Stoddart nicht mehr aus der Box.

Die Formel I im Dreieck von Sicherheit, Speed und Geld – wie schon so oft. Als 1975 in Barcelona die Leitplanken schlampig montiert waren, drohten alle Piloten mit Boykott. Aber nur ein einziger reiste wirklich vorzeitig ab: Emerson Fittipaldi. Am Flugplatz erfuhr er: Dem Deutschen Rolf Stommelen war der Heckflügel weggebrochen – fünf Tote. Das stimmt jetzt in Amerika alle nachdenklich.

Niki Lauda, wie siehst du das gefährliche Reifen-Chaos von Indianapolis?

Lauda: Mir war immer klar: Michelin kann keine anderen Reifen einsetzen, das geht vom Reglement her nicht. Der einzige Weg, diese Situation hinzubiegen: mit dem Reifendruck zu spielen, zu versuchen, mit mehr Druck zu fahren – weil sonst in der Steilwand der linke Hinterreifen kaputt wird.

Von wieviel Druck reden wir?

1,1 bar bei kalten Reifen erhöhen sich später auf 1,3. Aber wenn Michelin sagt:

Unter 1,3 bar geht 's nicht, darf man auch nicht unter 1,3 fahren. Es ist halt ein anderes Fahrverhalten, mit weniger grip. Denn klar ist: weniger Reifendruck heißt weichere Reifen mit breiterer Auflagefläche – also mehr Grip.

Vor einem Jahr crashten Ralf Schumacher und Alonso in Indy durch Wrackteile, jetzt ist schon wieder das gleiche passiert. Die größte Gefahr, grundsätzlich?

Gegen Ende des Rennens: ob die Reifen die Belastung in der Steilhang noch aushalten. Da ist die Gefahr von platten Reifen relativ groß. Nicht ungefährlich.

Hätte man nicht im Interesse der Sicherheit das Reifenreglement für Indy – ausnahmsweise – ändern dürfen? Entweder die aus Frankreich eingeflogenen Reifen erlauben? Oder, wie bis voriges Jahr, Boxenstopps zum Reifenwechsel – aber dann natürlich ohne gleichzeitigem Nachtanken?

Nie im Leben würden das Bridgestone und Ferrari zulassen. Die würden höchstens fragen: Seid 's deppert? Und eigentlich sind Trulli und Räikkönen ja auch ganz normale Trainingszeiten gefahren. Also alles in Ordnung. Wäre es so lebensgefährlich gewesen, hätte man sie gar nicht trainieren lassen. Meine Logik sagt mir: Weil sie trainierten, kann die Gefahr nicht so groß gewesen sein – und bei einem Riesendilemma würde Michelin seinen Piloten selber sagen: Fahrt 's nicht!"

Aber genau das passiert und löst die Farce von Indianapolis aus. Eine Schande für die ganze Formel I, mit verbitterten bis bösen Kommentaren in der ganzen Welt.

Eine Stunde vorm Start hab ich Pole-Mann Jarno Trulli vor der TV-Kamera: wie alle Piloten sehr indifferent – als wüßte er gar nicht, ob er überhaupt fahren würde. Nach der Aufwärmrunde biegen alle 14 Michelin-Autos demonstrativ zu den Boxen ab, nur die sechs Bridgestone-Autos stehen am Start.

Schumacher/Barrichello ziehen in einem gellenden Pfeifkonzert, zwischen Bierdosen und Pappbechern auf der Strecke, ihre Ferrari-Show ab. Dahinter die zwei Jordans und die zwei Minardi.

Sechs statt 20 Autos. Wer würde wohl ein Fußballmatch mit nur sechs statt 20 Feldspielern übertragen – und wer würde das sehen wollen? In Brasilien, Spanien, Frankreich platzt die TV-Übertragung, die Schweiz steigt nach 12 faden Runden aus. Für Österreich haben Niki Lauda (im Studio in Wien) und ich (in Indianapolis) drei Möglichkeiten: a) gar nicht zu übertragen, b) das Rennen ernst zu nehmen, was bei nur sechs Autos schwierig ist oder c) zu versuchen, für diese Groteske einen neuen Stil zu finden, eine Art von Comedy. Unzählige Briefe, E-Mails und Anrufe bestätigen uns heute noch: Das war für die Fans offenbar der richtige Weg.

Aber nicht ganz ungefährlich: Schumi und Barrichello krachen einmal bei der Boxenausfahrt fast zusammen. Alonso – vorm Fernseher – stoppt die Rundenzeiten mit: „1:13 – Ferrari nur eine Sekunde schneller als Minardi." Womit er sagen will: Renault hätte wohl gewonnen. Aber Kimi Räikkönen ist genauso überzeugt.

Schließlich gewinnt Schumi vor Rubens, und ein freudestrahlender Monteiro wird Dritter: Der erste Portugiese auf einem Siegerpodest der Formel I. „Ab jetzt bin ich in unserer Heimat ein Held!" Monteiro, aber nicht jeder. Denn die Reaktionen auf diese Farce – weltweit – sind katastrophal.

ALLE WM-PUNKTE DER ÖSTERREICH-PILOTEN

(Stand Ende 2005.
In Klammern: gefahrene Grand Prix)

Niki Lauda	420,5 (171)
Gerhard Berger	385 (210)
Jochen Rindt	109 (60)
Alex Wurz	32 (53)
Karl Wendlinger	14 (41)
Christian Klien	12 (33)
Patrick Friesacher	3 (11)
Jo Gartner	2 (8)

Niki Lauda kann nur den Kopf schütteln: „Das passiert, wenn die Formel I so zerstritten ist und sich nicht einigen kann. Man hätte irgendeinen Kompromiss finden müssen." Aber wenn das Reglement künstlich derart verkompliziert wird (kein Reifenwechsel), dann explodiert der gefährliche Cocktail aus Sport, Geld, Technik und Politik – sobald außergewöhnliche Umstände eintreten.

„Ich hab 84 Siege – da kann ich mir schon leisten, dass auch ein komischer dabei ist." Für Schumacher der erste 2005 – für Friesacher (6.) die ersten WM-Punkte. „Aber happy ist keiner. Brauchst auch net sein nach einem solchen Rennen." Darum auch Paul Stoddarts böse Geste im TV: Daumen nach unten: „Beileid für die ganze Formel I."

Minardi wollte gar nicht starten, machte nur mit, weil Jordan fuhr – unter starkem Druck von Bridgestone. Denn nur zwei Ferraris im Rennen, wäre noch grotesker gewesen, hätte laut FIA aber auch WM-Punkte gebracht.

Friesacher: „Das war ein witziges Gefühl. Zwei Autos vorn, wir vier hinten – einfach lächerlich." Ein geisterhaftes Rennen. „Im Funk hör ich nur etwas, wenn die Ferrari angeflogen kommen: Platz machen zum Überrunden." Monteiro einzuholen, ist unmöglich: „Der ist zu schnell. Und mir geht nach der 32. Runde der 1. und 2. Gang ein, den ich im Innenfeld dringend gebraucht hätte. Darum bin ich dort nur noch im 3. Gang herumgegurkt." Es ist, auf gut Kärntnerisch, „verdammt schwierig, das Auto hamzubringen."

Mit drei WM-Punkten. Als 8. Österreicher jetzt im Goldenen Buch. Aber der Skandal übertüncht leider alles.

„Die brauchen überhaupt nimmer zu kommen!" Bitterböse und enttäuscht, mit gellenden Pfiffen, sogar heruntergelassenen Hosen, backside, verabschieden die

Amis die Formel I. Indy-Speedway-Boss Tony George verlässt angewidert seinen Platz noch vor der Siegerehrung – da ist auch Bernie Ecclestone schon weg. Zielflagge für den GP der USA? Niki Lauda ahnt: „Die Folgen sind fürchterlich!" Drohen jetzt Millionenklagen? Wie reagieren die Autogiganten, die Sponsoren, die Fans?

Sonntag Mitternacht, im berühmtesten Speedway der Welt. 150.000 Enttäuschte sind weg. Keiner bleibt zum abschließenden Popkonzert. Im vollgestopften Chefbüro hält Präsident Chittwood in einem Blitzlichtgewitter flammende Anklage: „Wir waren noch nie so enttäuscht, fühlen uns als Opfer – wie die Zuschauer, die 75 bis 110 Dollar pro Tickets zahlten."

Kriegen sie ihr Geld zurück? „Fragt Bernie", sagt Schumacher. Regressansprüche drohen – vielleicht sogar Sammelklagen. „Wir schauen uns alles gründlich an." Auch den Vertrag mit der Formel I – ist der jetzt für alle Zeiten geplatzt? „Das zu diskutieren ist noch zu früh."

Aber Ex-Weltklassefahrer David Hobbs (20 Mal in Le Mans, jetzt TV-Star) weiß: „Die Formel I braucht nimmer zu kommen. Da ist jetzt alles kaputt." Schuld? Nicht die Amis. „Wir hatten in Indy 1911 die allerersten Rückspiegel, wir wissen, was Sicherheit ist."

Die Folgen für die wichtigsten Autoländer der Welt? Mercedes-Sportchef Haug über DaimlerChrysler: „Wenn 's um Sicherheit geht, wird das jeder verstehen." Toyota-Rennchef Tomita: „Ich entschuldige mich bei allen Fans und Sponsoren, hier und in der ganzen Welt." Briatore (Renault): „Wir wären auch ohne WM-Punkte gefahren." Und Jean Todt (Fiat-Ferrari): „Mich hat man erst Sonntag früh gefragt. Ich war zu keinen Meetings eingeladen. Komisch nur, dass sich der Inhaber der kommerziellen Rechte mit mir über Sicherheit unterhielt." Nämlich Bernie Ecclestone, der am Ende sogar selber veranstalten wollte – um das Rennen zu retten – zu spät. Und Pierre Dupasquier flüstert mir: „Wahrscheinlich wollte die FIA gar kein Rennen …"

Geheime Details der komischen Oper? Ron Dennis will die Schikane in Kurve 12 und 13 aus Reifen – zu gefährlich für Charlie Whiting: „Wir machen Tempolimit." – und FIA-Präsident Max Mosley, zweimal am Telefon mit seinem Renndirektor, stimmt ihm zu. Die in der Nacht eingeflogenen Michelin-Reifen? „Hätten die Steilwand auch nicht ausgehalten", weiß Dupasquier, der sofort neue Reifentests in Jerez arrangiert – für Magny-Cours: „Ohne Steilwand, ohne Probleme, aber mit Verantwortung wie immer." Beim nächsten GP muss die Formel I die Scherben aufklauben. In Indy ist viel zerbrochen.

WAS DIE FIA DEN SIEBEN MICHELIN TEAMS VORWIRFT:

Dass sie …

… verabsäumten, sicherzustellen, dass sie geeignete Reifen fürs Rennen haben

… sich weigerten, ihre Autos an den Start des Rennens zu schicken, auch nach Geschwindigkeitsreduzierung in einer Kurve, die für die vorhandenen Reifen sicher gewesen wäre

… mit ihrer gemeinsamen Demonstration mit anderen Team, unmittelbar vorm Start des Rennens in die Box zu fahren, das Image der Formel I beschädigt haben,

… und dass sie die Sportkommissäre von ihrer Absicht, nicht am Rennen teilzunehmen, nicht unterrichtet haben (Artikel 131).

Fragt sich nur, warum die Rennfahrergewerkschaft GPDA nie eingegriffen hat. Bei Jochen Rindt, Jackie Stewart, aber auch später bei Lauda wären die Fetzen geflogen. Die heutigen Fahrer zahlen brav ihre 1.000 Euro Mitgliedsbeitrag und halten den Mund: Stumme Marionetten?

Die sportlichen Folgen des Indy-Chaos? Ferrari ist plötzlich wieder im Titelrennen. Und Ferrari hat man schon immer ein Nahverhältnis zur FIA nachgesagt …

Zwei Tage nach dem Riesenskandal vergattert FIA-Präsident Max Mosley alle sieben Michelin-Teams, die den GP der USA boykottiert haben – auf dringende Anweisung von Michelin. Wem drohen Strafen?

Formel-I-Superhirn Dr. Helmut Marko (Rennfahrer, Jurist, Teamchef) erklärt rückblickend die katastrophale Situation, auch aus der Sicht von Didi Mateschitz.

„Ganz klar: Er ist nicht amused, um 's kritisch zu sagen. Uns ging es immer nur um den Sport – und plötzlich ist Politik draus geworden.

Ich find es mehr als komisch, dass Strafdrohung im Raum steht. Wir konnten nach der schriftlichen Info von Michelin nicht fahren – das wäre kriminell gewesen. Nicht nur wegen der amerikanischen Produkthaftungsgesetze, sondern strafrechtlich."

Ferrari kann man keinen Vorwurf machen?

„Nein. Die haben ihre Vorteile, die sich aus der Situation ergaben, optimal genützt – aber zu Lasten des Sports, der unschuldigen 150.000 Fans in Indy und der Millionen TV-Zuschauer. Warum sie gegen die Schikane waren – unverständlich."

Zur Klarstellung: Es ging nicht um eine herbeigezauberte Schikane aus Beton oder aus Gummireifen, was ja auch nicht ungefährlich gewesen wäre?

„Nein. Um eine in den Asphalt gezeichnete Schikane – wie die Sperrlinie bei der Boxenausfahrt. Das hätten im Rennen zwei Kommissäre beobachten können. Und außerdem gibt 's ja Video."

Grundproblem ist und bleibt aber der Fehler von Michelin?

Der war aufgrund der Umstände – Übersee – nimmer zu reparieren. Aber statt eine einheitliche Lösung zu suchen, wurde alles kaputtgemacht.

Die unausbleibenden Konsequenzen: ein Einheitsreifen in der Formel I, ursprünglich erst geplant fürs neue Reglement 2008 ?

Der wird jetzt früher kommen. Michelin hat Verpflichtungen, wie jede Reifenfirma in der Formel I, jetzt drohen drakonische Strafen.

Michelin hat seit 1984 (mit Niki Lauda und McLaren-Porsche) keinen WM-Titel mehr gewonnen. Will man die Franzosen jetzt aus der Formel I drängen?

Könnte sein – indem man ihnen die ganze Freude verdirbt.

Wie allen Fans in Indianapolis?

Ich hoff immer noch, dass sich die Veranstalter mit den Zuschauern einigen. Dass man z. B. ihre Tickets gelten lässt – für nächstes Jahr ... Soweit die Gedanken von Dr. Helmut Marko.

Der „Ed Fagan der Formel I“ ist schon da – sogar mehrfach: Clevere Anwälte, die in amerikanischen TV-Livesendungen enttäuschte Indianapolis-Kunden anwerben und Millionen-Sammelklagen gegen die Formel I vorbereiten!

Die Formel I steht Kopf. Das schon gewohnte Ritual: Max Mosley droht mit fürchterlichen Strafen – ehe er sich zurücknimmt. Michelin kann er nicht bestrafen, weil die FIA mit der Reifenfirma keinen Vertrag hat, aber dafür die Teams. „Und die sollen ihr Geld dann von Michelin zurückholen.“ Aber auch die Teams bleiben – nach explosiver Gerichtsverhandlung in Paris – straffrei, weil Michelin sich verpflichtet, a) allen Indy-Zuschauern die Eintrittsgelder zu refundieren und b) extra 20.000 Tickets kauft. Und natürlich steht Indy 2006 schon wieder auf dem Spielplan.

„Als erstes stell ich jetzt zwei Griller in die Fabrik – für die Münchner Weißwürste ...“ Peter Sauber, der Schweizer Teamchef ist kein Weißwurst-Fachmann, aber der aktuelle Millionendeal der Formel I schmeckt ihm. Schon lang vorbereitet, drei Tage nach Indianapolis offiziell: BMW beliefert ab 2006 die Schweizer Boliden mit seinen Supermotoren – und übernimmt sukzessive das ganze Team! Damit erfüllt sich endlich der Traum vom „reinrassigen BMW“ – den schon Gerhard Berger geträumt hat.

Der Verkauf von Sauber an BMW ist eine tickende Zeitbombe. Schon beim ersten Grand Prix in Melbourne die ersten Gerüchte. BMW reagiert darauf geschmeidig, Sauber wortlos, monatelang. Bis nach dem GP von Indianapolis.

Die Vorgeschichte: Das junge Finanzgenie Fritz Kaiser hatte Sauber mit Petronas zusammengebracht, den Motorendeal mit Ferrari arrangiert, aber dann seine Anteile abgegeben. Didi Mateschitz kaufte zwei Drittel von Sauber, hatte also die Kapitalmehrheit – Peter Sauber aber die Stimmenmehrheit. 2001 kamen die zwei Drittel dann zur Credit Suisse. Die Bank finanzierte auch den sensationellen Sauber-Windkanal (80 Millionen Franken), ohne den BMW das Team vielleicht nie gekauft hätte – wollte aber nie Teambesitzer sein, sondern immer nur Partner und Sponsor.

Aber erst am 22. Juni ist es soweit. Es fehlt nur noch das Okay des Bankiers Urs Rohner, Vorstandsmitglied der Credit Suisse, – aber der ist schon auf dem Flug nach New York. Es geht zu wie in einem James-Bond-Film: Die Kontrollstation ruft ins Cockpit, die Crew holt Rohner ans Satellitentelefon – und um 1 Uhr früh kann endlich Dr. Theissen in Hinwill bei Peter Sauber anrufen: „Wir haben es geschafft!"

Kaufpreis? Wahrscheinlich kann man von 100 Millionen Franken ausgehen. 20 Prozent seines Teams behält Peter Sauber für sich.

Servus, BMW – grüezi, Sauber! Weißwurst gegen Käsefondue in der Formel I.

In München wird hastig eine Pressekonferenz zusammengetrommelt. In Wien sagt mir Paul Rosche, „Nocken-Paule" und BMW-Urgestein: „Ich versteh das nicht ganz. Ich hab mit Engländern jahrzehntelang immer nur die besten Erfahrungen gemacht."

Der BMW-Motor ist auch beim Sauber praktisch schon eingebaut, der Windkanal in Hinwill ist der modernste, teuerste der Formel I – fehlt nur noch ein Rennleiter: Gerhard Berger hat „vorläufig keine Pläne".

Aber hat er nicht immer für einen „original-reinrassigen BMW-Formel-I" plädiert? Hätte man in München seinerzeit nicht nein gesagt, wäre Gerhard vermutlich noch heute Rennsportchef, natürlich zusammen mit Dr. Mario Theissen. Jetzt kommt das deutsch-schweizerische Superteam. Ohne Tiroler Dialekt.

Peter Sauber – gelernter Elektromonteur mit Vorarlberger Wurzeln (die Oma aus Rankweil) – verkauft also sein Lebenswerk. Vom WM-Titel hat er nie wirklich geträumt, „aber einen Grand Prix hätte ich schon sehr gern gewonnen. Das war mein großes Ziel." Er verpasste es knapp im Monaco-Drama 1996, im Regenrennen von Spa 1998 und in Interlagos 2003, als sich Frentzen 22 Sekunden vorm späteren Sieger Fisichella drehte – aber in der Statistik stehen immerhin sechs Podestplätze mit Frentzen, Alesi, Herbert, Heidfeld. Karl Wendlinger fuhr als Vierter in Monza knapp dran vorbei – aber sein größter Sieg war das Überleben in Monaco 1994.

Sauber hat starke Spuren in der Formel-I-Historie gesetzt: Großer Gegner von Peugeot und Jaguar in der Sportwagen-WM, Entdecker des jungen Michael Schumacher, Steigbügelhalter von Mercedes beim großen Formel-I-Comeback: Streng geheim baute der legendäre Konstrukteur Harvey Postlethwaite in Hinwill schon 1991 den neuen Silberpfeil, ehe das Sensationsprojekt platzte. Harvey, traurig: „Ich wäre so gern ein Teil der Geschichte geworden ..."

Ab 1993 war Sauber immer mit seinem eigenen Auto in der Formel I – und immer den besten Motoren: Mercedes, Ford, Ferrari – und jetzt BMW. An sich wollte er noch ein Jahr seinen Rennstall selber führen, aber jetzt wird die Übernahme beschleunigt – vielleicht, weil Williams früher als geplant von BMW abspringen will. Peter Sauber: „Für mich war immer das Wichtigste: Den Standort Hinwill bei Zürich sichern und meinen Leuten die Arbeitsplätze erhalten." Jetzt marschieren dort die Deutschen ein – geht das Gespenst der Entlassungen um? Und wie heißt das Team 2006 wirklich? Das muss einstimmig von den anderen Teams entschieden werden: Auch das aktuelle Superteam von Briatore, Alonso, Fisichella hieß nach der Übernahme durch Renault noch ein weiteres Jahr Benetton-Renault.

Hopp Schwyz: Jetzt geben die Deutschen Gas. Und Peter Sauber hat mehr Zeit für seine Hobbies: Motorradfahren und dicke Zigarren.

Magny-Cours:
RENAULT BACKSTAGE

Stress pur in der Formel I: Vier Grand Prix binnen fünf Wochen – Magny-Cours, Silverstone, Hockenheim, Budapest. Dazwischen in Paris die mit Hochspannung erwartete FIA-Gerichtsverhandlung wegen des Skandalrennens von Indianapolis. Und bereits die ersten Kulissenkämpfe auf dem Transfermarkt: Red-Bull-Star David Coulthard pokert mit BAR-Honda!

Aber die „Formel Austria" ist nicht alarmiert. Coulthard hat sogar Didi Mateschitz informiert: „Ich würde ganz gern einmal mit BAR-Honda reden ..." Dort ist Jenson Button am 21. August (nach dem GP der Türkei) frei: Wenn er laut Vertrag bis dahin nicht 75 Prozent der Punkte des WM-Leaders hat, darf er gehen, wohin er will – höchstwahrscheinlich Williams. Momentan hat Alonso 59 Zähler, Button aber null – das kann sich also mathematisch nie ausgehen. Coulthard ist glücklich mit Red Bull („alle meine Erwartungen übertroffen") – aber vielleicht lockt den Ex-McLaren-Piloten das Werksteam BAR-Honda?

Red-Bull-Superhirn Dr. Helmut Marko: „Ich glaub, dass Coulthard da seinen Marktwert ins Spiel bringt ... aber wir führen auch Gespräche mit ihm. Und wir sind mit David äußerst zufrieden!" Der Vertrag des Schotten endet am Tag des WM-Finales in Shanghai (16. Oktober). Längst entbrennt der Kampf ums zweite Cockpit: Klien gegen Liuzzi, dahinter lauert Scott Speed. Marko schon vor Wochen: „Wir haben mit allen Piloten Vorverträge. Und wir brauchen keine neuen Fahrer – wir bilden unser Team 2006 aus unserer jetzigen Mannschaft."

Heiße Tage, auch auf dem Fahrermarkt. Ferrari spricht schon mit Kimi Räikkönen für 2007 – wenn Schumis Vertrag abläuft. Und lässt noch im Juli Felipe Massa testen! Der Sauber-Pilot, schon 2003 Ferrari-Testpilot, wird immer schneller. „Aber nicht, weil ihn mein Sohn Nicolas managt", stellt Ferrari-Chef Jean Todt klar, „sondern weil er so gut ist ..."

Fußball und Formel I – der populäre Doppelpass. Längst nicht nur für Schumi. In England heißt, um den nächsten Grand Prix in Silverstone anzuheizen, das Motto: „Jenson Button trifft Frank Lampard." Eine Foto- und TV-Show mit wechselseitigen Fragen. Dabei stellte sich heraus, dass der eine als Bub nie Fußball gespielt hat und der andere nie Formel I im Fernsehen schaut ...

Ganz anders die „Formel Austria." Didi Mateschitz lädt seine Fußballer zum ersten Trainingstag zum französischen Grand Prix – um sie mit seinem Formel-I-Team zusammenzuführen, zu vernetzen: Kurt Jara trifft David Coulthard, Markus Schopp

– durch seine Legionärsjahre in Italien sowieso leicht Ferrari-infiziert – trifft Christian Klien.

„Ich hab eine neue Truppe, die zusammengeschweißt wird", erklärte mir Didi Mateschitz. „Da geht es um Werte wie Teamgeist, Kameradschaft, Motivation – und um ein gemeinsames tolles Erlebnis." Geld fährt nicht nur Formel I, sondern Geld spielt auch Fußball.

Die Idee zum Frankreich-Ausflug war erst vor ein paar Tagen aufgekommen. „Und die begeisterte Zustimmung der Fußballer war sofort da – nicht nur von Schopp", freut sich der „Oberbulle". „Als Termin kam nur der Freitag in Frage – weil heute spielen wir schon wieder."

In Mateschitz' DC 6 waren genau 32 Plätze frei. Die Boxentickets waren rasch organisiert. Landung in Bourges, dann mit dem Autobus nach Magny-Cours – und die Salzburger Kicker gerieten in einen fürchterlichen Stau. Deshalb versäumten sie das erste Training, die Plätze 12, 13, 18 für Coulthard, Klien und Liuzzi – aber richtig spannend wurde es sowieso erst am Nachmittag.

Die Red-Bull-Fußballer in der Box – etwas ähnliches sah ich zuletzt 1971 in Zandvoort: Ferenc Puskas, damals Trainer in Lüttich, mit seiner Mannschaft beim holländischen Grand Prix – einem Regenrennen. Die Schlagzeilen tags darauf: „7:0-Sieg von Firestone gegen Goodyear." Puskas, verwundert: „Wieso 7:0? Ich hab kein einziges Goal gesehen ..."

Bei Sauber ist nach dem Verkauf an BMW alle Nervosität weg. Und während des ersten Trainings schickt Teammanager Beat Zehnder sogar ein SMS an Walter Totschnig, den guten Geist der Truppe: „Könntest du bitte für Peter Sauber einen Kaffee nach vorn zur Boxenmauer schicken." Der kam natürlich prompt – sogar samt Apfelstrudel mit Schlagobers. Totschnig, verwandt mit dem Bergkönig und Tour de France-Helden Georg Totschnig, kopfschüttelnd: „Das haben wir in 15 Jahren Sauber noch nie erlebt ..."

Dafür sieht Niki im TV zu, wie der Grand-Prix-Zirkus seine Scherben von Indianapolis wegräumt: mit einer knallharten Geheimkonferenz der GPDA, mit einer Massendemonstration der sieben betroffenen Teams vorm Michelin-Wohnwagen.

„Damit ihr endlich alle wisst, worum es in Indy wirklich ging", dozierte Ron Dennis vor hunderten Reportern – als wäre nicht schon alles gesagt worden. Flavio Briatore dirigiert, die Mikros fallen aus, draußen tobt der Lärm der GP-2-Rennwagen – passt alles zu Indy. Am prägnantesten wie immer: Bernie Ecclestone. Seine Botschaft an die Fans: „We are sorry – tut uns leid."

Räikkönen und Alonso sind beide überzeugt: „Ich hab in den USA l0 WM-

Punkte verloren." Und Schumacher rechnet: „Meine WM-Chance ist natürlich um 10 Punkte größer geworden." Aber Kimi und Fernando schwören, jeder für sich: „Die 10 Punkte hol ich mir heute zurück!"

Schwierig für den um 10 Startplätze zurückversetzten Finnen – aber nie unmöglich.

Was geheim bleiben sollte: Der Mercedes-Motor, der Freitag hochgeht, war schon der Supermotor, dessen Weltpremiere für Silverstone angekündigt war: mindestens 15 PS mehr, plus 200 Umdrehungen – eine echte Rakete! „Diese Motorspezifikation", verrät Norbert Haug, „haben wir auf dem Prüfstand und im Testeinsatz mehrmals 1200 bis 1500 km getestet" – eben für zwei Wochenenden.

Und dann ging die Rakete schon nach 50 km in Magny-Cours nach hinten los. Ron Dennis: „Kimi wird das Rennen umso spannender machen!" Als Wiedergutmachung für Indy – aber den Außenseitern, die profitierten, kann keiner mehr die WM-Punkte wegnehmen. Tiago Monteiro, der Sensationsdritte, geht wie ein portugiesischer Eroberer durchs Fahrerlager. „Zuhause bin ich jetzt ein Hero!"

Dagegen Patrick Friesacher, der in Magny-Cours und Le Mans schon als halbes Kind im Rennfahrerinternat „Ecole Filliere" (eine eingebremste Formel III) begonnen hat, auf die Frage, „Wie fährt man mit drei WM-Punkten?" lächelnd, „Ganz normal. Nicht anders als sonst."

Oder doch? Thomas Frank, der Mann, der den Kärntner in die Formel I gehievt hat, fehlt in Magny-Cours: „Ich muss nach Istanbul – als Konsulent des türkischen Grand Prix." Der Däne Kiesa ist Minardi wieder sehr nahegerückt, und auch der Ungar Zsolt Baumgartner steht plötzlich in der Minardi-Box.

Es wird doch hoffentlich niemand auf Zahlungen vergessen haben …

Französische Revolution in der Formel I – zerbröckelt die GPDA? Wird Michael Schumacher als Präsident der Rennfahrergewerkschaft gestürzt?, fürchten viele. Heiße Diskussionen zwischen Teamchefs und Fahrern hinter verschlossenen Türen in Magny-Cours, Zusammenrottungen meist vorm Renault-Motorhome, aber Flavio Briatore spielt die Sphinx: „Ich hab das alles nicht arrangiert. Ich muss selber meine Fahrer fragen, was da los ist,"

Also: Es geht um Briefe, Unterschriften – und die Frontlinien im aktuellen Formel-I-Krieg laufen kreuz und quer. Viele Fahrerkollegen werfen Schumacher vor, ihre Interessen nicht genug zu vertreten. „Er sagt, Indianapolis war kein Problem der Sicherheit, sondern nur ein technisches Thema …"

Kimi Räikkönen ist aus diesem exklusiven Klub der schnellsten Männer der Welt schon einmal ausgetreten (wie vor Jahren Villeneuve), Montoya hält sich fern. Und Coulthard, einer der vier Direktoren, überlegt bereits, „ob ich bleiben soll." Mit

Trulli führt er intensive Gespräche. Nur Direktor Nr. 4, Mark Webber, hält sich noch etwas heraus.

Der heiße Brief Nr. 1: 19 Fahrer – alle außer den Ferrari- und Jordan-Piloten – haben eine Erklärung unterschrieben: „Wir unterstützen voll die Entscheidung der Michelin-Teams, in Indy nicht zu fahren."

Und der heiße Brief Nr. 2: Die GPDA fordert Garantien, dass die Fahrer den Start verweigern dürfen, wenn die Sicherheit nicht gegeben ist – um zu verhindern, dass sie bestraft werden können wie ihre Teams. Die ersten drei Unterschriften: Coulthard, Button, Alonso … aber nicht Präsident Schumacher! Aber weil keine Einstimmigkeit zustande kam, wurde dieser Brief nicht abgeschickt. Seither geistert er durch die Formel I – als Bombe mit Zeitzündung.

„Max Mosley hat sich fürchterlich aufgeregt und mich sofort angerufen", verrät Coulthard seinen Fahrerkolllegen – hasst Mosley den Red-Bull-Piloten wegen seiner offenen Kritik – und weil er als erster unterschrieben hat?

Die GPDA- schon immer ein heißes Thema, mit vielen Präsidenten: Bonnier, Moss, Hulme – und zwischendurch hatten immer Österreicher führende Rollen als Fahrer-Vertreter: Niki Lauda, Gerhard Berger (bezüglich Sicherheit), zuletzt war auch Wurz einer der Direktoren. Droht Schumacher abgewählt zu werden? „Wir haben das Vertrauen in seine Führungsrolle verloren", regen sich manche auf. Aber es bleibt – wie oft in der Formel I – ein Sturm im Wasserglas.

Einzige personelle Änderung als Folge der Indy-Farce: Mark Webber tritt zurück: „Drei Direktoren sind auch genug …"

Alonso–Räikkönen–Schumacher: Dieses Siegertrio lässt ahnen, dass Ferrari gegen ein komplettes Feld (ohne Boykott der Michelin-Teams) in Indianapolis nicht unbedingt gewonnen hätte – aber Räikkönen (auf Startplatz 13 zurückversetzt) hätte Alonso ein Duell mit offenem Visier liefern können: clevere Strategie, toller Einsatz, schnellste Runde im Rennen. Aber Alonso hat bei seinem Start-Ziel-Sieg noch Reserven.

Er stürzte ganz Frankeich in einen sportlichen Begeisterungstaumel: Rafael Nadal gewinnt die French Open in Roland Garros, Alonso und Renault triumphieren in Magny-Cours – und gleichzeitig beginnt die Tour de France mit den spanischen Kletterkönigen.

„Für Renault den Heim-Grand-Prix zu gewinnen, ist eine Sternstunde für mich!", bleibt Alonso bescheiden – aber gefeiert von 80.000. Noch mehr als jene vier Piloten, die 1996 einen Vierfach-Sieg der Renault-Motoren herausfuhren. Als ich damals gratulierte, sagte ich: Vive la France. Worauf einer der vier fragte: Was heißt das?

Räikkönen also der Mann des Rennens. Und Schumacher mault: „Trulli hat mich 17 Runden lang aufgehalten.“ 2004 hat Schumi noch einen Zaubertrick ausgepackt, um Alonso zu schlagen – vier Boxenstopps! Diesmal hilft nichts. Die Blauen sind das Maß aller Dinge: bestes Chassis, stärkster Motor, bester Fahrer? Und sicher – außer in Steilkurven auch die besten Reifen. Dupasquier, das wird immer deutlicher, kann sich wohl als Weltmeister in die Pension verabschieden.

Die Formel Austria schreibt erstmals 2005 eine Doppelnull. Christian Klien ohne Benzindruck schon in der 2. Runde ausgeschieden und „sehr unglücklich über dieses Wochenende.“ Patrick Friesacher hat einen Patschen links hinten: „Aber der Minardi ist von Anfang an nur gerutscht.“ Auch finanziell, und das leider schon längere Zeit.

„Der Weltmeister 2005 heißt Alonso!“ Gedacht haben das schon viele, aber Niki Lauda – zu Hause vorm Fernseher – traut sich als Erster, das auch auszusprechen: bei mir am Telefon. „Ein Super-Grand-Prix für die Franzosen, ein absolut perfektes Rennen – da kann man nur gratulieren!“ Vor allem zu 24 WM-Punkten Vorsprung auf Kimi Räikkönen.

Das heißt: Alonso bleibt mindestens bis Istanbul im August in Führung. Aber bis Lauda nach drei Wochen (Hockenheim) erstmals wieder zur Formel I zurückkehrt, hat der Spanier seinen Vorsprung eher noch weiter ausgebaut. Die Fans rechnen: Selbst wenn Kimi Räikkönen ab jetzt jedes Rennen gewinnt, genügen Fernando dritte Plätze zum Titel. Zum ersten für Michelin seit Lauda 1984 – und dazu passt auch, dass „Professor“ Alain Prost die Sieger ehrt.

Eigentlich hätte Prost in der großen Turbo-Ära 1983 der erste Renault-Weltmeister der Formel-I-Geschichte werden müssen, jetzt wird es Fernando Alonso. Und ich besuche das streng bewachte Renault-Hauptquartier in England, eine Traumfabrik, in der Siegerautos geboren werden.

Manchmal, bestätigt Fernando Alonso, kommt er mit dem Fahrrad angestrampelt, oder mit dem Motorrad angedüst. Von der Universitätsstadt Oxford, wo ihm Flavio Briatore schon vor Jahren ein ruhiges Appartment angemietet hat, die 30 Kilometer nach Enstone. Durch mittelalterliche Dörfer, vorbei an einem romantischen See, durch eine Märchenlandschaft, wenn das englische Wetter mitspielt – aber das ist in England nie sicher.

Sicher ist nur: Das „Whiteways Technical Centre“ – nicht so protzig wie die McLaren-Fabrik, sondern bescheiden in einer Senke, daher von der Straße aus nicht sofort erkennbar – ist die aktuelle Zentrale des Grand-Prix-Sports. Dort schlägt das blau-gelbe Herz der Formel I: Das Headquarter von Renault.

Formel-I-Fabriken sind einander heute sehr ähnlich, mit ihrer totalen elektronischen Vernetzung und der klinischen Sauberkeit – aber die Atmosphäre ist verschieden. Bei Williams z. B. sagt man offen: „Für uns ist die Technik absolut vorrangig, die Fahrer kommen erst an letzter Stelle.“ Bei Renault spürt man totale Harmonie zwischen Menschen und High Tech. Oder, wie Flavio Briatore schon vor zehn Jahren als Schumacher-Boss gepredigt hat: „Kommunikation ist in unserem Sport das Wichtigste.“ Das macht seine Communications Managerin Patrizia Spinelli und Bradley Lord, meinen Exklusiv-Guides durch die Geheimnisse der Renault-Hexenküche, noch wichtiger.

Gleich beim Eingang grüßt ein Windkanalmodell des Superautos R 25, senkrecht an die Wand geschraubt. Rechts: alle Pokale, die Alonso und Fisichella bisher gewonnen haben – nicht so kolossal und angestrahlt wie Ron Dennis „Hall of fame“, aber sympathisch, beeindruckend. Dazu die riesigen Jubel-Poster an der Wand: Giancarlo und Fernando freudetrunken nach Platz 1 und 3 beim Saisonauftakt in Melbourne. Briatore umarmt Alonso. Und in einer Extra-Nische: der Konstrukteur-WM-Pokal von Benetton-Renault 1995.

„Damit ja keiner von uns vergisst, dass es auch dieses Jahr für uns die Team-WM zu gewinnen gilt – und die ist genauso wertvoll und wichtig wie der Fahrer-Titel.“

Und das hat der Big Boss seiner Mannschaft während des totalen Höhenflugs 2005 schon mehrmals in einem flammenden Appell in der Fabrik eingeimpft:

„Werdet nur ja nicht zu selbstsicher. Ich gratuliere euch zu allem, was ihr heuer schon geschafft habt – aber bitte gebt weiter Gas. Nur ja nicht nachlassen. Die Gegner sind sehr stark, darum müssen wir noch härter arbeiten. Und in keinem Sport darf man sich über den Sieg freuen, bevor man überhaupt noch gewonnen hat. Du darfst der Konkurrenz nicht die geringste Chance lassen. Denkt ans Champions-League-Finale: AC Milan führte schon 3:0, aber den Pokal holte dann Liverpool. Also: den Gegner nie abschreiben. Und was haben wir heuer schon gewonnen? Ein paar Rennen, sonst nichts. Erst wenn wir uneinholbar vorn sind, erlaub ich uns, an den WM-Titel zu denken – vorher nicht.“

Der Appell galt allen Mitarbeitern der „Ecurie Bleu“: Im Jahr 2000, als aus Benetton Renault wurde, waren es noch 300 – jetzt sind es 500. Plus 250 in der Motorenabteilung in Viry-Chatillon. Aber die Nahtstellen sind längst verschmolzen: „Zwei-, dreimal pro Woche schicken wir mit unserem Shuttle Ingenieure von England nach Frankreich – und genauso natürlich umgekehrt.“

Klares System, klare Strukturen, klare Ziele bei jedem neuen Auto. Tim Densham, der Chefdesigner, ist der zuständige Mann vom ersten Meeting bis zum ersten Rennen – dann übernehmen Bob Bell, Pat Symonds und Rob White die Verantwortung. Aber die Arbeiten am alten und neuen Auto überlappen sich, die

Zeit zwischen Saisonende und neuem Saisonbeginn rennt davon und ist immer zu knapp. Wie steuert das Renault?

„Voriges Jahr", blickt Bradley in den Rückspiegel, „haben wir einen Fehler gemacht: einen Kompromiss in der zweiten Saisonhälfte." Was vermutlich den 2. Platz in der Konstrukteur-WM gekostet hat. „Darum hatten wir für 2005/2006 eine neue Strategie entwickelt: Wir arbeiten an zwei Projekten parallel. Seit Juli 2004, als die ersten Reglement-Vorschläge kamen, entwickelten wir mit Full Speed unser Auto für 2005. Parallel hatten wir im Oktober 2004 schon unser erstes Designer-Meeting fürs Auto 2006, mit dem wir schon seit vergangenem Frühjahr im Windkanal sind. Jetzt pushen wir mit aller Kraft für beide Programme."

Die Leute dazu hat Renault, die Ideen, Energien und die Technik – aber auch das Geld? Schließlich gilt auch für den neuen Motor ein völlig anderes Konzept – statt dem 72-Grad-V-10 ein 90-Grad-V-8. Natürlich sind längst die Prüfstandtests voll angelaufen. „Aber im Auto testen wir den neuen Motor erst nächstes Jahr", verrät Bradley Lord. „Wir können es uns nicht leisten, nur für Testzwecke ein Interimsauto wie Toyota zu bauen. Wir haben nicht unbegrenzt Geld zur Verfügung – sondern von allen Formel-I-Teams nur das fünftgrößte Budget."

Aber damit wird in Enstone bzw. Viry-Chatillon wirklich gezaubert.

Worauf Renault stolz ist: „Unsere Autos werden zu 90 Prozent in-house gemacht. Das garantiert Stabilität." Die Ausnahmen? „Hitco-Bremsen und AP-Bremszangen, die Räder und die Getriebe werden auswärts gegossen." Der Jahresverbrauch? „6 bis 8 Chassis, heuer sind es 7." Gearboxes? „12 im Jahr." Und die Auspuffsysteme? „60 pro Jahr. Machen wir alle in der Fabrik, das beschäftigt permanent drei Mann."

Der größte Stolz von Renault: der Windkanal im eigenen Haus. Erspart lästige Transporte und zeitraubende Fahrten – die „Superhirne" brauchen gerade nur ein paar Meter über den Hof zu gehen. 1980 gebaut, ist der Renault-Windkanal mit rollendem Boden heute „der größte in Europa und der zweitgrößte auf der Welt." Mit Geschwindigkeiten von 15–16 Meter pro Sekunde = 250 km/h. Der Windkanal ist, wie bei Ferrari, 24 Stunden am Tag in Betrieb, sechs Tage lang, „und Sonntag gehen wir in die Kirche."

Um zu beten, dass die blau-gelben Raketen von Alonso und Fisichella weiter jeden Grand Prix durchhalten? Ein paar technische Geheimnisse der Boliden, die im Headquarter in Enstone gepflegt und gehütet werden: Der R 25 ist das beste Hitzeauto des Jahres, weil es den Kompromiss zwischen optimaler Kühlung und perfekter Aerodynamik am besten schafft. „Jede Kühlöffnung, wie klein auch immer, reduziert die Downforce um 5 Prozent, kostet also vier Zehntelsekunden pro Runde.

Wie atmet der R 25? Die Kühlluft muss so rasch wie möglich durch Seitenkästen und Kühler geleitet werden, aber wie hoch schnellen die Temperaturen? Beim Wasser dank einem Drucksystem mit 3,75 bar, das den Siedepunkt erhöht, auf etwa 120 Grad – beim Öl, beeinflusst von der Motorgeschwindigkeit, nur auf 100 Grad.

Der Ölkühler ist an der linken Wagenseite platziert, daher die asymmetrische Anordnung der Kamine. Die Frischluft selbst kommt aus den Seitenkästen, die heiße Luft strömt aus der Nähe der Motorabdeckung wieder ab, also durch Kamine, Auspuff und Grills an der Wagenkörper-Unterseite.

Und wer in die geheimen Abteilungen des „Whiteways Technical Centre" von Enstone darf, der atmet auch einen Hauch von Cap Canaveral, Houston oder Seattle. Denn längst gibt es direkte technische Zusammenarbeit, ein Cross-Over zwischen der Flugzeug- und Weltraumindustrie und der Formel I. Als Renault 2004 mit dem Flugzeuggiganten Boeing ein sensationelles Cooperations-Abkommen schloss, faszinierten nicht nur die Bilder wie Fernando Alonso im Cockpit der Concorde, sondern auch die ungeahnten technischen Möglichkeiten – zumal die Aerodynamik bei den heutigen Formel-I-Raketen immer wichtiger wird.

„Zusammen können wir große Ziele verwirklichen", fasst Bob Bell zusammen. „Zwar wird ein Formel-I-Auto nie ein Flugzeugteil verwenden – aber wir können einen tollen Info-Austausch erzielen, was verschiedene Testmethoden, Produktionstechniken, neue Materialien usw. betrifft." Ein Exklusiv-Besuch bei Renault öffnet die Augen und macht Lust auf mehr.

Renault, die Flugzeugbranche und der Weltraum: „Flying High" gilt für Alonso, Fisichella & Co mehr denn je.

Silverstone:
WO BULLEN WEIDEN

Der „David Beckham der Formel I“ ist wieder da – gerade rechtzeitig vor Silverstone! Jenson Button Vierter in Magny-Cours: Die ersten WM-Punkte 2005 für Englands „Weltmeister von morgen“ und das geprügelte BAR-Honda-Team entfachen die jährliche Button-Mania. Aber Jenson hat auch einen Nebenjob: Chefredakteur des Magazins „F 1 Racing“– wie früher Nigel Mansell und Niki Lauda. Spannend, wie offen Button seine wichtigsten Gegner charakterisiert – weil ja Formel-I-Piloten normal nie über andere Fahrer reden. Und schon gar nicht schreiben … Also leg los, Jenson. Wir sind gespannt.

SCHUMACHER? „Dem ist jeder von uns wegen seiner Erfolge neidig – aber er verdient sie, weil er unglaublich hart dafür gearbeitet hat. Und unheimlich schnell ist er immer noch. Aber unschlagbar? Weit davon entfernt, wie wir heuer sehen. Aber ich frag mich, was ihn nach sieben WM-Titeln immer noch motiviert und antreibt, ihr auch?“

BARRICHELLO? „Den hab ich mit 13 Jahren in Donington 1993 zum ersten Mal gesehen – mein erster Grand Prix. Senna gewann natürlich, aber auch Rubens hat mich beeindruckt. Immer noch ein großer Fahrer. Und wenn er eine Chance hat, zu glänzen, nützt er sie fast immer. Schwer genug neben Schumacher, auf den sich das ganze Ferrari-Team konzentriert.“

ALONSO? „Ein toller Typ, ein guter Fahrer, gut und schnell, draußen auf der Rennstrecke immer sehr fair – gegen ihn zu fahren ist immer schön. Sonst kenne ich ihn nur sehr wenig. Manche Leute erzählen mir, er trainiert wie ein Verrückter, sogar mehr als Michael – andere behaupten das Gegenteil. Wir werden ja sehen, wer recht hat …“

FISICHELLA? „Schon immer ein kompletter Fahrer: schnell im Qualifying, einer der Besten im Renntempo, gut in der Autoabstimmung. Dazu nett, locker, immer freundlich. Wir waren 2001 bei Benetton Teamkollegen. Darum frag ich mich, was heuer bei Renault passiert ist. Ich kann nur annehmen, dass das Auto dem Fahrstil Alonsos mehr entgegenkommt, aber das wird Fisi schon noch umdrehen.“

RÄIKKÖNEN? „Den kenn ich seit 1997, einem Kart-Rennen in Belgien. Beim Start jagte er mir gleich um 2,3 Sekunden davon. Seither weiß ich: Kimi schläft nie, ist immer hellwach. Er fährt auch total anders: Wir bemühen uns fast alle, weich zu fahren, er aber fightet dauernd mit seinem Auto – der Erfolg gibt ihm recht. Aber nicht unbedingt der Typ, mit dem ich auf ein Bier gehen mag."

MONTOYA? „Ein ähnlicher Fahrertyp wie Räikkönen, nur noch extremer. Schmeißt das Auto wirklich durch die Gegend. Aber außerhalb des Cockpits arbeitet er, wie ich höre, wahrscheinlich sogar noch härter als Kimi – trotz seinem Image. Ein unheimlich starker Charakter, der 2005 sicher noch zurückschlagen wird."

„The Buttons", Vater und Sohn, treten immer gemeinsam auf – und helfen einander wechselseitig. Der Senior, ein früherer Auto-Cross-Champion, hatte in seinem Leben noch viel wichtigere Rennen zu gewinnen: Krebs, Herzinfarkt, Diabetes. „Mein Daddy", sagt Jenson stolz, „ist das Herz und die Seele des Fahrerlagers." Und bei der Nordamerika-Tournee 2005 checkt Jenson seinen Vater zur Durchuntersuchung in der weltberühmten Mayo-Klinik ein. Glückliche Diagnose: Er ist gesund. Damit lebt auch Jenson auf.

Und wenn ihn Jackie Stewart maßregelt: „Du solltest dich weniger auf deine Parties, sondern mehr auf dein Rennfahren konzentrieren", antwortet ihm Jenson lässig: „Als Formel-I-Pilot musst du halt hie und da die Sau rauslassen."

Rot-Weiß-Rot flattert neben dem „Union Jack" – die österreichische Flagge neben der britischen: Mein Exklusivbesuch im Hauptquartier der „Bullen": Milton Keynes, eine Autostunde von Heathrow. Aber wirklich bequem kommst du hierher nur mit dem Hubschrauber – wegen der unzähligen Roundabouts. „Ich verfahr mich heute noch in jedem zweiten Kreisverkehr", gibt Technikdirektor Günther Steiner, ein sympathischer, fachkundiger Südtiroler aus einer Meraner Fleischerfamilie, zu.

Die roten Bullen haben die grünen Raubkatzen weggebissen – alles ist anders, umlackiert. Von Ford über Jackie Stewart bis Jaguar („Racing Green") auf die Red-Bull-Farben, betont blau. Beim Hauptportal springt einem nicht mehr die Raubkatze entgegen, da lächeln charmante englische Girls.

Was ist anders geworden seit Niki Lauda? Fast alles. Sein immer fein behandschuhter Chauffeur Doug ist weg, ebenso Nikis deutsche Sekretärin. Neuer Wind, neue Gesichter, neue Stars.

Und Aufbruchstimmung bei allen 350 Mitarbeitern vor dem englischen Grand Prix. Milton Keynes, Anfang Juli 2005: Christian Klien ist gerade zu Hause in Hemal Hempstead, wo er sich mit Vitantonio Liuzzi ein Appartement gemietet hat. Freundliche Wohngegend, ein Fluss hinter dem Haus. Gerade zu Besuch bei Klien:

der englische Fernsehsender ITV – für eine große Homestory. Teamchef Christian Horner ist in München: bei der Konferenz aller Teamchefs, eingeladen von BMW-Chef Burkhard Göschel, und telefoniert nach Milton Keynes: „Die Teams sind mit ihren Vorschlägen in vielem einig, aber Red Bull hält sich noch neutral. Wir gehören zu keinem Block." Und so bleibt es in allem.

Man spürt: Da dämmert die neue Zeit. Alles in der Fabrik ist sauberer als früher, fast der Stil eines Designer-Hotels. Alles very charming, in den technischen Abteilungen herrscht beinahe OP-Atmosphäre. Die deftigen englischen Pionierzeiten, als Mechaniker noch Motor- oder Aufhängungsteile aus Ölwannen herausfischten, sind vorbei.

„Eine andere Welt", vergleicht Dr. Helmut Marko das Jaguar-Yesterday mit den Red-Bull-Visionen von heute und morgen. „Wie wenn du von einer Werkstatt in ein Space-Center kommst."

Der Hammer ist der neue Windkanal mit unvorstellbaren Dimensionen: 500 Meter lang, 15 Meter hoch – und für die GRAND PRIX STORY 2005 zum ersten Mal fotografiert.

Paul van Weggen, der Windkanalchef, erzählt die unglaubliche Story: „Dieser Windkanal wurde zwei Jahre nach dem Zweiten Weltkrieg gebaut, 1947 – als sich der Westen schon auf den Kalten Krieg mit der Sowjetunion vorbereitete. Der Windkanal ist aus Beton, mit Händen und Füßen gestampft. Und er hat immer noch die Original-Mahagoni-Rotorblätter, die sich nie verändern. Hier wurden die Concorde entwickelt, viele britische Militärjets – und hier entsteht bald unser Formel-I-Wagen für 2007."

Der Windkanal kommt also erst für die übernächste Formel-I-Rakete wirklich zum Tragen – weil das Kalibirieren so lang dauert. Aber was für ein abenteuerlicher Weg: Tom Walkinshaw kaufte die gigantische Anlage seinerzeit von der Royal Air Force für sein Arrows-Team, Lauda fischte den Windkanal aus der Arrows-Konkursmasse – und jetzt ist er die Sensation bei der „Formel Austria".

Ein Techno-Center, wirklich „state of the art": Der allerletzte Schrei.

Jubelstürme im Red-Bull-Headquarter, als Didi Mateschitz nicht nur die Bonusgelder für alle 350 Mitarbeiter erhöhte – 100 Pfund pro WM-Punkt als Extraprämie für alle, von den Ingenieuren bis zum Küchenpersonal. Das sind im Sommer bereits über 2000 Pfund extra für jeden (zum Saisonschluss 3.400). „Damit kannst du dir schon ein Motorrad kaufen oder einen Kleinwagen", jubeln die 350 Mann.

Unter Laudas Nachfolgern bei Jaguar gab es noch ein Limit: Belohnt wurden früher nur maximal 20 WM-Punkte pro Jahr. Darum blieb es auch bei 18 Zählern. Horner hat dieses Limit am Nürburgring großzügig aufgehoben: „Und seither seh ich nur noch glückliche Gesichter. Du kannst Erfolg nicht negieren, musst ihn immer honorieren. Darum geben wir gern 40.000 Pfund extra aus oder sogar das doppelte – dieses Problem hab ich gern."

Horners Chefbüro ist im ersten Stock rechts, links das Office von Günther Steiner. In der großen Halle ist immer Mittwoch nach einem Grand Prix das große Debriefing mit den Piloten und der ganzen Mannschaft – Tradition schon seit Lauda-Zeiten. Wo früher Niki die Marschrichtung vorgab, ehe Intriganten den Rückwärtsgang reinschoben, wo Didi Mateschitz nach der Machtübernahme seinen flammenden, stürmisch beklatschten Appell hielt, weil er betonte: „Wir sehen die Formel I nicht als Lokomotive fürs Business, wir sind echte Racer!" – dort antworten heute Horner, Steiner, Coulthard, Klien, Liuzzi, Speed und bald auch der neue Chefdesigner Mark Smith (früher Renault) offen und ehrlich auf alle Fragen – auch kritische.

Sportchef Horner ist jünger als sein Nr. 1-Pilot, fuhr aber früher selbst Rennen: „5. und 6. Plätze in der Formel 3000, aber ich hab auch einen Lotus Formel I getestet. Mut hat jeder, der Rennen fährt, ich auch – aber viel mechanisches Wissen hatte ich nicht. Dafür schaff ich die richtige Teamatmosphäre für die Piloten, damit sie sich wohlfühlen – und ich das Beste aus ihnen herausholen kann."

Beweis? Horner hatte in seinem Arden-Formel-3000-Team mit Enge, Wirdheim, Liuzzi dreimal hintereinander die Jahresbesten, 2004 holte er den Titel mit neun Polepositions und sieben Siegen mit nur drei Millionen Euro Budget.

Ein schmackhaftes Siegermenü – auch in der Kantine, wo sich seinerzeit auch Niki Lauda mit dem Tablett ums Essen anstellte und mit Griff ins Börsel sogar selbst bezahlte – ich hab den TV-Beweis. Außer Roastbeef gibt es in Milton Keynes jetzt auch japanisches Sushi. Dr. Marko: „Und bald auch Kaiserschmarrn."

Aber der „British Grand Prix" wird durch die blutigen Terroranschläge von London (mehr als 50 Tote) überschattet.

Chelsea und Arsenal verschieben ihre Gala-Präsentationen, der englische TV-Superstar David Frost sagt seine jährliche VIP-Superparty ab, alle Londoner Sportevents fallen aus – und der Regen in Silverstone passt zur Stimmung nach den Attentaten. Traurig, nachdenklich sind sie alle – aber der „British GP" ist nie gefährdet. Die Fahrer und Fans auch nicht?

Jackie Stewart, der frühere große Jochen-Rindt-Gegner, heute Chef in Silverstone: „Wir verschärfen die Kontrollen, halten die Autos draußen an, haben ein perfektes Park-and-Ride-System ausgeklügelt. Außerdem bin ich mit Regierung und Polizei ständig in Kontakt."

Die Formel I als Ziel des Terrors? „Darüber wird sicher viel spekuliert", glaubt Michael Schumacher. „Doch wir haben Vorsichtsmaßnahmen – speziell seit dem 11. September. Aber wir leben in einer komplizierten Welt. Und haben alle den

Gedanken, dass wir mit dieser Gefahr leben müssen – dass es überall passieren kann."

Aber wenigstens bestätigt Scotland Yard dem besorgten Jackie Stewart: „Die Formel I ist kein Ziel der Terroristen." Hoffentlich auch niemand anderer mehr – Gott geb 's.

Fernando Alonso denkt an das Attentat von Madrid. David Coulthard, der aufatmet, weil seine Schwester Lindsay normal zur kritischen Zeit mit der U-Bahn unterwegs, verschlafen hat: „Wir müssen schon allein deswegen fahren, um den Terroristen die richtige Antwort zu geben. Wir lassen uns nicht paralysieren und unterkriegen – das Leben muss weitergehen." Auch nach dem großen Schock.

Michael Schumacher hat in einem Londoner Hotel übernachtet, mit Corinna gefrühstückt, ehe er mit dem Hubschrauber zu einem Vodafon-Sponsorevent flog.

Michael: „Wenn ich darüber nachdenk, wie nahe wir dran waren – da machst du dir schon Gedanken. Ich hab zuerst gar nichts mitgekriegt, erst zwei, drei Stunden später."

Schumacher – und seine Nähe zu Katastrophen. 1994 in Imola verunglückte unmittelbar vor ihm Ayrton Senna. In der Nacht vor seinem Imola-Sieg 2003 starb seine Mutter. Und vor einem halben Jahr verlor er im Tsunami zwei Bodyguards – sie wurden nie gefunden.

„Silverstone ist das entscheidende Rennen für die WM 2005!" prophezeit Ferrari-Superhirn Ross Brawn – aber Michael Schumacher, dreifacher Sieger des englischen GP, protestiert sanft: „Ich seh das nicht so." Also nicht als „Rennen der letzten Chance" – unmittelbar vor Schumis großem Heim-Grand-Prix in Hockenheim. Die englischen Buchmacher wetteten den Champion 3:1 für den WM-Titel und 6:1 für einen Silverstone-Sieg – noch vor Michaels Absturz im Qualifying: Nur die fünfte Startreihe!

„Ich würde euch nicht raten, auf mich zu setzen. Oder ihr schickt gleich das Geld an mich ..." Und wenn jemand die Schumi-Wette verliert? „Selber schuld." Aber: „Ich tu mir mit Voraussagen schwer. In Magny-Cours war ich auch der Meinung, wir hätten eine realistische Siegeschance." In Silverstone eher nicht.

Da ist schon längst klar: Ferrari hat an der Stätte seines allerersten Grand-Prix-Sieges – Froilan Gonzalez (Argentinien) 1951 – ein Problem, das auch der Direktvergleich der zwei Reifentypen am Freitag nicht lösen konnte. Aber Rubens Barrichello glaubt zu erkennen: „Die Reifen passen hier besser als zuletzt in Magny-Cours."

Wie immer, wenn nichts richtig weitergeht, klammert man sich an Strohhalme. In Schumis Fall: Reifendruck! Michael experimentiert im Qualifying mit höherem Druck in den Hinterreifen – die genauen Werte sind bei Bridgestone ein Geheimnis, vermutlich aber zwischen 1,2 und 1,3 bar (Michelin schickt seine Piloten mit 1,25 bar auf die Strecke). In Schumis Fall erhöht sich der Druck durch die plötzliche Hitze im Qualifying zu stark. „Ich bin in dem schnellen Kurvenkomplex fast nur noch gerutscht." Der Trick, der in Magny-Cours geholfen hat, wirkt in Silverstone nicht.

Dazu kommt noch ein Ausrutscher, nachdem Michael schon im Training in der Boxenstraße Nick Heidfelds Williams-BMW ins Heck gerammt hat. Nick: „Ich sah im Rückspiegel, wie Michael angeflogen kam, und hielt mich deutlich rechts – damit Michael links ausweichen kann. Ich weiß nicht, was er sich dabei gedacht hat ..."

In privaten Gesprächen hat der Kerpener zuletzt ein paar seiner Gedanken preisgegeben: Etwa dass er in der Früh manchmal lieber gern länger schlafen würde – aber nie an Rennwochenenden, nur beim Testen. Dass Mika Hakkinen (seiner Meinung nach) heute immer noch vorn mitfahren könnte. Dass Felipe Massa wesentlich besser und schneller ist, als man ihn allgemein einschätzt. Und dass Mark Webber bisher enttäuscht habe, aber vielleicht haben wir alle nur Nick Heidfeld unterschätzt.

Der klassische britische Grand Prix – schon eine Vorentscheidung im Titelduell Fernando Alonso – Kimi Räikkönen? Der Spanier, der mit 5:3 Siegen oder 69:45 Punkten Vorsprung nach Silverstone kam, überraschte zunächst sich selbst und sein Renault-Team mit seiner vierten Poleposition 2005, „mit der ich wirklich nicht gerechnet hatte, obwohl wir immer ein bisschen tiefstapelten und pokerten. Aber Tatsache ist: Favoriten sind wir in England wirklich nicht, weil Kimi Räikkönen das stärkste und schnellste Auto hat."

Und außerdem kämpft der Renault-Superstar gegen seinen „Fluch von Silverstone": Zwar hat schon 1956 ein Spanier – der Abenteurer-Rennfahrer Alfonso de Portago, der sich mit Peter Collins in einem Ferrari ablöste – hinter dem großen Juan Manuel Fangio den 2. Platz herausgefahren, aber Alonso hat bis 2005 in Silverstone noch keinen einzigen WM-Punkt ergattert!

Fernando, was hättest du ehrlich für Silverstone geglaubt?
Alonso: „Dass ich eher nicht gewinnen kann. Silverstone war nie eine Strecke für Renault. Ich hab schon zu Saisonbeginn gesagt. Imola und Silverstone sind unsere schlechtesten Strecken."

... aber dann hast du in Imola gewonnen?
Alonso: „Ja, weil Räikkönen Pech hatte. Das kann natürlich auch immer passieren. Aber grundsätzlich fürchte ich: Silverstone ist schlecht für uns, weil der Kurs soviele

schnelle Kurven hat. Dass wir unser größtes Plus nicht ausspielen können: die Stabilität beim Bremsen – und die Traktion aus langsamen Kurven heraus. Aber wer weiß, hab ich spekuliert, vielleicht hab ich Glück mit dem Wetter. Das ändert sich in England oft alle fünf Minuten. Ich weiß das, denn ich lebe ja in Oxford."

Wenn schon nicht Silverstone – was werden dann die starken Renault-Rennen sein?

Alonso: „Budapest vor allem – dort hab ich schon vor zwei Jahren gewonnen. Und dann der neue Kurs von Istanbul – den ich schon gesehen hab. Der Renault ist ein sehr gutes Hitzeauto, siehe Malaysia und Bahrain."

... wo du heuer auch schon gewonnen hast. Wieviele Siege wird der Weltmeister von heuer brauchen? Sieben in 19 Rennen? Oder mehr?

Alonso: „Keine Ahnung. Vielleicht genügen sieben. Vielleicht aber auch nicht – wenn Räikkönen ab jetzt alle Rennen gewinnt. Zuzutrauen ist ihm das."

Macht dir Kimi Angst?

Alonso: „Ja, natürlich. Weil der McLaren bestimmt das stärkste Auto ist. Aber in vier, fünf Rennen sind wir gleich gut wie McLaren. Und zuletzt in Magny-Cours hab ich nach 19, 20 Runden nachgelassen – ich hätte genauso schnell fahren können wie Kimi. In England, habe ich mir vorgenommen, fahr ich am Sonntag eher defensiv."

Macht die WM-Führung nicht langsam zuviel Druck auf dich?

Alonso: „Überhaupt nicht, ist nur eine Extra-Motivation. Wenn ich zu den Rennen komm, freu ich mich auf alles, jedes Detail, den ganzen Ablauf ... das war voriges Jahr noch nicht so."

Mit deinem 6. Grand-Prix-Sieg hast du in der Statistik zu zwei ganz Großen aufgeschlossen – Jochen Rindt und Gilles Villeneuve. Was gibt dir das?

Alonso: „Statistik ist mir nicht egal. Ich freu mich immer, wenn mir Reporter so etwas zeigen: wie hoch ich in den Tabellen schon raufgeklettert bin. Macht mich happy und ein bissl stolz. Ich bin ja erst 23 ..."

Die Finnen haben ein nettes Sprichwort: „Wenn das Pech nicht wäre, würdest du das Glück überhaupt nicht kennen." Trifft am besten auf Räikkönen zu: Schon wieder Motorschaden im Training, wie in Magny-Cours – der zweite binnen einer Woche.

„Aber 2004 war 's noch schlimmer: Drei Motorschäden, einer in Imola und sogar zwei in Bahrain – ich glaub, die Motoren brennen immer noch." Damals spotteten viele vom „schnellsten Feuerzeug der Welt". Und Kimi musste nach Motorwechsel jedesmal um zehn Startplätze zurück – wie jetzt in Silverstone.

Diesmal ist eine Ölpumpe k. o. gegangen. „Und sie zu wechseln, ist komplizierter und braucht länger, als gleich den Motor auszutauschen", doziert Ron Dennis.

Kimi, mit Augen, aus denen Blitze zucken: „Da kannst du nimmer nur sagen:

Nur Pech. Das muss aufhören. Ich brauch endlich wieder ein Auto, mit dem so etwas nicht passiert!" Eine gefährliche Drohung, aber Ron tut alles, um die Situation zu kalmieren: „Rennfahrer reden im Moment großer Enttäuschung vieles. Da darfst du nicht jedes Wort ernst nehmen. Das beruhigt sich schon wieder."

Aber sitzt Räikkönen – die heiße Frage im Hochsommer – überhaupt noch lang im Silberpfeil? Ferrari hat offenbar mit Kimis Managern schon gesprochen …

„Aber wo will Kimi denn hingehen?" spekuliert Dennis. „Wer von einem Auto ins andere springt, macht oft alles falsch. Umgekehrt: Frag nach im Fahrerlager: Wer will zu McLaren? Keiner wird dir nein sagen. Weil Prost und Senna bei uns je dreimal Weltmeister wurden, Hakkinen zweimal, Lauda einmal …"

Zur Sicherheit lobt Dennis seinen (geistig?) abtrünnigen Räikkönen in höchsten Tönen. „Ist Kimi besser als letztes Jahr? Ja. Ist er schon am Höhepunkt seiner Karriere? Nein – Kimi verbessert sich ständig – jede Woche."

Wie lange, frage ich, läuft Räikkönens Vertrag mit McLaren? Normal top secret, aber Dennis gibt zu: „Am liebsten unendlich. Ich hab immer versucht, mit meinen Piloten lebenslange Verträge zu schließen." Weil er will, „dass McLaren-Fahrer als McLaren-Fahrer aufhören." Und keine Technik-Geheimnisse zur Konkurrenz mitnehmen. Schon gar nicht vom rasenden Feuerzeug.

Aber auch Montoya hat 2005 schon viel mitgemacht: Schwierige Anfangsphase, zu knapp gebauter Silberpfeil, Trainingsunfall, warum auch immer, gestohlener Sieg in Kanada – jetzt in Silverstone klappt es endlich!

„Die erste Kurve entscheidet das ganze Rennen", freut sich Juan-Pablo über sein atemberaubendes, nur vom TV leider verschlafenes Überholmanöver gegen Alonso – außen in Copse Corner. „Ich weiß: Alonso denkt auch an die WM. Also wird er nicht das Letzte riskieren – ich schon. Der Rest ist einfach." Bis auf die spannenden Boxenstopp-Duelle – nicht bei beiden Teams fehlerlos, weil Fisichella beim 2. Tankstopp der Motor abstirbt.

Sensationell, wie erwartet, Räikkönens programmierte Aufholjagd auf Platz 3. Die ersten vier innerhalb von nur 17 Sekunden: Da muss sich Kimi wirklich fragen, was wäre gewesen, wenn …

Gerade noch in der gleichen Runde mit der Spitze: Michael Schumacher als Sechster, der zum ersten Mal Ferrari kritisiert: „Wir haben ein schlechtes Auto gebaut."

Aber die „Formel Austria" geht in der Hitzeschlacht noch deutlicher baden: Kliens aggressive Strategie (drei Boxenstopps) kann nicht aufgehen, weil er nach gutem Start im Verkehr steckt. Friesacher (19.) stöhnt: „Eine Katastrophe" und wartet auf seinen Minardi-Schicksalstag.

Montoya schlägt Alonso auf dem Zielstrich um 2,7 Sekunden. Bei der Siegerehrung schnurrt der „Rambo" oder „Tiger" wie eine Katze: Silverstone-Pokal im Arm, unten Ehefrau Conny mit Söhnchen Sebastian, die kolumbianische

Hymne. Montoya als Held des Tages: sein erster Triumph für McLaren, noch dazu im Motorsport-Mutterland England.

Aber auch Alonso ist ein Sieger: Fernando vergrößert seinen WM-Vorsprung auf Räikkönen auf 28, auf Schumi auf 34 Punkte. Bald wird er sagen: „Ich schau, dass mein Guthaben in der zweiten Saisonhälfte immer so um 20 Punkte bleibt. Darum fahr ich jetzt strategisch.“ Und Briatore nickt dazu: „Wie beim Fußball: Egal, ob du deine Tore in der ersten oder zweiten Spielhälfte schießt – Hauptsache überhaupt.“

Zwischen Silverstone und Hockenheim jährt sich zum 10. Mal der Todestag des unvergleichlichen Juan-Manuel Fangio, der soviel zum Weltruhm der Silberpfeile beigetragen hat. Und die ganze Formel I blickt im Hochsommer zum zweiten Mal nach Deutschland.

Hockenheim:
EINE SCHRAUBE LOCKER

Hockenheim – die einzige Grand-Prix-Strecke der Welt, auf der alle drei großen Formel-I-Österreicher gewonnen haben: Jochen Rindt, Niki Lauda, Gerhard Berger sogar zweimal. Und Schumacher? Die deutschen Medien spüren nach enttäuschenden Testfahrten „Angst vor Blamage". Aber Schumi bremst: „Wenn ich hier unter die ersten drei fahren kann – das wäre nicht so blamabel." Von Gewinnen: keine Rede.

Interview mit Schumi-Manager Willi Weber: Wärst du Reporter – was würdest du den Michael fragen?

Weber: „Wie er mit dem ganzen Mist zurechtkommt, der momentan über ihn geschrieben wird. Oder: Liest du den überhaupt?"

Und was würdest du Alonso fragen?

„Warum kannst du nicht zu Minardi gehen?"

Und was würdest du Kimi Räikkönen fragen?

„Kannst du nicht bitte für Jordan fahren ...?"

Aber Michael bleibt Ferrari-Star, ohne alle Rücktrittsgedanken?

„Wir haben einen Vertrag bis Ende 2006. Der wird in jedem Fall eingehalten. Darüber hinaus machen wir uns noch keine Gedanken."

Hat er die WM 2005 schon abgeschrieben?

„Nicht, so lange noch eine mathematische Titelchance besteht. Dabei hab ich schon mal nachgedacht, wo wir auf Helm und Kappe einen achten WM-Stern platzieren können ... und dann war mir schon nach drei Rennen klar: Das wird heuer nicht so einfach."

Wird er wieder gewinnen?

„Klar! Auch Prost und Lauda haben ein bzw. zwei Jahre Pause gemacht – und wurden dann nochmals Weltmeister."

Wäre das auch eine Idee: Michael pausiert ein Jahr, testet – und jagt dann bei einem Super-Comeback die jungen Löwen Alonso und Räikkönen?

„Kann ich mir nicht vorstellen. Er sagt selber: Solang das Feuer brennt, ihm das Rennfahren soviel Spaß macht, kann er nicht aufhören. Und ich hoff, es lodert noch ein paar Jährchen."

Hat die Fan-Hysterie schon nachgelassen? Das ganze Schumi-Merchandising mit den hunderten Artikeln?

„Die Fans kaufen nach wie vor – unabhängig vom Erfolg. Aber eine gewisse Sättigung ist schon zu spüren."

In Österreich nicht, obwohl Patrick Friesacher bei Minardi aussteigen muss.

DIE DEUTSCHEN HEIMSIEGE IN HOCKENHEIM:

Der deutschen Fahrer …

1995	Michael Schumacher (Benetton-Renault)
2001	Ralf Schumacher (Williams-BMW)
2002	Michael Schumacher (Ferrari)
2004	Michael Schumacher (Ferrari)

… und der deutschen Autos:

1984	Alain Prost (McLaren-Porsche-Turbo)
1998	Mika Hakkinen (McLaren-Mercedes)
2001	Ralf Schumacher (Williams-BMW)
2003	Juan-Pablo Montoya (Williams-BMW)

Aber Paul Stoddard bestätigt in allen Kommuniques: „Friesachers Ablöse hat mit seinen Leistungen nicht das Geringste zu tun – hat nur finanzielle Gründe."

Minardi ist jetzt total holländisch. Mit Christijan Albers und Robert Doornbos. Der war auf halbem Weg zu einer viel versprechenden Karriere als Tennisprofi, ehe es ihn bei einem zufälligen Grand-Prix-Besuch 1998 in Spa wie der Blitz traf: „Ich muss Formel-I-Pilot werden." Mit Papas Hilfe – dessen Firma sponserte damals auch Williams.

2004 fuhren Doornbos und Friesacher noch gegeneinander in der Formel 3000. Patrick gewann in Ungarn, Robert in Spa, dann wurde er Nr. 3-Pilot bei Jordan unter Teamchef Colin Kolles. Der stammt aus Rumänien. Sein Vater war ein glühender Fan von Lotus-Genie Colin Chapman, daher der Vorname, daher die Schirmkappe. Und seine Mutter war in Bukarest Zahnärztin, zwar nicht von Dracula, den man mit Knoblauch verjagen konnte, aber jahrelang von Ceaucescu …

Als ein möglicher direkter Tausch Friesacher – Doornbos angedacht wurde, bleckte Kolles die Zähne. Auch ein dritter Jordan bis Saisonende wäre nicht gratis, aber billiger als der erste Minardi. Vermutlich eine Million Dollar.

Und jetzt fahren erstmals seit Zandvoort 1962 (Graf Beaufort und Ben Pon) zwei Holländer gleichzeitig in der Formel I – die beiden Oranjes sahen wir früher auch bei den österreichischen Flugplatzrennen. Als Rennsport noch viel billiger war … Und auch Niki Lauda erinnert sich: In Zandvoort hat er 1985 seinen 25. und letzten Grand Prix gewonnen – im mörderischen McLaren-Stallduell mit Alain Prost.

Und bei Red Bull? Englische Formel-I-Insider sehen Liuzzi bereits wieder ab dem Türkei-GP fix im Boliden Nr. 15. „Das ist nicht richtig", bremst Dr. Marko, derzeit in den USA. „Wir haben nach Budapest drei Wochen Zeit, um alle Fakten zusammenzutragen, zu analysieren – dann wird entschieden." Helfen wir mit:

Von den bisher 13 Rennen fuhr Klien 6 (plus Indy-Training), Liuzzi 4. Nach aktuellem Einsatzplan käme Klien bis Saisonende auf 8 oder 9 Rennen, Liuzzi auf 9 oder 10.

Marko: „Tatsache ist, dass Liuzzi nach Einsätzen noch deutlich zurückliegt – und halbwegs paritätisch sollte die Aufteilung schon sein. Vor allem, weil Liuzzi durch sein erstes Formel-I-Jahr sowieso benachteiligt ist."

Marko-Conclusio: „Und jetzt schauen wir uns die Rennen von Klien an ..."

Unangefochten ist David Coulthard als Nr. 1 bei den Bullen. „Mit David sind wir hochzufrieden, er hat unsere Erwartungen übertroffen. Außer im Qualifying."

Spannend der direkte Vergleich der drei Bullen-Piloten im Qualifying und im Rennen – hier ein Vorgriff gleich bis Saisonende:

Rennen Nr.	1	2	3	4	5	6	7	8	9	10
Coulthard	5-4	8-6	14-8	14-11	9-8	7-X	12-4	12-7	16-X	15-10
Klien	6-7	7-8	7-X	–	–	–	–	16-8	14-X	16-X
Liuzzi	–	–	–	15-8	11-X	12-X	14-9	–	–	–

Rennen Nr.	11	12	13	14	15	16	17	18	19
Coulthard	13-13	11-7	13-x	12-7	11-15	12-x	16-x	6-6	7-9
Klien	15-15	10-9	11-X	10-8	13-13	16-9	6-9	4-9	14-5

Erklärung: 1. Zahl = Startplatz , 2. Zahl = Rennergebnis. X = Ausfall: Coulthard: in Monaco Unfall, in Indianapolis Startverzicht, in Budapest Unfall, in Spa Motorschaden, in Interlagos Unfall; Klien: in Bahrain Elektrik, in Indianapolis Startverzicht, in Magny-Cours Motor, in Budapest Unfall; Liuzzi: In Barcelona Dreher, in Monaco Unfall.

Diese Bilanz ist durch Korrekturen der Startaufstellung (Motorwechsel) relativ, aber Tatsache bleibt: Im direkten Qualifying-Duell schlägt Klien Coulthard 8:7, auch nach „Platzziffern" liegt der Österreicher vorn. Dafür hat sich Coulthard gegen Liuzzi mit 4:0 durchgesetzt. Und noch extremer fällt auf: Coulthard hat fast immer durch Superstarts Positionen gut gemacht, Klien eher nicht. Aber bei Red Bull wird deswegen nie gestritten.

Überhaupt ist in der Formel I wieder Frieden, zumindest die Vernunft eingekehrt. Die FIA hat offiziell alle Teams von jeder Schuld am Indy-Skandal freigesprochen. Max Mosley hat – schon immer sein Stil – ein revolutionäres neues Formel-I-Reglement vorgeschlagen, nimmt vieles wieder zurück und akzeptiert, was übrigbleibt, als Kompromiss. Macht alle happy.

Bleibt der Reifenkrieg. Den propagierten Einheitsreifen will keiner der Pneu-Giganten. Kaum sickert durch, dass Williams (und Toyota) von Michelin zu Bridgestone abspringen wollen, verlautet Michelin offiziell: „Wir würden vorschlagen, wir

„Ich freu mich, dass Sie es sind.“ Rainier III. (links oben, als junger Prinz) sprach als Fürst zu allen Siegern die gleichen Gratulationsworte: zu Nino Farina (rechts oben), Marzotto (darunter), Niki Lauda (links), J. M. Fangio (links unten) und Jack Brabham (rechts unten). Laudas galanter Handkuss für Gracia Patricia ging um die Welt – rechts im Bild der junge Prinz (jetzt Fürst) Albert.

Gedenkminute aller Piloten für Fürst Rainier III. (oben). Hollywood-Spektakel in den Boxen: Red Bull rast für „Star Wars“. TV-Interview mit dem sagenhaften George Lucas. Großes Bild: Sieger Räikkönen.

AMD
AMD
MONACO
Grand Prix
BRIDGESTONE
Marlboro

Letzte Runde in Monte Carlo: Michael Schumacher, noch hinter Ralf und Barrichello, greift aber gleich beide an – den Teamkollegen und den Bruder. Beide reagieren böse. Aber 2005 heißt für Michael nicht nur Pleiten, Pech und Pannen.

The World of F 1 – ein Kaleidoskop: Filmstar Nicolas Cage – Bernie Ecclestone mit Ehefrau Slavijca und den Töchtern Petra und Tamara – Geburtstagstorte vom ORF-Fernsehen für Fernando Alonso in Budapest, farblich gut abgestimmt – Jenson Button, der sich mit 15 Millionen Euro von Williams für Honda freikauft – Hanoch Nissany, der erste Israeli in der Formel I – und Jean Todts Bond-Lady aus „Stirb an einem anderen Tag".

Jahrestag für eine Sternstunde: Jackie Stewart – mit Originalhelm und Pokal – gewann vor 35 Jahren in Monza seinen ersten Grand Prix. Dreidimensional auch der erste Inder, der WM-Punkte holen kann: Nahrain Karthikeyan, als Vierter in Indy. Für viele der schnellste Mann des Jahres: Kimi Räikkönen.

Mobil
BOSS
HUGO BOSS
Kimi
SIEMENS
WINDOWS
SCHÜCO
SOLAR
PIT LANE
Räikkönen

Ferrari nicht mehr synchron: Die Wege von Rubens Barrichello (links) und Schumacher trennen sich. „Du hast für Ferrari wichtige Rennen gewonnen“, dankt Montezemolo dem Brasilianer – 2007 mit Honda sicher ein gefährlicher Konkurrent. Unten: Weltmeister Alonso mit den Silberpfeil-Piloten: Wer sagt, man muss seine Gegner hassen?

rüsten für 2006 nicht mehr 70 %, sondern nur noch 50 % aller zehn Teams aus. Das wäre am fairsten."

Auf welcher Seite steht Red Bull? „Auf keiner", bestätigt Teamchef Christian Horner, „wir sind absolut neutral und blockfrei." Möglich, dass man wegen des Ferrari-Motors zu Bridgestone überwechselt? „Wir treffen unsere eigenen Entscheidungen. Aber erst in drei bis vier Wochen." Und dann für Michelin – und zwar mit beiden Teams.

Inzwischen gehen die Arbeiten am Red-Bull-Boliden für 2006 munter voran. Mark Smith, das von Renault übergewechselte Konstrukteur-Genie, hat schon alle Maße des neuen Ferrari-2,4-Liter-V-8-Motors. Natürlich sind Milton Keynes und Fiorano total miteinander vernetzt – zusätzlich fliegen Red-Bull-Techniker einmal pro Woche nach Italien – und umgekehrt Italiener nach England.

Günther Steiner, der Technikdirektor: „Das Chassis ist im Entstehen. Die Geometrie steht fest – jetzt wird konstruiert." Und wann wird die neue Rakete „Red-Bull-Ferrari" zum ersten Mal gezündet? „Testfahrten erst im Winter – Anfang 2006." Dann agiert die „Formel Austria" auch in Fiorano und Mugello.

Bei McLaren-Mercedes macht Räikkönen nach zwei Motorschäden Druck auf sein Team. „Ich will nichts mehr von Pech hören – nur dass jetzt noch mehr und härter gearbeitet wird! Ich beschwer mich nicht. Ich glaub aber auch nicht an Pech. Wer einen Fehler macht, ist selber schuld."

McLaren-Vizechef Martin Whitmarsh behauptet, du hättest die letzten acht Rennen gewinnen können – und kannst sogar auch die nächsten acht gewinnen?

„Da hat er recht! Wir haben das beste, stärkste und schnellste Auto. Ich hab aber heuer schon mindestens viermal 10 WM-Punkte verloren – durch Defekte, Reifen- und Motorschäden und die Absage von Indy. Dort hätte ich auch sicher gewonnen."

Frustriert, Kimi?

„Ich kann sowas schnell abhaken und vergessen."

Aber deine unglaubliche Pechserie in Hockenheim: viermal gestartet, nie im Ziel. Und überhaupt in Deutschland: neun Rennen, nur die ersten zwei am Nürburgring im Ziel: Platz 10 mit dem Sauber, 3 mit dem McLaren – dann nichts, siebenmal ausgefallen. Macht das Angst?

„Ich bin der Typ, der immer nach vorn schaut, nie zurück."

Aber fürchtest du nicht, dass du Mika Hakkinens Hockenheim-Pech geerbt hast?

„Nein – Mika hatte schon sein eigenes Pech ..."

Räikkönen also im Kampf gegen seinen Fluch von Hockenheim – wie Alonso am Sonntag davor gegen seinen Fluch von Silverstone. Für Kimi und Fernando auf jeden Fall ein Schlüsselrennen. Für Schumi fast schon die letzte Chance. Für Renault und McLaren eine Nervenprobe. Ron Dennis und Flavio Briatore – beide drohen: „Wir verstärken den Druck auf unsere Gegner." Wer will jetzt wen in einen Defekt hetzen? Aber Alonso (in Hockenheim immer im Ziel) bleibt ruhig, kann sich notfalls auf Fisichella verlassen – während Montoya seit seinem Silverstone-Sieg schon leicht aufmüpfig wirkt: „Ich bin knapper an Räikkönen dran als Kimi an Alonso." Und Stallorder ist ja laut FIA streng verboten …

Gebrochene Antriebswelle in Imola, lebensgefährlicher Reifenplatzer am Nürburgring, Motorschäden in Magny-Cours und Silverstone – Kimi Räikkönens Pechsträhne 2005 liest sich wie eine Serie von Anschlägen. In der „glühenden Bratpfanne" Hockenheim, wo ihm schon 2003 ein Motorplatzer den WM-Titel gestohlen, 2004 ein Heckflügelbuch fast das Leben gekostet hat, kommt ein neues Attentat dazu: diesmal aus Schlamperei.

Aber den verhassten Motorschaden hat zur Abwechslung Montoya, der aus der letzten Reihe nach vorn stürmen muss „um den Silbernen zum Doppelsieg zu verhelfen", lautet der Auftrag von Ron Dennis. Im Klartext: „Um Zweiter zu werden."

Weshalb Montoya förmlich explodiert: „Wenn ihr einen Fahrer braucht, der Zweiter werden muss – dann habt ihr den Falschen engagiert! Ich bin nur zu einem einzigen Zweck da: um zu gewinnen!" Schwierig genug gegen die Renault-Raketen.

Vor der Driver's Parade bin ich mit Kamera und Mikro bei Alonso. Deine Strategie? „Ich hab mich entschlossen, heute taktisch zu fahren – wegen der sicheren Punkte und der Weltmeisterschaft. Aber wenn ich sehe, dass es geht, will ich natürlich gewinnen!" Bueno suerte, Fernando – und weg ist er.

Klien muss auf der schmutzigen Seite der Startaufstellung wegfahren und wird von Coulthard überholt, liefert aber dann tolle Duelle mit Grand-Prix-Siegern: Er überholt zweimal den Barrichello-Ferrari, den Trulli-Toyota, fightet das ganze Rennen, verpasst aber Platz 8 ganz knapp.

Räikkönen wäre der logische Sieger, auch wenn sich Alonso freut: „Wir sind McLaren nähergekommen." Aber das stärkste, schnellste Auto des Jahres verliert die WM – schenkt McLaren-Mercedes den Titel her? In der 30. Runde ist Kimis WM-Zug endgültig abgefahren: Hydraulikdefekt nach halber Distanz, haushoch in Führung liegend.

Räikkönens Saisonbilanz liest sich bereits wie eine Serie von Technik-Attentaten. „Das muss alles Sabotage sein!", werden finnische TV- und Radiostationen, Zeitungsredaktionen und sogar schon McLaren-Teammitglieder von Kimis Fans bestürmt.

Die groteske Wahrheit über Räikkönens mysteriösen Hockenheim-Ausfall würde doch keiner glauben: Eine lockere Schraube in der Hydraulik, an der bei den modernen Formel-I-Autos ja alles hängt: Getriebe, Bremsen, Kupplung usw.

Wie kann das passieren? In einem Millionen-Team mit vier Ingenieuren und unzähligen Mechanikern pro Auto? Ob vorm Start vergessen wurde, die Schraube festzuziehen, oder ob sie sich während der 36 Runden gelockert hat, ist vier Tage danach relativ. Aber sogar Ron Dennis verliert seine übliche Coolness und Contenance und hämmert mit der Faust auf die Tischplatte des Kommandostands.

Kimis schwarze Serie geht also weiter. Der „Iceman" kocht vor Zorn und hilfloser Wut – zum ersten Mal. Bitterböse stürmt der Finne durch den Hinterausgang aus dem McLaren-Palast. „Ausfälle sind kein Pech, sondern immer nur schlechte Arbeit", hat er schon tags zuvor gewusst – ein Hellseher.

Kimi Räikkönen ist eine Viertelstunde nach seinem K. o. schon aus Hockenheim geflüchtet: mit Vollgas Richtung Schweiz, und wortlos. Die beiläufigen Sätze im Team-Kommunique sind nicht seine Formulierung. Die finnischen Reporter, alle unter Schock: „Nicht einmal Shakespeare könnte in Worte fassen, was jetzt in Kimi vorgeht – woher soll ausgerechnet Kimi jetzt die richtigen Worte finden?"

So erbt Alonso seinen Saisonsieg Nr. 6, gibt aber zu: „Als Kimi weg war, wurde mir fad …"

Wie super die Silberpfeile sein könnten, beweist Montoya, der aus der letzten Reihe wirklich auf Platz 2 vorstürmt, 22 Sekunden hinter Alonso. Button darf als Dritter aufs Podest, und Fisichella ringt im Finish den großen Michael wegen dessen Reifenproblemen nieder.

In Hockenheim, wo sie jahrelang Freudenfeuer anzündeten, Raketen abschossen, herrscht fast Grabesstille: Michael Fünfter, Ralf Sechster, Heidfeld Elfter.

Alonso hat jetzt 36 Punkte Vorsprung auf Räikkönen, 40 auf Schumacher, kann sich – mathematisch – also schon gleich nach der Sommerpause zum Weltmeister krönen: Bei der Grand-Prix-Premiere in Istanbul.

„Campeone del Mundo – unser Weltmeister!" Ganz Spanien ist verrückt mit Fernando Alonso, besonders seine Heimatstadt Oviedo: Die ganze Nacht tanzten die Fans auf der Straße, sprangen in Brunnen, feierten ihren Alonso jetzt schon wie einen Weltmeister.

36 WM-Punkte Vorsprung nach Hockenheim, genau wie Michael Schumacher 2004 – und zwei Rennen später hatte er den Titel fixiert. Fuhr Schumi am Sonntag seinen letzten deutschen Heim-Grand-Prix als Weltmeister? Und wie lang braucht Fernando noch zum Titelgewinn? „Ich will aus Aberglauben noch nicht vom WM-Titel reden." Aber, leicht auszurechnen: Für Alonso genügt es, wenn er ab jetzt in jedem Rennen nur Vierter wird – selbst wenn Kimi Räikkönen jedesmal gewinnt.

„Mercedes-Murks", schimpfen die deutschen Medien – aber da tun sie Norbert Haug & Co unrecht. Es war ein McLaren-Defekt: Eine Schraube in der Hydraulik war nicht festgezogen. Wieso das – in einem Millionenteam mit vier Ingenieuren pro Auto und unzähligen Mechanikern? Oder ist der Stress (vier GP im Juli!) doch zu groß?

Budapest:
HAPPY BIRTHDAY!

„Schade, dass nichts draus wird – ich wollte so gern den ersten Grand Prix jenseits des Eisernen Vorhangs auf dem Roten Platz!" sagte Bernie Ecclestone, traurig und enttäuscht, 1985 auf dem Heimflug von Moskau. Seine Begleiter im Privat-Jet trösteten ihn: „Warum gehst du nicht nach Ungarn?"

„Wo ist Ungarn?" fragte Bernie.

„Direkt da unten", sagten seine Begleiter, worauf Bernie befahl: „Sofort landen."

Genauso entstand damals der GP von Ungarn. Ecclestone selbst entwarf die Streckenführung. Und jetzt feiert dieser anfangs so exotische Grand Prix sein 20-Jahr-Jubiläum: mit einer tollen Party in der Heldengalerie des Hungarorings – mit schönen Pokalen für alle, die schon 1986 dabei waren – im Jahr 1 nach Niki Lauda!

Damals baute Flavio Briatore noch die Benetton-Ladenkette in den USA auf, kämpfte Michael Schumacher (damals 17) schon längst um Kart-Titel, fuhr Fernando Alonso (damals 5) seine ersten Rennen, noch bevor er in die Schule eingeschrieben wurde.

Jetzt stehen Schumi und Fernando in der gleichen Fußballmannschaft: beim traditionellen Charity-Match im Puskas-Stadion (vormals Nep-Stadion). Mit Ehrenkapitän Placido Domingo, der abwechselnd mit Pavarotti, früher nach Ferrari-Siegen im Werk in Maranello immer unter Riesenapplaus „Vincero!" schmetterte – die grandiose Arie aus Puccinis „Turandot": „Ich werde siegen!"

Nur haben Schumi und Ferrari schon länger Stimmbruch …

Mysteriöser Todessturz im McLaren-Team! Kaum hat sich das Team von Kimi Räikkönens groteskem Hockenheim-Ausfall und den wütenden „Sabotage!"-Vorwürfen finnischer Fans erholt, der nächste Schock: Der Teamkoch der „Silberpfeile" stürzt in der Nacht auf Mittwoch, vom Balkon seines Hotelzimmers im 8. Stock des Budapester Marriott-Hotels – Unfall oder Selbstmord?

Der Todessturz des 30-Jährigen, der im McLaren-Palast im Fahrerlager für Räikkönen, Montoya und die Teamchefs das Essen kocht, blieb stundenlang unbeachtet. Er ging während der Nacht hinaus auf die Terrasse. „Um eine zu rauchen", vermutete sein Zimmerkollege und schlief weiter. In der Früh weckte ihn die Polizei mit der Todesnachricht.

Schatten über McLarens letzten Anstrengungen, die WM für Räikkönen noch zu retten – oder zumindest, mit Montoyas Hilfe, den Konstrukteur-Titel. „Wir müssen unseren Zuverlässigkeits-Level auf unseren Speed-Level bringen!", heißt, verklausuliert, der Befehl von Norbert Haug. Auf deutsch: „Wir müssen die Schnellsten bleiben, dürfen ab jetzt aber nimmer ausfallen." Warum immer Räikkönen? Fragen längst wütende finnische Fans – bei TV- und Radiostationen, Zeitungsreaktionen, sogar beim Team.

Von Räikkönen: noch immer kein Wort – schon gar nicht zur WM-Situation. Zumal Fernando Alonso am Sonntag, anders als in Hockenheim, hoher Favorit ist: „Ich hab dir immer gesagt: Der Hungaroring ist die Strecke, die zu unserem Renault von allen am besten passt." Schon 2003 hat der neue Matador in Ungarn seinen ersten GP gewonnen, Räikkönen um 16,7 Sekunden geschlagen und den großen Schumi (nur 8.) sogar überrundet.

Die Formel I ist immer für Überraschungen gut – auch auf dem Hungaroring! Wieder eine Weltpremiere: Im dritten Minardi, Startnummer 40, sitzt der erste israelische Formel-I-Pilot: Hanoch Nissany, bereits reife 42, aber genauso fit wie alle anderen: Offizier der israelischen Armee. „Ich hab immer viel trainiert, fast alle Sporarten betrieben – und ich komm auch mit einem Formel-I-Auto mit 900 PS zurecht", verrät Nissany.

Ein Israeli also im Minardi-Team, in das ursprünglich (mit Jörg Haiders Unterstützung) der Kärntner Patrick Friesacher eingekauft worden war – in der Formel I ist nichts unmöglich! Patrick und Hanoch Nissany fuhren schon 2004 gegeneinander – in der Formel 3000. „Aber ich hab immer von der Formel I geträumt." Thomas Frank, Chef des Ungarn-GP und ein Vertrauter von Bernie Ecclestone, half weiter. Der voll austrainierte Hanoch absolvierte seine Sitzprobe im Minardi, auch den von der FIA verlangten 300-km-Test in einem Formel I – auf der Strecke von Vallelunga bei Rom, unter FIA-Aufsicht. Das Urteil: „Der Mann ist reif für die Formel-I-Lizenz."

Nissanys Ansuchen durchlief alle FIA-Kommissionen – und wurde wohlwollend behandelt: Notwendig war eine Zwei-Drittel-Mehrheit – der Israeli bekam 18 von 24 Stimmen. Also fährt er von 11 bis 12 Uhr – mit ungarischer Lizenz, als Teamkollege der Holländer Albers und Doornbos. Und Patrick Friesacher sitzt wehmütig vorm Fernseher … keine Sponsorgelder mehr, Stoddart braucht Piloten, die zahlen, anders kann Minardi nicht überleben.

„Wenn ein Holländer in die Formel I aufrückt", vergleicht Patrick, „ist er dort sofort ein Nationalheld. Bei uns verwechselt man mich immer noch mit dem Markus Friesacher."

Aber nicht im Fahrstil. Als Patrick bei der Alpenfahrt am Großglockner den Oldtimer von seinem Landeshauptmann Dr. Haider übernimmt, hört er: „Eine Stunde Rückstand." Bei der folgenden, schwindelerregenden Abfahrt büßt der Bürgermeister auf dem heißen Sitz alle seine Sünden ab: „Als der Patrick keine Bremsen mehr hat, sagt er: jetzt fahren wir halt mit der Motorbremse …"

Sein jüngerer Bruder hat längst seine Kart-Laufbahn gestartet: in einem italienischen Team und aufsehenerregend schnell. Wie bei Michael und Ralf?

Fernando Alonso – der angehende Weltmeister wird am Freitag des Ungarn-GP 24. Was wünscht ihm der Formel-I-Zirkus zum Geburtstag?

Niki Lauda: „Alles Gute – und dass du bald endgültig Weltmeister wirst. Weil du dir das mit deiner Superleistung in kürzester Zeit verdient hast."

Jenson Button: „Hoffentlich feierst du so viel, dass du beim Grand Prix so richtig fett bist. Wir können dir dabei helfen …"

Giancarlo Fisichella: „Machen wir zusammen ein Geburtstagsessen – und dann frag ich dich: Schenk mir doch bitte etwas am Sonntag beim Rennen."

Kimi Räikkönen: „Happy birthday …"

Dem coolen Finnen hatte es nach Hockenheim vier Tage lang die Red verschlagen – erst in Ungarn hat er zum ersten Mal wieder geredet. Über die WM: „Die ist uns schon ein bissl weit weggerutscht. Außer, die anderen kriegen Probleme." Über Montoyas Hockenheim-Ansage, er und Kimi kämpfen jetzt um den 2. WM-Platz: „Hab ich gar nimmer gehört, da war ich schon zuhause in der Schweiz. Aber ich kämpf nur um erste Plätze, nicht um zweite." Und wenn Alonso Weltmeister wird – hat Fernando den Titel gewonnen oder Kimi den Titel verloren? „Ja, das glaub ich."

Und die entscheidende Frage: Wie lang kannst du dir McLaren-Defekte noch gefallen lassen? Denkst du dran, zu wechseln, dir ein neues Team zu suchen?

Kimi bestätigt unverändert, trotz vieler Widersprüche: „Ich hab noch einen Vertrag bis 2006" (was Ron Dennis immer geheimhielt). „Aber danach weiß ich nicht, wie es weitergeht. Vielleicht bleib ich. Wir müssen nur noch besser und härter arbeiten, dass das Auto hält – denn schnell ist es."

Worte, die schon Jochen Rindt über den zerbrechlichen Lotus gesagt hat. Nur: Damals kosteten Defekte das Leben. Heute: nur ein paar WM-Punkte.

Und plötzlich gibt es außer Champagner auch Whisky.

Der Tag geht, Johnny Walker kommt – jetzt auch in die Formel I: Viele Boliden sehen im Rennen jetzt anders aus als tags zuvor im Qualifying. Das EU-Tabakwerbeverbot tritt in Kraft. „Aber wir haben von der ungarischen Regierung eine Ausnahmegenehmigung", hatte der magyarische GP-Chef Thomas Frank dem Formel-I-Zirkus verraten. „Nur – das müssen die Teams selber entscheiden …"

Bei manchen hieß es noch in der Nacht zum Renntag: Zigarettenaufkleber weg – oder fliegender Wechsel mit Umlackieren der Autos wie bei den Silberpfeilen: von West zu Johnny Walker. Nur: Die Zigarettenleute zahlten pro Jahr 50 Millionen Dollar – der Whisky bringt „nur" kolportierte 20 Millionen, ist aber auch kein Titelsponsor wie in den letzten 28 Jahren Marlboro und danach West.

Die Whiskyleute werben nur auf der Airbox und transportieren mit 950 PS und 350 km/h ihre Botschaft: „Take the lead, drink with social responsability – also sozialer Verantwortung". Das müsse jeder mit sich selber abklären, äußerte sich dazu Kimi Räikkönen. „Und wenn ich auf Partys mal einen über den Durst trinke, steig ich nachher nie ins Auto." Darauf Juan-Pablo Montoya unter donnerndem Gelächter: „Ich lass mich vielleicht zwei-, dreimal im Jahr so vollaufen, dass ich nicht mehr gehen kann ... aber Autofahren kann ich dann immer noch. Aber das sag ich natürlich nur zum Spass."

Ron Dennis, der Schlaue, zeigt sich „von der Technik der Whiskyherstellung fasziniert". Und ein kurzer Rückblick auf die „goldenen Zeiten" der Formel-I-Sponsordeals enthüllt gigantische Summen: 1999 investierte die gesamte Zigarettenbranche noch 800 Millionen Dollar in die Formel I, 2005 nur noch 400, davon Marlboro 100 allein für Ferrari. Obwohl Enzo Ferrari sich jahrelang gesträubt hatte: „Meine Autos rauchen nicht." Bis der Preis stimmte ...

Fast 40 Jahre blauer Rauch – jetzt wird abgedämpft. Als 1968 die FIA die „branchenfremde Werbung" auf den Autos erlaubte, begann der „Gold Rush" der Formel I – zu allererst beim Lotus von Colin Chapman: mit dem Matrosen mit dem Rettungsring.

Ob rauchen schädlich für die Kids sei, wurde in der Formel I nie wirklich hinterfragt. Max Mosley: „Wir wissen aus genauen Analysen: Wegen Zigarettenwerbung in der Formel I fängt keiner zu rauchen an – er wechselt höchstens die Marke, je nachdem, für welches Team und welchen Sponsor sein Idol fährt."

Und Bernie Ecclestone: „Meine Töchter Tamara und Petra rauchen auch schon – und die schauen nie Formel I im TV ..."

Viele Formel-I-Fans mögen sich noch an den berühmten Rennstallbesitzer Rob Walker erinnern, den zeitweiligen Teamchef von Stirling Moss, Joakim Bonnier, Jochen Rindt und anderen. Er sagte immer: „Ich bin ein direkter Nachfolger des legendären Johnny Walker – der war mein Ur-Ur-Großvater." Stimmt genau, bestätigen die neuen McLaren-Sponsoren. „Rob Walker, der 2002 gestorben ist, entstammt unserer Blutlinie."

„Liebesgrüße aus Budapest" schickt Bernie Ecclestone mit seiner eigenen Sonderbriefmarke mit Ersttagsstempel zum 20-Jahres-Jubiläum des Ungarn-GP an „Mrs. Slavijca Ecclestone, Princess Gate 7, London" – mit der überraschenden Nachricht des Wochenendes: Michael Schumacher und Ferrari sind wieder da! Seit Monaten nur noch geschlagen, gedemütigt, medial verprügelt – und plötzlich, wie Phönix aus der Asche gekommen, die erste Poleposition des Jahres, noch dazu mit fast einer Sekunde Vorsprung!

„Ich hoffe, dass wir auch im Rennen ein ernstes Wörtchen mitreden können. Ich freu mich auf einen interessanten Sonntag …" Zumal Schumacher entgegen der üblichen Denkweise auf dem engen, kurvenreichen Hungaroring schon vorm Rennen analysiert: „Nicht die Startaufstellung wird diesmal entscheidend sein, sondern die Strategie und Taktik." Die Logik sagt: Schumacher 3 Boxenstopps, Räikkönen 3, aber Montoya 2 und Alonso 2.

Und die Rennsimulation, am Computer durchgespielt, ergibt einen klaren Sieg für Montoya, für den sogar McLaren-Teammitglieder ausrechnen: „Juan-Pablo fährt mit dem Rennen auf und davon." Um Platz 2 deutet sich ein harter Dreikampf zwischen dem „wiederauferstandenen" Schumi, dem großen Saison-Pechvogel Räikkönen und dem überlegenen WM-Leader Fernando Alonso an – soweit jedenfalls die Computer-Analyse.

Und dann kommt alles, wieder einmal, ganz anders.

„Wir hatten schon fast vergessen, wie süß die Poleposition schmeckt", strahlt Ferrari-General Jean Todt über Schumis erste Bestzeit seit Suzuka 2004 – vor 14 Rennen. Und der Formel-I-Zirkus hat in Budapest viele wichtige Fragen an Schumacher.

1. Wie kam es zu diesem tollen Comeback schon im Qualifying?

„Zuerst einmal ein riesiges Kompliment an Bridgestone. Sie haben das ganze Jahr sehr viel leiden müssen, und die Poleposition reflektiert die Anstrengungen, die sie unternommen haben. Wir hatten in Budapest einen neuen Reifen – das Auto war das gleiche wie zuletzt in Hockenheim."

2. Ist Ungarn bereits die Trendwende?

„Wir sind selber überrascht, weil wir zuletzt so langsam waren, aber jetzt müssen wir erst herausfinden: War der Hungaroring einfach die Kombination vieler Dinge, wo der Ferrari und die Reifen perfekt zum Kurs passen – oder ist das der generelle neue Trend? Ich glaub fast ja. In Hockenheim hat von den Lösungen, die es für mich und Barrichello gab, keine wirklich funktioniert. Wir waren nie irgendwann, in keiner Phase, großartig. Aber Budapest war komplett anders!"

3. Wer hat überhaupt noch an eine solche Umkehr geglaubt?

„Es gab keinen Grund, nicht an Ferraris Wiederkehr zu glauben, und jetzt ist es für uns alle ein großartiger Erfolg. Das gibt uns allen Freude und Motivation. Es war schon zulange her …"

4. Also muss dieses Jahr für Ferrari doch noch nicht ganz abgeschrieben werden?

„Von uns sicher nicht! Ungarn war ein Schritt in die richtige Richtung. Aber wir mussten unseren Trainingserfolg erst noch im Rennen bestätigen – und von da weg schauen, wie es weitergeht."

5. Wie wichtig ist Sennas Poleposition-Weltrekord jetzt geworden?

„Genau wie immer. Das war nie etwas, das mich anspornt, sondern nur ein netter Nebeneffekt. Wenn es passiert, dann passiert es, und wenn nicht, dann eben nicht. Für mich ist es wichtiger, die WM zu gewinnen oder ein Rennen."

6. Ist die Kritik an dem GPDA-Präsidenten, dessen Rücktritt von einigen sogar vorgeschlagen wurde, jetzt vorbei?

„Die GPDA ist immer glücklich, solang unser Sport sicher ist. Das ist unser Hauptanliegen. In Ungarn war alles in Ordnung. Sechs Reihen von Reifen, mit Zwischenräumen alle zwei Reihen, ist bei weitem besser als alles, was wir z. B. in Monaco haben."

7. Die Politik der Formel I: Neue Qualifying-Lösungen und die nächste Konferenz mit FIA-Präsident Max Mosley in Monaco?

„Was ich immer sage: Eine Qualifying-Lösung, mit der alle happy sind, wird es nie geben. Unglücklicherweise haben wir alle, Zuschauer, Teamchefs, Fahrer, verschiedene Ansichten. Das schlimmste wäre, wenn wir wieder alles ändern – mehr will ich dazu nicht sagen. Auch nicht, was wir morgen mit Mosley diskutieren und was nicht."

Demonstrativ zusammen lächelnd – so marschieren sie durchs Spalier rassiger ungarischer Grid-Girls zur Paraderunde auf dem Hungaroring: Barrichello und Massa. Zwei Brasilianer, 2006 auf neuen Wegen: Rubens von Ferrari zu BAR-Honda, dafür Felipe von Sauber zu Ferrari. Endgültig fix und schon vorm Rennen geklärt – ehe dann Barrichello mit Trulli zusammenkracht, Alonso mit Ralf Schumacher – und Massas Motor kocht.

Alles logisch und leicht zu erklären: Zeit für ein neues Gesicht bei Ferrari nach dem „ewigen Duo" Michael-Rubens mit zusammen 438 Grand Prix. Das Duo wird gesprengt. Rubens hat in letzten Zeit oft genug aufgemuckt. Er will nicht als ewiger Wasserträger in der Geschichte stehen, hat Ehrgeiz, Können und Charakter, aber auch Egoismus. Mit Jenson Button wird er 2006 bei Honda Rad an Rad kämpfen – nicht im Windschatten. Als Michael von Rubens Entschluss hört, wirkt er überrascht. Sein Gesichtsausdruck spricht Bände. Geht bei Ferrari etwas vor, das er nicht weiß?

Und wer zog die Fäden? Gil de Ferran, Brasilianer, Indy-Sieger 2003, neuer Sportchef. Er hat Barrichellos Ehrgeiz geweckt – weil Honda die restlichen 55 Prozent von BAR kauft: traumhafte Perspektive.

Und „Ferrari" neu wird ganz familiär: Massa – vor fünf Jahren noch Pizza-Bote in den Interlagos-Boxen – wird von Nicolas Todt gemanagt, dem Sohn des großen Ferrari-Chefs. Alles passt perfekt zusammen; selten genug im oft so komplizierten Formel-I-Puzzle. Zumal Massa schon vor drei Jahren Ferrari-Testpilot war – ehe er dann wieder zu Sauber zurückkehrte. Aber Peter Sauber hat ihm schon beim ersten Abschied nicht „Lebewohl" gesagt, sondern „Auf Wiedersehen."

Für Schumacher also bald ein neuer, junger Teamkollege. In zehn Ferrari-Jahren erst sein dritter nach Irvine und Barrichello. Treue und Beständigkeit: Für Michael schon immer die größten Werte in seinem Leben. Und darum feiert der „wiederauferstandene Champion" in Budapest nicht nur Poleposition und sein Comeback auf dem Siegerpodest der ersten drei, sondern auch seinen 10. Hochzeitstag mit Corinna.

„Die Familie ist das Wichtigste in meinem Leben. Würde sie unter dem Rennsport leiden, würde ich sogar das Rennfahren aufgeben." Diese Kollision will Michael nicht.

Nach nur 15 Sekunden bricht in der kritischen ersten Kurve auf dem Hungaroring die Hölle los. Drei Autos nebeneinander, Klien links außen, Villeneuve in der Mitte, rechts ein Williams. Das kann nicht gutgehen. Der Kanadier: „Ich hab keine Chance zum Ausweichen". Schon in Hockenheim hatte Jacques vier (harmlose) Kollisionen.

„Warum kritisiert ihr mich? Ihr sagt immer, die Formel I ist fad. Aber wenn ich viel zur Show beitrage, passt es auch nicht ..."

Christian Klien wird von Villeneuve gerammt, dreht seitwärts ein paar gefährliche Überschläge – Millionen stockt der Atem. Genau wie bei Alex Wurz Salto mortale in Montreal 1998. „Da werden die Sekunden zu Stunden", leidet Vater Klien, bis seine Familie endlich sehen kann: Christian bewegt sich, kann selber aussteigen: „Nix passiert, bis auf ein steifes Genick ... aber das ist morgen vergessen." Und wie erlebst du solche Schrecksekunden? „Das geht alles so schnell, dass du als Fahrer gar nix mitkriegst. Aber sobald das Auto wieder auf den Rädern steht, denkst du automatisch: Erster Gang rein, weiterfahren ..."

Villeneuve entschuldigt sich. Klien bestätigt ihm: „Du kannst nichts dafür. In der ersten Kurve kann immer was passieren."

Alle Schutzengel sind mitgeflogen, wie damals bei Wurz in Kanada, der ins Ersatzauto umstieg und noch Vierter wurde. Und wie jetzt auch bei Coulthard, der wie eine Rakete startet, aber Riesenpech hat. Vor ihm kracht es rund um Alonso, der weg gefetzte Renault-Frontflügel demoliert Davids Radaufhängung. Mit ein paar Hochgeschwindigkeits-Rotationen überfliegt der Schotte das halbe Feld – zum zweiten Mal Riesenglück. Aber Red Bull hat schon in der ersten Runde beide Autos verloren. Das heißt: ganz schlechte Startnummern fürs nächste Qualifying in Istanbul.

Schumacher verteidigt Platz 1 gegen Montoya, Trulli und Räikkönen – der aber nach drei bitteren Rückschlägen hintereinander heute die besten Karten hat. Nach drei Runden ist Kimi schon an Trulli und Montoya vorbei. Wann greift er Schumi an? Auf der Strecke in der Pußta, auf der quasi Überholverbot herrscht? Dazu aber muss die Box mitdenken und mitgewinnen.

Schumi tankt in der 36. Runde, Kimi eine Runde später, überholt den Ferrari in der Box – und fährt ihm die nächsten 12 Runden glatt davon: ein überraschend früher, vorverlegter zweiter Stopp. Aber dadurch bleibt Räikkönen auch beim dritten Tankstopp vorn.

Leider rutscht den Silberpfeilen der seit fünf Jahren (!) ersehnte Doppelsieg durch die Finger: Montoya – durch die Boxenstopps nach vorn gekommen – fällt in der 41. Runde mit gebrochener Antriebswelle aus: mit einer cleveren Zwei-Stopp-Strategie, als durchaus möglicher Sieger.

Wirklicher Sieger: endlich Räikkönen vor Michael und Ralf Schumacher, die Renault-Raketen nur auf Platz 9 (Fisichella) und 11 (Alonso). Und die drei WM-Ersten sind einander näher gerückt: Alonso 87, Räikkönen 61, Schumacher 55. Das heißt: Alonso kann in der Türkei noch nicht Weltmeister werden – aber bald. Jetzt heißt es bei Renault: Nerven behalten, nur ja nicht experimentieren, bei allem Respekt vor der Konkurrenz, Vater Alonso sagt mir, fast bewundernd: „Kimi ist unzerstörbar.“ Fernando aber auch.

Zwei Wochen Sommerferien – wo stecken die Formel-I-Piloten? Kimi Räikkönen fast die ganze Zeit in Helsinki bei der Leichtathletik-WM: „Als Bub wollte ich am liebsten Speerwerfer werden – das ist unser Nationalsport.“ Alonso sonnt sich auf den Malediven, Fisichella auf seiner kleinen Yacht, Coulthard erstmals nicht auf hoher See, sondern in den schottischen Highlands, Klien auf Sardinien und zu Hause, Schumacher in Norwegen und St.-Tropez – und Barrichello daheim in Brasilien.

Dort schlägt der doppelte Sensationstransfer natürlich haushohe Wellen: Barrichello von Ferrari zu BAR, der junge Felipe Massa von Sauber zu Ferrari. Sollte vorm Brasilien-GP die große Show werden, aber die verpatzte Nelson Piquet, weil er schon in Budapest (als Geheimnisträger) alles ausplauderte.

Massa, schon 2003 Ferrari-Testpilot mit 15.000 Testkilometern, sitzt überraschend schon nächste Woche erstmals wieder im Ferrari: bei der großen Testwoche in Monza. Und warum nicht gleich ein vorgezogener Stallwechsel für die letzten 5, 6 Rennen? „Das wäre respekt- und charakterlos“, sagt Barrichello.

Sein erster BAR-Honda-Kontakt? „Gleich nach Silverstone“ – die Ferrari schlichen dort auf Platz 6 und 7 ins Ziel. „Und ich bin Ferrari wirklich dankbar, dass sie mich vorzeitig aus meinem Vertrag entlassen haben.“

Entweder schafft er ’s jetzt bei BAR-Honda – oder er taucht in die Versenkung ab.

Istanbul:
DUELL AM BOSPORUS

„Eine Runde, zwei Kontinente!" Auf tausenden Plakaten in der historischen Metropole Istanbul wirbt die Formel I für ihr neues, aufregendes Abenteuer: den Grand Prix der Türkei, gefahren im asiatischen Teil der 12-Millionen-Stadt, zu erreichen über die malerische, architektonisch einzigartige Brücke über den Bosporus. Für 200 Millionen Dollar gebaut, 1974 eröffnet – Hollywoodstar Danny Kaye war der erste, der von Europa nach Asien fuhr.

2005 ist David Coulthard der erste, der ein Formel-I-Auto übers Meer chauffiert. „Der Lärm über dem Wasser – ein faszinierendes Erlebnis!"

Der Monster-Stau bei den Mautstellen ebenfalls. Zehntausende Türken verzweifeln am Renntag, weil sie zu spät kommen. Viele weichen auf Boote aus. Aber Bernie wäre nicht Bernie, wüsste er nicht einen rettenden Ausweg: „Baut für nächstes Jahr einfach einen Tunnel – wie in England durch den Ärmelkanal …"

Hätte Ecclestone nicht vor ein paar Jahren in einer türkischen Werft seine 85-Meter-Yacht bestellt und auf die Namen seiner Töchter Petra und Tamara getauft – es wäre nie zum großen Formel-I-Abenteuer gekommen! So aber fragten die Türken: „Wollen Sie mit uns nicht auch einen Grand Prix machen?" Bernie akzeptierte – und jetzt haben wir den exotischen GP der Türkei. Einen Tag vor Trainingsbeginn im „Istanbul Otodrom": Situationsbericht vom Bosporus.

SICHERHEIT: Nach den Attentaten in Istanbul und Antalya ein heißes Thema. Tausende Polizisten und Gendarmen sind aufgeboten, checken auf der 6-spurigen Autobahn zur Strecke (30 km von Istanbul) alle Autos – diese Zufahrtsstraße ist rechtzeitig fertig asphaltiert. Der Gouverneur von Istanbul kommandiert die große, stundenlange Sicherheitsbesprechung. Kriegsschiffe sind nicht in Alarmbereitschaft – das Meer ist 15 km entfernt. Für die „innere Sicherheit" sorgt zusätzlich der Österreicher Cristof Amann mit seinen bewährten 50 Mann Security.

STRECKE: Rechtzeitig fertig geworden. Zuletzt noch die Rasenteppiche gegen Rasenziegeln ausgetauscht, Reifen zusammengeschraubt, Kiesbette gefüllt, 6000 Bäume gepflanzt – und die spenden auch Schatten für die Arbeiter, die von ihrer mühsamen Arbeit schläfrig werden. Dazu weht permanent eine sanfte Brise. Die Tribünen (für 75.000) sind fertig.

INTERESSE: Riesige Tafeln in der 12-Millionen-Stadt Istanbul („sehen und hören

Sie die Formel I"), 65.000 Tickets sind schon verkauft, berichtet Thomas Frank – der Chef des Ungarn-GP ist von Ecclestone als „Konsulent" dieses 19. WM-Laufs beauftragt.

TRANSPORT: Ferrari, Red Bull, Mercedes, Toyota und der Ecclestone-Bus sind schon als erste eingetroffen – die Route der meisten Teams: von Budapest nach Triest, dann mit dem Schiff nach Istanbul, 32 Stunden unterwegs.

DIE STARS: Die Fahrer und VIPs landen nicht auf dem Istanbul-Flughafen Atatürk, sondern auf dem zweiten, kleinen Airport 5 km neben der Strecke. Bernie Ecclestone kommt schon frühzeitig, auch Niki Lauda, dem sein langjähriger türkischer Freund Attila Dogudan, der im VIP-Paddock wie immer die Promis verköstigen wird, geraten hat: „Komm diesmal früher, damit ich dir Istanbul zeigen kann – du wirst staunen, was du alles sehen wirst …"

Der türkische Ministerpräsident Erdogan zeigt sich „sehr zufrieden. Eine schöne Strecke, hoffentlich auch ein schöner Grand Prix – als unser Tor zur Welt." Schließlich sollen zwei Wochen nach dem türkischen WM-Lauf die Beitrittsverhandlungen zur EU beginnen …

„Halb wie der gute, alte A-1-Ring in Spielberg – halb wie die Ardennenstrecke von Spa!" analysieren Formel-I-Piloten den Kurs von Istanbul – wirklich? Der deutsche Star-Architekt Hermann Tilke, der alle neuen Grand-Prix-Strecken der letzten Jahre gebaut hat, präsentiert den 5,3-km-Kurs: windanfällig und linksherum.

Was ist das typisch Türkische daran? Der Halbmond überm Fahrerlager? Die Moschee hinter den Boxen?

Tilke: „In Bahrain plante ich Fahrerlager und Boxen als Oase – von dort fahren die Autos wieder hinaus in die Wüste. In Istanbul war die Grundidee, eine Karawanserei zu bauen: Wo die Karawanen anhielten und Schutz suchten, bevor sie weiterzogen – unsere halt mit 20.000 PS … zu teuer. Aber die Türme haben wir gerettet."

Zu teuer? Was kosten die modernen Formel-I-Strecken wirklich?

Tilke: „Istanbul 120 Millionen Dollar, Malaysia und Bahrain je 180, Shanghai 400 Millionen Dollar."

Und der Umbau unseres A-1-Rings 1997?

Tilke: „Damals 240 Millionen, aber in Schilling. Eine wirklich tolle Landschaft. Ewig schade, dass sie jetzt halb kaputt daliegt."

Wieviel Arbeiter braucht man, um eine Rennstrecke zu bauen?

Tilke: „In Istanbul 900 bis 1000, gleichzeitig. In Malaysia und Bahrain waren es 3500, in China sogar 8500. In Spielberg nur 200 bis 300."

DIE ERSTEN SIEGER AUF NEUEN FORMEL-I-STRECKEN
(in den letzten zwei Jahrzehnten)

1984:	Dallas: Keke Rosberg (Williams-Honda)
	Neuer Nürburgring: Alain Prost (McLaren-Porsche)
	Estoril: Alain Prost (McLaren-Porsche)
1985:	Adelaide: Keke Rosberg (Williams-Honda)
1986:	Jerez: Ayrton Senna (Lotus-Renault)
	Budapest: Nelson Piquet (Williams-Honda)
	Mexico City: Gerhard Berger (Benetton-BMW)
1987:	Suzuka: Gerhard Berger (Ferrari)
1989:	Phönix: Alain Prost (McLaren-Honda)
1991:	Magny-Cours: Nigel Mansell (Williams-Renault)
	Silverstone (umgebaut): Nigel Mansell (Williams-Renault)
	Barcelona: Nigel Mansell (Williams-Renault)
1992:	Kyalami (Richtung umgedreht): Nigel Mansell (Williams-Renault)
1993:	Donington: Ayrton Senna (McLaren-Ford)
1994:	Aida: Michael Schumacher (Benetton-Ford)
1995:	Buenos Aires (Strecke stark verändert): Damon Hill (Williams-Renault)
1996:	Melbourne: Damon Hill (Williams-Renault)
1997:	A-1-Ring: Jacques Villeneuve (Williams-Renault)
1999:	Sepang/Malaysia: Eddie Irvine (Ferrari)
2000:	Indianapolis: Michael Schumacher (Ferrari)
2003:	Hockenheim (stark verkürzt): Juan-Pablo Montoya (Williams-BMW)
2004:	Bahrain: Michael Schumacher (Ferrari)
	Shanghai: Rubens Barrichello (Ferrari)
2005:	Istanbul: Kimi Räikkönen (McLaren-Mercedes)

Viele vergleichen Istanbul mit Spielberg und Spa. Warum?
Tilke: „Weil die Strecke in die Landschaft eingebaut ist – und nicht umgekehrt. Und wegen dem Höhenunterschied: fast 50 Meter! Es geht ständig bergauf-bergab, oft wechseln Steigung und Gefälle sogar in der gleichen Kurve, ein dauernder Wechsel zwischen Kuppen und Wannen. Schwierig zu fahren, spannend für die Zuschauer."

Manche glauben, in der Türkei wurden berühmte Formel-I-Kurven nachgebaut?
Tilke: „Keine einzige! Weder die Eau Rouge noch die Parabolica oder sonsteine. Sicher haben manche Kurven den gleichen Radius, aber in der Türkei sind sie eben nicht flach, sondern im Gelände. Ein Riesenunterschied."

Die nächste Tilke-Strecke?

Tilke: „Im Indianer-Reservoir „Turning Stone" in den USA, dort entsteht ein Klein-Las-Vegas mit Casinos, Rennstrecke usw. – aber nicht für die Formel I. Eher für einen Motorrad-Grand Prix."

Innen hui, außen pfui? Oder wie reagiert der Formel-I-Zirkus beim ersten Training in Istanbul? Ein PS-Märchen aus 1001 Nacht oder ein Chaos-Grand Prix? Draußen noch viele Baustellen nach einem „Ruhetag", Zufahrten problematisch – aber die Strecke selbst ist ein Traum. Ich fahre als erster Journalist eine Runde – vorher hatten hier nur Button und Coulthard Gas gegeben.

Mein erster Eindruck: abenteuerlich, großzügig, gigantische Auslaufzonen mit hellblau lackierten Kiesbetten – daher die optische Täuschung: Man fährt in einem riesengroßen Swimmingpool. Gut bei 35 Grad Hitze. Und am Streckenrand: Feuerzeichen, farbenfrohe türkische Symbole. „Eine Runde – zwei Kontinente", ist das Motto. Und alles ein bissl größer als sonst. Schon allein die Boxen: sechs Meter hoch, wie zweistöckige Häuser.

Die Strecke selbst ist die beste neue der letzten 20 Jahre. Fast 50 Meter Höhendifferenz, ein ewiges Auf und Ab. Gleich die erste Kurve stürzt steil ab, noch mehr als in Interlagos. Die schnellste Kurve hat 4 g – also wiegt alles viermal so viel. Raffiniert eine Kombination von vier Kurven: Man muss entweder jede einzeln fahren – oder man bleibt ganz außen und pfeilt dann mit einer einzigen Lenkradeinstellung durch. Da sucht jeder seine eigene Linie.

Spannend für die Piloten, sobald sie ankommen und die neue Strecke erst einmal zu Fuß inspizieren. Nachher brauchen sie alle Schuhputzer. Die Strecke ist – durch Wind und Sand – total verschmutzt. Aber zwei Österreicher retten den ersten türkischen Grand Prix: Thomas Frank, Ecclestones Statthalter am Bosporus, den Bernie ersucht hatte: „Kümmer dich nach dem Ungarn-GP auch um Istanbul, damit dort alles klappt" – und eine Reinigungsfirma aus Bad Vöslau, die mit einem riesigen Spezialbus permanent die Strecke abfährt: „In jeder Runde brauchen wir 5000 Liter Wasser – und nachher pumpen wir jedesmal 2500 Kilo Schmutz heraus."

Sobald das Training beginnt, sind Christian Klien & Co die Staubwischer.

Auch für Ferrari und den großen Schumi?

„Ich hab es ja immer gesagt: Die einzige Gefahr, dass Ferrari einmal untergeht, ist: Wenn einmal mit den Reifen etwas nicht stimmt." Der rebellische Ire Eddie Irvine, Michael Schumachers langjähriger Ferrari-Teamkollege, ist Augenzeuge des Ferrari-Dramas von Istanbul – und sieht sich in seiner Prophezeiung bestätigt. „Es war halt sehr rutschig", entschuldigt Michael seine Ausrutscher auf der neuen Piste im Training – und vor allem im Qualifying. Vor drei Wochen noch sensationelle Poleposition in Budapest, jetzt der Absturz ins Bodenlose. „Ich hab halt überhaupt keinen Grip."

Dass die Türken – auf Bernie Ecclestones Wunsch – etwas Klebstoff in den Asphalt gemischt, dass sie zusätzlich die Strecke gewaschen hatten, half nichts. Das gewohnte Bild: Bei Ferrari stimmt die Kombination Asphalt-Reifen-Fahrwerk einfach nicht. „Es ist genau das gleiche Problem, das wir schon seit Saisonbeginn mit uns herumschleppen", klagt Jean Todt. „Manchmal geht 's mit dem Grip etwas besser, manchmal etwas schlechter", philosophierte Schumi.

Der große Rivale Michelin bekam die Strecke besser in Griff: Mit einem Reifen, der heuer schon einmal erfolgreich im Einsatz war (Kanada), während auch Bridgestone (mit weniger Glück) auf alte Pneus zurückgriff. Nur drei der sechs Bridgestone-Piloten fuhren überhaupt eine Qualifying-Zeit ...

Ross Brawn ändert zwischen letztem freien Training und Qualifying die Strategie: „Mehr Sprit in den Tank, eine eher konservative (keine aggressive) Taktik." Trotzdem ist Schumi im ersten Streckendrittel einer der allerschnellsten, aber dann überrascht ihn in Kurve 9 der Wind – der vielleicht auch das Poleposition-Duell McLaren-Renault beeinflusste. Alonso verpasst deswegen den Scheitelpunkt und muss mit Startplatz 3 zufrieden sein – während Kimi Räikkönen im Poleposition-Duell mit Alonso 5:4 in Führung geht.

Michael hätte etwa mit Startplatz 7 spekuliert, Brawn eher mit 6. „Und das wäre eine gute Ausgangsposition für WM-Punkte gewesen."

Also blieb Schumacher nichts anderes übrig, als – nach Motorwechsel – vom 19. Startplatz eine Aufholjagd zu versuchen, wie schon oft 2005:

In Melbourne: von Rang 19 bis zur Kollision mit Heidfeld, in Kuala Lumpur von 13 auf 7, in Imola von 13 auf 2, am Nürburgring von 10 auf 5, in Silverstone von 9 auf 6.

Aber der populäre Doppelpass Fußball-Formel I ist nicht das einzige Highlight im Fahrerlager. Für Sonntag sind „Iron Mike", der Ex-Boxweltmeister Mike Tyson, der Popstar Lenny Kravitz & Co angekündigt. Dazu kommen zahlreiche hochkarätige Delegationen aus nicht gerade klassischen Formel-I-Ländern, die aber auch auf Bernie Ecclestones Grand-Prix-Globus wollen.

Jordan-Teamchef Colin Kolles, ein in Temesvar geborener Deutscher, ist bekanntlich Zahnarzt, was für seinen Piloten Tiago Monteiro immens wichtig ist. Der Portugiese leidet in Istanbul unter höllischen Zahnschmerzen, noch verschlimmert durch die vielen Bodenwellen der neuen Strecke.

Also packt Kolles seinen Piloten ins Auto und fährt mit ihm in die Universitäts-Zahnklinik von Istanbul – wo er selber zum Bohrer greift und eine perfekte Wurzelbehandlung durchführt. Monteiro bedankt sich mit Platz 15 im Rennen und bestätigt damit seinen tollen Ruf: der Mann, der immer ankommt.

Williams stellt sich mit modernster Simulationstechnik auf die Berg- und Talstrecke am Bosporus ein – und BMW konzentriert sich auf das zweite Hitzerennen (nach Budapest) mit denselben Motoren.

Dr. Mario Theissen: „Wir arbeiten auch in der Türkei mit maximalen Kühlluft-einlässen." Und Williams technischer Direktor Sam Michael: „Wir rechnen mit 40 Grad Hitze und Asphalttemperaturen bis 55 Grad." Aber Nick Heidfeld gibt zu: „Ich hab mit Hitzerennen noch nie Probleme gehabt, mir das Playstation-Spiel gekauft und mich vorm Abflug nach Istanbul nochmals mit unserem Simulator in Grove befasst." Mark Webber ist scharf drauf, „noch einen Podiumsplatz herauszuholen, bevor die Saison zu Ende ist."

Optimismus, nicht ganz unbegründet: In den letzten zwei Jahrzehnten hat Williams von allen Premierenrennen auf neuen – oder zumindest stark umgebauten Strecken fast die Hälfte gewonnen, doppelt soviel wie Ferrari: Williams 11, Ferrari 5, McLaren 5, Lotus, Benetton und Renault je ein Sieg. Aber als Fahrer wurde Schumacher (3) nur von Nigel Mansell (4) übertroffen – „Magic Mansell", dem typischesten aller Williams-Piloten.

Williams ist 2005 zum ersten Mal seit 1977 (!) mit zwei Piloten angetreten, von denen noch keiner einen Grand Prix gewonnen hat. Es wird für den langjährigen BMW-Partner Zeit, das zu ändern, bevor 2006 das „Zwischenjahr" mit Cosworth beginnt – und ab 2007 die Zukunft mit Toyota-Motoren.

Was sind die spannenden Details im überraschenden Vertrag mit Cosworth? Sicher die Lieferbedingungen. Nicht eine gewisse Anzahl von V-8-Motoren ist da festgeschrieben, sondern eine Summe von Kilometern. Was Williams billiger kommt – weil Cosworth jederzeit schon benützte Motoren revidieren kann.

Der echte Preis: 20 bis 25 Millionen Dollar. Und wie werden die Motoren finanziert? Frank Williams hat seinen Privat-Jet und seinen Helikopter verkauft! „Aber diese Millionen", verrät sein jahrzehntelanger Partner Patrick Head, „haben wir in unseren neuen Windkanal gesteckt." Welcher Teamchef hätte das noch getan ...?

Cosworth hat Williams schon zu Weihnachten 2004 wegen eines Motor-Deals angesprochen. „Aber richtig verhandelt haben wir erst beim Goodwood Festival der alten Rennwagen im Juni." Aber „Rollstuhlgeneral" Frank Williams ist auch nach der Trennung von BMW kein Oldtimer, sondern immer noch ein bewundernswerter Evergreen. Manchmal mit mehr Piloten, als er brauchen kann ...

Der ehrlichste Maßstab in der Formel I ist immer der direkte Vergleich mit dem Teamkollegen im gleichen Auto. Und da schneidet Heidfeld sogar gegen Grand-Prix-Sieger erstaunlich gut ab.

NICK HEIDFELD IM VERGLEICH MIT SEINEN TEAMKOLLEGEN

Jahr	*Team*	*WM-Platzierung von Heidfeld …*	*und seinem Teamkollegen*
2000	Prost	——	Prost ——
2001	Sauber-Petronas	8. (12 Punkte)	10. Räikkönen (9 Punkte)
2002	Sauber-Petronas	10. (7 Punkte)	13. Massa (4), 18. Frentzen (2)
2003	Sauber-Petronas	14. (6 Punkte)	11. Frentzen (13)
2004	Jordan-Ford	18. (3 Punkte)	19. Glock (2)

Und 2005 bei Williams-BMW wurde Heidfeld (28) erst nach seiner Trainingsverletzung von Webber (29) überholt.

Antonio Pizzonia, der „Jungle-Boy" aus Manaus, ist als Testfahrer sehr geschätzt, besonders von Michelin für die Reifentests, hat viel Gefühl für die Technik, ist am besten in schnellen Kurven – aber er muss aufpassen, dass er nicht zum „Super-Sub" auf der Formel-I-Ersatzbank wird: zum ewigen Einspringer. Schon 2000 bei Benetton als Briatores drohendes Schreckgespenst für Wurz, dann von Lauda zu Jaguar. …

„Mach dir keine Sorgen: Zu 95 Prozent hast du den Job", versicherte ihm Frank Williams bei den gnadenlosen Ausscheidungskämpfen für 2005. Aber dann bekam Nick Heidfeld das Cockpit – und Antonio darf erst ab Monza einsteigen, weil sich Nick verletzt hat – ehe er für 2006 zu BMW wechselt.

Pizzonias neuer Schattengegner is Nico Rosberg. Und darum bald die flehentlichen Worte der Petronas-Brasilianer: „Frank, bitte enttäusch uns nicht nochmals … aber natürlich: Rosberg ist ein großer Name für Sponsoren."

Aber auch Pizzonia macht noch große Sprünge, dafür sorgt schon seine Freundin Maurren Maggi: Früher ein Superstar der Leichtathletik, Weltrekordlerin, WM-Zweite, Jahresbeste im Dreisprung (14,52 m) und Weitsprung (7,26 m) – aber 2003 bei einem lokalen Meeting in Brasilien wegen Dopings erwischt und gesperrt. Heute haben Antonio und seine Freundin eine kleine Tochter, Sophia.

Und dann gibt 's bei Williams auch noch einen gewissen Jenson Button.

Muss Englands ewiger „nächster Weltmeister", wie Fußballer sagen, „ein Jahr stehen" – fährt er 2006 weder für Williams noch für BAR? Heiße Diskussionen im Fahrerlager von Istanbul. Laut Vertrag muss er 2006 für Williams fahren, aber er will unbedingt bei BAR-Honda bleiben. Jetzt streiten die Anwälte – immer noch.

Die Situation ist grotesk. Vor genau einem Jahr tat Button alles, um sich aus seinem BAR-Vertrag loszusprengen, damit er für Williams fahren kann, hatte auch unterschrieben – jetzt tut er alles, damit er nicht zu Williams muss. „Buttongate", schreiben die englischen Zeitungen mit typischer Formel-I-Übertreibung – in Anlehnung an den Watergate-Skandal in den USA. Viel Lärm um einen, der noch keinen Grand Prix gewonnen hat, sich aber schon als Champion sieht.

Im Vertrag steht glasklar: Wenn Button bis 21. August (GP Ungarn) 75 Prozent der Punkte des WM-Leaders hat, darf er bei BAR bleiben – wenn nicht, muss er zu Williams wechseln. Nach Magny-Cours im Juli hatte Alonso schon 69 Punkte, Button erst 5 – mathematisch trat damit der Williams-Vertrag bereits in Kraft. Aber den wollte der englische Sunnyboy nicht. Am 21. Juli kam Button in die Williams-Fabrik – zur entscheidenden Aussprache.

Sir Frank: „Nach allem, was du redest, hab ich das Gefühl: Du willst nächstes Jahr nicht bei uns sein, oder täusch ich mich?" Darauf Button: „Nein – ich will wirklich nicht."

Obwohl Williams beteuerte, wie super sein neues Auto 2006 (mit dem V-8-Cosworth-Motor mit über 20.000 U/min) sein würde, dass fast alle Sponsorverträge auf Button aufgebaut sind usw. – der Rennfahrer blieb hart. Williams auch: „Vertrag ist Vertrag". Laut englischem Gesetz kann niemand gegen seinen Willen gezwungen werden, für jemanden zu arbeiten, mit oder ohne gültigen Vertrag – aber der Arbeitgeber, der im Recht ist, kann gerichtlich verhindern, dass dieser Mann für die Konkurrenz tätig ist.

Genau wie es zwischen Popstar George Michael und der Plattenfirma Sony passiert ist. Wird jetzt auch Jenson Button für ein Jahr gesperrt? Gut für BAR, dass man schon Barrichello verpflichtet hat … Und was sagt Bernie Ecclestone? „Button wird 2006 sicher fahren – für Williams oder für BAR." Und Bernie ahnt schon, wohin die Reise geht – sobald Honda das BAR-Team zur Gänze in Besitz hat.

Türkenbelagerung in der Formel I. Istanbul – der beste neue Grand Prix seit langem ist auch der bestbesuchte: 200.000 Fans, davon die Hälfte am Renntag, obwohl tausende Türken verzweifelt im Megastau stecken – und viele in die Wiesen ausweichen müssen. Und viele der unzähligen VIPs kommen zu spät ins „Otodrom".

Gerade rechtzeitig da ist Mike Tyson, eingeladen von Flavio Briatore: erstaunlich sanft tätschelt der Ex-Boxweltmeister die Helme einiger Piloten. Da braucht keiner mehr einen Bodyguard. Christian Klien, stolz auf seinen 10. Startplatz, hat seinen letzten Dialog mit Popstar Lenny Kravitz: Viele Geheimnisse – vielleicht sogar die Boxenstrategie? Klien muss fast immer eine Runde vor Coulthard tanken, das passt ihm nicht: „Weil mich David dann mit einer schnellen letzten Runde vor dem Boxenstopp überholen kann."

Auch in Istanbul, aber Klien (Achter) kann beweisen: „Wenn ich länger im Auto sitzen kann, krieg ich mehr Selbstvertrauen." Das an Michael Schumacher noch nicht nagt. Aber der 225. Grand Prix ist der bisher schlimmste seiner Karriere: schlechtes Training, Ausrutscher, letzte Startreihe – dann frühe Kollision mit Mark Webber. Schuld des Australiers, urteilt Lauda.

Für Schumi folgt eine Serie von Boxenstopps, aussichtslose Runden, nur abgespult, „damit ich wenigstens für die Startreihenfolge im Monza-Qualifying eine bessere Ausgangsposition hab.“ Nach 32 Runden steigt Schumi zerknischt endgültig aus.

„Für mich der absolute Tiefpunkt des Jahres. Weil ich zum ersten Mal begriffen hab, dass ich auch mathematisch nicht mehr Weltmeister werden kann.“ Zum ersten Mal in diesem Jahrtausend heißt der Champion somit anders als Schumacher – aber wie heißt er? Alonso oder Räikkönen?

Langsam schrillen bei Renault die Alarmglocken. „McLaren ist schneller als wir“, geben Alonso und Fisichella zu. Sorgen vorm WM-Finish? Wird die Haltbarkeit entscheiden? Letztlich derjenige triumphieren, den die Technik nicht im Stich lässt? Oder das Team-Play?

Fisichella trickst Pole-Mann Räikkönen am Start aus, aber dann macht Kimi kurzen Prozess und zwängt sich schon in Runde 1 zwischen den beiden Renaults hindurch. Giancarlo wird später von der Renault-Box sanft zurückgepfiffen: „Alonso ist schneller als du“ – das Code-Wort fürs Überholenlassen. Zu allem Überdruss ist noch Fisichellas erster Boxenstopp völlig verpatzt, weil der Einfüllstutzen klemmt, wofür sich Briatore entschuldigt: „Es stimmt ja leider – wenn einer meiner beiden Piloten Pech hat, dann ist es immer der Italiener.“ „Fisico“ rettet gerade noch Platz 4 für Renault gegen einen starken Jenson Button.

Das Match Duell Räikkönen-Alonso fasziniert. Rundenlang sind die beiden nur durch Zehntelsekunden getrennt, nie mehr als eine Sekunde. Die schnellste Runde fliegt wie ein Tennisball hin und her. Als Alonso schon in der 13. Runde an die Box kommt, bestätigt sich der Verdacht: ein leichtes Auto im Qualifying. Denn Kimi tankt erst neun Runden später – und dann kommt noch Montoya auf Platz 2 vor.

Räikkönen ist ungefährdet, aber das Finish ist fast genau wie beim Champions-League-Finale Milan–Liverpool im Mai in Istanbul. Die Italiener führten schon 3:0 und verloren trotzdem noch den heiß begehrten Pokal. Dramatische Kehrtwendung auch bei der türkischen Formel-I-Premiere: Sieg und Niederlage für McLaren-Mercedes – ein silbernes Wechselbad.

Was passiert, als beinahe schon die Zielflagge herauskommt, 20 Sekunden hinter dem führenden Räikkönen? „Ist Montoya Zweiter?“ fragt Kimi über Funk. Antwort: „Nein – er hatte in der letzten Runde einen Flat-Spot.“ Also einen Bremsplatten. Aber nur die halbe Wahrheit: Montoya überrundet Monteiro, den Portugiesen im gelben Jordan, geht dann wieder zurück auf die Ideallinie – und Monteiro prallt ihm ins Heck.

„Eindeutig Monteiros Fehler", kritisiert Niki Lauda. Aber vielleicht hätte Montoya mit mehr Vorsicht den Auffahrunfall in der vorletzten Runde verhindern können.

Frage an den Ex-Profi Christian Danner vorm RTL-Mikrofon: „Hätte Alex Wurz im Montoya-Auto den zweiten Platz sicher nach Hause gefahren?"

Danner: „Na selbstverständlich!"

Als Wurz davon hört, schüttelt er den Kopf: „Ich hab den Danner beschimpft. Ich hätte gewonnen ..."

Durch Montoyas Ungestüm rückt Alonso auf den nicht mehr erhofften zweiten Platz hinter Räikkönen vor: „Ein überraschendes Geschenk für mich", grinst der Spanier, weil er gegen Kimi nur zwei WM-Punkte verloren hat. Es steht 95:71. „Aber diese zwei Punkte", lächelt der Finne, „können noch entscheidend sein." Weltmeisterschaften wurden sogar schon knapper entschieden: um einen halben oder einen ganzen Punkt (Niki Lauda) – und 2003 auch nur um zwei Punkte: für Schumacher, gegen Räikkönen.

Die neu gewonnenen Formel-I-Fans am Bosporus bleiben staunend zurück, die Karawane zieht weiter: nach Monza – zu einigen weiteren Überraschungen.

Monza:
KIMI SCHON IN ROT

Kimi Räikkönen schon im roten Ferrari-Overall! Eine raffinierte Fotomontage – Coverfoto eines italienischen Magazins – macht alle Tifosi verrückt. Der Finne grinst und schweigt, Schumacher hat einmal gesagt: „Ich hätte mit Kimi keine Probleme." Aber kann sich Ferrari für 2007 ein solches Superduo überhaupt leisten? Dazu ein Ferrari-Mann: „Schumi und Kimi im gleichen Team – da wäre Geld noch das allerkleinste Problem ..."

Die Fans kennen die Entwicklung der letzten Wochen. Schumachers plötzliche Nähe zu den Silberpfeilen, auch Norbert Haugs berühmten Sager: „Michael und ich haben über die Zukunft der Formel I geredet – aber nicht über eine gemeinsame ..." Aktuelle Schumi-Pläne? Bis Vertragsende 2006 fährt er natürlich weiter für Ferrari. „Und kommenden März entscheide ich mich, was ich dann tun will." Sein Sponsor (Vermögensberatung) hat schon bis 2010 verlängert.

Aber auch der Räikkönen-Clan poliert bereits Kimis wildes Image, damit er besser zu Ferrari passt. Sein Manager Steve Robertson: „Kimi ist ein 25-jähriger Mann, mit dem Kopf eines 18-jährigen. Er muss halt jetzt nachholen, was er durch sein frühes Rennfahren in seiner Jugend versäumt hat."

Von allem unbeeindruckt, fährt Alonso ganz cool Richtung WM-Titel – aber nachher? „Wenn das Ferrari-Team 2007 wirklich Räikkönen–Rossi heißt, wird ja bei den Silberpfeilen ein Platz frei ..." Schumi macht noch leichten Druck: „Fernando kann die WM ja gar nicht mehr gewinnen, sondern nur noch verlieren." Der Monza-Roar macht dem Spanier keine Sorgen: „Ich kann ja italienisch – zum Unterschied von Kimi." Aber: besonders brilliert hat in Monza noch keiner der beiden.

Der von Experten angekündigte Weltrekord ist schon gefallen – inoffiziell, weil bei Testfahrten offiziell kein Topspeed genommen wird. Aber ein Team verriet uns die privaten Messungen vom letzten Monza-Test: Schnellster sensationell Villeneuve (Sauber-Ferrari) mit 375 km/h! Danach: McLaren-Mercedes 374, Ferrari 365, Renault 363, Toyota 356 km/h. Bei diesem Tempo sind Flugzeuge längst aufgestiegen ...

„Schumacher zu McLaren-Mercedes" – „Schumi und Räikkönen tauschen 2007 ihre Autos" – „Nein, sie wechseln schon 2006" – „Schumis Manager Willi Weber verlangt für einen neuen Ferrari-Vertrag 5 Millionen Dollar mehr": Unglaublich, die Spekulationen über die Zukunft des momentan von der Technik so brutal geprügelten Formel-I-Superstars. Was stimmt wirklich?

Ende 2006 läuft Schumis Ferrari-Vertrag ab. Aber er hat längst das Angebot von

Luca Montezemolo: „Wenn du willst, kannst du für immer bei uns bleiben." Michael selber hat oft genug bestätigt: „Ferrari ist mein letztes Formel-I-Team. Wenn ich mit dem Rennfahren aufhör, dann bei Ferrari – danach kommt nichts mehr!" Und, wichtig: „Wenn ich mit Ferrari für einen neuen Vertrag für 2007 verhandle – dann frühestens nächstes Jahr." Warum also sollte Willi Weber jetzt schon „fünf Millionen Dollar mehr" verlangen?

Ist ein Superteam Schumacher/Räikkönen überhaupt möglich? „Kimi hat mit McLaren einen unbefristeten Vertrag – für ewig!" behauptet Dennis, aber das ist nur die halbe Wahrheit: „Ende 2006 bin ich frei", verriet Räikkönen. Für Ferrari – wo man für die Ära nach Schumi unbedingt einen der beiden neuen Superstars will? Fernando Alonso, weil von Flavio Briatore gemanagt, ist da sicher die härtere Nuss ...

Schumi im Mercedes bleibt ein deutscher Wunschtraum. Dabei hätten die Deutschen, die ihren damaligen Sportwagen-Star 1991 für ein Rennen mit 150.000 Pfund bei Jordan einkauften, Schumi zweimal problemlos zurückholen können. Weil im Vertrag stand: Wenn Schumi 1993 nicht unter den ersten drei der WM ist, kann er sein Team Benetton verlassen – er war WM-Vierter, blieb jedoch. Und die zweite Geheimklausel: Sobald Mercedes offiziell wieder Formel I macht, muss Schumacher zurückkehren! 1994 fuhren Karl Wendlinger, Heinz-Harald Frentzen und der Finne J. J. Lehto die Sauber-Mercedes – Weltmeister aber wurde Schumacher mit Benetton-Ford ...

Weiter Millionenregen auf Ferrari – trotz Niederlagenserie und Rauchverbot in der Formel I. „Wir haben unseren Vertrag mit Philip Morris um weitere sechs Jahre verlängert: bis 2011!" verriet Luca Montezemolo beim traditionellen Ferrari-Galadiner im Monza-Park. Und erinnerte sich, als historische Filmdokus über die Vidiwall flimmerten, ganz selig: „Heute vor genau 30 Jahren hat Niki Lauda für mich und Ferrari den ersten WM-Titel gewonnen."

1977 den zweiten. Für die weitere Titelflut sorgte dann Schumacher – auch bei der Ferrari-Party cool und gefasst, enttäuscht, aber nicht grantig. „Dranbleiben ist jetzt für mich das Wichtigste. Und ich dachte nicht wirklich, dass ich um einen Podestplatz kämpfen kann – eher um Punkte", spekulierte Schumi.

Montezemolo: „Und dann haben wir noch einen jungen Brasilianer, von dem wir verlangen: Du musst bis Ende 2005 noch ein Rennen für Ferrari gewinnen." Vor den Vorhang trat aber nicht Massa, sondern der abtrünnige Barrichello. Montezemolo: „Wir lassen dich nur zu BAR gehen, wenn du heuer noch gewinnst. Sonst musst du für ewig bei uns bleiben – eingesperrt und angekettet ..."

Die Indizien für Kimi Räikkönens Ferrari-Transfer 2007 werden immer stärker.

Auch für einen Umstieg von Valentino Rossi. Aber diese Idee hatte schon Niki Lauda – seinerzeit bei Jaguar. Als er zum Technikdirektor Günther Steiner sagte: „Wir müssen diesen Rossi ausprobieren. Ich muss wissen, ob er auf vier Rädern genauso schnell ist wie auf zwei."

Und jetzt wird Rossi – wahrscheinlich – am Schumi-Nachfolger und aktuell schnellsten Formel-I-Piloten gemessen: Kimi Räikkönen. Hätte schon die letzten elf Rennen gewinnen können, hat durch sein ewiges Motorendebakel, genau ausgerechnet, 36 Punkte verloren. Und von Alonso trennen ihn derzeit 24.

Monza als Familientreff: Christian Klien hat zum ersten Mal seine Freundin Franziska (24) in der Box: fesch und blond, aus Liechtenstein. Die Schweizer Formel-I-Fans lamentieren: „Wir verlieren zwar unser Sauber-Team, aber wir haben wenigstens einen halben Grand-Prix-Piloten: Christian Klien lebt ja nur 500 Meter von der Schweizer Grenze entfernt."

Ferrari – amore mio?" Wir fahren am Sonntag aufs Podest!", verspricht Technikdirektor Ross Brawn den Tifosi – ein flammender Appell: „Unterstützt uns!" Zuletzt in Istanbul hatte Brawn noch Barrichello gerügt: „Der fuhr ein langweiliges Rennen." Beleidigt, weil Rubens gekündigt hat? Jetzt aber wird der Brasilianer von Luca Montezemolo öffentlich umarmt: „Du hast wichtige Rennen für Ferrari gewonnen!" Immerhin acht Siege – weniger nur als Schumacher (65), Lauda (15) und Ascari (13).

Monza, immer das Wochenende großer Emotionen. Das traditionelle Freitag-Meeting der Formel-I-Piloten ist heiß. „Wir müssen miteinander reden!" hatte Mark Webber nach der Istanbul-Kollision von Schumacher verlangt. „Wir haben einmal vereinbart, dass keiner in der Bremszone die Spur wechseln darf – daran hat sich Schumi in der Türkei nicht gehalten." In Monza kann der geringste Fehler böse Folgen haben: Dreimal von 360–370 km/h auf 80–90 – kein Platz für Irrtümer. Schumacher selber: „Die GPDA verlangt jedes Jahr schriftlich, dass die gefährliche zweite Schikane besser abgesichert wird – aber nichts passiert."

Fährt in Monza die Angst mit? „Das Risiko auf alle Fälle", weiß WM-Leader Alonso. „Du bist so schnell, dass du glaubst, du fliegst – weil du keinen Boden mehr spürst." Villeneuve gibt nach 375 km/h Topspeed zu: „Nach einer halben Stunde Monza-Training kriegst du Kopfweh. Wenn du unter der Brücke durchschießt, denkst du: Hoffentlich lässt da oben keiner die Kamera fallen ... und nur ja keine Blitzlichter! Ein Foto-Flash, den du bei diesem Tempo wie in Zeitlupe erlebst, macht dich für ein paar Zehntelsekunden blind."

Hat auch Christien Klien dieses Erlebnis – oder hat sein Red-Bull-Auto eine andere Aerodynamik als der Sauber? „Das Wichtigste ist: Dass du ganz tief im Auto sitzt, sonst gibt 's Verwirbelungen." Die abenteuerlichen 350 km/h hat er schon im Vorjahr und jetzt bei den Tests gespürt: „Soviel Speed merkst du als Fahrer deutlich. Wenn du in Monza nur kurz zur Seite schaust, merkst du 20–30 km/h Differenz sofort. Und unheimlich, mit welcher Wucht der Fahrtwind auf deinen Helm prallt, sobald du aus dem Windschatten des Vordermanns ausscherst. Du starrst immer angespannt auf den nächsten Punkt – darum spürst du erst in den Kurven so richtig, wie schnell du bist."

Und das ist der große Monza-Kompromiss, auf der letzten Hochgeschwindigkeitspiste der Formel I: flache Flügel für mehr Topspeed, auf Kosten des Abtriebs – darum brechen die Autos in den Bremszonen und Kurven immer wieder aus: nur schwer zu kontrollieren. Wovon hängt der Grip (Bodenhaftung) ab? Zu 80 Prozent von der Aerodynamik, nur zu 20 Prozent von den Reifen. Darum sind die Aerodynamiker in der Formel I so hoch bezahlt. Und der gesamte Abtrieb eines Formel-I-Autos? Zu 30 Prozent der Heckflügel, zu 40 Prozent der Diffusor, der den Saugeffekt erzielt, zu 20 Prozent der Frontflügel – und zu 10 Prozent diverse Geniestreiche der „Superhirne" an der Karosserie.

Alle ausgetüftelt in den 50 Millionen Euro teuren Windkanälen, z. B. bei Williams in Grove, wo mit einem 60-Tonnen-4000 PS-Motor sogar Hurrikane simuliert werden können.

Techniker und Piloten im Kampf gegen den Wind – die jährliche Faszination von Monza.

Bei den Topstars fährt eine andere Furcht mit: Sorge vor Defekten! Nur ja keine Ausfälle im WM-Finish, keine Rückversetzung um 10 Startplätze. „Räikkönen wird nicht alle fünf Rennen gewinnen!" bremst Alonso die Euphorie der Silberpfeile. „Einmal fällt er sicher aus." Auch wenn McLaren-Direktor Whitmarsh ab jetzt fordert: „Wir brauchen fünf Doppelsiege mit Räikkönen und Montoya." Viel verlangt: Den letzten McLaren-Doppelsieg holten Hakkinen/Coulthard vor fünf Jahren – in Spielberg 2000 …

Monza fordert Opfer – jedes Jahr. Oft unerwartet. Freitag ist Heidfeld-Manager Werner Heinz noch um 100.000 Euro reicher geworden: Sein dreijähriger Hengst „Daywalker" gewann den Galopper-Klassiker von Baden-Baden, wie Heinz strahlend berichtete. Samstag wurde er eine Hoffnung ärmer: Startverzicht von Nick Heidfeld trotz Rang 6 im Freitagtraining – Kopfweh, Schwindel, die Spätfolgen seines Monza-Testunfalls vorige Woche.

Genau wie bei Ralf Schumacher vor einem Jahr. Der Ersatzpilot, der im Williams-BMW einsprang: Antonio Pizzonia, der „Jungle-Boy" aus Brasilien. „Ich bin aber drei Monate lang nicht mehr in einem Auto mit V-10-Motor gesessen – als hätte ich das Rennfahren völlig neu lernen müssen …"

Der ewige Silberpfeil-Ersatzpilot Alex Wurz hatte dieses „Glück" erst einmal: als er in Imola den verletzten Montoya vertrat – und Dritter wurde. Und jetzt: auf dem Absprung zu BMW? „Wir hoffen auf die Arroganz der Münchner: dass sie zu stolz sind, einen Mercedes-Piloten abzuengagieren", sagt McLaren-Direktor Martin Whitmarsh. „Wir möchten Alex gern behalten – auch wenn wir 2006 kein Freitag-Auto mehr einsetzen können."

Wurz bestätigt: „McLaren hat eine Vertragsverlängerung bereits angedeutet. Möglich, dass in zwei Wochen alles klar ist. Aber möglich auch, dass gar nix passiert ..."

Über Heidfeld sagt BMW-Chef Dr. Mario Theissen: „Der würde gut zu uns passen." Als ich mit Theissen den Transfermarkt analysiere („jetzt noch eine österreichische Frage"), winkt er grinsend ab: „Nein, weil dann kommt sofort die kanadische Frage, dann die italienische Frage ..."

Nur der arme Räikkönen hört schon seit Monaten immer die gleiche Frage. „Warum immer ich?" fragt Kimi Räikkönen, enttäuscht und ratlos. „Der schlechteste Zeitpunkt für einen Defekt und Motorwechsel – jetzt, wo es um die WM geht." Statt Poleposition für die schnellste Runde nur der 11. Startplatz: Schadensbegenzung im Autodrom von Monza. Ron Dennis und Norbert Haug: „Wir hatten noch Glück im Unglück, dass der Defekt in der letzten Runde des freien Trainings passiert ist – und nicht in der ersten Runde im Qualifying oder gar im Rennen."

Ventilschaden beim Silberpfeil, dem schnellsten Auto in Monza. „Als ich in die letzte Runde ging, hatte ich plötzlich keine Power mehr. Da wusste ich, was los war", berichtet Räikkönen. Mercedes-Sportchef Haug kann sich an den letzten Ventilschaden „gar nicht mehr erinnern."

Aber normal macht dieses Aluminium-Teil nicht schlapp. „Wir fahren damit 1200 km – ohne alle Probleme. Und, außerdem: Wir sind immer noch das einzige Team, das mit dem gleichen Motor zwei Grand Prix hintereinander gewonnen hat."

Es hätten, wie jeder Formel-I-Fan weiß, um einiges mehr sein können. Aber der „italienische Fluch der Finnen" geht vorläufig weiter: Weder Keke Rosberg noch Mika Hakkinen noch Kimi haben bis dato einen Grand Prix auf italienischem Boden gewinnen können. Nicht in Imola und nicht in Monza, wo Hakkinen 1999 in einer Schikane stolperte – worauf ihm der Motor abstarb.

Jetzt hat Kimis Rückversetzung natürlich einige Konsequenzen. Ron Dennis: „Wir tauschen nicht nur den Motor, sondern ändern natürlich auch die Strategie."

Bei Renault bleibt Fernando Alonso cool: „Für mich macht das keinen Unterschied, ob Räikkönen ganz vorn, in der Mitte des Pulks oder ganz hinten startet. Ich fahr wie immer. Richtung Podium und wenn ich eine Chance auf den Sieg sehe – dann natürlich ums Gewinnen!"

„Der McLaren ist seit Frühsommer das stärkste und schnellste Auto der

Formel I", bestätigte Alonso in Monza, was sich schon ab Imola abgezeichnet hatte. Aber die „Dolchstoßlegende", der Spanier würde den Finnen notfalls abschießen, ist natürlich lächerlich.

McLaren-Direktor Martin Whitmarsh hat ausgerechnet: „Ab jetzt brauchen wir fünf Doppelsiege Räikkonen-Montoya" – und dabei vergessen, dass der letzte Doppelsieg der Silberpfeile schon fünf Jahre zurückliegt: Hakkinen vor Coulthard 2000 im Österreich-GP.

MONZA: DIE SIEGE DER DEUTSCHEN FAHRER ...

1996 Michael Schumacher (Ferrari)
1998 Michael Schumacher (Ferrari)
1999 Heinz-Harald Frentzen (Jordan-Mugen Honda)
2000 Michael Schumacher (Ferrari)
2003 Michael Schumacher (Ferrari)

...UND DER DEUTSCHEN AUTOS UND MOTOREN

1954 Juan Manuel Fangio (Mercedes)
1955 Juan Manuel Fangio (Mercedes)
1983 Nelson Piquet (Brabham BMW-Turbo)
1984 Niki Lauda (McLaren-Porsche TAG Turbo)
1985 Alain Prost (McLaren-Porsche TAG Turbo)
1997 David Coulthard (McLaren-Mercedes)
2001 Juan Pablo Montoya (Williams-BMW)

Die Räikkönen-Fans denken an Kimis mitreißende Aufholjagden 2005: In Magny-Cours von Startplatz 13 auf 2, in Silverstone von 12 auf 3. „Also hat er durch unsere Fehler nur fünf Punkte verloren", rechnet Haug und verspricht noch mehr Perfektion und Qualitätskontrolle. „Es ist halt jedesmal etwas anderes, das passiert. Aber ich werde mich nach außen immer vors Team stellen."

Und was passiert in den nächsten Rennen bei den „Silberpfeilen von innen" – von der Strategie her, weil Teamorder ja offiziell verboten ist? In Istanbul war Fisichella durch den Renault-Funkspruch: „Alonso ist schneller als du" von der Renault-Box schon sehr bald zurückgepfiffen worden. „Und bei uns", sagte Ron Dennis, „weiss jeder immer, was zu tun ist. Wir funktionieren als Grand-Prix-Team. Da braucht es keine speziellen Anweisungen."

Gespannt sind alle in Monza, auch frühere Helden im Autodrom. Niki Lauda: „Kimi ist das Blödeste passiert, was ihn zu diesem Zeitpunkt nur treffen kann." Und

Gerhard Berger: „Ich halt Kimi alle Daumen, dass er gewinnt – damit die WM spannend bleibt." Kimi läßt sich von alldem nicht aus der Ruhe bringen: „Das kostet mich keine Sekunde Schlaf. Ich schlaf genauso fest und tief wie immer."

Kaum hat Renault gemerkt, dass Räikkönens Motor gewechselt wird, tanken die Blau-Gelben den Wagen von Fisichella nach. Zumindest hat „Fisico" mehr Sprit als die Ferrari und die BAR-Honda.

Räikkönen, der schnellste Mann im Motodrom, wird um 10 Plätze zurückversetzt – nur der 11. Startplatz. Und natürlich wirft McLaren durch den Motorwechsel die ganze Strategie über den Haufen: Kimi soll versuchen, mit nur einem Tankstopp durchzukommen. Das heißt: am Anfang, mit den gefährlichen Windschattenmanövern im Pulk, ein extrem schweres Auto.

Für die Silberpfeile wird es wieder ein Rennen zum Lachen und zum Weinen. Zunächst bezwingt Montoya den WM-Favoriten Alonso beim Sprint zur ersten Schikane. Im üblichen Chaos in der ersten Kurve krachen Coulthard und Webber aneinander, dahinter staubt es auch bei den Jordans und Minardis.

Nach kurzer Boxenreparatur fahren alle vier weiter.

Montoya attackiert total: „Ich will unbedingt einen großen Vorsprung herausholen, weil ich mich im Auto sehr wohl fühl." Er fliegt wirklich: 1,5 sec Vorsprung auf den etwas vorsichtigeren Alonso nach der ersten Runde, 2,1 nach der zweiten – und nach 10 Runden haben die beiden den drittplatzierten Button schon um 14 sec abgehängt.

Da steckt Räikkönen immer noch hinter Villeneuve fest, bis der Kanadier tanken muss. Damit ist für Räikkönen endlich der Weg frei nach vorn.

Blick ins Boxenprotokoll: Michael Schumacher tankt sehr früh, bereits in der 13. Runde, Button in der 17., Alonso in der 19., Montoya in der 20., Fisichella in der 21. – aber Räikkönen erst in der 25. Runde, also 12 Umläufe nach Schumi, 6 nach Alonso. Da sieht man erst wirklich, wie atemberaubend Kimi – mit einem schweren, vollgetankten Auto – im Qualifying gefahren sein muss.

Der Tankstopp wirft Kimi von Rang 2 auf Rang 5 zurück. Aber dann holt ihn wieder der italienische Fluch der Finnen ein: nach Rosberg und Hakkinen hat auch Rosberg kein Glück.

In den extrem schnellen Rechtskurven des Autodroms – Curva Grande, die beiden Lesmo, Parabolica – ist der linke Hinterreifen extrem stark belastet. In der 28. Runde, genau bei Halbzeit, platzt dieser Pneu im McLaren Nummer 9, aber Kimi kann sich an die Box retten.

Reifenwechsel. Zurückgefallen auf Rang 12, und noch das halbe Rennen zu fahren.Kimis Aufholjagd beginnt: wieder einmal der unbelohnte Held. Aber gegen das Pech hilft der ganze Löwenmut, alle Fahrkunst nichts.

Der führende Montoya ist durch die Box über Räikkönens Reifendrama genau informiert. „Ich weiß genau, was zu tun ist: Den Motor um eine Position zurückdrehen, im Cockpit ein bisschen mit dem Set-up herumspielen.“ Die Rundenzeiten variieren plötzlich auffallend. Juan-Pablo: „Ich kann eine Runde voll attackieren – und nächste Runde schon wieder nicht mehr … bis ich sehe: beim linken Hinterreifen brechen Gummistücke weg.“ Bald sehen auch die TV-Zuschauer die Blasen.

Plötzlich ist bei McLaren Feuer am Dach: Räikkönen – an vierter Stelle – dreht sich in der gefährlichen zweiten Schikane, der „Variante della Roggia“, die alle Fahrer 2006 umgebaut haben wollen, fällt hinter Trulli zurück, überholt den Toyota aber zwei Runden später in der Parabolica.

Aber da hat die Renault-Box längst Jagdfieber befallen: „Montoya wird langsamer. Attackieren!“ kommt der Befehl für Alonso. Der schaltet den Motor sofort wieder auf höchste Drehzahl und Leistungsstufe. „Ich denk an den Nürburgring. Vielleicht passiert Montoya heute das gleiche wie damals Kimi …“

Montoya, mit dem Rücken zur Wand, macht das gleiche wie Alonso: wieder full power. „Aber mein Problem: Ich kann jetzt weder voll attackieren noch alles Gewicht auf den linken Hinterreifen legen. Jeder Hauch schneller heißt: zuviel Risiko, rauszufliegen.“ Für die letzten 2 Runden hat er 4 Sekunden Vorsprung: „Das genügt … mir geht 's heute nicht so wie Kimi am Nürburgring.“

Und dann gewinnt Montoya, oft kritisiert, viel geschmäht, mit Herzklopfen den Klassiker von Monza 2,4 Sekunden vor Alonso. Als Dritter klettert freudestrahlend Fisichella zur Siegerehrung hoch: Der erste Italiener auf dem Monza-Podest seit 17 Jahren – 1988 war Michele Alboreto Zweiter hinter Gerhard Berger beim Ferrari-Doppelsieg.

Aber heute? Schumacher und Barrichello, durch ihre Reifenprobleme immer langsamer geworden, schleichen auf Platz 10 und 12 ins Ziel. „Die Gründe sind offensichtlich“, stöhnt Michael, „das schwarze Gold.“

Schumacher ist, wie „BILD“ formuliert, in Monza endgültig „entweltmeistert“. Jetzt kann er auch theoretisch-mathematisch nicht mehr Weltmeister werden. „Mir geht 's gut, mir tut nichts weh – in der Vergangenheit waren halt die anderen sauer, weil wir soviel gewonnen haben. Man darf uns nicht unterschätzen, aber es dauert länger, als wir geglaubt haben.“

Nur: „Diese WM ist vorbei, da muss man kein Prophet sein, wer neuer Weltmeister wird. Und ich gratulier ihm.“ Einen Touch sentimentaler, spricht Schumi über die Ablöse: „Mir war immer klar, dass es eines Tages passieren wird. Und ich bin selber überrascht, solange Weltmeister gewesen zu sein.“

Fünf Jahre hat die längste Regentschaft der Formel-I-Geschichte gedauert: Von Indianapolis 2000, als er sich die WM-Führung erkämpft hat, bis Monza 2005.

Die Fragen, die alle Formel-I-Fans nach dem Klassiker von Monza stellen:

1. Gab es neue Geschwindigkeitsweltrekorde?

Nur was den Topspeed betrifft. Kimi Räikkönen wurde im Rennen mit einer Höchstgeschwindigkeit von 370,1 km/h gestoppt. Im Qualifying war Alonso mit 359,5 km/h am schnellsten gewesen. Im Rennen streifte Sieger Montoya den Weltrekord für den Siegerschnitt in der Formel I: Seine Siegerzeit von 1.14:28,659 entsprach einem Schnitt von 247,096 km/h – Michael Schumacher war vor zwei Jahren bei seiner Weltrekordfahrt mit 1.14:19,838 = 247,585 km/h um einen Hauch schneller gewesen – aber diese 9 Sekunden verlor Montoya im Finish, als er wegen seines Reifenschadens verlangsamte.

2. Waren schon einmal alle gestarteten Autos im Ziel?

Erst ein einziges Mal: 1961 beim Grand Prix von Holland in Zandvoort, allerdings nicht mit 20, sondern mit nur 15 Autos. Mit Wolfgang Graf Berghe von Trips und Phil Hill gab es einen Ferrari-Doppelsieg – sogar einen historischen: den ersten eines Ferrari mit Heckmotor und der erste deutsche Sieg in der Formel I.

3. Ein Monza-Podium ohne Ferrari-Piloten, ja nicht einmal Punkte für die Roten – eine Premiere?

Nein, auch schon öfter passiert, zuletzt 1995, als mit Berger und Alesi beide Ferrari-Fahrer ausfielen, Berger aber immerhin mit der schnellsten Runde im Rennen. Danach freilich hat Ferrari mit Schumacher (4) und Barrichello (2) sechsmal den Klassiker von Monza gewonnen.

4. Und der letzte italienische Fahrersieg in Monza?

Liegt fast vier Jahrzehnte zurück: 1966 gewann Ludovico Scarfiotti (Ferrari), ein entfernter Verwandter von Gianni Agnelli. 1988 stand mit Alboreto (Zweiter) zum letzten Mal ein Italiener auf dem Siegerpodest der ersten drei – bis zu Giancarlo Fisichellas 3. Platz letzten Sonntag.

Und Alonso, der Mann, der immer ankommt, hat eine Woche später in Spa bereits seinen ersten Matchball zum WM-Titel: Wenn er nur vier Punkte mehr macht als Räikkönen, ist der Spanier bereits Weltmeister.

Heiße Tage für die Bullen-Youngsters: In Ibiza, bei Heinz Kinigadners Charity-Superwettkämpfen, fiebern Klien und Liuzzi der Teamentscheidung entgegen: Wer fährt am Sonntag in Spa das Europafinale 2005 – Christian oder Vitantonio? In Belgien entscheidet sich dann noch viel mehr für 2006: Red Bulls Reifenwahl – und die Cooperation mit Minardi:

Welcher Fahrer wird dort geparkt?

Didi Mateschitz, Dr. Helmut Marko, Christian Horner machen sich 's nicht leicht: In Telefonkonferenzen wird das schwierige Monza-Rennen noch genau analysiert – dann fallen die Würfel, wer in Spa fährt. Für Klien spricht: Das Rennen, das er 2004 als großartiger Sechster beendete. Für Liuzzi: Die letzte Strecke 2005, die er kennt. Marko: „Wir wollen auch unser irrwitziges Ziel 2005 noch schaffen – den 6. WM-Rang vor BAR-Honda verteidigen!"

Und die Zukuft der „Formel Austria" für 2006? Wird schon in Spa entschieden:

Bei Didi Mateschitz Monza-Gesprächen mit Paul Stoddart geht es zunächst vorrangig nicht um den Kauf des Teams: „Sondern darum, Fahrer bei Minardi unterzubringen." Also: den „Verlierer" im Duell Klien – Liuzzi dort ein Jahr zu parken – und dann 2007 (statt Coulthard) zurückzuholen? Die „Minardi-Schule" hat sich bei Trulli, Fisichella, Webber, Alonso bestens bewährt, bei Friesacher leider weniger. Dr. Marko: „In Spa sollten wir mehr wissen."

Dort, wo Alonso mit einem 5. Platz schon fix Weltmeister wäre – wenn Räikkönen nicht punktet. Der Finne hat durch Reifendefekte, Motorwechsel, Rückversetzung usw. heuer schon 41 WM-Punkte (!) verloren – jetzt liegt er 27 Punkte zurück, fightet aber bis ans Ende weiter. Vater Alonso: „Kimi ist unzerstörbar ..." Das hat er schon mehrmals gesagt. Und das werden wir auch 2006 noch öfter hören.

Spa:
ALS DER REGEN KAM

Mit seiner belgischen Schäferhündin „Shiva“ an der Leine kommt Michael Schumacher in sein „Wohnzimmer Spa“ – zum ersten Mal seit über 10 Jahren nicht als Favorit! Ferrari bleibt eine Baustelle. „Wann immer wir glauben, dass wir die Probleme in Griff haben, kommen sofort neue.“ Am traditionellen Fahrerlager-Toto mit Geldeinsatz und großen Gewinnchancen („wieviele Runden fährt Schumi, welchen Platz belegt er?“) nimmt Michael nicht teil: „Ich bin ja nicht blöd …“

Heißes Thema in den Boxen: Der heimliche Test von Renault – die Geisterfahrten des GP-2-Stars und Briatore-Testpiloten Heikki Kovalainen in „Eau Rouge“. Nie die ganze Runde, sondern immer nur mit Höchsttempo durch die berüchtigte Kurve, dann umgedreht, wieder zurück und neuer Anlauf mit 300 km/h Das ganze solang, bis 50 km abgespult sind – der erlaubte 50-km-Test der FIA in der Woche jedes Grand Prix. Weil es ausgerechnet Spa ist und daher „nicht im Geist des Gesetzes“ – eine Grauzone im Reglement?

„Nein, alles erlaubt“, beharrt Renault. „Wir halten uns an die Spielregeln, im Unterschied zu anderen …“

Natürlich war das kein normales Aufwärmen. „Wir hatten die letzten Jahre wegen der enormen Fliehkräfte in Eau Rouge immer Probleme mit dem Öltank“, verrät Fernando Alonso. „Also diesmal: nur kein Risiko.“ Seit dem zweiten WM-Lauf spürt Alonso, dass er heuer Weltmeister werden kann, „aber jetzt bemüh ich mich, nicht an den WM-Titel zu denken.“

In Spa sein erster Matchball? „Ich fürchte, es wird noch ein bissl länger dauern … außer, Räikkönen fällt aus. Er hat zwar immer Probleme – aber irgendwie kommt er immer ins Ziel.“ 2004 sogar als großer Sieger – aber 2001 hat der blutjunge Alonso in Spa sein allererstes Formel 3000-Rennen gewonnen! Am Sonntag daher – ein Königssprint?

Achtung, Feind hört mit! Der feurige Spanier Fernando Alonso und der finnische „Iceman“ Kimi Räikkönen, dazu der verbissene Fight Renault – McLaren Mercedes um die genauso begehrte Konstrukteur-WM – gekämpft wird im WM-Finish mit allen Mitteln. Und damit alles fair bleibt, verschärft die FIA im Endkampf die Kontrollen: Sämtliche Funksprüche zwischen den Boxen und den Piloten werden abgehört, gespeichert und notfalls bestraft. Wehe, wenn die verbotene Stallregie zutage tritt!

Die „Silberpfeile“ werden schon im Qualifying zu „Giftpfeilen“ für den WM-Leader Fernando Alonso: Montoya und Räikkönen nebeneinander in der ersten Startreihe, der erste lupenreine McLaren-Qualifying-Doppelsieg seit Hakkinen/

Coulthard 2001 in Imola. Und weil Direktor Martin Whitmarsh „ab jetzt nur noch Doppelsiege" befohlen hat, warten die deutsch-englischen Fans immer noch auf den ersten Doppelsieg seit Hakkinen/Coulthard 2000 im GP von Österreich – mit Herzklopfen.

Auch Montoyas 13. Poleposition in Spa hat einen Background. Montoya blieb im (fast noch trockenen) ersten Freitagstraining in der Box, während draußen McLaren-Testpilot Alex Wurz mit Zonta (Toyota) um die Bestzeit kämpfte. Angeblich fuhr Wurz geheim einen Motor neuer Spezifikation, eine spezielle Weiterentwicklung – und als um 12 Uhr der Österreicher mit dem Daumen nach oben zeigte, die Telemetrie und alle Datenaufzeichnungen passten, wurde ein gleicher „Spec"-Motor in Montoyas McLaren fürs Nachmittagstraining eingebaut – berichten Spione aus der McLaren-Box.

Es war auf alle Fälle ein neuer Motor für zwei Rennen (Spa und Interlagos), während Räikkönen noch das Triebwerk von Monza im Heck hat, also für einen neuen „Spec"-Motor in Belgien nicht in Frage kam.

Offiziell freilich sagt McLaren: Der Motorwechsel von Montoya wäre eine „reine Vorsichtsmaßnahme" gewesen: „Ein Test während der Nacht ergab den Verdacht, dass ein Teil des Motors aus einer schlechten Entwicklungsreihe stammt, darum haben wir ihn gewechselt ..."

Wegen des starken Regens fährt Montoya Freitag nicht mehr, begnügt sich auch im (trockenen) Samstagstraining mit ganz wenigen Runden in 90 Minuten – und teufelte dann zur Poleposition. Umso beachtlicher, weil die Silberpfeile relativ sehr viel Sprit an Bord haben. Ihre Strategie: Bis zum ersten Tankstopp (normal: 16. Runde) möglichst lange draußen bleiben, länger als die Renault, wo man die ersten Schrecken schon hinter sich hat.

Fisichella, der ewige Pechvogel im Franzosenteam, muss wegen Ventilschadens den Motor wechseln und fällt auf den 13. Startplatz zurück – und auch bei Alonso wird wegen ähnlicher Symptome ein Motorwechsel überlegt. Aber das Boxen-Kommando für den Italiener („Fernando ist schneller als du") hat man erst in Istanbul im TV gehört.

Schumi braucht nicht lang nachzudenken: „Ich wünsch mir Regen!" Der kommt – nach vier trockenen Runden und Platz 8 im ersten Training – Freitagnachmittag sogar im Überfluss: Schumi bleibt in der trockenen Box, während Liuzzi draußen einen Aquaplaning-Crash baut und Alonso vorsichtig langsam wie ein Fahrschüler um den Kurs schleicht.

„Sinnlos und viel zu gefährlich – Surfen mit 950 PS!" ist der Spruch des Tages von Alex Wurz. Jean Todt ist neugierig, „ob Ferrari-Bridgestone im Regen immer noch die überlegene Kombination sind oder ob wir immer noch durch unseren feh-

DIE JÜNGSTEN WELTMEISTER DER FORMEL I

24 Jahre:	Fernando Alonso (Renault) 2005
25 Jahre:	Emerson Fittipaldi (Lotus) 1972
	Michael Schumacher (Benetton) 1994
26 Jahre:	Niki Lauda (Ferrari) 1975
	Jacques Villeneuve (Williams) 1997
27 Jahre:	Jim Clark (Lotus) 1963
28 Jahre:	Jochen Rindt (Lotus) 1970
	Ayrton Senna (McLaren) 1988
29 Jahre:	Mike Hawthorn (Ferrari) 1958
	Jody Scheckter (Ferrari) 1979

lenden Grip bestraft werden." Schumi, der die Regenhölle von Spa oft genug bezwungen hat, stimmt seinen Ferrari fürs (trockene) Qualifying mit einem Hauch Richtung Regen ab, „wie auch unser fehlender Topspeed beweist."

Trotzdem schafft er den 6. Startplatz, „auch in Ordnung, aber mir wäre der 7. Startplatz sogar lieber gewesen – wegen der sauberen Seite der Startaufstellung." Und vielleicht auch wegen des immer zu erwartenden Gedränges in der Haarnadelkurve „La Source" unmittelbar nach dem Start.

Barrichello steht nur an 12. Position. Und seit seiner Kündigung hört er gewisse Unfreundlichkeiten seines Teams. Und in Spa? „Rubens steht weiter hinten, als wir uns gewünscht hätten."

Dabei hatte Ferraris „Nummer 1 B" in einer Spa-Wetterlotterie schon einmal Poleposition – als Schumi vom 16. Startplatz aus gewonnen hatte …

ALONSO IST SCHON IN SPA WELTMEISTER, WENN …

… er gewinnt und Räikkönen nur Dritter wird,
… er Zweiter wird und Räikkönen nur Fünfter,
… er Dritter wird und Räikkönen nur Siebenter,
… er Vierter wird und Räikkönen nur Achter, oder
… er Fünfter wird und Räikkönen keine Punkte macht.

Die „Formel Austria" – verdoppelt! Samstag, 16.30 Uhr, hat Didi Mateschitz in Spa das Minardi-Team gekauft – und besitzt damit als einziger zwei der insgesamt zehn Teams, also 20 Prozent des Formel-I-Starterfeldes! Red Bull, aktuell WM-Sechster, und das „Junior-Team" Minardi werden bis 2008 völlig getrennt, unabhängig voneinander operieren.

Didi Mateschitz, der Formel-I-Zirkus staunt und applaudiert. Wie schnell ging es?

Mateschitz: „Wir haben seit ein paar Wochen überlegt, uns dann zum Kauf entschlossen – dann ging alles blitzschnell."

Die Hauptgründe?

Mateschitz: „... dass wir mehr Piloten haben als verfügbare Cockpits. Junge Fahrertalente, die uns vertrauen, für die wir Verantwortung tragen. Also gab es nur zwei Möglichkeiten: Sie irgendwo einzukaufen – odere gleich ein eigenes Junior-Team gründen. Das ist einfacher."

Wie wird es heißen, wer wird es leiten, wie werden die Autos lackiert?

Mateschitz: „Alles noch nicht entschieden. Tatsache ist: Wir übernehmen am 1. November Minardi, das Team bleibt in Faenza – und Paul Stoddart ist als Gast jederzeit willkommen. Aber mit dem Team hat er dann nichts mehr zu tun.

Und Formel-I-politisch?

Mateschitz: „... haben wir ein zweites Team, ein zweites Stimmrecht, daraus ergeben sich optimale Möglichkeiten. Und nicht zu vergessen: Es ist ein gutes Investment."

Weil man die 48 Millionen Dollar für die Gründung eines neuen Formel-I-Teams spart, wenn man ein schon bestehendes übernimmt? Sie haben jetzt 20 Prozent der Formel I?

Mateschitz: „Nicht von der Formel I – nur Arbeit und Verantwortung."

Wie getrennt operieren die zwei Teams?

Mateschitz: „Vollkommen getrennt, erst 2008 ändert sich das Reglement. Dann ist es einem Hersteller erlaubt, mehrere Teams auszurüsten. Und dann nützen wir natürlich alle Synergien."

Ist folgende Fahreraufteilung möglich: Coulthard/Klien bei Red Bull, Liuzzi/Speed bei Minardi, und überall noch ein Junger als Freitagfahrer?

Mateschitz: „Müssen wir uns noch alles überlegen. Wir haben viele Möglichkeiten ..."

Die Grauzonen in der Formel I werden immer undurchdringlicher, die Reifenstrategien raffinierter. Wegen des Freitagregens entschied die FIA: Die Teams müssen ihre Reifen erst um 12 Uhr bestimmen – nicht schon um 8 Uhr früh.

Alonso – der heute ersten Matchball zum WM-Titel hat – wirkt plötzlich angespannter als zuletzt, nicht mehr so unbeschwert. Kein Wunder. Und Räikkönen ist sauer, weil ihm ein Magazin Alkoholexzesse während der Monza-Testfahrten vorwarf. „Wann hätte ich dafür Zeit haben sollen – bei 140 Testrunden an eineinhalb Tagen?" Kimis Management überlegt, zu klagen.

Räikkönen hat schon 2004 in Spa vom 10. Startplatz gewonnen: „Mein bestes Rennen, mein tollster Sieg. Das will ich heute wiederholen. Aber sollte ich, wie 2003 um zwei Punkte, den WM-Titel wieder verlieren, wäre ich noch viel enttäuschter. Weil mein Auto heuer so gut ist, dass ich damit alle Rennen gewinnen hätte müssen ..."

Spa im Regen ist oft die Hölle, zumindest aber eine dramatische italienische

Oper – mit Ferrari in der Hauptrolle. Oder auch nicht. Charlie Whiting hat Erbarmen, hebt die starre Parc-ferme-Regel teilweise auf. Normal dürfen nur die Kühler und die Bremsbelüftungen zugeklebt, die Frontspoiler neu adjustiert werden – aber diesmal erlaubt der FIA-Renndirektor auch, die Heckflügel steiler zu stellen. Mehr Anpressdruck – in Spa eine Lebensversicherung.

Das ganze Feld auf Intermediate-Reifen. Auch die Minardis: Doornbos und Albers starten aus der Box.

Erste Überraschung: Keine Kollisionen in der Haarnadel von La Source. Montoya kommt sauber weg, Trulli attackiert Räikkönen, steckt aber zurück. Erste gewaltige Mutprobe von Fisichella (13. Startplatz): Auf der Anfahrt zur Eau Rouge überholt er Coulthard, dann auch Massa – aber in der 11. Runde touchiert Fisico in der Teufelskurve einen nassen Randstein: Abflug mit knapp Tempo 300, harte Landung in der Reifenmauer.

Was das Safety-Car alarmiert und alle Strategien über den Haufen wirft: Der ideale Zeitpunkt für den ersten Tankstopp, haben die Superhirne ausgerechnet, wäre erst Runde 16.

Regen in Spa heißt immer: Chaos!

Der führende Montoya taucht als Erster in die Box, dahinter schleicht Räikkönen wie in Zeitlupe: Damit er, bis Juan-Pablo abgefertigt ist, keine weitere Runde draußen bleiben muss – und gleichzeitig hält er Alonso & Co auf, so dass Montoya solo flüchten kann.

Bis auf Villeneuve stoppen alle in der 12. Runde, Klien und Trulli gleich nochmals in der 13.: „Noch zu nass draußen für Trockenreifen – wieder zurück auf die Intermediates." Dieser zusätzliche Stopp kostet Klien, rechnet Christian Horner aus, 25 Sekunden. Und damit ein paar WM-Punkte.

Hinter Montoya liegt jetzt Villeneuve, bis er in La Source ausrutscht – genau dort kracht Sato dem jahrelangen König von Spa ins Heck: beide out. Schumacher, stocksauer, enttäuscht und wütend, beinahe wie 1998 beim Auffahrunfall gegen Coulthard, wischt dem Japaner mit dem Fehdehandschuh zornig übers Visier und schimpft: „Wir haben schon so oft mit Sato geredet – hilft alles nichts." Dann verlässt der sechsmalige Triumphator sein „Wohnzimmer Spa" genauso, wie er es Donnerstag betreten hat: mit seiner belgischen Schäferhündin „Shiva" an der Leine – und noch während des Rennens.

Wie sein Bruder Ralf auf Rang 2 vorstößt, ehe er übermütig mit Trockenreifen gambelt und rausfliegt, kriegt Michael gerade noch mit. Massa passiert das gleiche. Villeneuve steht in der Eau Rouge atemberaubend quer, worauf ihn Karthikeyan mutig überholen will – und in Les Combes prompt in die Wiese rutscht. Coulthard hat Motorschaden: den ersten für Red Bull im ganzen Jahr.

Und die McLaren-Choreographie braucht kein Drehbuch: Was passieren muss, ist sowieso klar. Mit einer Serie schneller Runden kämpft sich Räikkönen an Montoya heran und überholt ihn, wie programmiert, beim Boxenstopp. Juan-Pablo hält in der 33., Kimi in der 35. Runde – und liegt auf Platz 1. Aber Niki Lauda rügt die Silberpfeile: „Ich hätte Räikkönen schon beim ersten Boxenstopp an Montoya vorbeigeschmuggelt – dann hätte er vorn wegfahren können und weniger Stress gehabt.“ Dazu Kimi, sachlich: „To win is never easy – gewinnen ist nie leicht ...“

Wie schon in Istanbul, zeichnet sich der erste McLaren-Doppelsieg seit Spielberg 2000 ab. Aber wieder kommt einer dazwischen: diesmal der „Jungle-Boy“ im Williams. Pizzonia hat – unverständlich – vier Runden vor Schluss auf Trockenreifen gewechselt, kommt Montoya in die Quere, und beide fliegen raus.

„Ich glaub zuerst: Das ist Kimi“, packt den vorbeifahrenden Alonso kurz ein Freudenschock – denn ein Räikkönen-Ausfall hieße ja schon: WM-Titel für den Spanier. „Aber ich bin auch mit Platz 2 happy.“

Wieder ein geschenkter, ärgert sich Norbert Haug. „Wir haben Alonso und Renault jetzt schon zuviele Punkte überlassen.“

Die Schutzengel fliegen tief in Spa. Keine weiteren Unfälle mehr. Webber schnappt Barrichello in der Bus-Stopp-Schikane noch Platz 4 weg. Die schnellsten Runden nach Räikkönen dreht im Finish Klien: Bestzeit im letzten Sektor, durch Blanchimont, insgesamt die drittschnellste Runde im Rennen – aber nur der unbelohnte 9. Platz.

Ein Rennen, zwei Sieger: Räikkönen gewinnt 28,3 Sekunden vor Alonso, aber dem Spanier fehlt jetzt nur noch ein einziger dritter Platz in den letzten drei Rennen – selbst wenn Kimi alle gewinnt. „Und ich kämpf bis zum Letzten, solang ich noch eine Chance hab!“ droht der Finne.

Die meisten Siege – und doch nicht Weltmeister! Schon oft passiert in der Formel I. Das Duell Alonso – Räikkönen steht drei Rennen vor Schluss an Siegen 6:6. Aber: Wenn Kimi so weitergewinnt, könnte der Fall eintreten, dass er einen „Ewigkeitsrekord“ aufstellt, auf den er viel lieber verzichtet hätte: Die meisten Siege, die je ein Nicht-Weltmeister in einer Saison gescheffelt hat – und trotzdem nicht Champion.

Wenn Alonso weiter taktisch fährt, sind für Räikkönen unter Umständen sogar neun Saisonsiege (!) nicht genug für den WM-Titel. Unfassbar, denn zweimal reichte sogar ein einziger Saisonsieg: Für Mike Hawthorn 1958 gegen Stirling Moss und für Keke Rosberg, den Vater des aktuellen GP-2-Stars und künftigen Williams-Piloten Nico Rosberg, 1982, als sich nicht weniger als elf Piloten (!) die Siege aufteilten und fünf Fahrer öfter gewannen als Rosberg: je zweimal.

Schon neun Mal dagewesen in 55 Jahren Formel-I-WM, dass ein anderer Fahrer mehr Saisonsiege hatte als der Weltmeister:

Jahr	*Fahrer mit den meisten Siegen*		*... und Weltmeister mit weniger Siegen:*	
1958	Stirling Moss (Vanwall)	4	Mike Hawthorn (Ferrari)	1
1967	Jim Clark (Lotus)	4	Denis Hulme (McLaren-Ford)	2
1977	Mario Andretti (Lotus)	4	Niki Lauda (Ferrari)	3
1982	Alain Prost (Renault)	2	Keke Rosberg (Williams-Ford)	1
	Niki Lauda (McLaren)	2		
	John Watson (McLaren)	2		
	Rene Arnoux (Renault)	2		
	Didier Pironi (Ferrari)	2		
1983	Alain Prost (Renault)	4	Nelson Piquet (Brabham-BMW)	3
1984	Alain Prost (McLaren-Porsche)	7	Niki Lauda (McLaren-Porsche)	5
1986	Nigel Mansell (Williams-Honda)	5	Alain Prost (McLaren-Porsche)	4
1987	Nigel Mansell (Williams-Honda)	6	Nelson Piquet (Williams-Honda)	3
1989	Ayrton Senna (McLaren-Honda)	6	Alain Prost (McLaren-Honda)	4

Alain Prost verlor dreimal die WM, obwohl er die meisten Siege hatte – aber einmal lief es für, einmal gegen Ayrton Senna genau umgekehrt. Freilich trug auch das immer wieder geänderte Punktereglement zu diesem Chaos bei: 1967 wurde die WM in zwei gleiche Hälften geteilt, es zählten alle Ergebnisse minus 1 – 1979 nur noch die besten vier Resultate jeder Saisonhälfte – 1980 die besten fünf jeder Saisonhälfte – von 1981-1990 die besten elf von 16 Ergebnissen – und endlich seit 1991 alle Ergebnisse, ohne Streichresultate – wie auch längst im Skiweltcup.

„Jeder fragt uns: Wann und wo ist eure große Weltmeisterparty? Darüber kann ich mich nur ärgern. Ich hab meinem Team strikt verboten, irgendeine Feier zu planen oder vorzubereiten. Weil ich abergläubisch bin“, gesteht Renault-Rennchef Flavio Briatore – mit einem Lächeln. Der Italiener ist drauf und dran, ein Jahrzehnt nach Michael Schumacher (Benetton mit Ford-, danach Renault-Motor) auch Fernando Alonso zum WM-Titel zu führen, Renaults erstem Fahrer-WM-Titel mit einem reinrassigen, eigenen Rennwagen. Vielleicht sogar mit einem Sieg in Brasilien. Briatore: „Wir haben in Interlagos nochmals eine neue Aerodynamik. Möglicherweise können wir sogar das Rennen gewinnen!“

Gewiss, McLaren-Mercedes ist etwa seit Imola das schnellste, stärkste Auto im Feld – aber da war Alonso punktemäßig schon enteilt. „Beim Fußball“, vergleicht Briatore jetzt immer wieder, „ist doch auch egal, ob du in der ersten oder zweiten Spielhälfte deine Tore schießt ...“

So souverän wie Alonso in Hälfte 1 ist Kimi Räikkönen in Hälfte 2.

Aber Lauda zieht genauso vor Alonso seine rote Kappe: „Der Spanier hat in den letzten Wochen alles sehr gescheit, mit großer Reife und absolut fehlerlos gemacht.

Mir tut weh, wenn manche sagen: Alonso ist nicht mehr so schnell, er fährt farblose Rennen, weil er nicht mehr gewinnt – alles Blödsinn. Alonso hat im ersten Halbjahr alle Voraussetzungen für den WM-Titel geschaffen, jetzt fährt er taktisch perfekte Rennen, nur um aufs Podest zu kommen, riskiert nicht unnötig – so bin auch ich schon Weltmeister geworden ..."

Die Beständigkeit des Spaniers ist bewundernswert. Briatore: „Er hat das ganze Jahr nur einen einzigen Fehler gemacht – in Kanada." Unter dem Druck von McLaren war Alonso dort in die Mauer gekracht, ansonsten aber immer im Ziel, sechs Mal als Sieger, elfmal auf dem Podest und ausgenommen in Budapest (11.) immer in den Punkten. Muss ihm erst jemand nachmachen.

Nur: Wieso hat Giancarlo Fisichella immer soviel Pech? „Wahrscheinlich", philosophiert Briatore, „haben die Champions auch immer mehr Glück als die anderen." Aber nicht soviel mehr, wie Mercedes-Sportchef Norbert Haug glaubt. „Wir haben Alonso und Renault durch die zwei Kollisionen von Montoya zweimal vier Punkte geschenkt – die, die wir nicht gemacht haben, und die, die ihm in den Schoß gefallen sind."

Räikkönen hat heuer mehr Punkte verloren als Montoya, und im Frühsommer hörte man aus seinen wenigen Worten heraus: Kann sein, dass ihn der Frust wegen der Defekte einem anderen Team in die Arme treibt – Ferrari. Aber jetzt hat längst die berühmte sanfte Gehirnwäsche von Ron Dennis eingesetzt: „Kimi, überleg dir genau, wieviel du bei einem Teamwechsel verlieren kannst. Und schau dir vor allem die Erfolgsstatistik von McLaren an: Weltmeister werden nie die Fahrer, die von einem Cockpit ins andere springen, sondern jene, die auf Kontinuität mit einem stabilen Team vertrauen. Dass Senna und Prost bei McLaren je dreimal Weltmeister wurden, war kein Zufall ..."

Etwas andere Töne hört man von Renault, wenn Briatore über Fahrergagen spricht. „Ich kann keine 25 Millionen Dollar für einen Piloten ausgeben. Darum züchten wir unsere Rennfahrerstars selbst heran. Wenn Alonso zu teuer wird oder weg will, setz ich Heikki Kovalainen ins Cockpit." Das wird auch Ferrari interessieren.

Interlagos:
ALONSOS MATCHBALL

„Lucky 13“ für Barrichello? Zum 13. Mal fährt „Rubinho“, der hinter den Tribünen der Interlagos-Rennstrecke aufgewachsen ist, seinen brasilianischen Heim-Grand-Prix – und zum letztenmal für Ferrari! Aber bevor Schumis langjähriger Leutnant, die „Nummer 1 B“ der Squadra azzurra, ein letztes Mal zu Hause in den Ferrari steigt, packt er aus: „Mein Leben neben Schumi“ – wie war das wirklich?

Barrichello im O-Ton: „Mein schönstes Ferrari-Erlebnis in 101 Grand Prix? Österreich 2002“, beteuert Rubens. Obwohl er damals, in Führung, in der letzten Kurve durch Boxenbefehl bremsen und verlieren musste? „Nein – weil ich erstmals kapierte, dass ich auch Schumacher schlagen kann! Und damals hab ich viel Respekt im Team gewonnen.“

Denn das Leben neben dem Superstar, verrät Rubens jetzt, war alles andere als Liebe und Waschtrog. „Als ich zu Ferrari kam, war es schon allein ungemütlich, nur neben Schumacher zu gehen – er hatte das ganze Team rund um sich aufgebaut.“

Darum war ihr Verhältnis „zwar gesund, aber nicht freundlich“, beschreibt es Rubens ehrlich. „Und oft genug hab ich mir auf die Zunge beißen müssen, damit die Atmosphäre durch die normalen Konflikte nicht vergiftet wird. Wäre ich nicht so harmoniebedürftig, sondern aggressiver – die Stimmung im Team wäre oft eine ganz andere gewesen!“

Wie heuer in Monte Carlo, als ihn Schumacher in der letzten Runde mit viel Risiko überholte – für einen mickrigen 7. Platz. „Das hat mich fürchterlich geärgert. Aber hätte ich nicht freiwillig Platz gemacht – wir wären kollidiert. Und das Team hätte drei wichtige Punkte verloren.“ Darum sagte Barrichello dem siebenfachen Weltmeister auch gleich unverblümt ins Gesicht: „Nach meiner Meinung ist ein so riskantes und egoistisches Manöver eines Champions deiner Größe unwürdig!“

Dafür bedankt sich „Rubinho“ bei Ferrari: „Das Team hat mir immer Top-Material gegeben und mich erst zu dem Fahrer gemacht, der ich heute bin.“ 101 Starts für Ferrari, acht Siege – nur Schumacher, Lauda und Ascari haben für den Traditionsrennstall öfter triumphiert.

„Du hast wichtige Rennen für Ferrari gewonnen“, dankte ihm Luca Montezemolo. Aber der Wechsel zu BAR war nicht aufzuhalten: Erster Kontakt bei Mugello-Tests im Mai, Verhandlungen in Hockenheim, Vertragsunterschrift in Budapest. Kein Zweifel: Da wusste „Rubinho“ schon, dass Honda die restlichen 45 Prozent von BAR kauft und für 2006 eine wahre Rakete vorbereitet. Aber er musste dichthalten.

„Michael war total überrascht, dass ich weggeh. Sein Gesicht sprach Bände.

Vielleicht, weil da etwas in seinem Team vor sich ging, das er nicht wusste." Aber am bittersten war für Rubens, seinen Mechanikern in die Augen zu sehen, wenn sie ihn fragten: Gehst du wirklich? „Denn wir stehen uns wirklich sehr nahe – näher als Michael und seine Boys."

Dafür ist Barrichellos zweiter Boy verspätet, aber gerade noch rechtzeitig vorm Brasilien-GP, angekommen. „Er heißt Fernando!" Wegen dem kommenden Weltmeister? „Nein – nur damit die Namen unserer beiden Buben optimal zusammenpassen: zuerst Eduardo und dazu eben jetzt Fernando." .

Der berühmte Pele hat schon einmal in Interlagos mit der Zielflagge für den Brasilien-GP gewartet – diesmal soll Emerson Fittipaldi den Sieger abwinken. Und, vor allem: vielleicht gleich seinen Nachfolger als jüngster Weltmeister aller Zeiten – Fernando Alonso.

Alex-Wurz-Abschied für 2005 mit zwei überlegenen Bestzeiten – zuerst eine ganze Sekunde vor Alonso und Sato, dann 0,6 vor Montoya. Total 63 Runden auf der mörderischen, staubigen Buckelpiste – Schwerstarbeit! Alex: „Die richtigen Reifen für Räikkönen und Montoya herauszusuchen, war wegen der dauernd wechselnden Bedingungen die schwierigste Aufgabe des ganzen Jahres! Aber für mich die größte Herausforderung!" Wo er 1998 im „Überholmanöver des Jahres" den Vizeweltmeister Frentzen niedergekämpft hatte (im Senna-S), bringt sich Wurz für ein Cockpit für 2006 nachhaltig in Erinnerung.

Und ein heftiger Abflug von Christian Klien erschreckt. Außer der bevorstehenden Weltmeisterkrönung von Fernando Alonso hat auch die „Formel Austria" in Interlagos dramatische Momente.

Den „Gotthard" besiegt Klien auf der Interlagos-Strecke um eine Sekunde, den „Luzifer" nachher auf dem Hotel-Tennisplatz. Christian ist nach seinem sensationellen 6. Startplatz der Darling der Red-Bull-Truppe. „Gotthard" (wie sein Opa immer sagt) ist natürlich Coulthard, und „Luzifer" steht für den „crazy boy" Liuzzi. Aber eine Frage bleibt offen: Wäre Klien ohne die Rotation bei den Bullen schon weiter in seiner Formel-I-Karriere?

„Bestimmt", glaubt der Vorarlberger. „Weil du viel mehr Vertrauen zu dir selbst, zum Auto, zu den Strecken hast, wenn du nicht fürchten musst: Ein Fehler – und schon sitzt womöglich der andere im Auto." Erst jetzt, nach 17 Rennen, gibt Klien zu: „Der mentale Stress war jedesmal groß." Umso lockerer und gelöster kann er jetzt die zwei letzten Rennen angehen – Suzuka und Shanghai.

„Es ist wirklich ein riesengroßer Unterschied", blickt Klien in den Rückspiegel. „Nach den ersten drei Rennen hatte ich soviel Selbstvertrauen, dass ich mir als Ziel setzte: In 2, 3 Rennen pack ich auch den Coulthard. Dann kamen die vier Grand

Prix im dritten Auto, das Freitagsfahren war kein Ersatz. Und als ich in Kanada wieder zurückkam, war mein ganzes Selbstvertrauen weg. Die ganze innere Stärke. Du wirst unsicher, traust dich nicht richtig, bremst zu früh, verlierst auch in schnellen Kurven – eben weil du einen Tick vorsichtiger bist. Ich hab 6, 7 Rennen gebraucht, bis ich wieder so wie früher war: bis Ungarn und Türkei."

„Wir bleiben in der Formel I nur, wenn wir gewinnen!" hat der neue Renault-Boss Ghosn bei seiner Amtsübernahme gedroht. „Sonst hören wir auf, weil dann wäre der Grand-Prix-Sport zu teuer." Dabei haben die Franzosen ohnehin nur das viert- oder fünftgrößte Budget der Formel I – von den Topteams sicher das geringste.

Aber während Fernando Alonso auf den WM-Titel zusteuerte, beruhigt Sportchef Patrick Faure in Interlagos: „Wir bleiben mindestens noch zwei Jahre – bis Ende 2007. Dann fragen wir uns: Wo steht die Formel I? Dann sehen wir, wie sich mit der neuen Formel alles weiterentwickelt, vom Reglement und von der Technik her. Aber wahrscheinlich bleiben wir länger dabei ..."

Renaults zweiter Wunsch – außer dem Fahrer-WM-Titel – ist die Konstrukteur-Trophy, für einen Automobilhersteller besonders wichtig.

Alonso, der „Magier" – heuer schon Doppelweltmeister? Auch Niki Lauda ist höchst gespannt.

„Ich musste nach Brasilien kommen, um bei der Entscheidung dabei zu sein". Niki war schon immer ein glühender Alonso-Fan. „Der beste, der perfekteste Rennfahrer, den es zur Zeit gibt. Fernando hat im Rennauto keine südländischen Emotionen und macht keine Fehler. Genau das braucht es, um Weltmeister zu werden. Alonso weiß genau, wann er Gas geben muss und vor allem: wann er vom Gas weggehen muss – was für einen Rennfahrer noch schwieriger ist."

Und der Vergleich mit Kimi Räikkönen? „Der Finne ist eigentlich gleich gut. Die beiden sind ebenbürtig, einander sehr ähnlich – denn zwei genau gleiche Menschen oder Sportler gibt es nie. Darum wird Räikkönen heuer die meisten Rennen gewinnen, aber Weltmeister wird Alonso. Warum, ist eh klar. Aber ich seh für Kimi für die Zukunft auch kein gröberes Problem."

Vielleicht für einen Rollentausch 2006? „Noch zuviele Fragezeichen", wägt Niki Lauda ab. „Neue Motoren ..."

Alonso in Poleposition, Räikkönen nur auf Startplatz 5 – das ist Dynamit. Frage an Fernando: Würde er notfalls genauso agieren wie in Silverstone? Auch dort hatte ihn Montoya in der ersten Startreihe bedrängt, worauf ihn der Spanier nach ein paar Kurven vorbeiließ. „Weil ich an die WM gedacht hab." In Interlagos auch? „Natürlich – darum mach ich gegebenenfalls das gleiche ... Ich muss ja nur Dritter werden."

Ein paar Worte mit dem angehenden Weltmeister: bist du wirklich so locker und entspannt, wie es aussieht?

Alonso: „Alles war okay. Im Flugzeug hab ich nicht gut geschlafen, im Hotel dann gut. Natürlich war mir immer bewusst: ein wichtiges Rennen, aber ich muss es genauso angehen wie ich es immer gesagt hab: Punkte machen in allen drei letzten Rennen, genau das gleiche. Das Ziel: in Interlagos, Suzuka, Shanghai unter die ersten drei kommen – und soviele Punkte holen wie nur möglich, für mich und für das Team, für beide Meisterschaften."

Machte dir dieses WM-Finish wirklich noch Spaß oder war der Druck, der ganze Stress vielleicht doch schon etwas zu groß?

Alonso: „Ich fahr immer noch zum Spaß, zur Freude, zum Vergnügen. Darum war mir auch vorm Start in Brasilien klar: Wir müssen ans Gewinnen denken und dementsprechend attackieren. Wenn ich dann bei Halbzeit sehe, dass ich in einer guten Position für die WM bin, werde ich versuchen, mit Intelligenz weiterzumachen – wie in den letzten Rennen."

Ron Dennis hat gehofft, vielleicht kannst du in der Badewanne ausrutschen und dir den Knöchel brechen … damit noch Kimi Weltmeister wird?

Alonso: „Diese Freude mach ich ihm nicht. Dann werd' ich halt das ganze Wochenende nicht mehr Duschen gehen. Es wird nicht leicht. Nach dem Regen in der Nacht haben wir alle Zweifel wegen dem Wetter, dann gibt es auch die Sorge wegen der Reifen."

Später wissen wir: Montoya ist rund 18 kg, Räikkönen sogar 27 Kilo schwerer als Alonso – trotzdem schrammen die Silberpfeile an der Poleposition vorbei. Weil Kimi in der ersten und Juan-Pablo in der letzten Kurve patzt. Damit freut sich Fernando über seine erste Poleposition seit Silverstone – und im wichtigsten Rennen. „Ich hab vor mir eine freie Straße …"

Im Gegensatz zu den Ligier-Franzosen, die in den 70er und 80er-Jahren mit Laffite und Pironi oft schon Samstag voreilig Sieg und WM-Titel gefeiert haben, arbeiten die Renault-Franzosen und -Engländer zielstrebig-konzentriert weiter.

Die Fehler, die Renault vor über 20 Jahren den ersten WM-Titel gekostet haben, macht Renault 2005 nicht mehr.

Rückblick: Kyalami 1983, der letzte WM-Lauf. Alain Prost führt gegen Nelson Piquet 57:55, ist also drauf und dran, als erster Franzose, als erster Turbo-Pilot die WM zu gewinnen. Renault organisiert gigantische Preisausschreiben, fliegt die Gewinner und viele französische Reporter mit einem Jumbo-Jet nach Südafrika, um den Triumph live mitzuerleben, und bucht in allen wichtigen Zeitungen ganzseitige Jubelinserate: „Der erste Turboweltmeister der Geschichte."

Aber dann fällt Prost – den WM-Titel vor Augen – mit Turbolader-Defekt aus.

Piquet mit dem Brabham-BMW genügt ein dritter Platz (wie Alonso) zum Titel.

Und die fix gebuchten Jubelinserate übernimmt ohne Schadenfreude, aber mit Stolz und Generosität, BMW. Bis 22 Jahre später die Geschichte korrigiert wird.

Der Himmel dräut, wie immer in Interlagos: Regen in der Nacht, feuchte Flecken noch zu Mittag, Regenwolken unter grauem Himmel. Villeneuve (11.) muss in die letzte Startreihe zurück, weil die Sauber-Mechaniker unter Parc-fermé-Bedingungen am Stabilisator hantiert haben. Monteiro (13.) hat die Kupplung gewechselt und rollt nach der Einführungsrunde an die Box. Ein schlechtes Omen.

Düstere, einander widersprechende Wetterprognosen. Jedes Team hat eine andere Vorhersage. Aber alle 20 Autos auf den gerillten Trockenreifen.

Am Start kann es für Alonso nur heißen: Sei ja vorsichtig, brich dir nur keinen Frontflügel ab. Die Renault-Launch Control, 2004 sensationell, ist immer noch top. Fernando behält die Nerven, Montoya neben ihm auch.

Von Platz 6 kommt Klien verblüffend gut weg, kann Button ausbeschleunigen, „aber dann drängt mich Schumacher nach außen, dadurch schließt Button auf, rempelt mich ins Heck, beschädigt meinen Diffusor – und darum krieg ich ihn bis ins Ziel nimmer." Und das heißt: schon wieder der unbelohnte 9. Platz.

Aber der Crash gleich nach dem Start, im tückischen Senna-S, ist programmiert: Coulthard gegen Pizzonia gegen Webber. Die beiden Ersten sofort eliminiert, und Charlie Whiting schickt das Safety-Car raus.

Eingedenk des McLaren-Tricks von Spa hat der Renndirektor alle Piloten gewarnt: Wer in der Safety-Car-Phase so langsam fährt wie Räikkönen in Belgien, wird den Sportkommissären gemeldet. Aber in den zwei neutralisierten Interlagos-Runden passiert nichts. Als die Lichter des Safety-Cars verlöschen, umso mehr: Fisichella trickst sofort Schumacher aus, und Montoya verdrängt Alonso von der Spitze.

„Aber ihr habt ja gesehen: Ich hab mich nicht allzu heftig gewehrt – ich darf an einem solchen Tag kein Risiko eingehen." Niki Lauda hätte es genauso gemacht: So wird man Weltmeister.

Bevor die erste Serie der Boxenstopps beginnt, führt Montoya 4 Sekunden vor Alonso, 7 vor Räikkönen und 11,4 vor Fisichella. Alonso tankt in der 22. Runde (und ist Sechster), Fisichella in der 23., Schumacher in der 26., Montoya in der 28. und Räikkönen – mit dem schwersten Auto, spät wie immer – in der 31. Runde. Und ist knapp 2 Sekunden hinter Montoya Zweiter, aber deutlich vor Alonso, dem Schumacher zeitweise näher rückt.

„Für mich", analysiert Fernando später, „hat Brasilien drei Phasen. Die erste: Der Fight mit den McLaren-Mercedes, wie so oft. Die zweite: Das Fernduell mit Schumacher, der überraschend schnell ist, immer 5, 6 Runden nach mir an die Box kommt" – und Fernandos goldenen dritten Platz gefährden könnte. „Aber die dritte Phase ist die schwierigste: höllisch aufpassen beim Überrunden der Jordans und Minardis. Ich muss immer dran denken, was Montoya zuletzt in Istanbul und Spa passiert ist."

Diesmal: Ein Jordan weniger. Monteiros sensationelle Serie – die ersten 16 Rennen alle im Ziel – platzt in einer Rauchwolke: Motorschaden.

Dafür rasen die Silberpfeile, aber diesmal wirklich, ihrem ersten Doppelsieg seit Spielberg 2000 entgegen. Montoya vor Räikkönen – und von draußen kommt kein versteckter Stallbefehl, die Positionen umzudrehen. Weil Alonso Dritter und damit Weltmeister ist, darf Montoya gewinnen. Wenn Juan-Pablo seinen starken Tag hat, kann ihn auch Räikkönen nicht besiegen.

Aber: Wäre Alonso noch in der letzten Runde liegen geblieben oder, noch perverser, aus irgendeinem Grund nachträglich disqualifiziert worden? „So verrückt", lächelt Ron Dennis, „dürfen wir nicht denken."

Alonso horcht die letzten zwei Runden nur noch in sein Auto, achtet auf jedes Geräusch. Und als er als Dritter und neuer Weltmeister über die Ziellinie rast, mit feuchten Augen, von Emotionen geschüttelt? „Da brüll ich ins Bordmikro, so laut ich nur kann, und dank aus vollem Herzen dem ganzen Team."

Erstaunlich nur: Ausgerechnet der lebenslustige Flavio Briatore fehlt auf allen brasilianischen Jubelfotos von Alonso und Renault – warum? „Ich bin müde, auch emotionell. Darum setz ich mich allein in mein Büro und rekapitulier noch einmal, still und nur für mich, wie alles gekommen ist. Zehn Jahre nach Schumacher – mit Alonso."

Und außerdem: „Ich hab in meinem Leben soviele Parties mitgemacht. Ob eine mehr oder weniger, ist nicht so wichtig ..." Briatore fliegt noch am Abend zurück nach Europa, besucht die Renault-Fabriken in Viry-Chatillon und Enstone. Fernando feiert seinen WM-Titel in Sao Paolo bei einem privaten Abendessen mit Familie, Freunden und seinem früheren Minardi-Teamkollegen Tarso Marques.

Und natürlich steht ganz Spanien Kopf.

Eine knappe Stunde, nachdem Fernando Alonso, vor Glück und überschäumender Freude am Bordmikro brüllend und jubelnd als neuer Formel-I-Weltmeister durchs Ziel gerast war, hatte sein Manager José Garcia „schon mehr als 300 Glückwünsche auf unserem Handy": vom spanischen König Juan Carlos, von Kronprinz Felipe und Prinzessin Letizia, von Real Madrid, vom Tennisstar Nadal usw. – alle verneigen sich vor dem neuen König der Formel I! Und die Sportwelt fragt: Ist am Sonntag in Brasilien die neue Ära angebrochen – wird der sympathische Spanier die nächsten Grand-Prix-Jahre genauso dominieren wie zuletzt Schumacher?

„Ich hab mein Lebensziel geschafft – der jüngste Weltmeister, mit 24. Danach gibt 's nicht mehr viel, das du erreichen kannst. Also muss ich mir neue Ziele suchen", philosophiert Fernando, als er spätnachts das „Autodromo Carlos Pace" verläßt. Etwas müde, abgekämpft – aber alle Emotionen seines Titeltriumphs wetterleuchteten noch in seinen Augen.

Der erste Weltmeister in diesem Jahrtausend (!), der nicht Schumacher heißt. Niki Lauda traut dem Spanier alles zu: „Dem gehört die Zukunft. Aber das hängt ja nicht allein von ihm ab, auch von den Autos, Motoren usw." Fernando nickt: „Wir haben ja alle gesehen, was heuer mit Ferrari passiert ist – hätte auch keiner geglaubt. 2006 fangen wir alle bei null an – aber ich hoff, ich kann weiter vorn mitfighten."

Und vor allem: „Gleich jetzt wieder in Suzuka und Shanghai. Da muss ich nicht mehr taktisch und konservativ fahren – da kann ich wieder voll attackieren. Und wir, Fisichella und ich, wollen auch noch die Konstrukteur-WM gewinnen."

Was Fernando stolz macht: „Weltmeister – aber nicht mit dem allerbesten Auto! Die ersten 3, 4 Rennen fuhr ich nur mit 70, 75 Prozent, so perfekt war der Renault – aber dann war plötzlich McLaren das stärkste Auto. Was immer die mit der Technik gezaubert haben ..." rätselt sogar Fernando, der Magier mit den unglaublichen Kartentricks.

Seit wann hast du an den WM-Titel geglaubt? „Etwa um den Ungarn-GP. Da war mein Vorsprung in der WM immer relativ konstant – so um 20 Punkte. Das muss reichen, sagte ich mir."

Mit einer Reife, die nicht jeder 24-jährige Formel-I-Pilot hat, fuhr „der Ferdinando" (Copyright: Schumi) seinen WM-Titel nach Hause. „Und der ist wertvoller, weil ich ihn gegen Schumacher auf der Straße errungen habe – und nicht erst nach seinem Rücktritt.", bestätigt der neue „Galactico".

Alonso ist 12 Jahre jünger als Schumacher, hat also noch viel vor sich – aber schlägt der entthronte Champion 2006 zurück? Kann er die Uhr zurückdrehen?

„Es wird Zeit, dass mich nach 33 Jahren jemand als jüngster Weltmeister ablöst", sagt mir Emerson Fittipaldi, der frühere Jochen-Rindt-Schützling mit dem lustigen Namen, den langen Koteletten und Hamsterbacken. „Und ich hätte mir selber Alonso dafür gewünscht – mit ihm beginnt die neue Zeit!"

Aber Fernando hat nicht nur alle Youngster-Rekorde gebrochen, sondern auch historische Rekorde aufgestellt: der erste spanische Weltmeister, der erste für Renault, der erste für Michelin seit Lauda 1984. „Und sogar der erste Weltmeister für Minardi", freut sich Paul Stoddart, der sein Team ja an Red Bull verkauft hat. „Denn wir haben Fernando 2001 die erste Formel-I-Chance gegeben ..." Sicher – aber gewonnen hat Alonso immer allein.

Nur drei Dinge sind absolut tabu: seine private Handynummer, sein Vertrag mit Briatore (und die Gage) und seine Freundin. Die erste hieß Rebecca und war

Musikstudentin – sie spielt Cello. Die jetzige heißt Carolin und studiert in Barcelona – ihr Bruder ist Handballer in der spanischen Primera Division.

Was hat Alonso, der Weltmeister im Champagner- und Konfettiregen, auf dem Siegerpodest in Sao Paulo getrunken? „Sidra, das Nationalgetränk in Asturien. Du schüttest es von ganz oben ins Glas – und ich hab das gleiche mit dem Pokal getan. Ich liebe Pokale, seit ich mit drei Jahren mein erstes Kartrennen gefahren bin ..."

Am 23. Oktober, eine Woche nach dem WM-Finale in China, wird Fernando Alonso zum „Prinz von Asturien" gekrönt. Gefeiert haben ihn die Spanier, vor allem auf dem großen Platz in Oviedo mit dem gigantischen Springbrunnen, schon die ganze Nacht. Ein neuer Kolumbus, der für die Krone zwar nicht die neue Welt entdeckt, aber die Formel I erobert hat?

Doch der neue Campeone del Mundo ist keiner, der sich vereinnahmen lässt. Ob er jemandem seinen Titel widmet? „Meiner Familie, ein paar Freunden und ein paar Sponsoren. Drei, vier, die mir auf dem Weg nach oben geholfen haben. Mehr sind es nicht."

Er hat es geschafft, aus einer nicht reichen, aber perfekten Familie. Mit einem Wahnsinns-Talent, enormem Ehrgeiz – und Ungeduld. „Ich bin von kleineren Klassen binnen zwei Jahren in die Formel I gekommen." Es war bitter für ihn, ein Jahr bei Renault nur testen zu dürfen, ehe er wirklich auf Schumi & Co losgelassen wurde. Aber Briatores Idee war eine goldene.

Alonso – ein anderer Typ Weltmeister. Vielleicht auch ein Champion der Herzen, weil er ehrlich und offen zugibt: „In der Formel I sagt doch jeder immer nur 50 Prozent der Wahrheit. Ich aber sag immer, was ich mir denk."

Emerson Fittipaldi bis letzten Sonntag warst du der jüngste Formel-I-Weltmeister der Geschichte: Genau 25 Jahre, 8 Monate und 29 Tage alt, als du 1972 in Monza deinen ersten Titel gewonnen hast. Jetzt hat dich Fernando Alonso – 24 Jahre, 1 Monat, 28 Tage – unterboten. Traurig, dass du den Youngster-Weltrekord verloren hast?

Fittipaldi: „Überhaupt nicht – ganz im Gegenteil. Es war ja schon höchste Zeit, dass eine neue Ära beginnt. 33 Jahre lang der jüngste World Champion zu sein, war ja wirklich schon sehr lang ... Und ich freue mich, dass ausgerechnet Fernando quasi mein Nachfolger geworden ist."

Deine Einschätzung des neuen Weltmeisters?

Fittipaldi: „Oh, ein ganz großer Champion. Ich bin sehr froh, dass er diesen Titel gewonnen hat – den hat er wirklich ehrlich, voll und ganz verdient. Ein perfekter Champion, ein brillanter Botschafter für die Formel I und natürlich für sein Heimatland Spanien."

Wieviele WM-Titel traust du dem 24-Jährigen noch zu?

Fittipaldi: „Er wird noch viele Jahre Erfolg in der Formel I haben, viele Grand Prix gewinnen und auch noch einige Weltmeistertitel – davon bin ich jetzt schon überzeugt."
Soweit Fittipaldi offiziell. Aber privat, verrät mir ein langjähriger Fittipaldi-Freund – wäre er schon noch gern ein paar Jahre der jüngste Champion geblieben.

Nicht nur Fernando Alonso und Renault hatten in Sao Paulo Grund zum Feiern – eine stürmische Siegerparty stieg auch bei den „Silberpfeilen": sogar aus doppeltem Grund. Erster McLaren-Mercedes-Doppelsieg seit dem GP von Österreich 2000 und 53. Geburtstag von Teambesitzer Manjour Ojjeh. Während sich außer Ron Dennis bei Kimi Räikkönen und Juan-Pablo Montoya „für die verpassten Gelegenheiten in dieser Saison entschuldigen möchte", steigt bei McLaren-Mercedes Siegeswille und Zuversicht für die Konstrukteur-WM:

Norbert Haug, zum ersten Mal seit dem 10. September 2000 führen die Silberpfeile wieder in der Konstrukteur-WM. Damals im Autodrom von Monza, dank einem 2. Platz von Mika Hakkinen, ehe McLaren-Mercedes durch den unglücklichen Motorschaden in Indianapolis die WM-Führung wieder verlor. Jetzt aber geht 's mit Vollgas Richtung Konstrukteur-WM-Titel?

Haug: „Die Analyse ist einfach. Nach vier Rennen (Imola) hatten wir heuer erst 7 Punkte, damit 29 Punkte Rückstand, im fünften Rennen mit Kimi Räikkönen den ersten Sieg – und jetzt 23 Punkte Rückstand. Seit dem fünften Rennen sind wir also mit allen Schienen auf Kurs."

Wie wichtig ist für euch die Konstrukteur-WM?

Haug: „Fürs öffentliche Interesse ist der Fahrertitel natürlich das Wichtigste. Aber für Fahrer und Team ist die Konstrukteur-WM mindestens genauso wichtig. Wer als Team den besten Job getan hat, der hat die meisten Punkte. Entscheidend können die 10 Punkte sein, die wir durch den Crash von Montoya in Spa verloren haben: 8 weniger für uns, zwei mehr für Renault. Wobei ich bis heute nicht versteh, wieso Pizzonia 4 Runden vor Schluss auf Trockenreifen unwechselte, wenn er pro Runde vielleicht 2, 3 Sekunden gewinnt, aber durch den Boxenstopp 30 Sekunden verliert. Kann mir das jemand erklären?"

Fernando Alonso bestätigt, dass McLaren ab spätestens Monte Carlo das beste Auto hatte. Er selber habe bei seinen ersten Saisonsiegen sein Auto nur zu 70–75 Prozent ausgenützt?

Haug: „Wenn 70 Prozent auf einer durchschnittlichen Formel-I-Runde 80 Sekunden sind und man von der Rundenzeit 30 Prozent abziehen muss, kommen wir auf unglaubliche Werte ... ich glaub darum eher, dass Alonsos 70 Prozent eigentlich 99 Prozent waren, denn von 70 Prozent waren sogar die Minardi ganz weit entfernt. Aber egal, er hat den besten Job gemacht, den Titel absolut verdient, entscheidend waren seine drei Siege in den ersten vier Rennen. Ab dem fünften Rennen waren wir besser."

Was war entscheidend für den Umschwung?

Haug: „Wir waren anfangs noch zu konservativ mit den Reifen. Später konnten wir die weicheren Reifen besser nützen. Grundsätzlich konnten wir ab Imola pro Runde um 0,5 bis 0,7 Sekunden schneller fahren. Ab Barcelona haben wir von 12 Rennen neun gewonnen – und in den restlichen drei Rennen sind wir jeweils in Führung liegend ausgefallen."

Die Fortschritte wurden aber nicht nur wegen der Reifen erzielt?

Haug: „Wir haben auch auf der Chassisseite Riesenschritte nach vorn getan, was sich aber schon zu Saisonmitte 2004 auszeichnete. Wir haben voriges Jahr „stringente Programme" (aus der Serie) eingeführt – was sich auszahlte. Wir sind die Einzigen im Feld, die zwei Mal zwei Rennen mit dem gleichen Motor gewonnen haben: zuerst Barcelona/Monaco und dann Budapest/Istanbul. Bei den Topspeeds sind wir immer vorn dabei, auch vom Spritverbrauch her sehr gut."

Und jetzt geht ihr in Asien auf den Konstrukteur-Titel los. Mit welchem Programm?

Haug: „Wir testen diese Woche noch in Jerez. Dann versuchen wir in Suzuka und Shanghai zwei Doppelsiege zu holen. Den hatten wir in Spa in der Hand, der war in Monza möglich – also auf Kurs sind wir schon lang. Aber unsere wahren Helden, wenn wir die Team-WM gewinnen, sind nicht im Cockpit, sondern in der Box und in der Küche."

Ist der Konstrukteur-WM-Titel der Trostpreis, so etwas wie der Cupsieg im Fußball, wenn man die Meisterschaft verloren hat?

Haug: „Natürlich – fürs öffentliche Interesse ist der Fahrertitel das wichtigste, aber für Fahrer und Team ist die Konstrukteur-WM zumindest genauso wertvoll. Ganz einfach: Wer als Team den besten Job getan hat, der hat die meisten Punkte."

Seid ihr das wirklich, trotz eurer Defekte?

Haug: „Alonso hat den besten Job gemacht, den Titel absolut verdient, entscheidend waren seine drei Siege in den ersten vier Rennen. Ab dem fünften Lauf waren wir besser."

Warum?

Haug: „Weil wir die weicheren Reifen besser nützen konnten. Ab Imola konnten wir pro Runde 0,5 bis 0,7 Sekunden schneller fahren. Ab Barcelona haben wir von 12 Rennen neun gewonnen – und in den restlichen drei schieden wir jeweils in Führung aus."

Aber ihr hattet auch drei Motorschäden, die wehtaten – wegen der Rückversetzung in der Startaufstellung. Habt ihr daduch den WM-Titel weggeschmissen?

Haug: „Wir hatten dreimal Probleme mit dem Motor, im Training, aber nicht im Rennen. Da muss unser System noch besser werden."

Schuldzuweisung? Auch wegen Montoya-Strafen und Räikkönen-Reifenplatzer?
Haug: „Wir gewinnen und verlieren als Team. Die Fahrer machen Fehler, das Team macht Fehler."

Was hat Testpilot Alex Wurz zum Aufschwung der Silberpfeile beigetragen?
Haug: „Mehr, als viele glauben. Alex tat einen Superjob. Wir wollen ihn nicht unbedingt halten, wenn er für ein anderes Team wieder Rennen fahren kann – aber wir würden ihn nur sehr ungern hergeben."

Und Kimi Räikkönen an Ferrari?
Haug: „Der fährt auch nach 2006 hundertprozentig für uns."

Suzuka:
GALA-SHOW IN SILBER

„Ich weiß nur, dass ich 23 WM-Punkte mehr erkämpft habe als Räikkönen – also muss ich wohl der Beste des Jahres sein!“ Cool, selbstbewusst reagiert Weltmeister Fernando Alonso auf die Nadelstiche, die Silberpfeile hätten ihm mit ihren Defekten quasi den WM-Titel geschenkt. Und kündigt für Suzuka und Shanghai kampfhungrig an: „Jetzt holen wir für Renault auch noch den zweiten WM-Titel!“

McLaren führt gegen Renault in der Konstrukteur-WM um 2 Punkte, nach Siegen steht das Duell Alonso – Räikkönen 6:6 – aber jetzt gibt Alonso Vollgas: „Erinnert euch: Als mich Montoya in Brasilien überholte, hab ich mich nicht allzu sehr gewehrt – ich bin kein Risiko eingegangen. Das wird in Japan völlig anders sein! Da werdet ihr wieder einen aggressiven Alonso sehen: Wie ich den Motor (und seine verschiedenen Leistungsstufen) benütze, die Reifen – überhaupt jeden einzelnen Teil meines Autos!“

Ein episches Duell Alonso – Räikkönen, 300 km absolut am Limit wie früher bei den klassischen „Showdowns“, auf der extremsten Fahrerstrecke des Jahres – der Achterbahn im Honda-Paradies Suzuka? „Ich will immer und überall der Beste sein!“ war immer Alonsos Motto. Besonders jetzt – wenn er zum ersten Mal als Weltmeister ins Auto steigt. „Ich muss ja jetzt nicht mehr taktisch fahren ...“

Wirklich zu begreifen, dass er der jüngste Formel-I-Weltmeister aller Zeiten ist, hat für den 24-Jährigen Tage gebraucht. „Erst jetzt kommen langsam die Bilder meiner Karriere zurück. Ein Traum, für den ich schon mit drei Jahren angefangen habe, zu fighten.“

Auch gegen Schumacher, der ihm gratuliert: „Gut gemacht, du verdienst den Titel, du hattest eine große Saison.“ Aber, typisch Alonso: Er gibt alles Lob weiter an Renault: „Als ich 2002 als Testfahrer anfing, kämpften wir um den 5. Platz in der Team-WM. Wir sind zusammen groß geworden, und jetzt sind wir alle Champions – jeder einzelne von uns.“

Und die Spanier feiern immer noch. Zuerst tanzten 50.000 im Brunnen am Hauptplatz von Oviedo – und in einer Studentenbude in Oxford quillt noch jetzt der Postkasten über, wenn täglich neue Berge von Gratulationen für „Fernando Alonso“ eintreffen.

Dieser (falsche) Alonso ist schon 27, kommt auch aus Oviedo, hat aber mit der Formel I überhaupt nichts zu tun und findet es nur lustig, wenn er liest: „Du bist ein phantastischer Autofahrer.“ Denn: „Ich hab gar kein Auto – und nicht einmal einen Führerschein ...“ Aber vielleicht sind die weiblichen Fans enttäuscht, wenn sie an der falschen Haustür klingeln.

Die „Silberpfeile" schießen zurück! Zum ersten Mal seit fünf Jahren – 10. September 2000 in Monza – führt McLaren-Mercedes in der Konstrukteur-WM: 164:162 gegen Renault, und dazu hat Alex Wurz mit seinem 3. Platz in Imola wichtige 6 Punkte beigesteuert. „Wir wollen diesen Titel unbedingt!" sagt Haug.

„Wer ist dein WM-Favorit 2006?" Weltmeister Fernando Alonso reagiert spontan, höflich-freundlich wie immer: „Michael Schumacher!" Dazu lächelt Schumi geschmeidig: „So arrogant, dass er sich selber nennt, ist Fernando nicht." Nicht einmal, wenn Renault auch Konstrukteurweltmeister wird? Denn die „Silberpfeile" traf in Suzuka schon wieder ein k. o.-Schlag: Motorschaden von Kimi Räikkönen, wem sonst – bereits zum vierten Mal 2005!

Also: wieder um 10 Startplätze zurückverbannt, und rasende Aufholjagd?

In Magny-Cours verbesserte sich der Finne noch von 13 auf 2, in Silverstone von 12 auf 3, in Monza von 11 auf 4 – aber jetzt in Suzuka? „Da ist das Überholen wahnsinnig schwierig, fast unmöglich" – wie die berühmten Karambolagen Senna–Prost bewiesen. „Gewinnen kann ich hier nimmer!" Aus Kimi spricht der totale Frust.

Glaubst du immer noch, dass McLaren-Mercedes heuer den WM-Titel verdient? „Mir wurscht. Aber wir sind einfach nicht gut genug – wir müssen besser werden!" Und darum: „Jetzt nur noch die WM fertigfahren – und dann auf in die Ferien …"

Niki Lauda hat mit seiner Analyse punktgenau getroffen: Zuviele Defekte. So schmeißen die Silberpfeile auch noch den Marken-WM-Titel weg! Platzt der „Mannschaftsweltmeister" für Alex Wurz?

Alonso, zum ersten Mal seit seinem WM-Triumph wieder im Cockpit, aber cool und emotionslos eingestiegen, spult im ersten Suzuka-Training 29 Runden ab, taktisch clever wie immer: „Ich fuhr gleich am Anfang soviel wie möglich, weil ich spürte: Der Regen kommt." 10 Minuten früher, als die Formel-I-Wetterfrösche errechnet hatten – aber was wird Sonntag?

2000 das Erdbeben während des Qualifyings, 2004 die scharfe Taifun-Warnung mit Trainingsverbot, verbarrikadierten Boxen usw.

Stichwort Qualifying: Das K. o.-System – nach jeweils 15 Minuten scheiden die fünf letzten aus – wird von den Teamchefs diskutiert und später am 24. Oktober auch beschlossen. Wenn Bernie Ecclestone etwas will, wird keiner dagegen stimmen. Und Max Mosley sammelt auch schon Sympathien für seine Wiederwahl als FIA-Präsident.

Aber wer verbirgt sich hinter dem mysteriösen 11. Team für 2006, in das Honda seinen Liebling Takuma Sato einkaufen will? Sehr viel Geheimniskrämerei – oder versteckter Poker? „Wir wollten", gibt Honda vor dem 100. Grand Prix mit dem jetzt für 60 Millionen Dollar gekauften BAR-Team zu, „in Suzuka etwas Sensationelles verkünden. Also jetzt wenigstens, dass Sato irgendwo weiterfährt." Damit der Kamikaze-Pilot, der in Spa den großen Schumi abgeschossen und jetzt wegen Barrichello sein Cockpit bei BAR-Honda verloren hat, sein Gesicht wahren kann – für Japaner immer am wichtigsten.

Honda hat schon vor 18 Jahren einen Japaner bei Lotus eingekauft – Satoru Nakajima, als Teamkollege von Ayrton Senna.

Aber jetzt wird 's spannend: Bis 2007 (Ende des Concorde Agreements) dürfen Teams nur mit eigenem, selbstgebauten Chassis Rennen fahren – ab 2008 darf jeder sein Chassis kaufen, von wem er will. Und jeder verkaufen, an wen er will. Dann schlägt die Stunde der zweiten, der Satelliten-Teams – wie es Red Bull als erster begriff und mit Minardi schon vorexerziert. Wahrscheinlich auch beim Giganten Honda. Andere Teamchefs verschlafen die Entwicklung: Sayonara?

Trainingsbeginn: Für McLaren nicht ein Freitag wie jeder andere, aber wie schon mancher: Räikkönen hat Motorschaden. Diesmal: ein Pleueldefekt. Ein winziges Stück (nur ein Zehntel eines Millimeters) ist aus falschem Material. Norbert Haug relativiert: „Ein Rennauto besteht halt aus 5000 Teilen ..." Schon wieder Motorwechsel. Schon wieder 10 Startplätze zurück.

Hoffnungslos. Die Silberpfeile haben sich wieder einmal selbst k. o. geschlagen – glauben wir alle.

Wie zumeist am Freitag, machen de la Rosa und Zonta das Tempo. Samstag regnet es. Michael Schumacher knallt am Morgen auf nasser Strecke auf Anhieb eine Superrunde hin. Aber dann touchiert er in der ersten Kurve, in den schnellen Schlängelkurven hinter den Boxen, einen nassen Randstein und fliegt bös ab, in die Reifenmauer.

Fürs Qualifying ist der Ferrari repariert, und Räikkönens Motor gewechselt. Alle 20 Autos auf Intermediate-Reifen. Und alle mit Trockenabstimmung, also relativ wenig Bodenabstand. Wenn der Regen stärker wird, schwimmen die Autos auf – dann droht Aquaplaning. Aber wann wird der Regen stärker? Die „Wetterfrösche" in allen Teams sind die wichtigsten Männer. Eine Wetterlotterie, wie schon so oft. Und Toyota verschätzt sich nur um 5 Minuten. Sobald bei der Boxenausfahrt Grünlicht aufflammt, darf man nichts mehr korrigieren.

Coulthard hat die undankbare Nummer 1, aber Klien gelingt eine Traumrunde. „Meine bisher beste im Qualifying!" Die Regentropfen auf dem TV-Schirm kommen von der Bordkamera, die Strecke ist nur feucht. „Superjob, Christian, P 1!" funkt der Renningenieur – für den Vorarlberger fast ein Freudenschock.

Also eine Sternstunde für Christian Klien im Land der aufgehenden Sonne! „Mein bestes Qualifying – so nahe dran an der Poleposition war ich noch nie!" Nur 0,3 fehlten dem Bullen-Youngster auf den ersten Startplatz (Ralf Schumacher), nur 0,2 auf den dritten (Fisichella). Zweite Startreihe, Rang 4 – vor dem unberechenbaren japanischen „Kamikaze" Sato und seinem routinierten Teamkollegen Coulthard.

„Denn überholen", ahnte Klien, „ist in Suzuka schwierig." Und auch die

Superstars Michael Schumacher (14.), Alonso (16.), Räikkönen (17.) würden „gar nicht so schnell nach vorn kommen. Jetzt hab ich sie einmal alle hinter mir ...“

Dann überholen ihn zwar Ralf Schumacher, Button und Fisichella – aber bei Michael kommt der Regen. Und die Regenlotterie spült auch die anderen Superstars weit nach hinten: Alonso wehrt sich noch am besten, aber die Silberpfeil-Piloten zappeln wie Marionetten an den Schnüren der McLaren-Box.

„Keiner kann sich vorstellen, was das für eine Challenge ist, für Kimi und Juan-Pablo die richtigen Rundenzeiten und Startplätze herauszuarbeiten“, doziert Ron Dennis später. „Damit wir die richtige Strategie auspacken können.“ Im Klartext: „Räikkönen braucht von allen, die die Quali-Runde schaffen, die schlechteste Rundenzeit – und Montoya muss seine Runde abbrechen, um Sprit zu sparen, darf aber ja nicht Räikkönen in dessen Auslaufrunde in die Quere kommen.“ Formel I als Wissenschaft – eines Tages gibt 's für Boxenstrategie vielleicht noch den Nobelpreis.

Ralf Schumachers Augen funkeln durch den Wasservorhang: seine erste Poleposition für Toyota, tolle Premiere des neuen T 105B, noch dazu in Hondas Wohnzimmer in Suzuka. „Mehr Grip auf der Vorderachse“, ist das Geheimnis. Button mit dem BAR-Honda und „Suzuka Special“ steht neben ihm – zum ersten Mal zwei japanische Formel-I-Autos gemeinsam in der ersten Startreihe. Das heißt Rekordbesuch: total 320.000 Zuschauer, allein am Sonntag – bei Sonnenschein und trockener Strecke – 156.000.

Nicht alle, aber viele kommen wegen Takuma Sato. Aber Japans „Rising Son“ versteckt sich nicht im Kofferraum seines Managers (wie Schumi früher in Hockenheim), sondern besteht darauf: „Ich fahr vom Hotel selber rüber ins Fahrerlager, Fenster offen, damit mich meine Fans sehen können. Gibt mir nur Extra-Motivation.“

Und zuviel Adrenalin: Sato rutscht schon aus der ersten Kurve, nimmt Barrichello mit, und schießt später Trulli ab, schimpft Jarno.

Zurück zum Start. Ralf nützt seine Poleposition, Fisichella überholt Button, Coulthard schießt von 6 auf 4, Klien fällt von 4 auf 6 zurück, Michael und Alonso sind schon Top Ten.

Dahinter touchieren die beiden McLaren, aber eher harmlos – dafür kracht ein paar Kurven später Montoya mit Villeneuve zusammen.

„Ich kann überhaupt nichts dafür“, verteidigt sich Jacques. „Ich hab Montoya überhaupt nicht gesehen. In einer Rechtskurve schau ich rechts in den Rückspiegel – und nicht, was vielleicht links außen passiert.“

Der McLaren steckt, bedrohlich für die anderen, im Reifenstapel. Montoya out, Räikkönen hoffnungslos zurück – so kann McLaren die Konstrukteurs-WM nur verlieren, glauben alle.

Aber die Safety-Car-Phase (sechs Runden) stellt alles auf den Kopf. So lange braucht „der langsamste Kran-Fahrer, den wir je gesehen haben", schimpfen Charlie Whiting und Bernd Mayländer am Mikro.

Diese sechs langsamen Runden machen alles kaputt: Für Ralf die 3-Stopp-Strategie, für Red Bull die Hoffnung, dass die nach ganz hinten verbannten Superstars im Feld steckenbleiben und erst später nach vorn kommen. Sie haben längst aufgeschlossen.

Als endlich die Lichter des Safety Cars verlöschen, springt Schumacher sofort an Klien vorbei, dann auch Alonso, aber mit Abschneider in der Schikane. Weshalb der Spanier – damit er nicht bestraft wird – den Österreicher sofort wieder vorbeilässt. Aber so raffiniert, dass er den Red Bull gleich wieder überholt.

Kein Respekt vorm neuen Weltmeister. „Ich hör im Boxenfunk den Befehl von der FIA, den Auftrag von Renault: Du musst Klien nochmals vorbeilassen. Aber Klien ist schon sieben Sekunden zurück – und ich muss auf ihn warten", ärgert sich Alonso. „So raubt man mir die Chance, das Rennen zu gewinnen." Sein erstes als Weltmeister, aber mit unglaublichen Überholmanövern: „Ich hab das ganze Jahr vielleicht zwei-, dreimal überholt. In Suzuka aber bestimmt mindestens 14 mal."

Allein zweimal gegen den großen Schumi in dessen zweitem „Wohnzimmer" nach Spa – und jeweils außen in der gefürchteten 130 R. „Viel riskiert", atmet Alonso nachher durch. „Aber ich hab angekündigt, dass ich aggressiv bin: Ich hab ja nichts zu verlieren."

Rundenlang fighten sie zu dritt: Schumacher, Alonso, Räikkönen. Grand-Prix-Sport in Vollendung, bis Michael ab der 20. Runde SOS funkt: „Die üblichen Probleme", sagt Ross Brawn später zu Charlie Whiting, der vielsagend nickt: „Ich weiß. Ich hab euren Funkdialog mitgehört …"

Das Symbolbild; so lange seine Reifen halten, wehrt sich Schumi gegen seine Nachfolger – denn Fernando und Kimi kämpfen schon um die Krone der nächsten Ära.

Durch Ralfs frühen Tankstopp führt Fisichella vor Button und Webber, während sich Räikkönen unaufhaltsam nach vorn kämpft. Die letzten Runden sind nervenzerfetzend: Kimi kommt Fisichella immer näher, holt im Finish jede Runde auf, klebt schon am Getriebe des Renault. Aber Fisi kämpft wie ein Löwe um seinen Sieg.

Suzuka hat nur zwei Kurven, in denen man wirklich überholen kann: Die Casino-Schikane vor Start und Ziel und die erste Kurve. Kein Zufall, dass Senna und Prost in beiden Kurven kollidiert sind …

Niki Lauda fällt auf: „Fisichella fährt die Schikane immer innen, also Kampflinie, um Räikkönen für die Zielgerade zu blockieren. Aber das kann nicht gutgehen." Der Silberpfeil fährt 328,6 km/h Topspeed, obwohl er im 7.Gang zu kurz übersetzt ist und Kimi am Drehzahllimit anstößt, der Renault nur 318,5", weiß Fisico nachher. Am Beginn der letzten Runde setzt Räikkönen auf der abschüssigen

DIE SIEGER MIT DEN SCHLECHTESTEN STARTPLÄTZEN

22. Startplatz: John Watson (McLaren-Ford) 1983 in Long Beach
18. Startplatz: Rubens Barrichello (Ferrari) 2000 in Hockenheim
17. Startplatz: Kimi Räikkönen (McLaren-Mercedes) 2005 in Suzuka
16. Startplatz: Jackie Stewart (Tyrrell-Ford) 1973 in Kyalami
16. Startplatz: Michael Schumacher (Benetton-Renault) 1995 in Spa
13. Startplatz: Alain Prost (Ferrari) 1990 in Mexico City
12. Startplatz: Giancarlo Baghetti (Ferrari) 1961 in Reims
12. Startplatz: Ronnie Peterson (Lotus-Ford) 1978 in Kyalami
11. Startplatz: Jody Scheckter (Wolf-Ford) 1977 in Buenos Aires
10. Startplatz: Denis Hulme (McLaren-Cosworth) 1974 in Buenos Aires
10. Startplatz: John Watson (McLaren-Cosworth) 1982 in Zolder
10. Startplatz: Niki Lauda (McLaren-Porsche) 1985 in Zandvoort
10. Startplatz: Kimi Räikkönen (McLaren-Mercedes) 2004 in Spa

Start-Ziel-Geraden wie ein Raubtier „zum Kill“ an, in der ersten Kurve geht er außen vorbei.

„Das tollste Überholmanöver seit Mika Hakkinen in Spa 2000“, applaudiert nicht nur Norbert Haug. Wieder ein Finne. Und wieder im Silberpfeil.

„Mein bestes Rennen und mein schönster Sieg!“ Wenn der „Iceman“ – ausnahmsweise diesmal erhitzt – so redet, muss er Grandioses geleistet haben. Der enttäuschte Fisichella und der verärgerte Alonso flankieren ihn auf dem Siegerpodest: Sie haben Renault in der Konstrukteur-WM wieder um zwei Punkte in Führung gebracht.

Außer Kimi freuen sich – nach dem spektakulärsten Rennen 2005 – nur noch Coulthard (6.) und der große Schumi (7.) der für sich und Ferrari um den 3. WM-Rang kämpft – sonst aber keiner wirklich.

Webber nicht, weil er auf BMW-Boxenbefehl die Drehzahl „aus Sicherheitsgründen“ zurücknehmen muss, Button nicht, weil Platz 5 im Honda-Heimrennen zu wenig ist, und Klien nicht, weil er zum dritten Mal hintereinder mit Platz 9 einen WM-Punkt verpasst hat. „Schon wieder nur die lederne Medaille …“

Wenn du innerhalb einer Woche zweimal von Europa nach Asien und zurückfliegen musst, hat Eddie Irvine einmal philosophiert, geht irgendwo über Sibirien deine Seele verloren. Darum schon lieber ein Boxenstopp im „Lexington Queen“ von Tokio vor der letzten Etappe der längsten Formel-I-Saison aller Zeiten: Grand Prix von China in Shanghai.

Shanghai:
WE'RE THE CHAMPIONS!

„Egal, ob wir jetzt die Team-WM gewinnen oder verlieren – für mich war 2005 sowieso schon eine perfekte Saison! Wenn ich jetzt auch noch Doppelweltmeister werde: okay. Und wenn nicht: auch in Ordnung." Cool analysierte Fernando Alonso die Situation vorm großen Showdown mit den Silberpfeilen: Seine siebente Poleposition, damit 7:6-Qualifying-Sieger über Räikkönen, die 100. Pole zum Abschied für Michelin-Rennchef Dupasquier, den Charles Aznavour der Formel I – und mit den neuen Raketen schießen sich Alonso/Fisichella zum ersten Quali-Doppelsieg des Jahres.

„In Suzuka waren wir den Mercedes erstmals ebenbürtig", analysiert Fernando. Und in China? „Selbst wenn Kimi ein schweres Auto hatte – wenn wir die Spritmenge korrigieren, ist Fernando 0,4 schneller als Räikkönen", rechnen die Renault-Ingenieure. „Wir haben 1,5 Prozent PS dazugewonnen." Und das sind rund 15 PS!

Alonso hat angekündigt, „jetzt als Weltmeister aggressiv, ohne Zurückhaltung anzugreifen. In Japan hatte ich mir fast zuviel zugemutet. Schumacher in der gefährlich schnellen 130-R-Kurve zu überholen, war zu riskant – und nicht notwendig."

Und zum Finale hat er sich geschworen, „Räikkönen zu schlagen. Aber nicht um seinen achten Saisonsieg (Weltrekord für einen Nichtweltmeister) zu verhindern, sondern weil ich selber gewinnen will." Und wenn nicht? „Mir egal, wie oft die anderen gewinnen. Aber falls weder Kimi noch ich – dann hab ich nur einen Sieg weniger als das beste Auto in der Formel I."

Sonntag in Shanghai: Man spürt, da hat schon die WM 2006 begonnen …

Nur noch ein Formel-I-Lauf 2005 – aber vielleicht sogar noch ein heimlicher „WM-Titel" für Österreich? Unverhofft, relativ unbemerkt, aber kaum weniger wertvoll – für Frank Williams sogar „schon immer wichtiger als der Fahrer-Titel": die „Weltmeisterschaft der Konstrukteure" (seit 1958)!

Achtmal haben Austria-Piloten diesen WM-Titel mitgewonnen – Jochen Rindt einmal mit Lotus, Niki Lauda fünfmal mit Ferrari und McLaren-Porsche, Gerhard Berger zweimal mit McLaren-Honda. Schafft es sogar Alex Wurz – „Mannschaftsweltmeister" mit McLaren-Mercedes?

Die Renault-Franzosen haben die Konstrukteur-WM zwar 1992–97 sechsmal mitgewonnen (fünfmal mit Williams, einmal mit Benetton), genauso oft wie Honda mit McLaren und Williams – aber eben noch nie mit einem eigenen Auto! Könnte heuer gelingen, aber McLaren, dank Mika Hakkinen schon 1998 Konstrukteur-

Champion, fightet bis zuletzt um die Team-WM, für die alle Punkte aller Teampiloten addiert werden. Von Alex Wurz: die wichtigen sechs Zähler für Platz 3 im GP von San Marino.

Der Mohr hat seine Schuldigkeit getan: Wurz hat das ganze Jahr, zuletzt in Silverstone, für Räikkönen und Montoya getestet, ist in Imola als Ersatzpilot aufs Stockerl gebraust, hat als Freitagpilot die Reifen fürs Rennen ausgesucht – „jetzt hat er fertig". Und dann wird addiert – für die WM der Konstrukteure.

Jetzt auch Wurz „Mannschaftsweltmeister"? Wie im Winter die Skispringer im Teambewerb? Wie Martina Ertl & Co bei der Premiere am Schlusstag der Bormio-WM 2005? Da bekam jeder den offiziellen WM-Titel – bei Ferrari gibt es immer tolle Medaillen für alle Fahrer und Teammitglieder. Bei McLaren steckt Ron Dennis alle Original-Siegerpokale selber ein. Aber Julia Wurz hat jetzt ein Duplikat der Imola-Trophy (außen Silber, innen Gold) in Auftrag gegeben, obwohl Alex protestierte: „Nur ein Staubfänger ...", denn: „Ich hab alle meine Pokale im Haus in Perchtoldsdorf im Keller."

DIE KONSTRUKTEUR-WELTMEISTER

(seit 1958)

Ferrari	14
Williams	9
McLaren	8
Lotus	7
Cooper	2
Brabham	2
Vanwall	1
BRM	1
Matra	1
Tyrrell	1
Benetton	1
Renault	1

Aber Wurz hat eine Geheimklausel im Vertrag: „Wenn wir die Konstrukteur-WM gewinnen, kriegen nicht nur Kimi, Juan-Pablo und Pedro eine Extra-Prämie, sondern auch ich. Das haben wir fix vereinbart." Nachsatz: „Aber wir wissen natürlich schon alle, welcher Titel mehr zählt."

Niki Lauda hat weder für seine drei Fahrer-, noch für seine fünf Konstrukteur-WM-Titel auch nur einen Cent Prämie bekommen – in seinen Verträgen stand nichts von Bonusgeldern. Dafür wurde Gerhard Berger, der bei McLaren auch keine WM-Prämien kassiert hat, sofort hellhörig: „Ich muss gleich den Ron anrufen: Wir haben da noch etwas abzurechnen ..."

Michael Schumacher war – neben seinen sieben WM-Fahrertiteln – auch schon siebenmal „Mannschafts-Weltmeister". 1994 war er mit Benetton-Ford erstmals Fahrer-Champion, aber noch nicht Konstrukteur-Weltmeister – beide Titel gelangen dafür 1995. Und, natürlich, von 1999 bis 2004, die grandiose Serie für Ferrari. Aber Schumi war nicht der erste Deutsche, der für sein Team die Konstrukteur-WM gewann. Der erste, dem tragischerweise diese Ehre zufiel, war 1961 der deutsche Adelige Wolfgang Graf Berghe von Trips, der in Monza auf dem Weg zum ersten deutschen Formel-I-Weltmeister ums Leben kam.

DIE „DEUTSCHEN KONSTRUKTEUR-WM-TITEL"

Jahr	*Weltmeister*	*Fahrer (Punkte)*
1961	1. Ferrari 40 (52)	Phil Hill (34 / 38), Graf Trips (33), Ginther (16), Baghetti (9)
1984	1. McLaren-Porsche 143,5	Lauda 72, Prost 71,5
1985	1. McLaren-Porsche 90	Prost 76, Lauda 14
1995	1. Benetton-Renault 137	M. Schumacher 102, Herbert 45
1997	1. Williams-Renault 123	Villeneuve 81, Frentzen 42
1998	1. McLaren-Mercedes 156	Hakkinen 100, Coulthard 56
1999	1. Ferrari 128	Irvine 74, M. Schumacher 44, Salo 10
2000	1. Ferrari 170	M. Schumacher 108, Barrichello 62
2001	1. Ferrari 179	M. Schumacher 123, Barrichello 56
2002	1. Ferrari 221	M. Schumacher 144, Barrichello 77
2003	1. Ferrari 158	M. Schumacher 93, Barrichello 65
2004	1. Ferrari 262	M. Schumacher 148, Barrichello 114

DIE WM-TITEL MIT ÖSTERREICH-PILOTEN

Jahr	*Team*	*Fahrer (Punkte)*
1970	1. Lotus-Ford 59	Rindt 45, Fittipaldi 12, Miles 2
1975	1. Ferrari 72,5	Lauda 64,5, Regazzoni 25
1976	1. Ferrari 83	Lauda 68, Regazzoni 31, Reutemann 3
1977	1. Ferrari 95	Lauda 72, Reutemann 42
1984	1. McLaren-Porsche 143,5	Lauda 72, Prost 71,5
1985	1. McLaren-Porsche 90	Prost 76, Lauda 14
1990	1. McLaren-Honda 121	Senna 78, Berger 43
1991	1. McLaren-Honda 139	Senna 96, Berger 43

Und nicht mehr viele werden heute noch wissen, dass schon am Beginn der großen Schumacher-Jahre bei Ferrari auch ein anderer Deutscher mithalf, für sein Team die „Constructor's World Championship" zu gewinnen: Heinz-Harald Frentzen 1997 bei Williams-Renault – beim bislang letzten WM-Titel für die Franzosen, damals noch als Motorenlieferant.

Goodbye, Sayonara, Ciao, Grüezi, Servus in den Boxen von Shanghai: Soviele Abschiedsrennen wie schon lange nicht mehr im Formel-I-Zirkus! Am Sonntag sehen wir zum letztenmal …

- Rubens Barrichello im Ferrari: Schumis langjährige „Nummer 1 B von Ferrari" wechselt nach über 100 Ferrari-Rennen (8 GP-Siege) ins neue Honda-Superteam,
- Takuma Sato im BAR-Honda, wo 2006 kein Platz mehr für ihn ist,
- Felipe Massa im Sauber: Der Brasilianer ist Schumis neuer Teamkollege bei Ferrari,
- das Sauber-Team, das Peter Sauber nach 216 Rennen an BMW verkauft hat,
- das Original-Minardi-Team, das nach 340 GP-Starts ab 1. November Didi Mateschitz gehört,
- das Jordan-Team mit seinen Fahrern und Autos in Gelb,
- Williams mit BMW-Motoren, die 2006 von den Cosworth-V-8 abgelöst werden,
- Red Bull mit Cosworth-Power (2006 mit Ferrari),
- Motorengenie Mario Illien, den Konstrukteur des stärksten Formel-I-Motors 2005, „weil mein Mercedes-Vertrag ausläuft, ich aber erst 2008 wieder einen eigenen Motor bauen darf",
- Pierre Dupasquier auf dem Michelin-Kommandostand: Der quicklebendige Südfranzose (68) verabschiedet sich nach Michelins erstem WM-Titel seit 1984 (Niki Lauda mit McLaren-Porsche) vom Motorsport. Wer geht schon als Weltmeister in Pension?

Foto-Finish um den Konstrukteur-WM-Titel in Shanghai: Wer verdient ihn mehr, wer braucht ihn dringender? „Die Formel I ist eine Fahrerweltmeisterschaft!" sagt Renault-Teamchef Flavio Briatore plötzlich lässig und cool. „Jeder weiß, in welchem Jahr Schumacher die WM gewonnen hat und mit welchem Auto – nach der Team-WM fragt keiner." Dagegen Norbert Haug (Mercedes): „Die Konstrukteur-WM gewinnt das Team mit den meisten Punkten – und das muss dann wohl auch das beste Team des Jahres sein!" Wenn auch nicht das zuverlässigste …

176:174 für Renault im Gigantenduell, aber die Silberpfeile hätten bei Punktegleichheit mehr Siege (10:7), also müssen Räikkönen und Montoya nur zwei Punkte aufholen, um McLaren-Mercedes den ersten WM-Titel seit 1998 zu retten. Ein tolles Teammatch zeichnet sich ab.

Ferrari ist Dritter, Toyota Vierter – damit verliert Zonta seinen Platz als Freitagfahrer der Japaner, weil nur Teams ab Platz 5 ein drittes Auto einsetzen dürfen.

Red Bulls „irrwitziges Ziel vom 6. WM-Rang" könnten Coulthard und Klien nur mit einem Sensationsrennen in Shanghai noch retten – momentan liegt die „Formel Austria" 7 Punkte hinter BAR-Honda. Und Alex Wurz ist dank seiner 6 WM-Punkte von Imola immer noch bestklassierter Österreicher vor Klien (5) und Friesacher (3), bis Christian ihn mit einem Super-Finish noch überflügelt.

„Als ich unseren Technikdirektor Günther Steiner und Franz Tost beim

Abendessen sah, hab ich mir noch nix gedacht. Ein Nord- und ein Südtiroler essen halt miteinander ..." Da kannte Christian Klien weder die Gerüchte noch die Tatsachen „Ich hab überhaupt nix davon gehört." Der Tiroler Franz Tost (49), bisher „Operations Manager" bei Williams-BMW, wird ab 1. Januar 2006 der neue Minardi-Teamchef – wenn sein BMW-Vertrag abgelaufen ist.

Das offene Geheimnis im Formel-I-Zirkus in Shanghai, auch von Red Bull bald offiziell bestätigt. Genausowenig wie der neue Name für Minardi: „Squadra Toro Rosso" – der rote Stier auf italienisch. „Hab ich auch schon gehört", sagte Niki Lauda in Wien am Telefon, „kann aber noch wenig damit anfangen." FIA-Präsident Max Mosley: „Jedes Team kann seinen Namen ändern, so oft es will. Aber das Auto muss mindestens fünf Jahre gleich heißen." Soweit Mosley. Die Minardi gibt 's seit 1985.

Und der neue Minardi-Teamchef, Niki? „Kann ich nicht beurteilen – ich kenn ihn noch gar nicht." Franz Tost, für viele der große Unbekannte – außer für unseren Slalom-Superstar Manfred Pranger. Die beiden sind Nachbarn im Tiroler Gschnitztal. Zielstrebige Individualisten. Aber während Pranger mit seinem aggressiven Startzeremoniell den ganzen Skizirkus verrückt macht, ist der asketische Tost eher der zähe, disziplinierte Arbeiter.

Früher selbst Rennfahrer, dann im Team von Schumi-Manager Willi Weber, der Mann hinter Ralf Schumacher – seit 2000 bei BMW, erst verantwortlich für die Testfahrten, dann „Operations Manager auf der Rennstrecke" – eigentlich Teammanager. Einziges Hobby? „Motorsport."

Und jetzt sitzt er in den Teamchef-Meetings gleichberechtigt neben Todt, Dennis, Briatore – und Williams. Die „Formel Austria" wird immer brisanter. Das Design der „Toro Rosso"? Auch schon fertig. Die Reifenfrage wird zugunsten von Michelin geklärt. Und der dritte (Freitag-)Fahrer neben Liuzzi und Speed? Den gibt es nicht. „Wir wollen zuerst unser zweites Team mit zwei Piloten stabilisieren."

Und noch ein Neuzugang: Walter Totschnig, Logistik-Chef bei Sauber, verwandt mit Tour-de-France-Etappensieger Georg und der Ex-Skikanone Brigitte Totschnig, hat ein Shakehands-Abkommen mit Mateschitz. „Das genügt mir."

Die Chinesen haben soeben erst zwei Astronauten in den Weltraum geschossen – wozu brauchen sie dann noch Rennfahrer? „In fünf bis zehn Jahren", verbeugt sich Max Mosley in Shanghai höflich, „hat auch China seine ersten Formel-I-Piloten." Der sportliche Boom im „Reich der Mitte": abenteuerlich.

Für Sonntag hat Bernie Ecclestone den IOC-Präsidenten Jacques Rogge in die

Boxen von Shanghai eingeladen: „Um ihm zu zeigen, wie wir Großereignisse in China aufziehen“ – mit Blick auf Peking 2008.

Soweit vorausschauen wollen die Formel-I-Piloten derzeit noch nicht. Höchstens auf 2006 – mit dem jetzt endgültigen Rennkalender: Start in Bahrain, dann Kuala Lumpur, dann erst Melbourne, natürlich wieder Indianapolis – und Finale am 22. Oktober in Interlagos. Und wieder 19 Rennen ohne Atemholen. Und dazwischen 22 Testwochen mit zwei bis drei Testtagen …

Kein Wunder, wenn sich Christian Klien schon auf die Pause freut: „Zuerst flieg ich zum Charity-Kartrennen nach Kolumbien – Juan-Pablo Montoya hat mich eingeladen. Und dann nach Las Vegas – das wollte ich schon immer mal erleben.“ Wegen der Shows, nicht wegen der Casinos. „Ich hab erst ein einziges Mal im Leben gespielt und da gleich 200 Schilling gewonnen …“

Die Formel I in Chinatown: ein atemberaubendes Rennen mit vielen Zwischenfällen, zwei Safety-Car-Phasen und Kliens erstem Spitzenresultat. „Dreimal hintereinander zuletzt nur der 9. Platz – diesmal wollte ich endlich wieder Punkte. Und wirklich: ein Super-Saisonfinale. Besser hätte es nicht sein können“, jubelt der Vorarlberger.

Sein Big Boss Didi Mateschitz schwebt mit dem Hubschrauber gerade aus der riesigen Arena, als Klien seine vier WM-Punkte kassiert. Nach einem beherzten, fehlerlosen, starken Rennen – in der 43. Runde hält Christian sogar die schnellste Runde im Rennen!

„Wirklich? Davon hat mir die Box gar nichts gesagt. Bringt ja auch nix …“ Am Ende ist es die viertschnellste Runde.

Ein schwieriges, kompliziertes Rennen durch zwei lange Safety-Car-Phasen: 18.-25. Runde, weil sich Montoya auf einem losen Kanaldeckel den Reifen aufschlitzt (später Motorschaden), und 29.–35. Runde nach dem Feuerunfall des Inders Karthikeyan – gottlob unverletzt.

13 Runden hinter dem Safety-Car – das verwirrt, weil die Piloten ihre Motordrehzahl, um Sprit zu sparen, auf Stufe 1 herunterdrehen, ihre taktischen Boxenstopps machen, sich ärgern, weil der Reifendruck sinkt und sich wundern, warum die Bergung so lang dauert.

Klien: „Ganz ehrlich: Ich hab oft gar nicht gewusst, wie ich lieg. Aber als ich nach der zweiten Phase las: Platz 5 – konnte ich das gar nicht glauben.“

Technikdirektor Günther Steiner hatte eine perfekte Strategie ausgearbeitet: Besser als in Spa, wo sich Klien beim Boxenstopp hinter Coulthard anstellen musste – diesmal hat der Schotte Pech. Kliens zweiter Boxenstopp erfolgt erst 11 Runden vor Schluss – mit nur einem Stopp wäre er aufs Stockerl gefahren. „Aber das war unmöglich. Dafür sind unsere Benzintanks nicht groß genug.“

Aber die längsten Gesichter gibt es in der Box der Silberpfeile: Montoya hat Motorschaden – den ersten 2005 während des Rennens. Damit ist die Konstrukteur-WM für McLaren-Mercedes bereits verloren. Und wieder heißt es: Vive la France, Eviva España.

Alonso schlägt Räikkönen in ihrem letzten Duell um 4 Sekunden, das heißt gesamt: 7:7 nach Siegen, nachdem Fernando das Poleposition-Duell 6:5 gewonnen hat. Was für ein Renault-Jahr: Jetzt auch Weltmeister der Konstrukteure – erstmals mit eigenem Auto! Renault hatte fürs Finale nochmals 15 PS aus dem V-10 herausgeholt, und Fisichella Fernando perfekt abgeschirmt. Kimi trotzt: „Mein Auto lief erst ab der 40. Runde richtig – zu spät …"

„We are the Champions!" singt Fernando Alonso während der letzten Runde von Shanghai ins Bordmikro, lässt das Lenkrad lost und spreizt sieben Finger: Siebenter Saisonsieg, der Spanier mit Renault jetzt auch Konstrukteur-Weltmeister! Gleichzeitig brüllt Christian Kliens holländischer Renningenieur ins Mikro: „Sensationell!" Unser Red-Bull-Youngster Fünfter im GP von China – im Schatten des Gigantenfinales im „Reich der Mitte".

Alonso duscht Flavio Briatore genüsslich mit Champagner, hunderte Fans in blau-gelb schmettern spanische Balladen – und mittendrin der jetzige Doppelweltmeister. „Mein einfachstes Rennen – und mein leichtester Sieg!" Alonsos Serie ist grandios: 18 Rennen gefahren, ein Unfall in Kanada, sonst immer im Ziel, fast immer auf dem Podest. „Und mein Saisonduell mit Kimi Räikkönen hat Spaß gemacht. Wir respektieren einander …"

Kimi feiert einen Tag vor seinem 26. Geburtstag schon auf Vorschuss, und bei Red Bull umarmen sie Christian Klien. Teamchef Horner: „Großartiges Rennen für Klien, aber Pech für Coulthard." Weil sich Bernd Mayländer, der Safety-Car-Pilot, falsch eingereiht hatte: zuerst vor Montoya, dann vor Button, dann vor Coulthard.

Alle vorbeigewunken – aber das kostet viele Positionen. „Licht und Schatten bei uns", analysiert Dr. Helmut Marko. Auch bei den Sportkommissären: Die Boxendurchfahrts-Strafe, die Fisichella einen Stockerlplatz kostet, versteht keiner.

Und die Premiere: Michael Schumacher, der Präsident der Rennfahrergewerkschaft, wird offiziell verwarnt – wegen seiner rätselhaften Kollision mit Albers (Minardi) auf der Fahrt zum Startplatz. Das Szenario: Schumi schleicht extrem langsam um den Kurs, wechselt nach links, schaut nicht in den Rückspiegel – und schon kracht es. Zwei kaputte Autos, Schumi im Rennen wegen verschlissener Reifen rausgeflogen, trotzdem noch WM-Dritter. „Ein Wunder!" staunt sogar Jean Todt.

Michael, kurze Saisonbilanz nach der längsten Formel-I-WM der Geschichte mit 19 Rennen?

„Der GP der Türkei war für mich der Tiefpunkt, weil ich da wusste: Die WM ist endgültig weg. Als Rennfahrer hoffst du ja immer bis zuletzt, aber in Istanbul war auch mathematisch klargeworden: ich kann nicht mehr Weltmeister werden. Aber es gab 2005 auch Rennen, die mir unendlich viel Spaß gemacht haben. Man darf das nicht immer nur am Resultat messen. Ich hab manchmal richtig mitkämpfen können, und ich hab immer gesagt: Solang ich Spaß habe am Rennfahren, bleib ich in der Formel I. Aber das heißt nicht unbedingt, dass ich auch gewinnen muss. Hauptsache, ich bin konkurrenzfähig."

Und jetzt, nach dem Desaster in China? „Es war ein schlimmes, ganz komisches Wochenende, das ziemlich gut zu unserer ganzen verpatzten Saison gepasst hat. Jetzt nur so schnell wie möglich nach Hause. Ich bin froh, dass diese Saison vorbei ist."

Barrichellos Ferrari-Abschied? Er darf eine Woche später Opa, Vater, Ehefrau und Schwester im Ferrari-Dreisitzer einen ganzen Tag in Fiorano spazierenführen. Sein Ferrari-Nachfolger Felipe Massa bekommt nach dem Sauber-Abschiedsrennen sogar sein Rennauto geschenkt: „Das kriegten von mir immer nur Piloten für einen 3. Platz."

DIE SIEGER DER LETZTEN SAISONRENNEN

1995	Adelaide	1. Damon Hill (Williams-Renault)
1996	Suzuka	1. Damon Hill (Williams-Renault)
1997	Jerez	1. Mika Hakkinen (McLaren-Mercedes)
1998	Suzuka	1. Mika Hakkinen (McLaren-Mercedes)
1999	Suzuka	1. Mika Hakkinen (McLaren-Mercedes)
2000	Sepang	1. Michael Schumacher (Ferrari)
2001	Suzuka	1. Michael Schumacher (Ferrari)
2002	Suzuka	1. Michael Schumacher (Ferrari)
2003	Suzuka	1. Rubens Barrichello (Ferrari)
2004	Interlagos	1. Juan-Pablo Montoya (Williams-BMW)
2005	Shanghai	1. Fernando Alonso (Renault)

Diesmal ausnahmsweise auch Massa für Rang 6. Großzügige Formel I, am letzten Tag.

Der neue Red-Bull-Ferrari läuft am 28. November in Barcelona zum ersten Mal – das erste fertig gestellte Formel-I-Auto für 2006! Diese Sensation verrät Didi Mateschitz in den Boxen von Shanghai – plus allen wichtigen Infos der „Formel Austria." Kommt ein „Getränke-Krieg" Red Bull gegen Coca Cola?

Red Bull hat seine erste Formel-I-Saison mit einer Superparty im Hafen von Melbourne und sieben WM-Punkten begonnen und beendet sie in Shanghai mit vier WM-Punkten – und wieder einer Superparty. Zeit für unser Abschlussinterview.

Zufrieden mit dem ersten Jahr?, frag ich Didi Mateschitz. Alles wie erwartet?

Mateschitz: „Sogar noch etwas besser. Alle Erwartungen haben sich erfüllt. Sportlich sowieso: mehr WM-Punkte als das Vorgängerteam Jaguar. Aber auch vom Auftritt als Team: mit den Formula Unas, der Star-Wars-Produktion usw. Und die Sympathie, die man uns entgegenbrachte, hat uns auch aufgewertet. Und freut uns auch besonders."

Dein schönstes Erlebnis als neuer Teambesitzer?

Mateschitz: „Die Art und Weise, wie man uns in der Formel I aufgenommen und als völlig gleichberechtigt behandelt hat, schon im ersten Jahr integriert und sportlich ernstgenommen – das ist ein Kompliment."

Die nettesten Worte, die du in deinem ersten Formel-I-Jahr gehört hast?

Mateschitz: „Wenn einmal Bernie Ecclestone über uns sagt: They are good people – dann ist das in Ordnung."

Obwohl er jetzt möglicherweise Coca Cola in die Formel I reinholt, den großen Rivalen? Steht da ein Getränkekrieg in der Formel I bevor?

Mateschitz: „Es gibt Gespräche mit Coca Cola, das ist definitiv. Aber in welcher Weise, ob als Titel- oder Teamsponsor, gilt als Erkundigung. Wäre für die Formel I nur gut, nach der Zigarettenproblematik, Werbeverbot usw. Wenn da ein Unternehmen wie Coca Cola einsteigt, musst du deine Eigentümerinteressen nachrangig sehen. Und falls als Titelsponsor: Die Vorstellung ist nicht ohne Charme, wenn das Geld dann auf die Teams umgelegt wird. Stört mich gar nicht, wenn Ecclestone die 130 Millionen Dollar unter den Teams aufteilt und ich dann von Coca Cola 10 Millionen krieg …"

CHRISTIAN KLIENS WM-PUNKTE

2004:	6. in Spa – 3 WM-Punkte
2005:	7. in Melbourne – 2 WM-Punkte
	8. in Sepang – 1 WM-Punkt
	8. in Montreal – 1 WM-Punkt
	8. in Istanbul – 1 WM-Punkt
	5. in Shanghai – 4 WM-Punkte

Welches Team kaufst du als nächstes?

Mateschitz: „Keines! Mit 12 Teams ist die Formel I schon ziemlich voll. Das Honda-Juniorteam scheint fix, das Alesi-Team mit japanischen Partnern und Mercedes noch nicht ganz … vielleicht sollte man wirklich Jordan kaufen. Das letzte Team, das noch zwei Cockpits zu verkaufen hat. Es gibt junge Fahrer, die erstaunlich viel Geld haben. Das heißt dann Dankbarkeit – oder 20 Prozent."

Was passiert in Spielberg? Wirklich keine Chance auf ein Comeback des Österreich-Grand Prix?

Mateschitz: „Es gab eine Konzeptionierung einer möglichen Weiterverwendung als Rennstrecke. Was daraus geworden ist: ein Industrie-Cluster. Man versucht, den

Ring als Test- und Prüfgebiet zu verwenden. Auch als Rennstrecke für die DTM und andere Serien: nicht auszuschließen."

Und für einen Grand Prix nicht mehr?

Mateschitz: „Schau dir China und die anderen neuen Formel-I-Strecken an ..."

Was sagst du zum neuen Weltmeister? Zur ganzen Formel-I-Saison?

Mateschitz: „Diese WM war sehr, sehr gut, sehr spannend, bis zum letzten Tag noch nicht abschätzbar, wer die Konstrukteur-WM gewinnt. Die Performance von Fernando, Flavio und Renault war exzellent, aber dass Kimi mit McLaren-Mercedes über weite Phasen das schnellste Auto hatte, steht auch außer Frage. Aber Defekte, das Glück – das spielt alles eine Rolle und macht die Formel I so interessant."

Bist du traurig, weil Red Bull Stockerlplätze 2005 nur knapp verpasst hat – Melbourne und Nürburgring?

Mateschitz: „Die Bäume wachsen halt nicht in den Himmel. Zwei-, dreimal waren wir ganz knapp dran. Monaco war für mich das Highlight. Aber was auch die Teamwertung gezeigt hat. Wir waren bei so harter Konkurrenz nicht die Schlechtesten – als Privatteam."

Eine Fahrer-Bewertung vom großen Boss?

Mateschitz: „Mit Coulthard bin ich sehr zufrieden: 10 Punkte von 10! Von Klien hätte ich mir ein bissl mehr Kontinuität gewünscht: dass in der zweiten Saisonhälfte die Performance nicht nachlässt – aber beim Finale war sie wieder da. 2005 war kein leichtes Jahr für ihn, wegen der Fahrerwechsel. Jetzt muss er zeigen, was er noch an Restpotential hat: an Erfahrung sicher, an Speed vielleicht. 2006 wird für ihn ein sehr entscheidendes Jahr. Liuzzi hat 2006 seine Stunde der Wahrheit. Speed ist weit genug, dass man ihn in ein Formel-I-Cockpit setzt, und Neel Jani soll ohne Druck Erfahrung sammeln, die Strecken als dritter Pilot kennenlernen – wenn es dieses Reglement hoffentlich noch gibt."

Deine Ziele für 2006?

Mateschitz: „In der Team-WM vorzukommen, wird schwierig für ein Privatteam – gegen die Schnellsten. Aber natürlich versuchen wir alles. Ich hoff sehr auf den neuen Ferrari-Motor. Von dem hört man nur Gutes. Es gibt zumindest schon einen bei uns am Prüfstand. Und wir sind beim Auto mit allem im Timing."

Die ersten Tests?

Mateschitz: „... fahren wir schon Ende November, bei den ersten Wintertests in Barcelona, da ist der Red-Bull-Ferrari-V-8 schon fertig, zumindest als Interims-Auto. Ob mit Coulthard oder Klien, entscheidet die Teamführung. Das ist beim ersten Mal noch nicht so wichtig."

***)**

Aber die Formel I hat 2005 noch ein paar zusätzliche Runden. Am 23. Oktober wird Fernando Alonso vor 30.000 begeisterten Fans in Oviedo zum „Prinz von Asturien" gekürt. Noch einmal verrät der Weltmeister seine drei besten Rennen und wichtigsten Siege:

„1. Melbourne, weil ich mich vom 13. Startplatz auf Rang 3 vorkämpfen konnte. Diese sechs WM-Punkte, sagte ich damals sofort, können noch einmal sehr wichtig sein."

2. Shanghai, „weil ich ohne taktische Zurückhaltung fahren konnte."

3. Magny-Cours, weil es das erste Rennen nach Indianapolis war – und natürlich das Heimrennen für Michelin und Renault."

Fernando Alonso – ein völlig anderer Weltmeistertyp als Ayrton Senna, der nach seinen größten Siegen im abgedunkelten Hotelzimmer nochmals die Videoaufzeichnung des ganzen Rennens studierte – sogar mit abgedrehtem Kommentatorton, um jedes Schaltmanöver, jede Beschleunigung nochmals genau zu analysieren.

Aber nicht, um „in Wollust zu baden" (hätte Niki Lauda gesagt), sondern um fürs nächste Mal noch etwas zu lernen.

„Schaust du die Videoaufzeichnungen deiner Rennen?" frage ich Alonso.

„Nein, nie. Ich hab mir noch nie einen Grand Prix im TV angesehen."

„Nicht einmal Interlagos, wo du Weltmeister geworden bist?"

„Auch Interlagos nicht. Ich vergess meine Rennen sofort. Die sind immer gleich abgehakt und erledigt. Ich hab nachher Wichtigeres zu tun …"

Und am 28. Oktober singt der Grand-Prix-Zirkus: Happy birthday, Bernie! Der Formel-I-Zampano – neben Jacques Rogge und Sepp Blatter einer der drei Giganten im großen Sportbusiness, aber der älteste, mächtigste und reichste – wird 75.

Wie feierst du deinen Geburtstag? Frag ich Bernie „Gar nicht! Für mich ein ganz normaler Tag – wie jeder andere. Ich sitz im Büro und arbeite. Kein Grund, was anderes zu tun …"

Der Formel-I-Zampano ist immer noch topfit. Dein Geheimnis? „Ich mach eigentlich keinen Sport und ess immer wenig – gerade dass ich nicht verhungere."

Und sein Wunsch für die Zukunft? „Noch einmal 75 Jahre ist leider unmöglich. Aber 25 Jahre möchte ich schon noch auf der Welt sein. 100 Jahre – das wäre schön!"

Die Gene dazu hat er. Schon Bernies Eltern erreichten ein hohes Alter. Seinem Vater (Gebrauchtwagenhändler und Hobbyfischer) schenkte er zum 60. Geburtstag einen ganzen See. Als er starb, schlug die Mutter vor: „Wir verstreuen seine Asche über der Rennstrecke von Brands Hatch." Bernie war entsetzt: „Willst du unseren Vater beleidigen – auf einer so verlotterten Piste?"

In Brands Hatch, wo Bernie selbst seine ersten Rennversuche gemacht hat: Als Beifahrer von Seitenwagenweltmeister Eric Oliver, als Poleposition-Mann in einem Formel-III-Rennen. „Leider verbremste ich mich in der ersten Kurve – und riss das halbe Feld mit." 1958 versuchte er zweimal vergeblich, sich für die Formel I zu qualifizieren: in Monaco und Silverstone. Später freundete er sich mit Jochen Rindt an, kaufte das Brabham-Team, managte die ganze Formel I, frühere Rennmechaniker wurden Teamchef-Millionäre – alles dank Bernie, der die Neidhammeln immer einbremsen muss: „Ich bin gar nicht der Reichste in der Formel I. Flavio Briatore hat viel mehr Geld als ich …"

Der Formel-I-Napoleon misst nur 1,60 Meter. „Aber wenn Bernie auf seine Brieftasche steigt", sagt Ron Dennis, „ist er größer als wir alle."

Vor vielen Jahren fragte ich ihn: Wenn du dir aussuchen könntest: eine Million Freunde oder eine Million Dollar – was wäre dir lieber? Bernies klassisch gewordene Antwort: „Eine Million Freunde. Und jeder schenkt mir 100 Dollar."

Und wenn sich Teamchefs heute an ihren Privat-Jets begeilen, erinnert sich Ecclestone: „Ich hatte meinen ersten Flieger schon mit 23." Damals stand er auch schon auf der Besteller-Liste für den sündteuren Flügeltür-Mercedes. „Und jetzt mit 75", grinst Didi Mateschitz, „kriegt er halt die Flügel von uns …"

Die berühmte Londoner Telefonnummer kommt an diesem Tag nicht zur Ruhe. Alle wollen anrufen und gratulieren. „Ich natürlich auch", sagt Niki Lauda, der Bernie bewundert, „dass er immer noch wie ein Rumpelstilzchen durchs Fahrerlager rennt. Ich wär gern so fit wie er – mit 75." Andere auch.

Laudatio vom siebenfachen Weltmeister: „Bernie hat sehr viel für unseren Sport getan", sagt Michael Schumacher dankbar. „Vor allem hat er immer ein offenes Ohr für uns Piloten. Und das ist bei den vielen Egoisten in der Formel I nicht selbstverständlich."

NIKI LAUDAS TOPS UND FLOPS 2005

PLUS

Fernando Alonso – ein fehlerloser und absolut perfekter Weltmeister
McLaren Mercedes – weil es das schnellste Auto war
Kimi Räikkönen – als Fahrer so gut wie Alonso
Juan-Pablo Montoya – genauso gut, an manchen Tagen sogar noch schneller
Flavio Briatore – bester Teammanager des Jahres, verantwortlich für alles, was bei Renault passiert, mit allem, was dazugehört, und darum der Beste
Istanbul – der beste neue Grand Prix seit Jahren
Die neue Motorregel – sparte Geld
Reifenwechselverbot – sparte Geld

MINUS

McLaren – wegen der Probleme mit der Zuverlässigkeit
Indianapolis – die Farce mit den Reifenproblemen, nur sechs Autos am Start und den bitter enttäuschten Fans
Das Qualifying – der Versuch mit zweimal Einzelzeitfahren war genauso schlecht wie die Rückkehr zum Vorjahrssystem
Ferrari – und da gehört Schumacher als entthronter Weltmeister dazu
Der Skandal um den Benzintank-Trick von BAR, der in Imola aufflog
Jenson Buttons dumme Vertragssituation – dass er immer mit dem Team einen Vertrag hat, für das er gar nicht fahren will, dafür noch viel Geld zahlen muss: Der muss einen guten Manager haben.

STATISTIK

AUTOMOBILWELTMEISTER

1950 Dr. Giuseppe Nino Farina (Italien) auf Alfa Romeo
1951 Juan Manuel Fangio (Argentinien) auf Alfa Romeo
1952 Alberto Ascari (Italien) auf Ferrari
1953 Alberto Ascari (Italien) auf Ferrari
1954 Juan Manuel Fangio (Argentinien) auf Maserati und Mercedes
1955 Juan Manuel Fangio (Argentinien) auf Mercedes
1956 Juan Manuel Fangio (Argentinien) auf Ferrari
1957 Juan Manuel Fangio (Argentinien) auf Maserati
1958 Mike Hawthorn (England) auf Ferrari
1959 Jack Brabham (Australien) auf Cooper-Climax
1960 Jack Brabham (Australien) auf Cooper-Climax
1961 Phil Hill (USA) auf Ferrari
1962 Graham Hill (England) auf BRM
1963 Jim Clark (Schottland) auf Lotus-Climax
1964 John Surtees (England) auf Ferrari
1965 Jim Clark (Schottland) auf Lotus-Climax
1966 Jack Brabham (Australien) auf Brabham-Repco
1967 Denis Hulme (Neuseeland) auf Brabham-Repco
1968 Graham Hill (England) auf Lotus-Ford
1969 Jackie Stewart (Schottland) auf Matra-Ford
1970 Jochen Rindt (Österreich) auf Lotus-Ford
1971 Jackie Stewart (Schottland) auf Tyrrell-Ford
1972 Emerson Fittipaldi (Brasilien) auf Lotus-Ford
1973 Jackie Stewart (Schottland) auf Tyrell-Ford
1974 Emerson Fittipaldi (Brasilien) auf McLaren-Ford
1975 Niki Lauda (Österreich) auf Ferrari
1976 James Hunt (England) auf McLaren-Ford
1977 Niki Lauda (Österreich) auf Ferrari
1978 Mario Andretti (USA) auf Lotus-Ford
1979 Jody Scheckter (Südafrika) auf Ferrari
1980 Alan Jones (Australien) auf Williams-Ford
1981 Nelson Piquet (Brasilien) auf Brabham-Ford
1982 Keke Rosberg (Finnland) auf Williams-Ford
1983 Nelson Piquet (Brasilien) auf Brabham-BMW-Turbo
1984 Niki Lauda (Österreich) auf McLaren-Porsche-Turbo
1985 Alain Prost (Frankreich) auf McLaren-Porsche-Turbo
1986 Alain Prost (Frankreich) auf McLaren-Porsche-Turbo
1987 Nelson Piquet (Brasilien) auf Williams-Honda
1988 Ayrton Senna (Brasilien) auf McLaren-Honda
1989 Alain Prost (Frankreich) auf McLaren-Honda
1990 Ayrton Senna (Brasilien) auf McLaren-Honda
1991 Ayrton Senna (Brasilien) auf McLaren-Honda
1992 Nigel Mansell (England) auf Williams-Renault
1993 Alain Prost (Frankreich) auf Williams-Renault
1994 Michael Schumacher (Deutschland) auf Benetton-Ford
1995 Michael Schumacher (Deutschland) auf Benetton-Renault
1996 Damon Hill (England) auf Williams-Renault
1997 Jacques Villeneuve (Kanada) auf Williams-Renault
1998 Mika Hakkinen (Finnland) auf McLaren/Mercedes
1999 Mika Hakkinen (Finnland) auf McLaren/Mercedes
2000 Michael Schumacher (Deutschland) auf Ferrari
2001 Michael Schumacher (Deutschland) auf Ferrari
2002 Michael Schumacher (Deutschland) auf Ferrari
2003 Michael Schumacher (Deutschland) auf Ferrari
2004 Michael Schumacher (Deutschland) auf Ferrari
2005 Fernando Alonso (Spanien) auf Renault

KONSTRUKTEURWELTMEISTER

1958 Vanwall (Großbritannien)
1959 Cooper-Climax (Großbritannien)
1960 Cooper-Climax (Großbritannien)
1961 Ferrari (Italien)
1962 BRM (Großbritannien)
1963 Lotus-Climax (Großbritannien)
1964 Ferrari (Italien)
1965 Lotus-Climax (Großbritannien)
1966 Brabham-Repco (Großbritannien)
1967 Brabham-Repco (Großbritannien)
1968 Lotus-Ford (Großbritannien)
1969 Matra-Ford (Frankreich)
1970 Lotus-Ford (Großbritannien)
1971 Tyrrell-Ford (Großbritannien)
1972 Lotus-Ford (Großbritannien)
1973 Lotus-Ford (Großbritannien)
1974 McLaren-Ford (Großbritannien)
1975 Ferrari (Italien)
1976 Ferrari (Italien)
1977 Ferrari (Italien)
1978 Lotus-Ford (Großbritannien)
1979 Ferrari (Italien)
1980 Williams-Ford (Großbritannien)
1981 Williams-Ford (Großbritannien)
1982 Ferrari (Italien)
1983 Ferrari (Italien)
1984 McLaren-Porsche (Großbritannien)
1985 McLaren-Porsche (Großbritannien)
1986 Williams-Honda (Großbritannien)
1987 Williams-Honda (Großbritannien)
1988 McLaren-Honda (Großbritannien)
1989 McLaren-Honda (Großbritannien)
1990 McLaren-Honda (Großbritannien)
1991 McLaren-Honda (Großbritannien)
1992 Williams-Renault (Großbritannien)
1993 Williams-Renault (Großbritannien)
1994 Williams-Renault (Großbritannien)
1995 Benetton-Renault (Großbritannien)
1996 Williams-Renault (Großbritannien)
1997 Williams-Renault (Großbritannien)
1998 McLaren-Mercedes (Großbritannien)
1999 Ferrari (Italien)
2000 Ferrari (Italien)
2001 Ferrari (Italien)
2002 Ferrari (Italien)
2003 Ferrari (Italien)
2004 Ferrari (Italien)
2005 Renault (Frankreich)

FAHRERWELTMEISTERSCHAFT 2005

	Australien	Malaysia	Bahrain	San Marino	Spanien	Monaco	Europa (Nürburgring)	Kanada	USA	Frankreich	Großbritannien	Deutschland	Ungarn	Türkei	Italien	Belgien	Brasilien	Japan	China	**gesamt**
1. Fernando Alonso (ESP) Renault	6	10	10	10	8	5	10	0	0	10	8	10	0	8	8	8	6	6	10	**133**
2. Kimi Räikkönen (FIN) McLaren-Mercedes	1	0	6	0	10	10	0	10	0	8	6	0	10	10	5	10	8	10	8	**112**
3. Michael Schumacher (GER) Ferrari	0	2	0	8	0	2	4	8	10	6	3	4	8	0	0	0	5	2	0	**62**
4. Juan Pablo Montoya (COL) McLaren-Mercedes	3	5	-	-	2	4	2	X	0	0	10	8	0	6	10	0	10	0	0	**60**
5. Giancarlo Fisichella (ITA) Renault	10	0	0	0	4	0	3	0	0	3	5	5	0	5	6	0	4	8	5	**58**
6. Ralf Schumacher (GER) Toyota	0	4	5	0	5	3	0	3	-	2	1	3	6	0	3	2	1	1	6	**45**
7. Jarno Trulli (ITA) Toyota	0	8	8	4	6	0	1	0	0	4	0	0	5	3	4	0	0	0	0	**43**
8. Rubens Barrichello (BRA) Ferrari	8	0	0	0	0	1	6	6	8	0	2	0	0	0	0	4	3	0	0	**38**
9. Jenson Button (GBR) BAR-Honda	0	0	0	X	-	-	0	0	0	5	4	6	4	4	1	6	2	4	1	**37**
10. Mark Webber (AUS) Williams-BMW	4	0	3	2	3	6	0	4	0	0	0	0	2	0	0	5	0	5	2	**36**
11. Nick Heidfeld (GER) Williams-BMW	0	6	0	3	0	8	8	0	0	0	0	0	3	0	-	-	-	-	-	**28**
12. David Coulthard (GBR) Red Bull-Cosworth	5	3	1	0	1	0	5	2	0	0	0	2	0	2	0	0	0	3	0	**24**
13. Felipe Massa (BRA) Sauber-Petronas	0	0	2	0	0	0	0	5	0	0	0	1	0	0	0	0	0	0	3	**11**
14. Jacques Villeneuve (CDN) Sauber-Petronas	0	0	0	5	0	0	0	0	0	1	0	0	0	0	0	3	0	0	0	**9**
15. Christian Klien (AUT) Red Bull-Cosworth	2	1	0	-	-	-	-	1	0	0	0	0	0	1	0	0	0	0	4	**9**
16. Tiago Monteiro (POR) Jordan-Toyota	0	0	0	0	0	0	0	0	6	0	0	0	0	0	0	1	0	0	0	**7**
17 Alexander Wurz (AUT) McLaren-Mercedes	-	-	-	6	-	-	-	-	-	-	-	-	-	-	-	-	-	-	-	**6**
18. Narain Karthikeyan (IND) Jordan-Toyota	0	0	0	0	0	0	0	0	5	0	0	0	0	0	0	0	0	0	0	**5**
19. Christijan Albers (NED) Minardi-Cosworth	0	0	0	0	0	0	0	0	4	0	0	0	0	0	0	0	0	0	0	**4**
20. Pedro de la Rosa (ESP) McLaren-Mercedes	-	-	4	-	-	-	-	-	-	-	-	-	-	-	-	-	-	-	-	**4**
21. Patrick Friesacher (AUT) Minardi-Cosworth	0	0	0	0	0	0	0	0	3	0	0	-	-	-	-	-	-	-	-	**3**
22. Antonio Pizzonia (BRA) Williams-BMW	-	-	-	-	-	-	-	-	-	-	-	-	-	-	2	0	0	0	0	**2**
23. Takuma Sato (JPN) BAR-Honda	0	-	0	X	-	-	0	0	0	0	0	0	1	0	0	0	0	X	0	**1**
24. Vitantonio Liuzzi (ITA) Red Bull-Cosworth	-	-	-	1	0	0	0	-	-	-	-	-	-	-	-	-	-	-	-	**1**
25. Robert Doornbos (NED) Minardi-Cosworth	-	-	-	-	-	-	-	-	-	-	-	0	0	0	0	0	0	0	0	**0**
26. Anthony Davidson (GBR) BAR-Honda	-	0	-	-	-	-	-	-	-	-	-	-	-	-	-	-	-	-	-	**0**
27. Ricardo Zonta (BRA) Toyota	-	-	-	-	-	-	-	-	0	-	-	-	-	-	-	-	-	-	-	**0**

Punkteschema: 10-8-6-5-4-3-2-1 Punkte für die ersten acht Fahrer
X = disqualifiziert, - = nicht gefahren

KONSTRUKTEURBEWERB 2005

	Australien	Malaysia	Bahrain	San Marino	Spanien	Monaco	Europa (Nürburgring)	Kanada	USA	Frankreich	Großbritannien	Deutschland	Ungarn	Türkei	Italien	Belgien	Brasilien	Japan	China	**gesamt**
1. Renault	16	10	10	10	12	5	13	0	0	13	13	15	0	13	14	8	10	14	15	**191**
2. McLaren-Mercedes	4	5	10	5	12	14	2	10	0	8	16	8	10	16	15	10	18	10	8	**182**
3. Ferrari	8	2	0	8	0	3	10	14	18	6	5	4	8	0	0	4	8	2	0	**100**
4. Toyota	0	12	13	2	11	3	1	3	0	6	1	3	11	3	7	2	1	1	6	**88**
5. Williams-BMW	4	6	3	1	3	14	8	4	0	0	0	0	5	0	2	5	0	5	2	**66**
6. BAR-Honda	0	0	0	X	-	-	0	0	0	5	4	6	5	4	1	6	2	4	1	**38**
7. Red Bull-Cosworth	7	4	1	0	1	0	5	3	0	0	0	2	0	3	0	0	0	3	4	**34**
8. Sauber-Petronas	0	0	2	3	0	0	0	5	0	1	0	1	0	0	0	3	0	0	3	**20**
9. Jordan-Toyota	0	0	0	0	0	0	0	0	11	0	0	0	0	0	0	1	0	0	0	**12**
10. Minardi-Cosworth	0	0	0	0	0	0	0	0	7	0	0	0	0	0	0	0	0	0	0	**7**

SO FUHREN SIE 2005

1 Michael Schumacher (Deutschland) Ferrari V10
2 Rubens Barrichello (Brasilien) Ferrari V10

3 Jenson Button (Großbritannien) BAR-Honda V10
4 Takuma Sato (Japan) BAR-Honda V10
4 Anthony Davidson (Großbritannien) BAR-Honda V10

5 Fernando Alonso (Spanien) Renault V10
6 Giancarlo Fisichella (Italien) Renault V10

7 Mark Webber (Australien) Williams-BMW V10
8 Nick Heidfeld (Deutschland) Williams-BMW V10
8 Antonio Pizzonia (Brasilien) Williams-BMW V10

9 Kimi Räikkönen (Finnland) McLaren-Mercedes V10
10 Juan Pablo Montoya (Kolumbien) McLaren-Mercedes V10
10 Pedro de la Rosa (Spanien) McLaren-Mercedes V10
10 Alexander Wurz (Österreich) McLaren-Mercedes V10

11 Jacques Villeneuve (Kanada) Sauber-Petronas V10
12 Felipe Massa (Brasilien) Sauber-Petronas V10

14 David Coulthard (Schottland) Red Bull-Cosworth V10
15 Christian Klien (Österreich) Red Bull-Cosworth V10
15 Vitantonio Liuzzi (Italien) Red Bull-Cosworth V10

16 Jarno Trulli (Italien) Toyota V10
17 Ralf Schumacher (Deutschland) Toyota V10
17 Ricardo Zonta (Brasilien) Toyota V10

18 Narain Karthikeyan (Indien) Jordan-Toyota V10
19 Tiago Monteiro (Portugal) Jordan-Toyota V10

20 Patrick Friesacher (Österreich) Minardi-Cosworth V10
20 Robert Doornbos (Niederlande) Minardi-Cosworth V10
21 Christijan Albers (Niederlande) Minardi-Cosworth V10

FREITAG-TESTFAHRER 2005

McLaren-Mercedes
35 Pedro de la Rosa (Spanien) McLaren-Mercedes V10
35 Alexander Wurz (Österreich) McLaren-Mercedes V10

Wurz fährt in Bahrain, Monaco, am Nürburgring, in Deutschland, Ungarn, Belgien, Brasilien
de la Rosa fährt in Australien, Malaysia, Bahrain, Spanien, Kanada, USA, Frankreich, Großbritannien, Türkei, Italien, Japan, China

Red Bull-Cosworth
37 Vitantonio Liuzzi (Italien) Red Bull-Cosworth V10
37 Christian Klien (Österreich) Red Bull-Cosworth V10
37 Scott Speed (USA) Red Bull-Cosworth V10

Liuzzi fährt in Australien, Malaysia, Bahrain, Frankreich, Großbritannien, Deutschland, Ungarn, Türkei, Italien, Belgien, Brasilien, Japan, China
Klien fährt in San Marino, Spanien, Monaco, am Nürburgring
Speed fährt in Kanada und USA

Toyota
38 Ricardo Zonta (Brasilien) Toyota V10
38 Olivier Panis (Frankreich) Toyota V10

Panis fährt statt Zonta in Frankreich

Jordan-Toyota
39 Robert Doornbos (Niederlande) Jordan-Toyota V10
39 Franck Montagny (Frankreich) Jordan-Toyota V10
39 Nicolas Kiesa (Dänemark) Jordan-Toyota V10
39 Sakon Yamamoto (Japan) Jordan-Toyota V10

Doornbos fährt in Australien, Malaysia, Bahrain, San Marino, Spanien, Monaco, USA, Frankreich, Großbritannien
Montagny fährt am Nürburgring
Kiesa fährt in Deutschland, Ungarn, Türkei, Italien, Belgien, Brasilien und China
~~**Yamamoto** fährt in Japan~~

Minardi-Cosworth
40 Chanoch Nissany (Israel) Minardi-Cosworth V10
40 Enrico Toccacelo (Italien) Minardi-Cosworth V10

Nissany fährt in Ungarn
Toccacelo fährt in Türkei, Italien und Belgien

Davidson fährt statt Sato in Malaysia. **De la Rosa** fährt in Bahrain statt Montoya. **Wurz** fährt in San Marino statt Montoya. **Klien** fährt in Australien, Malaysia, Bahrain, Kanada, USA, Frankreich, Großbritannien, Deutschland, Ungarn, Türkei, Italien, Belgien, Brasilien, Japan und China. **Liuzzi** fährt in San Marino, Spanien, Monaco und am Nürburgring. **Zonta** fährt statt R. Schumacher in USA. **Friesacher** fährt in Australien, Malaysia, Bahrain, San Marino, Spanien, Monaco, am Nürburgring und in Kanada, USA, Frankreich, Großbritannien. **Doornbos** fährt in Deutschland, Ungarn, Türkei, Italien, Belgien, Brasilien, Japan und China. **Pizzonia** fährt statt Heidfeld in Italien, Belgien, Brasilien, Japan und China

PLATZIERUNGEN ALLER 27 PILOTEN 2005

	Australien	Malaysia	Bahrain	San Marino	Spanien	Monaco	Europa (Nürburgring)	Kanada	USA	Frankreich	Großbritannien	Deutschland	Ungarn	Türkei	Italien	Belgien	Brasilien	Japan	China
1. Alonso	3	1	1	1	2	4	1	O	O	1	2	1	11	2	2	2	3	3	1
2. Räikkönen	8	9	3	O	1	1	(11)	1	O	2	3	O	1	1	4	1	2	1	2
3. M. Schumacher	O	7	O	2	O	7	5	2	1	3	6	5	2	O	10	O	4	7	O
4. Montoya	6	4	-	-	7	5	7	X	O	O	1	2	O	3	1	(14)	1	O	O
5. Fisichella	1	O	O	O	5	12	6	O	O	6	4	4	9	4	3	O	5	2	4
6. R. Schumacher	12	5	4	9	4	6	O	6	-	7	8	6	3	12	6	7	8	8	3
7. Trulli	9	2	2	5	3	10	8	O	O	5	9	(14)	4	6	5	O	(13)	O	15
8. Barrichello	2	O	9	O	9	8	3	3	2	9	7	10	10	10	12	5	6	11	12
9. Button	(11)	O	O	X	-	-	10	O	O	4	5	3	5	5	8	3	7	5	8
10. Webber	5	O	6	7	6	3	O	5	O	12	11	O	7	O	14	4	O	4	7
11. Heidfeld	O	3	O	6	10	2	2	O	O	14	12	11	6	O	-	-	-	-	-
12. Coulthard	4	6	8	11	8	O	4	7	O	10	13	7	O	7	15	O	O	6	9
13. Massa	10	10	7	10	(11)	9	14	4	O	O	10	8	14	O	9	10	11	10	6
14. Villeneuve	13	O	(11)	4	O	11	13	9	O	8	14	15	O	11	11	6	12	12	10
15. Klien	7	8	O	-	-	-	-	8	O	O	15	9	O	8	13	9	9	9	5
16. Monteiro	16	12	10	13	12	13	15	10	3	13	17	17	13	15	17	8	O	13	11
17. Wurz	-	-	-	3	-	-	-	-	-	-	-	-	-	-	-	-	-	-	-
18. Karthikeyan	15	11	O	12	13	O	16	O	4	15	O	16	12	14	20	11	15	15	O
19. Albers	O	13	13	O	O	14	17	11	5	O	18	13	O	O	19	12	14	16	(16)
20. de la Rosa	-	-	5	-	-	-	-	-	-	-	-	-	-	-	-	-	-	-	-
21. Friesacher	17	O	12	O	O	O	18	O	6	O	19	-	-	-	-	-	-	-	-
22. Pizzonia	-	-	-	-	-	-	-	-	-	-	-	-	-	-	7	(15)	O	O	(13)
23. Sato	(14)	-	O	X	-	-	12	O	O	11	16	12	8	9	16	O	10	X	O
24. Liuzzi	-	-	-	8	O	O	9	-	-	-	-	-	-	-	-	-	-	-	-
25. Doornbos	-	-	-	-	-	-	-	-	-	-	-	18	O	13	18	13	O	14	(14)
26. Davidson	-	O	-	-	-	-	-	-	-	-	-	-	-	-	-	-	-	-	-
27. Zonta	-	-	-	-	-	-	-	-	O	-	-	-	-	-	-	-	-	-	-

Zahl = Resultat, (Zahl) = bei Rennschluss nicht mehr im Rennen, aber gewertet,
O = ausgefallen, gestürzt, aufgegeben, X = disqualifiziert, - = nicht gefahren,

ALLE 1. QUALIFYING-ERGEBNISSE 2005 (SAMSTAG)

	Australien	Malaysia	Bahrain	San Marino	Spanien	Monaco	Europa (Nürburgring)	Kanada	USA	Frankreich	Großbritannien	Deutschland	Ungarn	Türkei	Italien	Belgien	Brasilien	Japan	China
1. Alonso	14	1	1	2	2	2	6	3	6	1	1	3	6	3	3	5	1	16	1
2. Räikkönen	10	4	7	1	3	1	2	7	2	3	2	1	4	1	1	2	5	17	3
3. M. Schumacher	18	12	3	3	7	11	10	2	5	4	10	5	1	17	7	7	7	14	6
4. Montoya	11	7	-	-	12	5	5	5	11	9	4	19	2	4	2	1	2	18	5
5. Fisichella	1	3	5	15	8	4	9	4	4	7	7	4	9	2	9	3	3	3	2
6. R. Schumacher	17	5	11	12	4	18	8	10	-	12	9	12	5	9	10	6	11	1	9
7. Trulli	2	2	2	6	1	7	4	9	1	2	5	9	3	5	6	4	8	19	12
8. Barrichello	12	14	15	11	9	10	7	20	7	6	6	15	7	11	8	13	10	9	8
9. Button	8	9	12	5	-	-	13	1	3	8	3	2	8	13	4	9	4	2	4
10. Webber	3	6	6	4	6	3	3	14	9	13	12	6	16	7	14	10	14	7	10
11. Heidfeld	7	8	4	9	5	6	1	13	15	14	14	7	12	6	-	-	-	-	-
12. Coulthard	6	11	14	14	10	8	12	12	16	15	13	11	13	12	11	12	16	6	7
13. Massa	19	13	10	7	11	12	11	11	10	10	16	13	14	8	15	8	9	10	11
14. Villeneuve	4	16	16	13	14	9	15	8	12	11	11	14	15	19	12	14	12	8	16
15. Klien	5	10	8	-	-	-	-	16	14	16	15	10	11	10	13	16	6	4	14
16. Monteiro	13	18	18	18	16	16	17	18	17	19	20	18	20	15	17	19	13	20	19
17. Wurz	-	-	-	8	-	-	-	-	-	-	-	-	-	-	-	-	-	-	-
18. Karthikeyan	9	17	17	17	15	17	19	17	19	17	17	20	18	18	19	20	17	11	15
19. Albers	15	20	19	19	17	15	20	15	18	20	18	16	17	16	20	18	18	13	18
20. de la Rosa	-	-	9	-	-	-	-	-	-	-	-	-	-	-	-	-	-	-	-
21. Friesacher	16	19	20	20	18	14	18	19	20	18	19	-	-	-	-	-	-	-	-
22. Pizzonia	-	-	-	-	-	-	-	-	-	-	-	-	-	-	16	15	15	12	13
23. Sato	20	-	13	10	-	-	16	6	8	5	8	8	10	14	5	11	20	5	17
24. Liuzzi	-	-	-	16	13	13	14	-	-	-	-	-	-	-	-	-	-	-	-
25. Doornbos	-	-	-	-	-	-	-	-	-	-	-	17	19	20	18	17	19	15	20
26. Davidson	-	15	-	-	-	-	-	-	-	-	-	-	-	-	-	-	-	-	-
27. Zonta	-	-	-	-	-	-	-	-	13	-	-	-	-	-	-	-	-	-	-

ALLE 2. QUALIFYING-ERGEBNISSE 2005 (SONNTAG)

	Australien	Malaysia	Bahrain	San Marino	Spanien	Monaco
1. Alonso	7	1	1	2	3	1
2. Räikkönen	10	10	9	1	1	2
3. M. Schumacher	18	14	2	16	8	8
4. Montoya	5	11	-	-	7	17
5. Fisichella	2	3	10	12	6	4
6. R. Schumacher	12	7	3	11	4	18
7. Trulli	4	2	5	5	5	5
8. Barrichello	13	13	16	9	18	9
9. Button	11	8	11	3	-	-
10. Webber	1	4	6	7	2	3
11. Heidfeld	6	9	8	10	17	6
12. Coulthard	3	6	14	15	10	7
13. Massa	20	15	12	8	9	10
14. Villeneuve	8	16	15	13	12	11
15. Klien	9	5	7	-	-	-
16. Monteiro	15	18	17	18	14	15
17. Wurz	-	-	-	6	-	-
18. Karthikeyan	14	17	20	17	13	16
19. Albers	17	20	19	20	15	14
20. de la Rosa	-	-	4	-	-	-
21. Friesacher	16	19	18	19	16	13
22. Pizzonia	-	-	-	-	-	-
23. Sato	19	-	13	4	-	-
24. Liuzzi	-	-	-	14	11	12
25. Doornbos	-	-	-	-	-	-
26. Davidson	-	12	-	-	-	-
27. Zonta	-	-	-	-	-	-

Ab dem GP von Europa nur noch ein Qualifying!

ohne eventuelle Strafversetzungen

ANALYSE DER 19 WM-LÄUFE 2005

Rennen	1. Qualifying (Samstag) (Vorsprung)	2. Qualifying (Sonntag) (Vorsprung Q1+Q2)	Führungsrunden		Sieger (Vorsprung)	Schnellste Runde
Melbourne (Australien)	Fisichella +2.099	Webber +0,010 (+2,969)	Fisichella Barrichello Fisichella Alonso Fisichella	1-23 24 25-42 43-44 45-57	Fisichella +5,553	Alonso
Sepang (Malaysia)	Alonso +0,090	Alonso +0,163 (+0,253)	Alonso Fisichella Räikkönen Alonso Trulli Alonso	1-21 22 23-24 25-40 41-42 43-56	Alonso +24,327	Räikkönen
Bahrain (Bahrain)	Alonso +0,145	Alonso +0,066 (+0,455)	Alonso Trulli Alonso Trulli Alonso	1-20 21 22-41 42 43-57	Alonso +13,409	de la Rosa
Imola (San Marino)	Räikkönen +0,003	Räikkönen +0,558 (+0,561)	Räikkönen Alonso Button Alonso Button M. Schumacher Alonso	1-8 9-23 24 25-42 43-46 47-49 50-62	Alonso +0,215	M. Schumacher
Barcelona (Spanien)	Trulli +0,016	Räikkönen +0,024 (+0,247)	Räikkönen	1-66	Räikkönen +27,652	Fisichella
Monte Carlo (Monaco)	Räikkönen +0,481	Räikkönen +0,398 (+0,083)	Räikkönen	1-78	Räikkönen +13,877	M. Schumacher
Nürburgring (Europa)	Heidfeld +0,116	**Ab dem GP von Europa nur noch ein Qualifying!**	Räikkönen Coulthard Alonso Räikkönen Heidfeld Räikkönen Alonso Räikkönen Alonso	1-18 19 20-23 24-29 30 31-43 44-47 48-58 59	Alonso +16,567	Alonso
Montreal (Kanada)	Button +0,258		Fisichella Alonso Montoya Räikkönen	1-32 33-38 39-48 49-70	Räikkönen +1,137	Räikkönen
Indianapolis (USA)	Trulli +0,069		M. Schumacher Barrichello M. Schumacher	1-26 27-48 49-73	M. Schumacher +1,522	M. Schumacher
Magny Cours (Frankreich)	Alonso +0,109		Alonso	1-70	Alonso +11,805	Räikkönen
Silverstone (Großbritannien)	Alonso +0,027		Montoya Alonso Fisichella Montoya Alonso Montoya	1-21 22-23 24-25 26-44 45-49 50-60	Montoya +2,739	Räikkönen

Rennen	Qualifying (Samstag) (Vorsprung)	Führungsrunden		Sieger (Vorsprung)	Schnellste Runde
Hockenheim (Deutschland)	Räikkönen +0,439	Räikkönen Alonso	1-35 36-67	Alonso +22,569	Räikkönen
Budapest (Ungarn)	M. Schumacher +0,897	M. Schumacher Montoya M. Schumacher Räikkönen Montoya Räikkönen	1-15 16-22 23-35 36-37 38-40 41-70	Räikkönen +35,581	Räikkönen
Istanbul (Türkei)	Räikkönen +0,242	Räikkönen	1-58	Räikkönen +18,609	Montoya
Monza (Italien)	Räikkönen +0,176	Montoya	1-53	Montoya ++2,479	Räikkönen
Spa (Belgien)	Montoya +0,049	Montoya Räikkönen	1-32 33-44	Räikkönen +28,394	R. Schumacher
Interlagos (Brasilien)	Alonso +0,157	Alonso Montoya Räikkönen Montoya Räikkönen Montoya	1-2 3-28 29-31 32-54 55-59 60-71	Montoya +2,527	Räikkönen
Suzuka (Japan)	R. Schumacher +0,035	R. Schumacher Fisichella Button Coulthard M. Schumacher Fisichella Button Räikkönen Fisichella Räikkönen	1-12 13-20 21-22 23 24-26 27-38 39-40 41-45 46-52 53	Räikkönen +1,633	Räikkönen
Shanghai (China)	Alonso +0,321	Alonso	1-56	Alonso +4,015	Räikkönen

Führungsrunden gesamt 2005:
Räikkönen 375, Alonso 336, Montoya 217, Fisichella 116, M. Schumacher 85, Barrichello 23, R. Schumacher 12, Button 9, Trulli 4, Coulthard 2, Heidfeld 1

Polepositions 2005: Alonso 6, Räikkönen 5, Montoya 2, Fisichella 1, Heidfeld 1, Button 1, Trulli 1, M. Schumacher 1, R. Schumacher 1

Siege 2005: Alonso 7, Räikkönen 7, Montoya 3, Fisichella 1, M. Schumacher 1

Schnellste Runden 2005: Räikkönen 10, M. Schumacher 3, Alonso 2, de la Rosa 1, Fisichella 1, Montoya 1, R. Schumacher 1

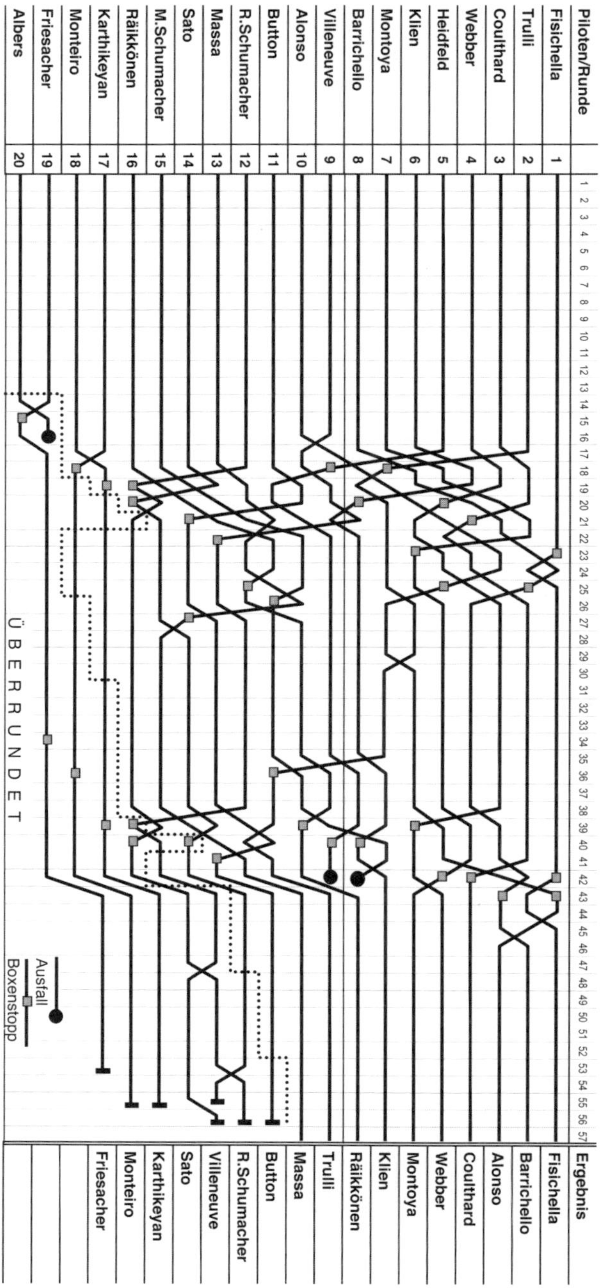
Piloten/Runde
1 Fisichella
2 Trulli
3 Coulthard
4 Webber
5 Heidfeld
6 Klien
7 Montoya
8 Barrichello
9 Villeneuve
10 Alonso
11 Button
12 R.Schumacher
13 Massa
14 Sato
15 M.Schumacher
16 Räikkönen
17 Karthikeyan
18 Monteiro
19 Friesacher
20 Albers
1 2 3 4 5 6 7 8 9 10 11 12 13 14 15 16 17 18 19 20 21 22 23 24 25 26 27 28 29 30 31 32 33 34 35 36 37 38 39 40 41 42 43 44 45 46 47 48 49 50 51 52 53 54 55 56 57
ÜBERRUNDET
Ausfall
Boxenstopp
Ergebnis
Fisichella
Barrichello
Alonso
Coulthard
Webber
Montoya
Klien
Räikkönen
Trulli
Massa
Button
R.Schumacher
Villeneuve
Sato
Karthikeyan
M.Schumacher
Monteiro
Friesacher

Lauf 1 – Großer Preis von Australien – Melbourne, 6. März 2005

1. Training Freitag:
1. Liuzzi 1:25,967, 2. de la Rosa 1:26,480, 3. Zonta 1:27,265, 4. Montoya 1:27,425, 5.Coulthard 1:27,573, 6. Massa 1:27,971, 7. Webber 1:28,269, 8. Trulli 1:28,366, 9. Button 1:28,632, 10. Klien 1:28,834, 11. Heidfeld 1:29,172, 12. Barrichello 1:29,227, 13. R. Schumacher 1:29,285, 14. Villeneuve 1:29,332, 15. Doornbos 1:29,370, 16. Sato 1:31,364, 17. Monteiro 1:32,348, 18. Karthikeyan 1:38,175, 19. Räikkönen keine Zeit, 20. M. Schumacher keine Zeit, 21. Fisichella keine Zeit, 22. Alonso keine Zeit, 23. Friesacher keine Zeit, 24. Albers keine Zeit

2. Training Freitag:
1. de la Rosa 1:25,376, 2. Räikkönen 1:25,676, 3. Heidfeld 1:25,940, 4. M. Schumacher 1:26,081, 5. Montoya 1:26,227, 6. Massa 1:26,357, 7. Alonso 1:26,562, 8. Button 1:26,611, 9. Barrichello 1:26,639, 10. Fisichella 1:26,667, 11. Zonta 1:26,808, 12. Coulthard 1:27,017, 13. R. Schumacher 1:27,162, 14. Trulli 1:27,195, 15. Webber 1:27,329, 16. Villeneuve 1:27,513, 17. Klien 1:27,544, 18. Sato 1:27,891, 19. Karthikeyan 1:28,168, 20. Doornbos 1:28,620, 21. Liuzzi 1:28,926, 22. Monteiro 1:29,671, 23. Albers keine Zeit, 24. Friesacher keine Zeit

1. Training (Samstag)		2. Training (Samstag)		1. Qualifying (Samstag)		2. Qualifying (Sonntag)	
1. M. Schumacher	1:40,540	1. Räikkönen	1:27,297	1. Fisichella	1:33,171	1. Webber	1:28,279
2. Barrichello	1:41,933	2. Alonso	1:27,409	2. Trulli	1:35,270	2. Fisichella	1:28,289
3. Räikkönen	1:43,526	3. Montoya	1:28,256	3. Webber	1:36,717	3. Coulthard	1:28,892
4. Karthikeyan	1:45,641	4. Fisichella	1:28,571	4. Villeneuve	1:36,984	4. Trulli	1:29,159
5. R. Schumacher	1:45,687	5. Button	1:29,577	5. Klien	1:37,486	5. Montoya	1:29,320
6. Sato	1:46,768	6. Webber	1:30,299	6. Coulthard	1:38,320	6. Heidfeld	1:29,413
7. Coulthard	1:48,369	7. M. Schumacher	1:30,533	7. Heidfeld	1:39,717	7. Alonso	1:29,758
8. Albers	1:48,566	8. Sato	1:30,554	8. Button	1:41,512	8. Villeneuve	1:29,862
9. Trulli	1:49,623	9. Coulthard	1:30,645	9. Karthikeyan	1:44,357	9. Klien	1:29,991
10. Button	1:51,364	10. Barrichello	1:30,715	10. Räikkönen	1:44,997	10. Räikkönen	1:30,561
11. Monteiro	1:53,457	11. Heidfeld	1:31,375	11. Montoya	1:45,325	11. Button	1:30,616
12. Friesacher	1:53,507	12. Klien	1:31,671	12. Barrichello	1:45,481	12. R. Schumacher	1:31,222
13. Villeneuve	-:--	13. Trulli	1:31,701	13. Monteiro	1:46,846	13. Barrichello	1:31,341
14. Klien	-:--	14. Massa	1:31,736	14. Alonso	1:47,708	14. Karthikeyan	1:32,735
15. Massa	-:--	15. Villeneuve	1:34,031	15. Albers	1:49,230	15. Monteiro	1:33,483
16. Montoya	-:--	16. R. Schumacher	1:34,924	16. Friesacher	1:50,864	16. Friesacher	1:37,499
17. Heidfeld	-:--	17. Albers	1:35,975	17. R. Schumacher	1:51,495	17. Albers	-:--
18. Webber	-:--	18. Friesacher	1:40,045	18. M. Schumacher	1:57,931	18. M. Schumacher	-:--
19. Alonso	-:--	19. Monteiro	1:40,802	19. Massa	-:--	19. Sato	-:--
20. Fisichella	-:--	20. Karthikeyan	1:40,822	20. Sato	-:--	20. Massa	-:--

Startaufstellung: Addition aus erstem und zweitem Qualifying - inklusive Strafversetzungen

Giancarlo Fisichella
Renault R25 V10
3:01,460

Jarno Trulli
Toyota TF105 V10
3:04,429

Mark Webber
Williams-BMW FW27 V10
3:04,996

Jacques Villeneuve
Sauber-Petronas C24 V10
3:06,846

David Coulthard
Red Bull-Cosworth RB1 V10
3:07,212

Christian Klien
Red Bull-Cosworth RB1 V10
3:07,477

Nick Heidfeld
Williams-BMW FW27 V10
3:09,130

Jenson Button
BAR-Honda 007 V10
3:12,128

Juan Pablo Montoya
McLaren-Mercedes MP4/20 V10
3:14,645

Kimi Räikkönen
McLaren-Mercedes MP4/20 V10
3:15,558

Rubens Barrichello
Ferrari F2004M V10
3:16,822

Narain Karthikeyan
Jordan-Toyota EJ15 V10
3:17,092

Fernando Alonso
Renault R25 V10
3:17,466

Tiago Monteiro
Jordan-Toyota EJ15 V10
3:20,329

Ralf Schumacher
Toyota TF105 V10
3:22,717

Patrick Friesacher
Minardi-Cosworth PS04B V10
3:28,363

Christijan Albers
Minardi-Cosworth PS04B V10
keine Zeit

Felipe Massa
Sauber-Petronas C24 V10
keine Zeit

Takuma Sato
BAR-Honda 007 V10
keine Zeit

Michael Schumacher
Ferrari F2004M V10
keine Zeit

M. Schumacher und **Sato** werden nach Motorenwechsel um 10 Plätze nach hinten versetzt

Höchstgeschwindigkeiten (Freitag, 1. oder 2. Training): 1. Alonso 321,4, 2. Fisichella 319,7, 3. Liuzzi 318,4, 4. Barrichello 316,1, 5. Massa 315,6, 6. M. Schumacher 315,5, 7. de la Rosa 315,3, 8. Coulthard 314,9, 9. Klien 314,8, 10. Doornbos 314,8, 11. Montoya 314,7, 12. Monteiro 314,4, 13. Villeneuve 314,3, 14. Heidfeld 313,3, 15. Sato 312,9, 16. Räikkönen 312,5, 17. Karthikeyan 312,4, 18. Zonta 312,1, 19. Button 311,2, 20. Webber 309,8, 21. Trulli 309,1, 22. R. Schumacher 307,3

Höchstgeschwindigkeiten (Samstag, 1. Qualifying): 1. Fisichella 305,7, 2. Trulli 296,6, 3. Klien 296,4, 4. Villeneuve 292,3, 5. Heidfeld 291,1, 6. Webber 289,9, 7. Coulthard 274,1, 8. Monteiro 267,5, 9. Karthikeyan 259,7, 10. Montoya 243,6, 11. Button 240,3, 12. Albers 235,5, 13. Räikkönen 233,6, 14. Friesacher 229,2, 15. Barrichello 224,7, 16. M. Schumacher 224,7, 17. Alonso 223,6, 18. Massa 222,3, 19. R. Schumacher 214,0, 20. Sato 204,4

Höchstgeschwindigkeiten (Sonntag): 1. M. Schumacher 322,7, 2. Alonso 320,7, 3. Massa 320,3, 4. Barrichello 319,5, 5. Sato 319,0, 6. Fisichella 319,0, 7. Räikkönen 318,7, 8. Coulthard 317,8, 9. Klien 317,3, 10. Heidfeld 316,7, 11. Webber 316,6, 12. Villeneuve 316,0, 13. Montoya 315,3, 14. Karthikeyan 314,7, 15. Button 314,5, 16. R. Schumacher 313,9, 17. Monteiro 313,9, 18. Trulli 312,6, 19. Friesacher 310,7, 20. Albers 302,4

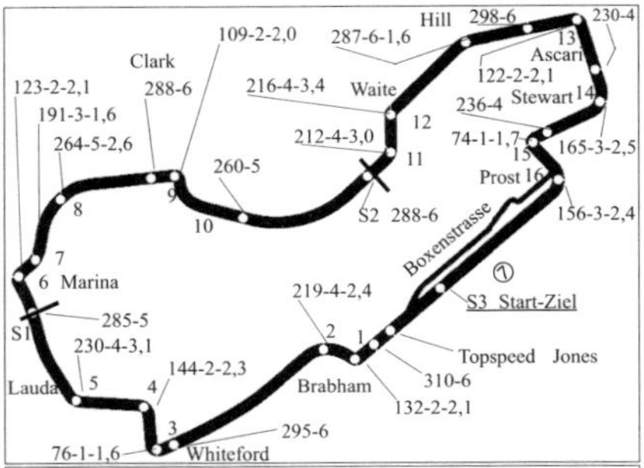

Legende: 132-2-2,1 = 132 km/h-2. Gang-2,1 Gravitation

Wetter am Renntag: Bewölkt bis bedeckt, 19 Grad Lufttemperatur, 23-25 Grad Asphalttemperatur, 56-59 Prozent Luftfeuchtigkeit, 118.200 Zuschauer am Renntag

Distanz: 58 Runden à 5,303 km = 307,574 km

Sieger 2004: M. Schumacher (Ferrari): 1.24:15,757 = 219,010 km/h, 2. Barrichello -13,605, 3. Alonso -34,673

Poleposition 2004: M. Schumacher (Ferrari): 1:24,408 = 226,172 km/h

Schnellste Runde 2004: M. Schumacher (Ferrari): 1:24,125 = 226,933 km/h

Boxenstopps:

Friesacher:	15. Runde: Tanken in total 24,7 sec., Platz 20
Trulli:	18. Runde: Tanken in total 22,2 sec., Platz 7-8
Heidfeld:	18. Runde: Tanken in 10,5 sec., total 24,1 sec., Platz 9-11
Monteiro:	18. Runde: Tanken in 8,5 sec., total 23,5 sec., Platz 18
R. Schumacher:	19. Runde: Tanken in total 21,8 sec., Platz 16-15
Karthikeyan:	19. Runde: Tanken in total 26,6 sec., Platz 17
Webber:	20. Runde: Tanken in 10,0 sec., total 23,5 sec., Platz 5-6
Klien:	20. Runde: Tanken in total 22,9 sec., Platz 8-9
Sato:	20. Runde: Tanken in 9,8 sec., total 23,2 sec., Platz 16-15
Coulthard:	21. Runde: Tanken in total 22,6 sec., Platz 4-5
Button:	21. Runde: Tanken in total 22,8 sec., Platz 14
R. Schumacher:	21. Runde: 2. Stopp, Problem mit dem Sitzgurt, verliert total 23,6 sec., Platz 16
Villeneuve:	22. Runde: Tanken in total 21,8 sec., Platz 13
Fisichella:	23. Runde: Tanken in 8,6 sec., total 21,5 sec., Platz 1-2
Montoya:	23. Runde: Tanken in total 23,1 sec., Platz 6
Barrichello:	25. Runde: Tanken in 7,8 sec., total 21,2 sec., Platz 2-4
Alonso:	25. Runde: Tanken in total 21,9 sec., Platz 5-7
Räikkönen:	25. Runde: Tanken in 6,5 sec., total 19,9 sec., Platz 12
M. Schumacher:	26. Runde: Tanken in 7,7 sec., total 20,8 sec., Platz 11
Massa:	27. Runde: Tanken in total 25,9 sec., Platz 14-15
Trulli:	36. Runde: 2. Stopp, Tanken in 9,0 sec., total 22,1 sec., Platz 11
Friesacher:	34. Runde: 2. Stopp, Tanken in total 27,6 sec., Platz 20
Monteiro:	36. Runde: 2. Stopp, Tanken in total 26,5 sec., Platz 18
Webber:	39. Runde: 2. Stopp, Tanken in 9,5 sec., total 23,3 sec., Platz 6
Räikkönen:	39. Runde: 2. Stopp, Tanken in 9,3 sec., total 22,6 sec., Platz 10
Villeneuve:	39. Runde: 2. Stopp, Tanken in 8,6 sec., total 23,3 sec., Platz 16-15
Karthikeyan:	39. Runde: 2. Stopp, Tanken in total 22,9 sec., Platz 17
Klien:	40. Runde: 2. Stopp, Tanken in total 23,1 sec., Platz 8
Heidfeld:	40. Runde: 2. Stopp, Tanken in total 23,6 sec., Platz 9
Sato:	40. Runde: 2. Stopp, Tanken in total 24,2 sec., Platz 13
R. Schumacher:	40. Runde: 3. Stopp, Tanken in total 20,1 sec., Platz 16
Button:	41. Runde: 2. Stopp, Tanken in total 24,3 sec., Platz 13
Fisichella:	42. Runde: 2. Stopp, Tanken in 6,6 sec., total 19,5 sec., Platz 1-2
Coulthard:	42. Runde: 2. Stopp, Tanken in total 20,6 sec., Platz 4
Montoya:	42. Runde: 2. Stopp, Tanken in total 20,8 sec., Platz 5-6
M. Schumacher:	42. Runde: 2. Stopp, Tanken in 6,8 sec., total 19,8 sec., Platz 8
Barrichello:	43. Runde: 2. Stopp, Tanken in total 19,8 sec., Platz 3
Alonso:	45. Runde: 2. Stopp, Tanken in 5,5 sec., total 18,7 sec., Platz 2-3

Ausfälle:

Albers:	17. Runde: Getriebeschaden, Platz 19
M. Schumacher:	43. Runde: Kollision mit Heidfeld, Platz 8
Heidfeld:	43. Runde: Kollision mit M. Schumacher, Platz 9
Button:	57. Runde: Stoppt den Wagen, um im nächsten Rennen einen neuen Motor zu bekommen, Platz 11
Sato:	56. Runde: Stoppt den Wagen, um im nächsten Rennen einen neuen Motor zu bekommen, Platz 13

Räikkönen stirbt der Motor vor der Aufwärmrunde ab und muss aus der Boxengasse das Rennen starten. Die Piloten fahren eine zweite Aufwärmrunde.

Stand nach 1. Runde:
1. Fisichella, 2. Trulli, 3. Coulthard, 4. Webber, 5. Heidfeld, 6. Klien, 7. Montoya, 8. Barrichello, 9. Klien, 10. Alonso

Führung im Rennen:

1.-23. Runde: Fisichella
24. Runde: Barrichello
25.-42. Runde: Fisichella
43.-44. Runde: Alonso
45.-57. Runde: Fisichella

Ergebnis:

1. Giancarlo Fisichella (Italien) Renault	1.24:17,336 = 215,167 km/h	
2. Rubens Barrichello (Brasilien) Ferrari	1.24:22,889 = 214,931 km/h	5,553 zurück
3. Fernando Alonso (Spanien) Renault	1.24:24,048 = 214,882 km/h	6,712 zurück
4. David Coulthard (Schottland) Red Bull-Cosworth	1.24:33,467 = 214,483 km/h	16,131 zurück
5. Mark Webber (Australien) Williams-BMW	1.24:34,244 = 214,450 km/h	16,908 zurück
6. Juan Pablo Montoya (Kolumbien) McLaren-Mercedes	1.24:52,369 = 213,687 km/h	35,033 zurück
7. Christian Klien (Österreich) Red Bull-Cosworth	1.24:56,333 = 213,521 km/h	38,997 zurück
8. Kimi Räikkönen (Finnland) McLaren-Mercedes	1.24:56,969 = 213,494 km/h	39,633 zurück
9. Jarno Trulli (Italien) Toyota	1.25:20,444 = 212,515 km/h	63,108 zurück
10. Felipe Massa (Brasilien) Sauber-Petronas	1.25:21,729 = 212,462 km/h	64,393 zurück
11. Jenson Button (Großbritannien) BAR-Honda	1.24:00,300 = 212,107 km/h	Ausfall
12. Ralf Schumacher (Deutschland) Toyota	1.24:19,875 = 211,286 km/h	1 Runde zurück
13. Jacques Villeneuve (Kanada) Sauber-Petronas	1.24:37,413 = 210,556 km/h	1 Runde zurück
14. Takuma Sato (Japan) BAR-Honda	1.22:58,991 = 210,884 km/h	Ausfall
15. Narain Karthikeyan (Indien) Jordan-Toyota	1.24:19,027 = 207,548 km/h	2 Runden zurück
16. Tiago Monteiro (Portugal) Jordan-Toyota	1.25:12,846 = 205,363 km/h	2 Runden zurück
17. Patrick Friesacher (Österreich) Minardi-Cosworth	1.25:00,047 = 198,392 km/h	4 Runden zurück

Button und Sato beenden nicht das Rennen, werden aber aufgrund der zurückgelegten Distanz gewertet

Schnellste Runde im 1. Qualifying: Fisichella (Williams-BMW): 1:33,171 = 204,900 km/h
Schnellste Runde im Rennen: Alonso (Renault): 1:25,683 = 222,807 km/h

Schnellste Runde jedes Fahrers im Rennen: 1. Alonso 1:25,683 (24.), 2. Fisichella 1:25,994 (55.), 3. Barrichello 1:26,233 (54.), 4. Räikkönen 1:26,255 (55.), 5. Button 1:26,260 (55.), 6. M. Schumacher 1:26,261 (38.), 7. Montoya 1:26,393 (41.), 8. Webber 1:26,493 (37.), 9. R. Schumacher 1:26,536 (56.), 10. Klien 1:26,627 (39.), 11. Coulthard 1:26,690 (40.), 12. Heidfeld 1:26,854 (38.), 13. Massa 1:26,893 (55.), 14. Trulli 1:27,116 (56.), 15. Villeneuve 1:27,745 (54.), 16. Sato 1:27,877 (36.), 17. Karthikeyan 1:27,970 (36.), 18. Monteiro 1:28,999 (16.), 19. Friesacher 1:32,852 (22.), 20. Albers 1:33,144 (11.)

WM-Stand: 1. Fisichella 10, 2. Barrichello 8, 3. Alonso 6, 4. Coulthard 5, 5. Webber 4, 6. Montoya 3, 7. Klien 2, 8. Räikkönen 1

Konstrukteur-WM: 1. Renault 16, 2. Ferrari 8, 3. Red Bull-Cosworth 7, 4. Williams-BMW 4, 5. McLaren-Mercedes 4

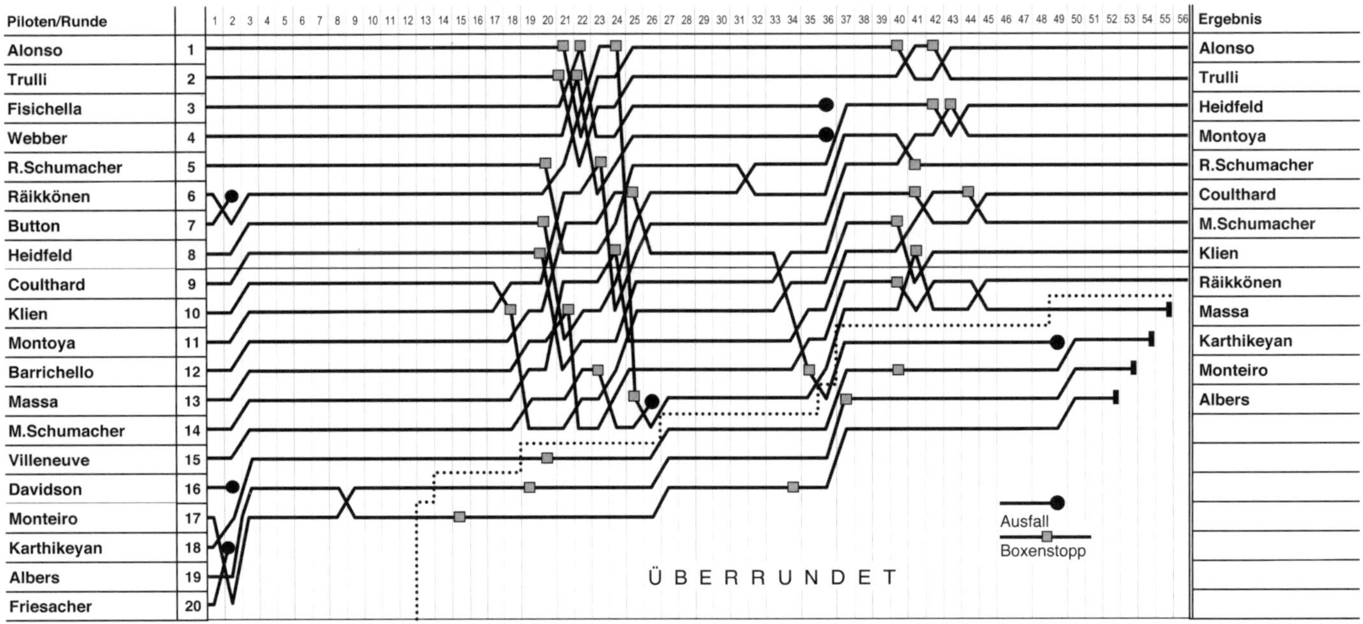
Piloten/Runde
Alonso 1
Trulli 2
Fisichella 3
Webber 4
R.Schumacher 5
Räikkönen 6
Button 7
Heidfeld 8
Coulthard 9
Klien 10
Montoya 11
Barrichello 12
Massa 13
M.Schumacher 14
Villeneuve 15
Davidson 16
Monteiro 17
Karthikeyan 18
Albers 19
Friesacher 20
1 2 3 4 5 6 7 8 9 10 11 12 13 14 15 16 17 18 19 20 21 22 23 24 25 26 27 28 29 30 31 32 33 34 35 36 37 38 39 40 41 42 43 44 45 46 47 48 49 50 51 52 53 54 55 56
Ergebnis
Alonso
Trulli
Heidfeld
Montoya
R.Schumacher
Coulthard
M.Schumacher
Klien
Räikkönen
Massa
Karthikeyan
Monteiro
Albers
Ü B E R R U N D E T
Ausfall
Boxenstopp

Lauf 2 – Großer Preis von Malaysia – Kuala Lumpur, 20. März 2005

1. Training Freitag:
1. Zonta 1:34,092, 2. de la Rosa 1:35,144, 3. Liuzzi 1:35,691, 4. M. Schumacher 1:36,011, 5. Button 1:36,513, 6. Heidfeld 1:36,551, 7. Räikkönen 1:36,563, 8. Montoya 1:36,610, 9. Massa 1:36,963, 10. Webber 1:36,989, 11. R. Schumacher 1:37,168, 12. Coulthard 1:37,338, 13. Sato 1:37,366, 14. Klien 1:37,642, 15. Barrichello 1:37,843, 16. Villeneuve 1:38,416, 17. Monteiro 1:39,571, 18. Doornbos 1:40,289, 19. Karthikeyan 1:40,375, 20. Friesacher 1:43,574, 21. Albers 1:43,691, 22. Fisichella keine Zeit, 23. Alonso keine Zeit, 24. Trulli keine Zeit

2. Training Freitag:
1. Massa 1:35,608, 2. Montoya 1:35,620, 3. Zonta 1:35,677, 4. Räikkönen 1:35,719, 5. R. Schumacher 1:35,838, 6. Fisichella 1:35,841, 7. Barrichello 1:35,949, 8. Button 1:35,992, 9. Alonso 1:36,103, 10. Coulthard 1:36,575, 11. Trulli 1:36,841, 12. Klien 1:36,968, 13. de la Rosa 1:37,033, 14. Sato 1:37,044, 15. Heidfeld 1:37,067, 16. M. Schumacher 1:37,270, 17. Doornbos 1:37,878, 18. Villeneuve 1:38,121, 19. Karthikeyan 1:38,855, 20. Liuzzi 1:39,349, 21. Monteiro 1:39,755, 22. Friesacher 1:40,940, 23. Albers 1:41,15624. Webber keine Zeit

1. Training (Samstag)		2. Training (Samstag)		1. Qualifying (Samstag)		2. Qualifying (Sonntag)	
1. Alonso	1:34,715	1. Trulli	1:32,832	1. Alonso	1:32,582	1. Alonso	1:35,090
2. M. Schumacher	1:34,883	2. Klien	1:32,870	2. Trulli	1:32,672	2. Trulli	1:35,253
3. Fisichella	1:34,930	3. Alonso	1:32,880	3. Fisichella	1:32,765	3. Fisichella	1:35,683
4. Räikkönen	1:35,054	4. R. Schumacher	1:32,951	4. Räikkönen	1:32,839	4. Webber	1:35,700
5. Trulli	1:35,573	5. Coulthard	1:33,092	5. R. Schumacher	1:33,106	5. Klien	1:35,865
6. R. Schumacher	1:35,645	6. Fisichella	1:33,194	6. Webber	1:33,204	6. Coulthard	1:35,891
7. Montoya	1:35,850	7. Räikkönen	1:33,349	7. Montoya	1:33,333	7. R. Schumacher	1:35,901
8. Button	1:36,162	8. Heidfeld	1:33,468	8. Heidfeld	1:33,464	8. Button	1:36,216
9. Heidfeld	1:36,434	9. Webber	1:33,517	9. Button	1:33,616	9. Heidfeld	1:36,453
10. Webber	1:36,465	10. Davidson	1:33,580	10. Klien	1:33,724	10. Räikkönen	1:36,644
11. Coulthard	1:36,888	11. Montoya	1:33,689	11. Coulthard	1:33,809	11. Montoya	1:36,757
12. Barrichello	1:36,903	12. Barrichello	1:33,943	12. M. Schumacher	1:34,072	12. Davidson	1:37,024
13. Massa	1:36,987	13. Massa	1:34,002	13. Massa	1:34,151	13. Barrichello	1:37,340
14. Davidson	1:37,049	14. M. Schumacher	1:34,102	14. Barrichello	1:34,162	14. M. Schumacher	1:37,561
15. Klien	1:37,204	15. Villeneuve	1:35,532	15. Davidson	1:34,866	15. Massa	1:37,733
16. Villeneuve	1:37,850	16. Monteiro	1:37,824	16. Villeneuve	1:34,887	16. Villeneuve	1:38,108
17. Karthikeyan	1:38,444	17. Karthikeyan	1:38,126	17. Karthikeyan	1:37,806	17. Karthikeyan	1:39,850
18. Monteiro	1:39,349	18. Albers	1:38,673	18. Monteiro	1:37,856	18. Monteiro	1:40,106
19. Friesacher	1:41,398	19. Friesacher	1:38,974	19. Friesacher	1:39,268	19. Friesacher	1:41,918
20. Albers	1:42,023	20. Button	-:--	20. Albers	1:40,432	20. Albers	1:42,569

Startaufstellung: Addition aus erstem und zweitem Qualifying - inklusive Strafversetzungen

Fernando Alonso
Renault R25 V10
3:07,672

Jarno Trulli
Toyota TF105 V10
3:07,925

Giancarlo Fisichella
Renault R25 V10
3:08,448

Mark Webber
Williams-BMW FW27 V10
3:08,904

Ralf Schumacher
Toyota TF105 V10
3:09,007

Kimi Räikkönen
McLaren-Mercedes MP4/20 V10
3:09,483

Christian Klien
Red Bull-Cosworth RB1 V10
3:09,589

David Coulthard
Red Bull-Cosworth RB1 V10
3:09,700

Jenson Button
BAR-Honda 007 V10
3:09,832

Nick Heidfeld
Williams-BMW FW27 V10
3:09,917

Juan Pablo Montoya
McLaren-Mercedes MP4/20 V10
3:10,090

Rubens Barrichello
Ferrari F2004M V10
3:11,502

Michael Schumacher
Ferrari F2004M V10
3:11,633

Felipe Massa
Sauber-Petronas C24 V10
3:11,884

Anthony Davidson
BAR-Honda 007 V10
3:11,890

Jacques Villeneuve
Sauber-Petronas C24 V10
3:12,995

Narain Karthikeyan
Jordan-Toyota EJ15 V10
3:17,656

Tiago Monteiro
Jordan-Toyota EJ15 V10
3:17,962

Christijan Albers
Minardi-Cosworth PS04B V10
3:23,001

Patrick Friesacher
Minardi-Cosworth PS04B V10
3:21,186

Friesacher wird nach Motorenwechsel am Freitag um 10 Plätze nach hinten versetzt

Höchstgeschwindigkeiten (Freitag, 1. oder 2. Training): 1. Button 307,5, 2. Doornbos 306,9, 3. Zonta 306,5, 4. Alonso 305,6, 5. M. Schumacher 305,5, 6. Heidfeld 304,3, 7. Sato 303,8, 8. Karthikeyan 302,7, 9. Friesacher 302,7, 10. Fisichella 302,4, 11. Barrichello 302,1, 12. Massa 300,8, 13. de la Rosa 300,6, 14. Monteiro 300,4, 15. Liuzzi 300,3, 16. Villeneuve 299,9, 17. Klien 298,9, 18. Albers 298,9, 19. Montoya 298,3, 20. Räikkönen 297,5, 21. R. Schumacher 296,2, 22. Coulthard 296,1, 23. Trulli 296,1, 24. Webber 295,1

Höchstgeschwindigkeiten (Samstag, 1. Qualifying): 1. M. Schumacher 306,5, 2. Barrichello 306,1, 3. Villeneuve 305,7, 4. Fisichella 305,6, 5. Alonso 305,0, 6. Massa 304,7, 7. Heidfeld 304,0, 8. Button 303,8, 9. Trulli 303,7, 10. Räikkönen 302,8, 11. R. Schumacher 302,5, 12. Webber 302,5, 13. Klien 302,4, 14. Montoya 301,4, 15. Davidson 299,5, 16. Albers 299,4, 17. Coulthard 299,0, 18. Friesacher 298,5, 19. Karthikeyan 298,3, 20. Monteiro 296,2

Höchstgeschwindigkeiten (Sonntag): 1. M. Schumacher 316,6, 2. Klien 316,2, 3. Barrichello 314,5, 4. Fisichella 314,2, 5. Alonso 312,7, 6. R. Schumacher 312,4, 7. Karthikeyan 312,2, 8. Massa 312,0, 9. Heidfeld 311,8, 10. Friesacher 311,0, 11. Trulli 310,0, 12. Villeneuve 309,4, 13. Räikkönen 309,3, 14. Coulthard 309,1, 15. Button 308,8, 16. Monteiro 307,9, 17. Montoya 307,4, 18. Webber 306,1, 19. Davidson 305,3, 20. Albers 305,3

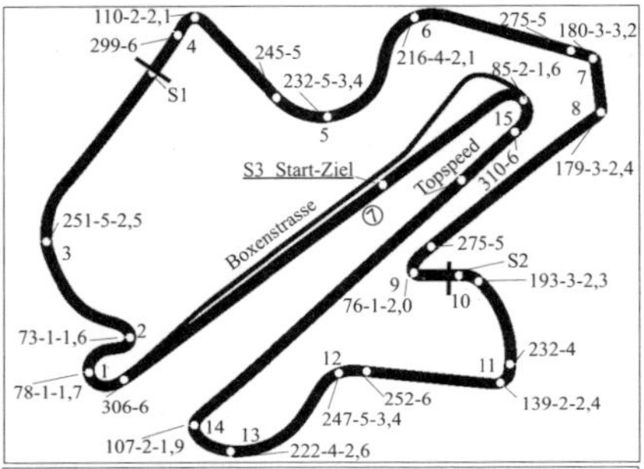

Legende: 132-2-2,1 = 132 km/h-2. Gang-2,1 Gravitation

Wetter am Renntag: Schwül, leicht bewölkt und von den Waldbränden in der Umgebung rauchverhangen, 34-38 Grad Lufttemperatur, 47-52 Grad Asphalttemperatur, 49-57 Prozent Luftfeuchtigkeit, 100.000 Zuschauer am Renntag

Distanz: 56 Runden à 5,543 km = 310,408 km

Sieger 2004: M. Schumacher (Ferrari), 1.31:07,490 = 204,384 km/h, 2. Montoya -5,022, 3. Button -11,568

Poleposition 2004: M. Schumacher (Ferrari): 1:33,074 = 214,397 km/h

Schnellste Runde 2004: Montoya (Williams-BMW): 1:34,223 = 211,782 km/h

Boxenstopps:

Albers:	15. Runde: Tanken in total 29,3 sec., Platz 17
Klien:	18. Runde: Tanken in 9,7 sec., total 28,2 sec., Platz 10-14
R. Schumacher:	20. Runde: Tanken in 9,2 sec., total 27,8 sec., Platz 5-8
Heidfeld:	20. Runde: Tanken in 10,5 sec., total 29,2 sec., Platz 7-11
Coulthard:	20. Runde: Tanken in total 28,0 sec., Platz 8-12
Monteiro:	19. Runde: Tanken in total 27,3 sec., Platz 16
Alonso:	21. Runde: Tanken in 7,8 sec., total 26,8 sec., Platz 1-4
Trulli:	21. Runde: Tanken in 8,8 sec., total 27,1 sec., Platz 2-5
Karthikeyan:	20. Runde: Tanken in total 28,3 sec., Platz 15
Massa:	21. Runde: Tanken in total 27,9 sec., Platz 10-14
Fisichella:	22. Runde: Tanken in 8,3 sec., total 26,2 sec., Platz 1-4
Webber:	22. Runde: Tanken in 9,5 sec., total 28,3 sec., Platz 2-6
Montoya:	23. Runde: Tanken in 8,8 sec., total 27,1 sec., Platz 5-10
Villeneuve:	23. Runde: Tanken in total 27,5 sec., Platz 12-14
Räikkönen:	24. Runde: Tanken in 7,7 sec., total 26,0 sec., Platz 1-13
M. Schumacher:	24. Runde: Tanken in 8,3 sec., total 26,4 sec., Platz 8-11
Barrichello:	25. Runde: Tanken in 8,3 sec., total 26,1 sec., Platz 6-8
Räikkönen:	25. Runde: 2. Stopp, Reifenwechsel rechts hinten in 8,6 sec., verliert total 30,8 sec., Platz 13-14
Barrichello:	35. Runde: 2. Stopp, Tanken in 9,3 sec., total 27,4 sec., Platz 12-13
Albers:	34. Runde: 2. Stopp, Tanken in total 29,2 sec., Platz 16
Monteiro:	37. Runde: 2. Stopp, Tanken in total 30,6 sec., Platz 13
Alonso:	40. Runde: 2. Stopp, Tanken in 7,0 sec., total 25,7 sec., Platz 1-2
Klien:	40. Runde: 2. Stopp, Tanken in total 26,4 sec., Platz 7-9
Massa:	40. Runde: 2. Stopp, Tanken in total 26,8 sec., Platz 9-10
R. Schumacher:	41. Runde: 2. Stopp, Tanken in 10,0 sec., erhält eine neue Nase, total 28,5 sec., Platz 5
Coulthard:	41. Runde: 2. Stopp, Tanken in total 25,8 sec., Platz 6-7
Räikkönen:	41. Runde: 3. Stopp, Tanken in total 25,8 sec., Platz 8-10
Karthikeyan:	40. Runde: 2. Stopp, Tanken in 9,0 sec., total 28,0 sec., Platz 12
Trulli:	42. Runde: 2. Stopp, Tanken in 6,6 sec., total 25,4 sec., Platz 1-2
Heidfeld:	42. Runde: 2. Stopp, Tanken in 8,7 sec., total 27,6 sec., Platz 3-4
Montoya:	43. Runde: 2. Stopp, Tanken in 6,8 sec., total 25,0 sec., Platz 3-4
M. Schumacher:	44. Runde: 2. Stopp, Tanken in 6,1 sec., total 24,5 sec., Platz 6-7

Ausfälle:

Friesacher:	3. Runde: Rutscht am Öl von Button aus - Dreher und bleibt im Kies stecken, Platz: 18
Davidson:	3. Runde: Motorschaden, Platz: 16
Button:	3. Runde: Motorschaden, Platz: 6
Villeneuve:	27. Runde: Dreher, Platz: 13
Webber:	37. Runde: Kollision mit Fisichella, Platz: 4
Fisichella:	37. Runde: Kollision mit Webber, Platz: 3
Barrichello:	50. Runde: zu hoher Reifenverschleiß, wird aus Vorsicht an die Box gerufen, Platz: 11

Stand nach 1. Runde:
1. Alonso, 2. Trulli, 3. Fisichella, 4. Webber, 5. R. Schumacher, 6. Räikkönen, 7. Button, 8. Heidfeld, 9. Coulthard, 10. Klien

Führung im Rennen:

1.-21. Runde: Alonso
22. Runde: Fisichella
23.-24. Runde: Räikkönen
25.-40. Runde: Alonso
41.-42. Runde: Trulli
43.-56. Runde: Alonso

Ergebnis:

1. Fernando Alonso (Spanien) Renault	1.31:33,736 = 203,407 km/h	
2. Jarno Trulli (Italien) Toyota	1.31:58,063 = 202,511 km/h	24,327 zurück
3. Nick Heidfeld (Deutschland) Williams-BMW	1.32:05,924 = 202,222 km/h	32,188 zurück
4. Juan Pablo Montoya (Kolumbien) McLaren-Mercedes	1.32:15,367 = 201,877 km/h	41,631 zurück
5. Ralf Schumacher (Deutschland) Toyota	1.32:25,590 = 201,505 km/h	51,854 zurück
6. David Coulthard (Schottland) Red Bull-Cosworth	1.32:46,279 = 200,756 km/h	72,543 zurück
7. Michael Schumacher (Deutschland) Ferrari	1.32:53,724 = 200,488 km/h	79,988 zurück
8. Christian Klien (Österreich) Red Bull-Cosworth	1.32:54,571 = 200,458 km/h	80,835 zurück
9. Kimi Räikkönen (Finnland) McLaren-Mercedes	1.32:55,316 = 200,431 km/h	81,580 zurück
10. Felipe Massa (Brasilien) Sauber-Petronas	1.31:45,412 = 199,351 km/h	1 Runde zurück
11. Narain Karthikeyan (Indien) Jordan-Toyota	1.32:43,360 = 193,688 km/h	2 Runden zurück
12. Tiago Monteiro (Portugal) Jordan-Toyota	1.31:52,049 = 191,871 km/h	3 Runden zurück
13. Christijan Albers (Niederlande) Minardi-Cosworth	1.32:07,696 = 187,718 km/h	4 Runden zurück

Schnellste Runde im 1. Qualifying: Alonso (Renault): 1:32,582 = 215,536 km/h
Schnellste Runde im Rennen: Räikkönen (McLaren-Mercedes): 1:35,483 = 208,987 km/h
Schnellste Runde jedes Fahrers im Rennen: 1. Räikkönen 1:35,483 (23.), 2. Heidfeld 1:35,712 (40.), 3. Trulli 1:35,816 (18.), 4. Alonso 1:35,899 (18.), 5. Webber 1:36,026 (20.), 6. Fisichella 1:36,182 (21.), 7. R. Schumacher 1:36,321 (15.), 8. Montoya 1:36,585 (42.), 9. Coulthard 1:36,790 (18.), 10. Barrichello 1:36,878 (22.), 11. Klien 1:36,902 (17.), 12. M. Schumacher 1:36.982 (41.), 13. Massa 1:37,212 (18.), 14. Button 1:37,912 (2.), 15. Villeneuve 1:38,058 (18.), 16. Karthikeyan 1:39,833 (18.), 17. Monteiro 1:40,432 (36.), 18. Davidson 1:41,470 (2.), 19. Albers 1:42,465 (12.), 20. Friesacher 1:43,558 (2.)

WM-Stand: 1. Alonso 16, 2. Fisichella 10, 3. Trulli 8, 4. Barrichello 8, 5. Montoya 8, 6. Coulthard 8, 7. Heidfeld 6, 8. R. Schumacher 4, 9. Webber 4, 10. Klien 3, 11. M. Schumacher 2, 12. Räikkönen 1

Konstrukteur-WM: 1. Renault 26, 2. Toyota 12, 3. Red Bull-Cosworth 11, 4. Ferrari 10, 5. Williams-BMW 10, 6. McLaren-Mercedes 9

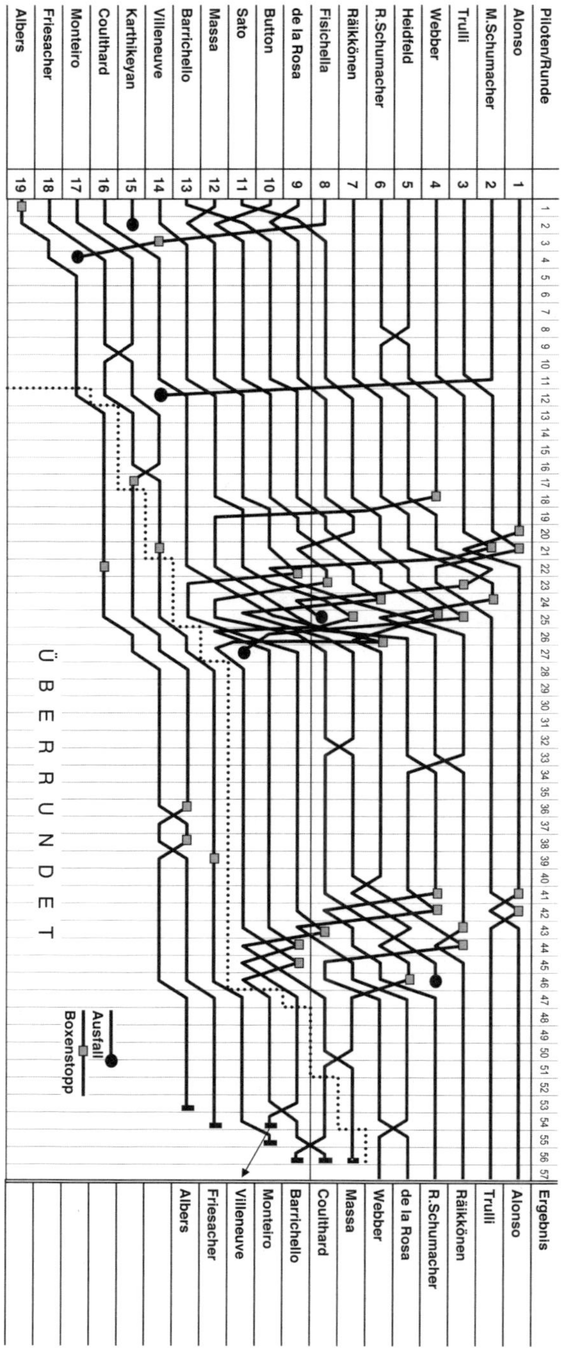
Piloten/Runde
Alonso 1
M.Schumacher 2
Trulli 3
Webber 4
Heidfeld 5
R.Schumacher 6
Räikkönen 7
Fisichella 8
de la Rosa 9
Button 10
Sato 11
Massa 12
Barrichello 13
Villeneuve 14
Karthikeyan 15
Coulthard 16
Monteiro 17
Friesacher 18
Albers 19
ÜBERRUNDET
Ausfall
Boxenstopp
Ergebnis
Alonso
Trulli
Räikkönen
R.Schumacher
de la Rosa
Webber
Massa
Coulthard
Barrichello
Monteiro
Villeneuve
Friesacher
Albers

Lauf 3 – Großer Preis von Bahrain – Sakhir, 3. April 2005

1. Training Freitag:
1. Zonta 1:31,449, 2. M. Schumacher 1:32,120, 3. Liuzzi 1:32,509, 4. Wurz 1:33,106, 5. Barrichello 1:33,111, 6. de la Rosa 1:33,270, 7. Webber 1:33,427, 8. Räikkönen 1:33,836, 9. Button 1:34,002, 10. Heidfeld 1:34,722, 11. Klien 1:34,722, 12. Massa 1:34,875, 13. Coulthard 1:34,984, 14. Doornbos 1:35,432, 15. Karthikeyan 1:35,766, 16. Monteiro 1:36,534, 17. Villeneuve 1:37,112, 18. Albers 1:37,778, 19. Friesacher 1:38,603, 20. Sato keine Zeit, 21. Fisichella keine Zeit, 22. Alonso keine Zeit, 23. Trulli keine Zeit, 24. R. Schumacher keine Zeit

2. Training Freitag:
1. Wurz 1:30,695, 2. Alonso 1:31,969, 3. Liuzzi 1:32,319, 4. de la Rosa 1:32,333, 5. M. Schumacher 1:32,431, 6. Trulli 1:32,595, 7. Fisichella 1:32,708, 8. Räikkönen 1:32,988, 9. Button 1:33,037, 10. R. Schumacher 1:33,077, 11. Heidfeld 1:33,152, 12. Sato 1:33,205, 13. Klien 1:33,436, 14. Zonta 1:33,443, 15. Webber 1:33,563, 16. Coulthard 1:33,708, 17. Massa 1:33,726, 18. Karthikeyan 1:33,981, 19. Doornbos 1:34,222, 20. Villeneuve 1:34,300, 21. Monteiro 1:34,727, 22. Friesacher 1:35,325, 23. Albers 1:36,094, 24. Barrichello keine Zeit

1. Training (Samstag)		2. Training (Samstag)		1. Qualifying (Samstag)		2. Qualifying (Sonntag)	
1. M. Schumacher	1:30,552	1. Webber	1:29,527	1. Alonso	1:29,848	1. Alonso	1:32,054
2. Alonso	1:31,811	2. R. Schumacher	1:29,711	2. Trulli	1:29,993	2. M. Schumacher	1:32,120
3. de la Rosa	1:32,766	3. Fisichella	1:29,738	3. M. Schumacher	1:30,237	3. R. Schumacher	1:32,319
4. Trulli	1:32,776	4. Trulli	1:29,798	4. Heidfeld	1:30,390	4. de la Rosa	1:32,648
5. Klien	1:32,841	5. Räikkönen	1:29,810	5. Fisichella	1:30,445	5. Trulli	1:32,667
6. R. Schumacher	1:32,868	6. Alonso	1:29,825	6. Webber	1:30,592	6. Webber	1:32,670
7. Fisichella	1:32,877	7. de la Rosa	1:29,864	7. Räikkönen	1:30,594	7. Klien	1:32,723
8. Karthikeyan	1:32,999	8. Klien	1:29,896	8. Klien	1:30,646	8. Heidfeld	1:32,827
9. Webber	1:33,276	9. M. Schumacher	1:30,080	9. de la Rosa	1:30,725	9. Räikkönen	1:32,930
10. Coulthard	1:33,606	10. Heidfeld	1:30,290	10. Massa	1:30,933	10. Fisichella	1:33,320
11. Button	1:33,683	11. Button	1:30,324	11. R. Schumacher	1:30,952	11. Button	1:33,391
12. Heidfeld	1:34,133	12. Coulthard	1:30,558	12. Button	1:30,957	12. Massa	1:34,269
13. Sato	1:34,163	13. Sato	1:30,902	13. Sato	1:31,113	13. Sato	1:34,450
14. Massa	1:34,232	14. Massa	1:31,001	14. Coulthard	1:31,211	14. Coulthard	1:34,633
15. Monteiro	1:34,392	15. Villeneuve	1:31,126	15. Barrichello	1:31,826	15. Villeneuve	1:35,665
16. Villeneuve	1:35,464	16. Karthikeyan	1:32,498	16. Villeneuve	1:32,318	16. Barrichello	1:35,867
17. Friesacher	1:36,561	17. Monteiro	1:32,686	17. Karthikeyan	1:33,190	17. Monteiro	1:36,004
18. Albers	1:37,445	18. Albers	1:33,715	18. Monteiro	1:33,424	18. Friesacher	1:36,413
19. Räikkönen	1:37,949	19. Friesacher	1:34,409	19. Albers	1:34,005	19. Albers	1:36,417
20. Barrichello	-:--	20. Barrichello	-:--	20. Friesacher	1:34,848	20. Karthikeyan	1:36,953

Startaufstellung: Addition aus erstem und zweitem Qualifying - inklusive Strafversetzungen

Fernando Alonso
Renault R25 V10
3:01,902

Michael Schumacher
Ferrari F2005 V10
3:02,357

Jarno Trulli
Toyota TF105 V10
3:02,660

Nick Heidfeld
Williams-BMW FW27 V10
3:03,217

Mark Webber
Williams-BMW FW27 V10
3:03,262

Ralf Schumacher
Toyota TF105 V10
3:03,271

Christian Klien
Red Bull-Cosworth RB1 V10
3:03,369

Pedro de la Rosa
McLaren-Mercedes MP4/20 V10
3:03,373

Kimi Räikkönen
McLaren-Mercedes MP4/20 V10
3:03,524

Giancarlo Fisichella
Renault R25 V10
3:03,765

Jenson Button
BAR-Honda 007 V10
3:04,348

Felipe Massa
Sauber-Petronas C24 V10
3:05,202

Takuma Sato
BAR-Honda 007 V10
3:05,563

David Coulthard
Red Bull-Cosworth RB1 V10
3:05,844

Jacques Villeneuve
Sauber-Petronas C24 V10
3:07,983

Tiago Monteiro
Jordan-Toyota EJ15 V10
3:09,428

Narain Karthikeyan
Jordan-Toyota EJ15 V10
3:10,143

Christijan Albers
Minardi-Cosworth PS04B V10
3:10,422

Patrick Friesacher
Minardi-Cosworth PS04B V10
3:11,261

Rubens Barrichello
Ferrari F2005 V10
3:07,693

Friesacher, **Albers** und **Barrichello** werden nach Motorenwechsel um 10 Plätze nach hinten versetzt

Höchstgeschwindigkeiten (Freitag, 1. oder 2. Training): 1. Wurz 329,6, 2. Doornbos 329,5, 3. de la Rosa 329,2, 4. Zonta 328,1, 5. Räikkönen 327,2, 6. Liuzzi 326,5, 7. Alonso 326,3, 8. Monteiro 326,0, 9. M. Schumacher 325,6, 10. Karthikeyan 324,9, 11. Button 323,8, 12. Fisichella 323,5, 13. Trulli 323,3, 14. Klien 322,8, 15. Webber 322,3, 16. Friesacher 321,6, 17. Coulthard 321,4, 18. R. Schumacher 321,2, 19. Massa 319,6, 20. Albers 319,5, 21. Sato 317,8, 22. Barrichello 316,8, 23. Villeneuve 316,2, 24. Heidfeld 316,0

Höchstgeschwindigkeiten (Samstag, 1. Qualifying): 1. de la Rosa 331,1, 2. Massa 330,5, 3. Räikkönen 330,1, 4. Monteiro 329,2, 5. Alonso 329,2, 6. M. Schumacher 328,5, 7. Karthikeyan 328,3, 8. Klien 328,2, 9. Villeneuve 327,5, 10. Fisichella 327,5, 11. Coulthard 326,9, 12. Albers 323,9, 13. Barrichello 323,7, 14. Friesacher 323,3, 15. Sato 323,0, 16. Trulli 322,2, 17. R. Schumacher 321,3, 18. Button 321,2, 19. Webber 321,0, 20. Heidfeld 319,5

Höchstgeschwindigkeiten (Sonntag): 1. de la Rosa 337,7, 2. Räikkönen 333,0, 3. M. Schumacher 332,9, 4. Coulthard 331,1, 5. Massa 330,1, 6. Alonso 329,5, 7. Barrichello 328,6, 8. Villeneuve 327,5, 9. Monteiro 326,8, 10. Trulli 326,2, 11. R. Schumacher 326,2, 12. Sato 325,9, 13. Webber 325,9, 14. Heidfeld 323,8, 15. Button 323,1, 16. Friesacher 322,9, 17. Albers 320,1, 18. Fisichella 318,0, 19. Karthikeyan 288,2

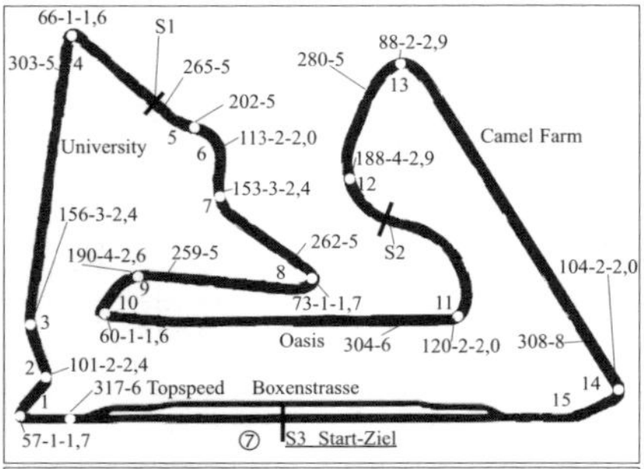

Legende: 132-2-2,1 = 132 km/h-2. Gang-2,1 Gravitation

Wetter am Renntag: Sonne und sehr heiß, 42 Grad Lufttemperatur, 48-55 Grad Asphalttemperatur, 12 Prozent Luftfeuchtigkeit, 42.000 Zuschauer am Renntag

Distanz: 57 Runden à 5,417 km = 308,769 km

Sieger 2004: M. Schumacher (Ferrari), 1.28:34,875 = 208,976 km/h, 2. Barrichello -1,367, 3. Button -26,687

Poleposition 2004: M. Schumacher (Ferrari): 1:30,139 = 216,345 km/h

Schnellste Runde 2004: M. Schumacher (Ferrari): 1:30,252 = 216,074 km/h

Boxenstopps:

Albers:	1. Runde: Tanken in total 34,8 sec., Platz 21
Fisichella:	3. Runde: Tanken in total 19,1 sec., Platz 14-17
Friesacher:	17. Runde: Tanken in total 28,6 sec., Platz 15
R. Schumacher:	18. Runde: Tanken in 9,8 sec., total 28,5 sec., Platz 4-12
Alonso:	20. Runde: Tanken in 8,4 sec., total 26,9 sec., Platz 1-3
Trulli:	21. Runde: Tanken in 8,7 sec., total 27,3 sec., Platz 1-4
Webber:	21. Runde: Tanken in 9,0 sec., total 27,7 sec., Platz 2-10
Monteiro:	21. Runde: Tanken in total 28,2 sec., Platz 14
Massa:	22. Runde: Tanken in total 27,5 sec., Platz 9-13
Heidfeld:	23. Runde: Tanken in 9,4 sec., total 27,8 sec., Platz 3-9
de la Rosa:	23. Runde: Tanken in 9,1 sec., total 27,8 sec., Platz 8-12
Albers:	22. Runde: 2. Stopp, Tanken in total 28,3 sec., Platz 16
Räikkönen:	24. Runde: Tanken in 9,2 sec., total 27,1 sec., Platz 2-6
Button:	24. Runde: Tanken in 9,3 sec., total 27,8 sec., Platz 6-11
Sato:	25. Runde: Tanken in total 27,4 sec., Platz 3-10
Barrichello:	25. Runde: Tanken in total 26,8 sec., Platz 4-7
Villeneuve:	25. Runde: Tanken in total 27,6 sec., Platz 7-12
Coulthard:	26. Runde: Tanken in total 27,0 sec., Platz 6-12
Friesacher:	36. Runde: 2. Stopp, Tanken in total 28,6 sec., Platz 13-14
Albers:	38. Runde: 3. Stopp, Tanken in total 27,8 sec., Platz 13-14
Monteiro:	39. Runde: 2. Stopp, Tanken in total 29,4 sec., Platz 12
Alonso:	41. Runde: 2. Stopp, Tanken in 7,2 sec., total 25,9 sec., Platz 1-2
R. Schumacher:	41. Runde: 2. Stopp, Tanken in 7,5 sec., total 25,9 sec., Platz 4-8
Trulli:	42. Runde: 2. Stopp, Tanken in 6,8 sec., total 25,6 sec., Platz 1-2
Webber:	42. Runde: 2. Stopp, Tanken in 7,2 sec., total 25,7 sec., Platz 4-9
Räikkönen:	43. Runde: 2. Stopp, Tanken in total 25,7 sec., Platz 3-4
Massa:	43. Runde: 2. Stopp, Tanken in total 28,8 sec., Platz 8-11
de la Rosa:	44. Runde: 2. Stopp, Tanken in 6,9 sec., total 25,8 sec., Platz 3-8
Villeneuve:	44. Runde: 2. Stopp, Tanken in total 25,3 sec., Platz 9-11
Coulthard:	45. Runde: 2. Stopp, Tanken in total 24,4 sec., Platz 9-11
Button:	46. Runde: 2. Stopp, Tanken in total 1,46 min., Platz 4
Barrichello:	46. Runde: 2. Stopp, Tanken in 6,6 sec., total 24,9 sec., Platz 5-7

Ausfälle:

Klien:	Vor dem Start: defektes Steuergerät, Motor läßt sich nicht starten, Platz: 7 (am Start)
Karthikeyan:	3. Runde: Elektrikdefekt, Platz: 15
Fisichella:	5. Runde: Motorschaden, Platz: 17
M. Schumacher:	13. Runde: Schaden an der hydraulischen Getriebebetätigung, Platz: 14
Heidfeld:	26. Runde: Motorschaden, Platz: 8
Sato:	28. Runde: Bremsversagen vorne links, Platz: 11
Button:	47. Runde: Kupplungsdefekt, Platz: 4
Villeneuve:	55. Runde: Beschädigte Hinterradaufhängung nach Kollision mit Coulthard, Platz: 10

Vor dem Start:
Der Motor von Klien läßt sich nicht starten und der Wagen wird vom Startplatz geschoben

Stand nach 1. Runde:
1. Alonso, 2. M. Schumacher, 3. Trulli, 4. Webber, 5. Heidfeld, 6. R. Schumacher, 7. Räikkönen, 8. Fisichella, 9. de la Rosa, 10. Button

Führung im Rennen:

1.-20. Runde: Alonso
21. Runde: Trulli
22.-41. Runde: Alonso
42. Runde: Trulli
43.-57. Runde: Alonso

Ergebnis:

1. Fernando Alonso (Spanien) Renault	1.29:18,531 = 207,082 km/h	
2. Jarno Trulli (Italien) Toyota	1.29:31,940 = 206,565 km/h	13,409 zurück
3. Kimi Räikkönen (Finnland) McLaren-Mercedes	1.29:50,594 = 205,850 km/h	32,063 zurück
4. Ralf Schumacher (Deutschland) Toyota	1.30:11,803 = 205,043 km/h	53,272 zurück
5. Pedro de la Rosa (Spanien) McLaren-Mercedes	1.30:23,519 = 204,600 km/h	64,988 zurück
6. Mark Webber (Australien) Williams-BMW	1.30:33,232 = 204,235 km/h	74,701 zurück
7. Felipe Massa (Brasilien) Sauber-Petronas	1.29:20,790 = 203,360 km/h	1 Runde zurück
8. David Coulthard (Schottland) Red Bull-Cosworth	1.29:32,674 = 202,910 km/h	1 Runde zurück
9. Rubens Barrichello (Brasilien) Ferrari	1.29:39,886 = 202,638 km/h	1 Runde zurück
10. Tiago Monteiro (Portugal) Jordan-Toyota	1.30:48,002 = 196,528 km/h	2 Runden zurück
11. Jacques Villeneuve (Kanada) Sauber-Petronas	1.26:52,407 = 201,674 km/h	Ausfall
12. Patrick Friesacher (Österreich) Minardi-Cosworth	1.30:48,605 = 192,931 km/h	3 Runden zurück
13. Christijan Albers (Niederlande) Minardi-Cosworth	1.29:20,218 = 192,477 km/h	4 Runden zurück

Villeneuve beendet nicht das Rennen, wird aber aufgrund der zurückgelegten Distanz gewertet

Schnellste Runde im 1. Qualifying: Alonso (Renault): 1:29,848 = 216,846 km/h
Schnellste Runde im Rennen: Pedro de la Rosa (McLaren-Mercedes): 1:31,447 = 213,054 km/h

Schnellste Runde jedes Fahrers im Rennen: 1. de la Rosa 1:31,447 (43.), 2. Alonso 1:31,713 (39.), 3. Räikkönen 1:31,822 (41.), 4. Trulli 1:32,324 (41.), 5. Button 1:32,411 (45.), 6. R. Schumacher 1:32,683 (36.), 7. M. Schumacher 1:32,886 (7.), 8. Barrichello 1:32,976 (23.), 9. Heidfeld 1:33,055 (19.), 10. Webber 1:33,087 (20.), 11. Sato 1:33,124 (23.), 12. Massa 1:33,326 (40.), 13. Coulthard 1:33,417 (42.), 14. Villeneuve 1:33,458 (24.), 15. Monteiro 1:35,744 (18.), 16. Friesacher 1:36,432 (16.), 17. Albers 1:36,913 (3.), 18. Fisichella 1:37,036 (2.), 19. Karthikeyan 1:37,533 (2.)

WM-Stand: 1. Alonso 26, 2. Trulli 16, 3. Fisichella 10, 4. R. Schumacher 9, 5. Coulthard 9, 6. Barrichello 8, 7. Montoya 8, 8. Räikkönen 7, 9. Webber 7, 10. Heidfeld 6, 11. de la Rosa 4, 12. Klien 3, 13. Massa 2, 14. M. Schumacher 2

Konstrukteur-WM: 1. Renault 36, 2. Toyota 25, 3. McLaren-Mercedes 19, 4. Williams-BMW 13, 5. Red Bull-Cosworth 12, 6. Ferrari 10, 7. Sauber-Petronas 2

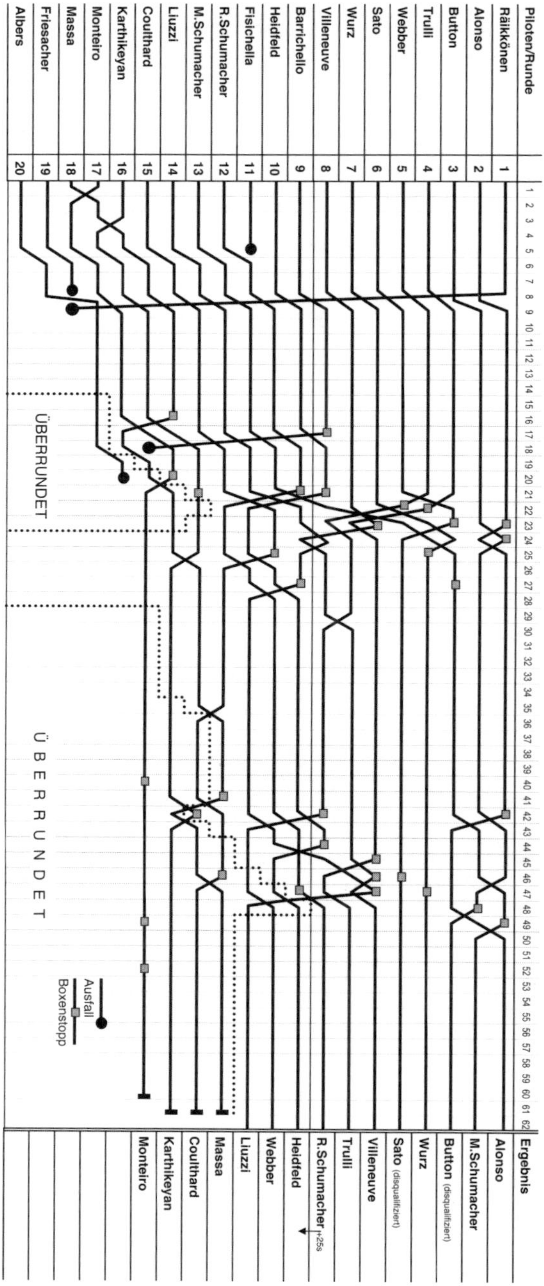

Piloten/Runde
Räikkönen 1
Alonso 2
Button 3
Trulli 4
Webber 5
Sato 6
Wurz 7
Villeneuve 8
Barrichello 9
Heidfeld 10
Fisichella 11
R.Schumacher 12
M.Schumacher 13
Liuzzi 14
Coulthard 15
Karthikeyan 16
Monteiro 17
Massa 18
Friesacher 19
Albers 20
1 2 3 4 5 6 7 8 9 10 11 12 13 14 15 16 17 18 19 20 21 22 23 24 25 26 27 28 29 30 31 32 33 34 35 36 37 38 39 40 41 42 43 44 45 46 47 48 49 50 51 52 53 54 55 56 57 58 59 60 61 62
ÜBERRUNDET
Ü B E R R U N D E T
Ausfall
Boxenstopp
Ergebnis
Alonso
M.Schumacher
Button (disqualifiziert)
Wurz
Sato (disqualifiziert)
Villeneuve
Trulli
R.Schumacher +25s
Heidfeld
Webber
Liuzzi
Massa
Coulthard
Karthikeyan
Monteiro

Lauf 4 – Großer Preis von San Marino – Imola, 24. April 2005

1. Training Freitag:
1. de la Rosa 1:21,060, 2. Zonta 1:21,174, 3. Button 1:21,805, 4. M. Schumacher 1:22,085, 5. Klien 1:22,736, 6. Sato 1:22,945, 7. Räikkönen 1:22,962, 8. Heidfeld 1:23,086, 9. Wurz 1:23,391, 10. Webber 1:23,532, 11. Barrichello 1:23,797, 12. Liuzzi 1:24,052, 13. Coulthard 1:24,126, 14. Massa 1:24,175, 15. Villeneuve 1:24,255, 16. Karthikeyan 1:24,512, 17. Monteiro 1:25,257, 18. Doornbos 1:25,555, 19. R. Schumacher 1:26,333, 20. Albers 1:27,353, 21. Friesacher 1:27,411, 22. Fisichella keine Zeit, 23. Alonso keine Zeit, 24. Trulli keine Zeit

2. Training Freitag:
1. de la Rosa 1:20,484, 2. Button 1:21,052, 3. Räikkönen 1:21,704, 4. Zonta 1:21,889, 5. Alonso 1:21,899, 6. M. Schumacher 1:22,025, 7. Barrichello 1:22,048, 8. Wurz 1:22,174, 9. Fisichella 1:22,211, 10. Sato 1:22,355, 11. Massa 1:22,791, 12. Villeneuve 1:22,955, 13. Trulli 1:23,343, 14. Heidfeld 1:23,458, 15. R. Schumacher 1:23,466, 16. Coulthard 1:23,815, 17. Karthikeyan 1:23,842, 18. Webber 1:23,964, 19. Klien 1:24,320, 20. Monteiro 1:24,573, 21. Liuzzi 1:24,626, 22. Doornbos 1:25,172, 23. Friesacher 1:26,620, 24. Albers keine Zeit

1. Training (Samstag)		2. Training (Samstag)		1. Qualifying (Samstag)		2. Qualifying (Sonntag)	
1. M. Schumacher	1:21,356	1. Button	1:20,058	1. Räikkönen	1:19,886	1. Räikkönen	1:22,994
2. Barrichello	1:22,885	2. Alonso	1:20,114	2. Alonso	1:19,889	2. Alonso	1:23,552
3. Massa	1:22,971	3. Räikkönen	1:20,209	3. M. Schumacher	1:20,260	3. Button	1:23,641
4. Räikkönen	1:23,723	4. M. Schumacher	1:20,318	4. Webber	1:20,442	4. Sato	1:23,807
5. Webber	1:23,788	5. Fisichella	1:20,351	5. Button	1:20,464	5. Trulli	1:24,026
6. Liuzzi	1:23,894	6. Wurz	1:20,358	6. Trulli	1:20,492	6. Wurz	1:24,057
7. Fisichella	1:24,120	7. Webber	1:20,424	7. Massa	1:20,593	7. Webber	1:24,069
8. R. Schumacher	1:24,156	8. Heidfeld	1:20,431	8. Wurz	1:20,632	8. Massa	1:24,337
9. Wurz	1:24,262	9. Sato	1:20,450	9. Heidfeld	1:20,807	9. Barrichello	1:24,351
10. Heidfeld	1:24,341	10. Massa	1:20,506	10. Sato	1:20,851	10. Heidfeld	1:24,389
11. Coulthard	1:24,523	11. R. Schumacher	1:20,802	11. Barrichello	1:20,892	11. R. Schumacher	1:24,422
12. Button	1:24,757	12. Barrichello	1:20,851	12. R. Schumacher	1:20,994	12. Fisichella	1:25,002
13. Sato	1:24,770	13. Trulli	1:21,105	13. Villeneuve	1:20,999	13. Villeneuve	1:25,260
14. Karthikeyan	1:25,148	14. Coulthard	1:21,136	14. Coulthard	1:21,632	14. Liuzzi	1:26,351
15. Monteiro	1:25,197	15. Villeneuve	1:21,543	15. Fisichella	1:21,708	15. Coulthard	1:26,438
16. Villeneuve	1:25,393	16. Liuzzi	1:22,188	16. Liuzzi	1:21,804	16. M. Schumacher	1:26,984
17. Trulli	1:25,730	17. Karthikeyan	1:22,964	17. Karthikeyan	1:23,123	17. Karthikeyan	1:28,976
18. Albers	1:27,658	18. Monteiro	1:24,910	18. Monteiro	1:25,100	18. Monteiro	1:29,152
19. Friesacher	1:27,854	19. Friesacher	-:--	19. Albers	1:25,921	19. Friesacher	1:30,564
20. Alonso	-:--	20. Albers	-:--	20. Friesacher	1:26,484	20. Albers	-:--

Startaufstellung: Addition aus erstem und zweitem Qualifying - inklusive Strafversetzungen

Kimi Räikkönen
McLaren-Mercedes MP4/20 V10
2:42,880

Fernando Alonso
Renault R25 V10
2:43,441

Jenson Button
BAR-Honda 007 V10
2:44,105

Mark Webber
Williams-BMW FW27 V10
2:44,511

Jarno Trulli
Toyota TF105 V10
2:44,518

Takuma Sato
BAR-Honda 007 V10
2:44,658

Alexander Wurz
McLaren-Mercedes MP4/20 V10
2:44,689

Nick Heidfeld
Williams-BMW FW27 V10
2:45,196

Rubens Barrichello
Ferrari F2005 V10
2:45,243

Ralf Schumacher
Toyota TF105 V10
2:45,416

Jacques Villeneuve
Sauber-Petronas C24 V10
2:46,259

Giancarlo Fisichella
Renault R25 V10
2:46,710

Michael Schumacher
Ferrari F2005 V10
2:47,244

David Coulthard
Red Bull-Cosworth RB1 V10
2:48,070

Vitantonio Liuzzi
Red Bull-Cosworth RB1 V10
2:48,155

Narain Karthikeyan
Jordan-Toyota EJ15 V10
2:52,099

Tiago Monteiro
Jordan-Toyota EJ15 V10
2:54,252

Felipe Massa
Sauber-Petronas C24 V10
2:44,930

Patrick Friesacher
Minardi-Cosworth PS05 V10
2:57,048

Christijan Albers
Minardi-Cosworth PS05 V10
keine Zeit

Massa, **Friesacher** und **Albers** werden nach Motorenwechsel um 10 Plätze nach hinten versetzt

Höchstgeschwindigkeiten (Freitag, 1. oder 2. Training): 1. de la Rosa 309,8, 2. Alonso 308,2, 3. Friesacher 308,1, 4. Klien 307,1, 5. Button 306,3, 6. Fisichella 306,1, 7. Massa 305,7, 8. Sato 305,1, 9. Villeneuve 304,3, 10. Zonta 304,0, 11. Doornbos 304,0, 12. Barrichello 303,9, 13. M. Schumacher 303,7, 14. Räikkönen 303,5, 15. Wurz 303,1, 16. Liuzzi 302,6, 17. Karthikeyan 302,5, 18. Monteiro 302,3, 19. Heidfeld 301,8, 20. Webber 300,9, 21. Albers 300,7, 22. Coulthard 300,0, 23. Trulli 296,3, 24. R. Schumacher 295,9

Höchstgeschwindigkeiten (Samstag, 1. Qualifying): 1. Alonso 310,7, 2. Albers 309,2, 3. Massa 308,9, 4. Fisichella 306,6, 5. Button 306,4, 6. Villeneuve 306,2, 7. Coulthard 305,9, 8. Barrichello 305,7, 9. Räikkönen 305,6, 10. Friesacher 305,6, 11. Liuzzi 305,0, 12. Webber 304,8, 13. M. Schumacher 303,9, 14. Sato 303,6, 15. Wurz 302,5, 16. Heidfeld 300,8, 17. R. Schumacher 300,8, 18. Karthikeyan 300,0, 19. Monteiro 300,0, 20. Trulli 298,3

Höchstgeschwindigkeiten (Sonntag): 1. M. Schumacher 315,4, 2. Massa 314,5, 3. Barrichello 311,5, 4. Alonso 311,5, 5. Villeneuve 310,2, 6. Button 310,1, 7. Sato 310,0, 8. Liuzzi 309,5, 9. Webber 308,7, 10. Fisichella 308,2, 11. Karthikeyan 307,9, 12. Coulthard 307,9, 13. Wurz 307,4, 14. Heidfeld 307,2, 15. Friesacher 306,8, 16. Albers 304,6, 17. R. Schumacher 303,3, 18. Monteiro 302,6, 19. Räikkönen 299,5, 20. Trulli 298,5

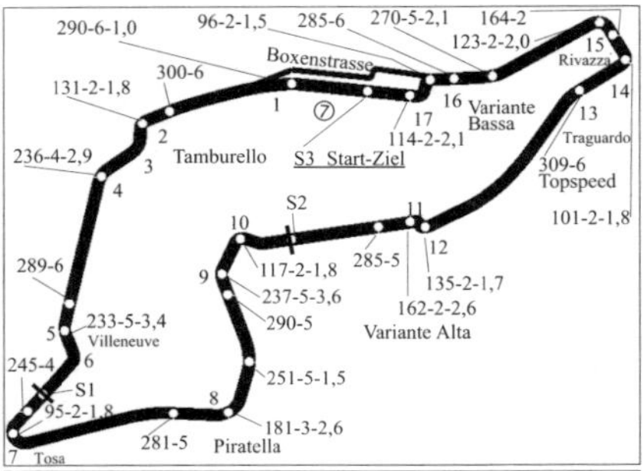

Legende: 132-2-2,1 = 132 km/h-2. Gang-2,1 Gravitation

Wetter am Renntag: Stark bewölkt, trocken, 19-21 Grad Lufttemperatur, 19-27 Grad Asphalttemperatur, 51-53 Prozent Luftfeuchtigkeit, 65.000 Zuschauer am Renntag

Distanz: 62 Runden à 4,933 km = 305,609 km
Ziellinie 0,237 km hinter der Startlinie

Sieger 2004: M. Schumacher (Ferrari), 1.26:19,670 = 212,405 km/h, 2. Button -9,702, 3. Montoya -21,617

Poleposition 2004: Button (BAR-Honda): 1:19,753 = 222,672 km/h

Schnellste Runde 2004: M. Schumacher (Ferrari): 1:20,411 = 220,850 km/h

Boxenstopps:

Massa:	16. Runde: Tanken und Wechseln von Frontflügel nach Kollision mit Coulthard, Verlust von Windabweiser, verliert total 29,3 sec., Platz 14-16
Barrichello:	17. Runde: Tanken in 9,0 sec., total 25,1 sec., Platz 8-15
Monteiro:	20. Runde: Tanken in total 24,8 sec., Platz 14-15
Heidfeld:	21. Runde: Tanken in total 25,2 sec., Platz 8-11
R. Schumacher:	21. Runde: Tanken in total 25,3 sec., Platz 9-12
Karthikeyan:	21. Runde: Tanken in total 26,9 sec., Platz 13
Trulli:	22. Runde: Tanken in 9,0 sec., total 25,5 sec., Platz 4-7
Webber:	22. Runde: Tanken in 8,4 sec., total 24,8 sec., Platz 5-8
Alonso:	23. Runde: Tanken in 8,2 sec., total 24,7 sec., Platz 1-2
Sato:	23. Runde: Tanken in 8,9 sec., total 25,1 sec., Platz 3-5
Villeneuve:	23. Runde: Tanken in total 26,2 sec., Platz 6-9
Button:	24. Runde: Tanken in 9,6 sec., total 25,8 sec., Platz 1-2
Wurz:	25. Runde: Tanken in total 25,7 sec., Platz 4
Coulthard:	25. Runde: Tanken in 9,6 sec., total 25,8 sec., Platz 10-12
M. Schumacher:	27. Runde: Tanken in 9,5 sec., total 25,5 sec., Platz 3
Liuzzi:	27. Runde: Tanken in total 25,6 sec., Platz 9-11
Monteiro:	40. Runde: 2. Stopp, Tanken in total 26,4 sec., Platz 15
Massa:	41. Runde: 2. Stopp, Tanken in total 29,8 sec., Platz 12-14
Alonso:	42. Runde: 2. Stopp, Tanken in 7,9 sec., total 24,1 sec., Platz 1-3
Webber:	42. Runde: 2. Stopp, Tanken in total 25,3 sec., Platz 8-11
Karthikeyan:	42. Runde: 2. Stopp, Tanken in total 31,2 sec., Platz 13-14
Heidfeld:	44. Runde: 2. Stopp, Tanken in total 24,2 sec., Platz 8-10
R. Schumacher:	44. Runde: 2. Stopp, Tanken in total 23,2 sec., Platz 9
Trulli:	45. Runde: 2. Stopp, Tanken in total 23,1 sec., Platz 6-8
Sato:	46. Runde: 2. Stopp, Tanken in total 24,9 sec., Platz 5
Villeneuve:	46. Runde: 2. Stopp, Tanken in total 23,9 sec., Platz 6-7
Coulthard:	46. Runde: 2. Stopp, Tanken in total 23,7 sec., Platz 12-13
Wurz:	47. Runde: 2. Stopp, Tanken in total 24,4 sec., Platz 4
Liuzzi:	47. Runde: 2. Stopp, Tanken in total 23,5 sec., Platz 6-11
Button:	48. Runde: 2. Stopp, Tanken in 8,3 sec., total 24,4 sec., Platz 2-3
M. Schumacher:	49. Runde: 2. Stopp, Tanken in 6,1 sec., total 22,1 sec., Platz 1-2
Monteiro:	49. Runde: 3. Stopp, Tanken in total 48,5 sec., Platz 15
Monteiro:	52. Runde: 4. Stopp, Reifenwechsel nach einem Reifenschaden, verliert total 35,1 sec., Platz 15

Ausfälle:

Fisichella:	6. Runde: Unfall, Platz: 11
Friesacher:	9. Runde: Defekte Halbwelle, Platz: 18
Räikkönen:	10. Runde: Defekte Antriebswelle links hinten, Platz: 18
Barrichello:	19. Runde: Elektrikschaden, Platz: 15
Albers:	21. Runde: Getriebeleck, Aufgabe, Platz: 16

Stand nach 1. Runde:
1. Räikkönen, 2. Alonso, 3. Button, 4. Trulli, 5. Webber, 6. Sato, 7. Wurz, 8. Villeneuve, 9. Barrichello, 10. Heidfeld

Führung im Rennen:

1.-8. Runde: Räikkönen
9.-23. Runde: Alonso
24. Runde: Button
25.-42. Runde: Alonso
43.-46. Runde: Button
47.-49. Runde: M. Schumacher
50.-62. Runde: Alonso

Ergebnis:

1. Fernando Alonso (Spanien) Renault	1.27:41,921 = 209,085 km/h	
2. Michael Schumacher (Deutschland) Ferrari	1.27:42,136 = 209,077 km/h	0,215 zurück
3. Alexander Wurz (Österreich) McLaren-Mercedes	1.28:09,475 = 207,996 km/h	27,554 zurück
4. Jacques Villeneuve (Kanada) Sauber-Petronas	1.28:46,363 = 206,556 km/h	64,442 zurück
5. Jarno Trulli (Italien) Toyota	1.28:52,179 = 206,330 km/h	70,258 zurück
6. Nick Heidfeld (Deutschland) Williams-BMW	1.28:53,203 = 206,291 km/h	71,282 zurück
7. Mark Webber (Australien) Williams-BMW	1.29:05,218 = 205,827 km/h	83,297 zurück
8. Vitantonio Liuzzi (Italien) Red Bull-Cosworth	1.29:05,685 = 205,809 km/h	83,764 zurück
9. Ralf Schumacher (Deutschland) Toyota*	1.29:17,762 = 205,345 km/h**	95,841 zurück**
10. Felipe Massa (Brasilien) Sauber-Petronas	1.27:43,565 = 205,646 km/h	1 Runde zurück
11. David Coulthard (Schottland) Red Bull-Cosworth	1.28:07,742 = 204,706 km/h	1 Runde zurück
12. Narain Karthikeyan (Indien) Jordan-Toyota	1.28:24,807 = 204,047 km/h	1 Runde zurück
13. Tiago Monteiro (Portugal) Jordan-Toyota	1.29:02,239 = 199,293 km/h	2 Runden zurück

*Die Rennleitung hat R. Schumacher nachträglich gemäß nach Art. 64h mit einer Zeitstrafe von 25 Sekunden belegt, weil ihn seine Crew „unsicher vom zweiten Tankstopp entlassen hat", womit der hereinkommende Heidfeld gefährdet war.

** inklusive 25-Sekunden-Zeitstrafe

BAR-Honda wurde nachträglich vom Berufungsgericht der FIA in Paris wegen Verstößen gegen die Artikel 1.9, 4.1, 4.2 und 2.6 des Sportlichen Reglements sowie Artikel 151c des Internationalen Sportkodex disqualifiziert und für zwei weitere Rennen gesperrt. Als nach dem Rennen einer der FIA-Delegierten einen Mechaniker von BAR-Honda bat, den Tank komplett leer zu pumpen, wurde nur eine kleine Menge Treibstoff abgetankt. Bei der anschließenden Inspektion mittels eines Endoskops fand man jedoch mehr als zehn Kilogramm Benzin in einem (versteckten) Zusatztank, dessen Existenz das Team abgestritten hat.

Schnellste Runde im 1. Qualifying: Räikkönen (McLaren-Mercedes): 1:19,886 = 222,301 km/h
Schnellste Runde im Rennen: M. Schumacher (Ferrari): 1:21,858 = 216,946 km/h

Schnellste Runde jedes Fahrers im Rennen: 1. M. Schumacher 1:21,858 (48.), 2. Button 1:22,604 (22.), 3. Wurz 1:23,023 (24.), 4. Alonso 1:23,133 (22.), 5. Räikkönen 1:23,296 (8.), 6. Sato 1:23,368 (23.), 7. Liuzzi 1:23,488 (46.), 8. Massa 1:23,602 (37.), 9. Heidfeld 1:23,917 (54.), 10. Villeneuve 1:24,017 (45.), 11. Trulli 1:24,022 (44.), 12. Karthikeyan 1:24,094 (20.), 13. R. Schumacher 1:24,230 (19.), 14. Webber 1:24,419 (17.), 15. Barrichello 1:24,435 (13.), 16. Coulthard 1:24,641 (22.), 17. Monteiro 1:24,719 (19.), 18. Fisichella 1:25,665 (4.), 19. Albers 1:27,420 (18.), 20. Friesacher 1:28,334 (5.)

WM-Stand: 1. Alonso 36, 2. Trulli 20, 3. Fisichella 10, 4. M. Schumacher 10, 5. Heidfeld 9, 6. R. Schumacher 9, 7. Coulthard 9, 8. Webber 9, 9. Barrichello 8, 10. Montoya 8, 11. Räikkönen 7, 12. Wurz 6, 13. Villeneuve 5, 14. de la Rosa 4, 15. Klien 3, 16. Massa 2, 17. Liuzzi 1

Konstrukteur-WM: 1. Renault 46, 2. Toyota 29, 3. McLaren-Mercedes 25, 4. Ferrari 18, 5. Williams-BMW 18, 6. Red Bull-Cosworth 13, 7. Sauber-Petronas 7

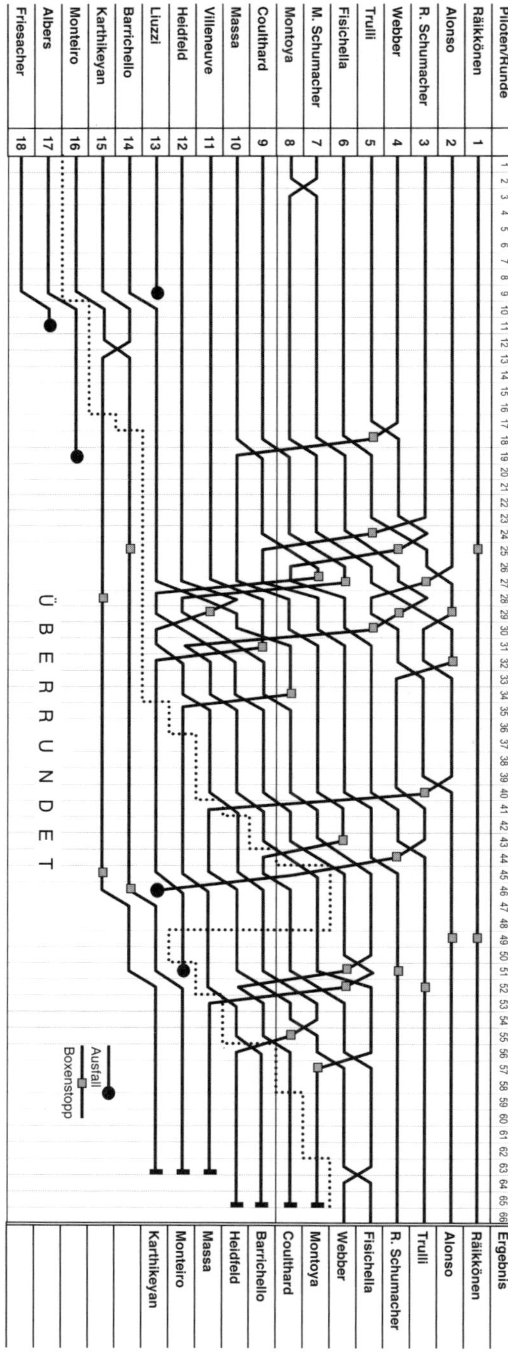
Piloten/Runde
Räikkönen 1
Alonso 2
R. Schumacher 3
Webber 4
Trulli 5
Fisichella 6
M. Schumacher 7
Montoya 8
Coulthard 9
Massa 10
Villeneuve 11
Heidfeld 12
Liuzzi 13
Barrichello 14
Karthikeyan 15
Monteiro 16
Albers 17
Friesacher 18
1 2 3 4 5 6 7 8 9 10 11 12 13 14 15 16 17 18 19 20 21 22 23 24 25 26 27 28 29 30 31 32 33 34 35 36 37 38 39 40 41 42 43 44 45 46 47 48 49 50 51 52 53 54 55 56 57 58 59 60 61 62 63 64 65 66
ÜBERRUNDET
Ausfall
Boxenstopp
Ergebnis
Räikkönen
Alonso
Trulli
R. Schumacher
Fisichella
Webber
Montoya
Coulthard
Barrichello
Heidfeld
Massa
Monteiro
Karthikeyan

Lauf 5 – Großer Preis von Spanien – Barcelona, 8. Mai 2005

1. Training Freitag:
1. de la Rosa 1:15,675, 2. Klien 1:16,821, 3. Heidfeld 1:17,047, 4. M. Schumacher 1:17,574, 5. Räikkönen 1:17,851, 6. Coulthard 1:17,977, 7. Zonta 1:18,103, 8. Liuzzi 1:18,112, 9. R. Schumacher 1:18,204, 10. Montoya 1:18,402, 11. Massa 1:19,328, 12. Villeneuve 1:20,621, 13. Monteiro 1:20,773, 14. Doornbos 1:20,912, 15. Karthikeyan 1:21,628, 16. Albers 1:21,635, 17. Friesacher 1:22,454, 18. Barrichello keine Zeit, 19. Fisichella keine Zeit, 20. Alonso keine Zeit, 21. Trulli keine Zeit, 22. Webber keine Zeit

2. Training Freitag:
1. de la Rosa 1:15,062, 2. Zonta 1:16,220, 3. Heidfeld 1:16,527, 4. Räikkönen 1:16,586, 5. Trulli 1:16,653, 6. Coulthard 1:16,797, 7. Fisichella 1:17,200, 8. R. Schumacher 1:17,264, 9. Alonso 1:17,356, 10. Montoya 1:17,555, 11. Barrichello 1:17,702, 12. Massa 1:17,931, 13. M. Schumacher 1:18,042, 14. Villeneuve 1:18,336, 15. Liuzzi 1:18,444, 16. Klien 1:18,802, 17. Karthikeyan 1:18,858, 18. Doornbos 1:19,125, 19. Monteiro 1:19,140, 20. Albers 1:19,581, 21. Friesacher 1:20,686, 22. Webber keine Zeit

1. Training (Samstag)		2. Training (Samstag)		1. Qualifying (Samstag)		2. Qualifying (Sonntag)	
1. Fisichella	1:15,605	1. R. Schumacher	1:14,280	1. Trulli	1:14,795	1. Räikkönen	1:16,602
2. M. Schumacher	1:15,631	2. Räikkönen	1:14,462	2. Alonso	1:14,811	2. Webber	1:16,626
3. R. Schumacher	1:15,860	3. Montoya	1:14,672	3. Räikkönen	1:14,819	3. Alonso	1:16,880
4. Barrichello	1:16,004	4. Webber	1:14,689	4. R. Schumacher	1:14,870	4. R. Schumacher	1:17,044
5. Liuzzi	1:16,241	5. Alonso	1:15,030	5. Heidfeld	1:15,038	5. Trulli	1:17,200
6. Coulthard	1:16,323	6. Fisichella	1:15,048	6. Webber	1:15,042	6. Fisichella	1:17,229
7. Montoya	1:16,560	7. Trulli	1:15,087	7. M. Schumacher	1:15,398	7. Montoya	1:17,570
8. Räikkönen	1:17,363	8. Heidfeld	1:15,253	8. Fisichella	1:15,601	8. M. Schumacher	1:18,153
9. Heidfeld	1:17,615	9. Coulthard	1:15,339	9. Barrichello	1:15,746	9. Massa	1:18,361
10. Webber	1:17,701	10. Barrichello	1:15,374	10. Coulthard	1:15,795	10. Coulthard	1:18,373
11. Monteiro	1:17,870	11. M. Schumacher	1:15,378	11. Massa	1:15,865	11. Liuzzi	1:19,014
12. Karthikeyan	1:18,198	12. Massa	1:15,511	12. Montoya	1:15,902	12. Villeneuve	1:19,686
13. Massa	1:18,209	13. Liuzzi	1:15,546	13. Liuzzi	1:16,288	13. Karthikeyan	1:20,711
14. Trulli	1:18,215	14. Villeneuve	1:16,291	14. Villeneuve	1:16,794	14. Monteiro	1:20,723
15. Villeneuve	1:18,686	15. Karthikeyan	1:17,569	15. Karthikeyan	1:18,557	15. Albers	1:21,578
16. Friesacher	1:20,417	16. Monteiro	1:17,848	16. Monteiro	1:19,040	16. Friesacher	1:22,453
17. Albers	1:21,145	17. Albers	1:19,031	17. Albers	1:19,563	17. Heidfeld	-:--
18. Alonso	-:--	18. Friesacher	1:19,296	18. Freisacher	1:20,306	18. Barrichello	-:--

Startaufstellung: Addition aus erstem und zweitem Qualifying - inklusive Strafversetzungen

Kimi Räikkönen
McLaren-Mercedes MP4/20 V10
2:31,421

Mark Webber
Williams-BMW FW27 V10
2:31,668

Fernando Alonso
Renault R25 V10
2:31,691

Ralf Schumacher
Toyota TF105 V10
2:31,917

Jarno Trulli
Toyota TF105 V10
2:31,995

Giancarlo Fisichella
Renault R25 V10
2:32,830

Juan Pablo Montoya
McLaren-Mercedes MP4/20 V10
2:33,472

Michael Schumacher
Ferrari F2005 V10
2:33,551

David Coulthard
Red Bull-Cosworth RB1 V10
2:34,168

Felipe Massa
Sauber-Petronas C24 V10
2:34,224

Vitantonio Liuzzi
Red Bull-Cosworth RB1 V10
2:35,302

Jacques Villeneuve
Sauber-Petronas C24 V10
2:36,480

Narain Karthikeyan
Jordan-Toyota EJ15 V10
2:39,268

Christijan Albers
Minardi-Cosworth PS05 V10
2:41,141

Patrick Friesacher
Minardi-Cosworth PS05 V10
2:42,759

Rubens Barrichello
Ferrari F2005 V10
keine Zeit

Nick Heidfeld
Williams-BMW FW27 V10
keine Zeit

Tiago Monteiro
Jordan-Toyota EJ15 V10
2:39,943

Heidfeld, **Barrichello** und **Monteiro** werden nach Motorenwechsel um 10 Plätze nach hinten versetzt

Höchstgeschwindigkeiten (Freitag, 1. oder 2. Training): 1. Friesacher 329,6, 2. Albers 327,1, 3. Villeneuve 326,3, 4. Alonso 326,2, 5. Klien 326,1, 6. Montoya 326,1, 7. Räikkönen 326,0, 8. Fisichella 324,6, 9. Coulthard 323,9, 10. de la Rosa 323,5, 11. Zonta 323,0, 12. Barrichello 322,9, 13. Monteiro 322,1, 14. R. Schumacher 321,5, 15. Doornbos 320,4, 16. Heidfeld 320,0, 17. Massa 319,8, 18. Trulli 319,8, 19. Karthikeyan 319,7, 20. M. Schumacher 318,5, 21. Liuzzi 317,4

Höchstgeschwindigkeiten (Samstag, 1. Qualifying): 1. Albers 321,3, 2. Friesacher 319,6, 3. Villeneuve 317,6, 4. M. Schumacher 317,4, 5. Alonso 317,2, 6. Massa 317,1, 7. Fisichella 317,0, 8. Barrichello 316,2, 9. Liuzzi 315,8, 10. Coulthard 315,6, 11. Räikkönen 314,2, 12. Webber 313,4, 13. R. Schumacher 312,9, 14. Trulli 312,9, 15. Montoya 312,7, 16. Heidfeld 312,7, 17. Monteiro 311,6, 18. Karthikeyan 311,5

Höchstgeschwindigkeiten (Sonntag): 1. Barrichello 329,1, 2. Villeneuve 328,8, 3. Fisichella 327,3, 4. Heidfeld 327,2, 5. Alonso 326,7, 6. Räikkönen 326,5, 7. Massa 326,1, 8. Albers 325,6, 9. M. Schumacher 325,6, 10. Coulthard 325,4, 11. R. Schumacher 325,4, 12. Friesacher 325,3, 13. Montoya 325,0, 14. Liuzzi 324,6, 15. Webber 323,0, 16. Trulli 322,2, 17. Monteiro 319,3, 18. Karthikeyan 313,1

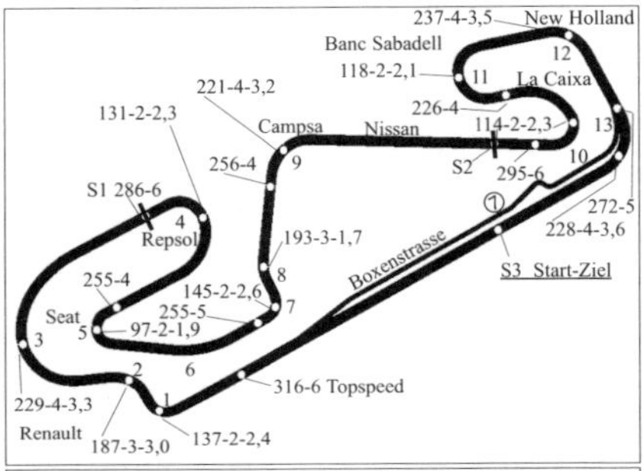

Legende: 132-2-2,1 = 132 km/h-2. Gang-2,1 Gravitation

Wetter am Renntag: Sonnig, Windig, Trocken,
24 Grad Lufttemperatur, 38-44 Grad Asphalttemperatur,
36-50 Prozent Luftfeuchtigkeit, 115.000 Zuschauer am Renntag

Distanz: 66 Runden à 4,627 km = 305,256 km
Ziellinie 0,126 km hinter der Startlinie

Sieger 2004: M. Schumacher (Ferrari), 1.27:32,841 = 209,205 km/h, 2. Barrichello -13,290, 3. Trulli -32,294

Poleposition 2004: M. Schumacher (Ferrari): 1:15,022 = 222,030 km/h

Schnellste Runde 2004: M. Schumacher (Ferrari): 1:17,450 = 215,070 km/h

Boxenstopps:

Webber:	18. Runde: Tanken in 9,9 sec., total 25,5 sec., Platz 5-10
R. Schumacher:	24. Runde: Tanken in 10,0 sec., total 25,5 sec., Platz 5-9
Räikkönen:	25. Runde: Tanken in 8,6 sec., total 24,8 sec., Platz 1
Trulli:	25. Runde: Tanken in total 26,3 sec., Platz 4-8
Monteiro:	25. Runde: Tanken in total 23,4 sec., Platz 14-15
Alonso:	27. Runde: Tanken in 7,9 sec., total 23,9 sec., Platz 3-5
Coulthard:	27. Runde: Tanken in total 24,6 sec., Platz 6-12
Massa:	27. Runde: Tanken in 9,2 sec., total 24,3 sec., Platz 7-13
Fisichella:	29. Runde: Tanken in 7,9 sec., total 22,8 sec., Platz 2-3
Montoya:	29. Runde: Tanken in total 19,9 sec., Platz 4-5
Karthikeyan:	28. Runde: Tanken in total 24,3 sec., Platz 14-15
Heidfeld:	29. Runde: Tanken in 9,2 sec., total 24,6 sec., Platz 11-13
Montoya:	30. Runde: 2. Stopp, Tanken in 10,2 sec., total 25,5 sec., Platz 5-12
Villeneuve:	31. Runde: Tanken in 9,6 sec., total 25,2 sec., Platz 9-13
M. Schumacher:	32. Runde: Tanken in 8,8 sec., total 24,2 sec., Platz 2-4
Barrichello:	34. Runde: Tanken in 11,0 sec., total 26,3 sec., Platz 8-12
Fisichella:	40. Runde: 2. Stopp, Tanken, erhält neue Frontpartie nach starkem Abtriebsverlust, verliert 35,3 sec., total 50,6 sec., Platz 3-11
Webber:	43. Runde: 2. Stopp, Tanken in 9,4 sec., total 24,8 sec., Platz 6-9
M. Schumacher:	44. Runde: 2. Stopp, Reifenwechsel links hinten nach Reifenschaden in 13,7 sec., total 30,5 sec., Platz 4-8
Karthikeyan:	45. Runde: 2. Stopp, Tanken in total 23,3 sec., Platz 15
Monteiro:	46. Runde: 2. Stopp, Tanken in total 25,5 sec., Platz 14
Räikkönen:	49. Runde: 2. Stopp, Tanken in 7,3 sec., total 24,2 sec., Platz 1
Alonso:	49. Runde: 2. Stopp, Tanken in 6,4 sec., total 21,9 sec., Platz 2
R. Schumacher:	51. Runde: 2. Stopp, Tanken in 6,3 sec., total 21,7 sec., Platz 4
Coulthard:	51. Runde: 2. Stopp, Tanken in total 21,8 sec., Platz 6-10
Trulli:	52. Runde: 2. Stopp, Tanken in 6,1 sec., total 21,6 sec., Platz 3
Massa:	52. Runde: 2. Stopp, Tanken in total 21,0 sec., Platz 6-11
Heidfeld:	55. Runde: 2. Stopp, Tanken in 6,0 sec., total 21,1 sec., Platz 8-10
Montoya:	56. Runde: 3. Stopp, Tanken in 5,0 sec., total 20,1 sec., Platz 5-7

Ausfälle:

Liuzzi:	10. Runde: Dreher, Platz: 13
Friesacher:	12. Runde: Dreher, Platz: 17
Albers:	20. Runde: Getriebeschaden, Platz: 16
M. Schumacher:	47. Runde: Aufgabe nach Reifenschaden vorne links, Platz: 13
Villeneuve:	52. Runde: Wasserleck, Platz: 12
Massa	64. Runde: Reifen hinten links verliert aufgrund gebrochener Felge Luft, Aufgabe, Platz 11

Beide Minardi-Cosworth bleiben am Start stehen.

Safety Car in Runde 1
Um die Sicherheit zu gewährleisten während die beiden Minardi-Cosworth von der Strecke geborgen werden, setzt die Rennleitung das SC ein.

Stand nach 1. Runde:
1. Räikkönen, 2. Alonso, 3. R. Schumacher, 4. Webber, 5. Trulli, 6. Fisichella, 7. M. Schumacher, 8. Monotya, 9. Coulthard, 10. Massa

Führung im Rennen:

1.-66. Runde: Räikkönen

Ergebnis:

1. Kimi Räikkönen (Finnland) McLaren-Mercedes	1.27:16,830 = 209,844 km/h	
2. Fernando Alonso (Spanien) Renault	1.27:44,482 = 208,742 km/h	27,652 zurück
3. Jarno Trulli (Italien) Toyota	1.28:02,777 = 208,019 km/h	45,947 zurück
4. Ralf Schumacher (Deutschland) Toyota	1.28:03,549 = 207,989 km/h	46,719 zurück
5. Giancarlo Fisichella (Italien) Renault	1.28:14,766 = 207,548 km/h	57,936 zurück
6. Mark Webber (Australien) Williams-BMW	1.28:25,372 = 207,133 km/h	68,542 zurück
7. Juan Pablo Montoya (Kolumbien) McLaren-Mercedes	1.27:17,051 = 206,655 km/h	1 Runde zurück
8. David Coulthard (Schottland) Red Bull-Cosworth	1.27:19,215 = 206,569 km/h	1 Runde zurück
9. Rubens Barrichello (Brasilien) Ferrari	1.27:20,686 = 206,511 km/h	1 Runde zurück
10. Nick Heidfeld (Deutschland) Williams-BMW	1.27:21,409 = 206,483 km/h	1 Runde zurück
11. Felipe Massa (Brasilien) Sauber-Petronas	1.25:12,014 = 205,193 km/h	Ausfall
12. Tiago Monteiro (Portugal) Jordan-Toyota	1.28:01,053 = 198,625 km/h	3 Runden zurück
13. Narain Karthikeyan (Indien) Jordan-Toyota	1.28:26,975 = 197,654 km/h	3 Runden zurück

Massa beendet nicht das Rennen, wird aber aufgrund der zurückgelegten Distanz gewertet

Schnellste Runde im 1. Qualifying: Trulli (Toyota): 1:14,795 = 222,704 km/h
Schnellste Runde im Rennen: Fisichella (Renault): 1:15,641 = 220,213 km/h

Schnellste Runde jedes Fahrers im Rennen: 1. Fisichella 1:15,641 (66.), 2. M. Schumacher 1:15,648 (31.), 3. Montoya 1:15,771 (55.), 4. Räikkönen 1:15,977 (41.), 5. Alonso 1:16,098 (59.), 6. R. Schumacher 1:16,469 (63.), 7. Heidfeld 1:16,519 (60.), 8. Trulli 1:16,614 (63.), 9. Webber 1:16,761 (62.), 10. Massa 1:16,802 (51.), 11. Coulthard 1:16,947 (65.), 12. Barrichello 1:17,156 (64.), 13. Villeneuve 1:17,585 (43.), 14. Monteiro 1:18,998 (22.), 15. Liuzzi 1:19,435 (9.), 16. Karthikeyan 1:19,734 (16.), 17. Albers 1:20,124 (15.), 18. Friesacher 1:20,865 (10.)

WM-Stand: 1. Alonso 44, 2. Trulli 26, 3. Räikkönen 17, 4. Fisichella 14, 5. R. Schumacher 14, 6. Webber 12, 7. M. Schumacher 10, 8. Montoya 10, 9. Coulthard 10, 10. Heidfeld 9, 11. Barrichello 8, 12. Wurz 6, 13. Villeneuve 5, 14. de la Rosa 4, 15. Klien 3, 16. Massa 2, 17. Liuzzi 1

Konstrukteur-WM: 1. Renault 58, 2. Toyota 40, 3. McLaren-Mercedes 37, 4. Williams-BMW 21, 5. Ferrari 18, 6. Red Bull-Cosworth 14, 7. Sauber-Petronas 7

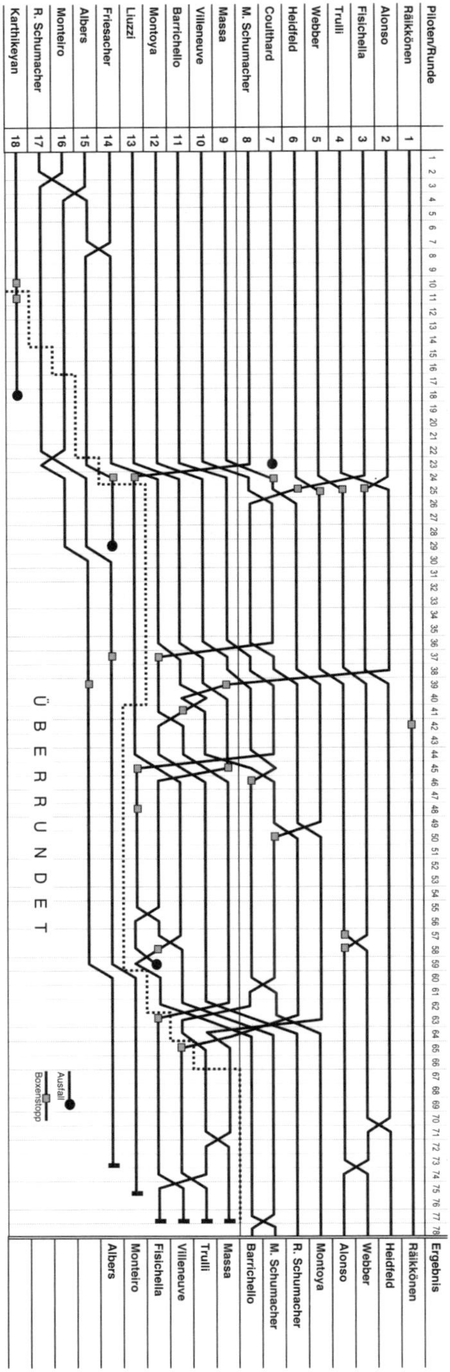

Piloten/Runde
1 Räikkönen
2 Alonso
3 Fisichella
4 Trulli
5 Webber
6 Heidfeld
7 Coulthard
8 M. Schumacher
9 Massa
10 Villeneuve
11 Barrichello
12 Montoya
13 Liuzzi
14 Friesacher
15 Albers
16 Monteiro
17 R. Schumacher
18 Karthikeyan
Ü B E R R U N D E T
Ausfall
Boxenstopp
Ergebnis
Räikkönen
Heidfeld
Webber
Alonso
Montoya
R. Schumacher
M. Schumacher
Barrichello
Massa
Trulli
Villeneuve
Fisichella
Monteiro
Albers

Lauf 6 – Großer Preis von Monaco – Monte Carlo, 22. Mai 2005

1. Training Freitag:
1. Montoya 1:17,152, 2. Alonso 1:17,301, 3. Klien 1:17,511, 4. M. Schumacher 1:17,640, 5. Fisichella 1:17,869, 6. Wurz 1:18,059, 7. Webber 1:18,244, 8. R. Schumacher 1:18,482, 9. Coulthard 1:18,669, 10. Barrichello 1:18,838, 11. Heidfeld 1:18,859, 12. Räikkönen 1:19,055, 13. Trulli 1:19,255, 14. Villeneuve 1:19,755, 15. Liuzzi 1:19,844, 16. Massa 1:20,180, 17. Zonta 1:20,979, 18. Doornbos 1:21,511, 19. Friesacher 1:21,968, 20. Monteiro 1:22,388, 21. Karthikeyan 1:23,521, 22. Albers 1:25,664

2. Training Freitag:
1. Alonso 1:15,835, 2. Wurz 1:15,912, 3. Coulthard 1:16,184, 4. Fisichella 1:16,519, 5. Montoya 1:16,534, 6. Räikkönen 1:16,558, 7. Liuzzi 1:16,640, 8. Massa 1:16,914, 9. R. Schumacher 1:16,917, 10. Zonta 1:17,046, 11. M. Schumacher 1:17,170, 12. Webber 1:17,422, 13. Trulli 1:17,487, 14. Villeneuve 1:17,506, 15. Barrichello 1:17,663, 16. Heidfeld 1:17,667, 17. Klien 1:18,815, 18. Doornbos 1:19,526, 19. Friesacher 1:19,587, 20. Monteiro 1:20,284, 21. Karthikeyan 1:21,879, 22. Albers 1:22,162

1. Training (Samstag)		2. Training (Samstag)		1. Qualifying (Samstag)		2. Qualifying (Sonntag)	
1. Montoya	1:16,197	1. Fisichella	1:13,988	1. Räikkönen	1:13,644	1. Alonso	1:16,281
2. Fisichella	1:16,403	2. Alonso	1:14,047	2. Alonso	1:14,125	2. Räikkönen	1:16,679
3. R. Schumacher	1:16,508	3. Räikkönen	1:14,258	3. Webber	1:14,584	3. Webber	1:17,072
4. Alonso	1:16,513	4. Trulli	1:14,322	4. Fisichella	1:14,783	4. Fisichella	1:17,317
5. M. Schumacher	1:16,803	5. Webber	1:14,418	5. Montoya	1:14,858	5. Trulli	1:17,401
6. Räikkönen	1:16,875	6. R. Schumacher	1:14,459	6. Heidfeld	1:15,128	6. Heidfeld	1:17,755
7. Heidfeld	1:16,935	7. Montoya	1:14,543	7. Trulli	1:15,189	7. Coulthard	1:18,538
8. Coulthard	1:17,180	8. Coulthard	1:14,582	8. Coulthard	1:15,329	8. M. Schumacher	1:18,550
9. Barrichello	1:17,475	9. M. Schumacher	1:14,961	9. Villeneuve	1:15,921	9. Barrichello	1:18,841
10. Webber	1:18,065	10. Liuzzi	1:14,998	10. Barrichello	1:16,142	10. Massa	1:18,902
11. Trulli	1:18,215	11. Heidfeld	1:15,196	11. M. Schumacher	1:16,186	11. Villeneuve	1:19,015
12. Liuzzi	1:18,259	12. Barrichello	1:15,637	12. Massa	1:16,218	12. Liuzzi	1:20,335
13. Villeneuve	1:18,640	13. Massa	1:16,123	13. Liuzzi	1:16,817	13. Friesacher	1:22,236
14. Friesacher	1:19,271	14. Villeneuve	1:16,148	14. Friesacher	1:18,574	14. Albers	1:22,977
15. Monteiro	1:20,215	15. Friesacher	1:18,506	15. Albers	1:19,229	15. Monteiro	1:23,670
16. Karthikeyan	1:20,348	16. Monteiro	1:19,034	16. Monteiro	1:19,408	16. Karthikeyan	1:23,968
17. Albers	1:21,563	17. Karthikeyan	1:19,606	17. Karthikeyan	1:19,474	17. Montoya	-:--
18. Massa	-:--	18. Albers	1:19,700	18. R. Schumacher	-:--	18. R. Schumacher	-:--

Startaufstellung: Addition aus erstem und zweitem Qualifying - inklusive Strafversetzungen

Kimi Räikkönen
McLaren-Mercedes MP4/20 V10
2:30,323

Fernando Alonso
Renault R25 V10
2:30,406

Mark Webber
Williams-BMW FW27 V10
2:31,656

Giancarlo Fisichella
Renault R25 V10
2:32,100

Jarno Trulli
Toyota TF105 V10
2:32,590

Nick Heidfeld
Williams-BMW FW27 V10
2:32,883

David Coulthard
Red Bull-Cosworth RB1 V10
2:33,867

Michael Schumacher
Ferrari F2005 V10
2:34,736

Jacques Villeneuve
Sauber-Petronas C24 V10
2:34,936

Rubens Barrichello
Ferrari F2005 V10
2:34,983

Felipe Massa
Sauber-Petronas C24 V10
2:35,120

Vitantonio Liuzzi
Red Bull-Cosworth RB1 V10
2:37,152

Patrick Friesacher
Minardi-Cosworth PS05 V10
2:40,810

Christijan Albers
Minardi-Cosworth PS05 V10
2:42,206

Tiago Monteiro
Jordan-Toyota EJ15 V10
2:43,078

Narain Karthikeyan
Jordan-Toyota EJ15 V10
2:43,442

Ralf Schumacher
Toyota TF105 V10
keine Zeit

Juan Pablo Montoya
McLaren-Mercedes MP4/20 V10
keine Zeit

- Nachdem **R. Schumacher** im 1. Training nicht mit einem Barcode gekennzeichneten linken vorderen Michelin-Reifen fährt, wird ihm eine halbe Sekunde zu seiner Qualifyingzeit addiert.
- **Montoya** wird wegen unnötig langsamer Fahrt im 4. Training, aufgrund dessen ein Auffahrunfall von Villeneuve geschieht, auf den letzten Startplatz strafversetzt. Die erste Qualifyingzeit wird gestrichen.
- **Karthikeyan** wird nach Motorenwechsel um 10 Plätze nach hinten versetzt

Höchstgeschwindigkeiten (Freitag, 1. oder 2. Training): 1. Fisichella 299,1, 2. Montoya 297,1, 3. Wurz 296,9, 4. Massa 296,7, 5. Klien 295,8, 6. Villeneuve 295,7, 7. Liuzzi 295,0, 8. Räikkönen 294,9, 9. Alonso 294,2, 10. Friesacher 294,0, 11. Coulthard 293,7, 12. M. Schumacher 293,2, 13. Barrichello 292,6, 14. Webber 292,2, 15. Heidfeld 290,0, 16. Zonta 288,2, 17. Doornbos 287,3, 18. Monteiro 286,4, 19. Trulli 285,2, 20. R. Schumacher 285,2, 21. Karthikeyan 283,3, 22. Albers 280,8

Höchstgeschwindigkeiten (Samstag, 1. Qualifying): 1. Alonso 297,3, 2. Fisichella 295,4, 3. Massa 294,5, 4. Räikkönen 294,1, 5. Villeneuve 293,9, 6. Friesacher 293,7, 7. M. Schumacher 292,9, 8. Barrichello 292,6, 9. Montoya 292,3, 10. Heidfeld 289,6, 11. Webber 289,6, 12. Coulthard 289,6, 13. Liuzzi 287,6, 14. Karthikeyan 287,0, 15. Monteiro 285,3, 16. R. Schumacher 285,0, 17. Trulli 283,0, 18. Albers 282,2

Höchstgeschwindigkeiten (Sonntag): 1. Massa 301,1, 2. M. Schumacher 300,2, 3. Alonso 299,6, 4. Fisichella 299,3, 5. Montoya 298,9, 6. Barrichello 298,4, 7. Räikkönen 298,0, 8. Webber 296,8, 9. Heidfeld 296,7, 10. Villeneuve 295,0, 11. Friesacher 294,5, 12. R. Schumacher 292,9, 13. Coulthard 291,6, 14. Albers 291,4, 15. Liuzzi 290,7, 16. Trulli 289,7, 17. Karthikeyan 285,0, 18. Monteiro 284,2

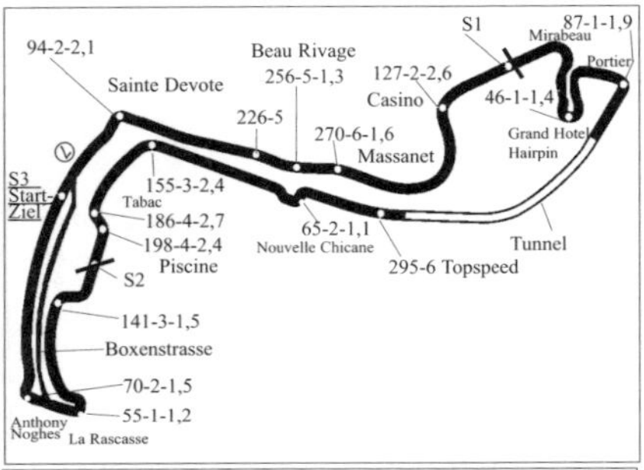

Legende: 132-2-2,1 = 132 km/h-2. Gang-2,1 Gravitation

Wetter am Renntag: Schön, vereinzelte Schleierwolken, 21-23 Grad Lufttemperatur, 32-43 Grad Asphalttemperatur, 63-69 Prozent Luftfeuchtigkeit, 60.000 Zuschauer am Renntag

Distanz: 78 Runden à 3,340 km = 260,520 km

Sieger 2004: Trulli (Renault), 1.45:46,601 = 145,880 km/h, 2. Button -0,497, 3. Barrichello -75,766

Poleposition 2004: Trulli (Renault): 1:13,985 = 162,519 km/h

Schnellste Runde 2004: M. Schumacher (Ferrari): 1:14,439 = 161,528 km/h

Boxenstopps:

Karthikeyan:	10. Runde: Inspektion von linkem Vorderrad nach Berührung der Leitplanken und Beschädigung des Hydraulik-Systems, verliert total 25,9 sec., Platz 18
Karthikeyan:	11. Runde: 2. Stopp, Wechsel von kaputtem Reifen, verliert total 26,2 sec., Platz 18
Karthikeyan:	18. Runde: 3. Stopp, Inspektion von linkem Vorderrad nach Vibrationen, verliert total 1,01 min., Platz 18
Massa:	24. Runde: Tanken in total 25,1 sec., Platz 7
M. Schumacher:	24. Runde: Tanken und Wechsel der Nase nach Kollision mit Coulthard, verliert total 29,8 sec., Platz 13
Friesacher:	24. Runde: Tanken in total 37,5 sec., Platz 14
Alonso:	25. Runde: Tanken in total 29,9 sec., Platz 3
Fisichella:	25. Runde: Tanken in total 50,2 sec., Platz 6-8
Webber:	25. Runde: Tanken in total 25,7 sec., Platz 4
Heidfeld:	25. Runde: Tanken in total 26,0 sec., Platz 5
Villeneuve:	37. Runde: Tanken in total 31,2 sec., Platz 12
Monteiro:	37. Runde: Tanken in total 28,4 sec., Platz 14
Trulli:	39. Runde: Tanken in 8,8 sec., total 27,7 sec., Platz 9-11
R. Schumacher:	41. Runde: Tanken in total 27,2 sec., Platz 11-12
Räikkönen:	42. Runde: Tanken in 12,1 sec., total 27,6 sec., Platz 1
Albers:	39. Runde: Tanken in total 35,4 sec., Platz 15
Barrichello:	45. Runde: Tanken, Motor stirbt ab - kann aber wieder angestartet werden, verliert total 36,5 sec., Platz 13
Liuzzi:	45. Runde: Tanken in total 27,0 sec., Platz 9-12
Montoya:	46. Runde: Tanken in 9,4 sec., total 26,3 sec., Platz 8
Barrichello:	48. Runde: 2. Stopp, Drive-Through-Strafe für überhöhte Geschwindigkeit in der Boxengasse beim 1. Stopp, verliert total 14,7 sec., Platz 13
Massa:	50. Runde: 2. Stopp, Tanken in total 25,1 sec., Platz 7
Heidfeld:	57. Runde: 2. Stopp, Tanken in total 22,4 sec., Platz 4-3
Webber:	58. Runde: 2. Stopp, Tanken in total 23,2 sec., Platz 4
M. Schumacher:	58. Runde: 2. Stopp, Tanken in total 22,1 sec., Platz 12-13
Villeneuve:	63. Runde: 2. Stopp, Tanken in total 26,2 sec., Platz 12
Trulli:	65. Runde: 2. Stopp, Check nach riskantem Überholmanöver in der Loews-Kurve um den Wagen auf Beschädigungen kontrollieren zu lassen, in 10,7 sec., verliert total 28,4 sec., Platz 11

Ausfälle:

Karthikeyan:	19. Runde: Hydraulikschaden, Platz 18
Coulthard:	24. Runde: Aufhängungsschaden hinten durch Kollision mit M. Schumacher, Platz 7
Friesacher:	30. Runde: Unfall nach dem Tunnel, Platz 14
Liuzzi:	60. Runde: Aufhängungsschaden, dadurch Reifenschaden rechts hinten, Platz 12

Stand nach 1. Runde:
1. Räikkönen, 2. Alonso, 3. Fisichella, 4. Trulli, 5. Webber, 6. Heidfeld, 7. Coulthard, 8. M. Schumacher, 9. Massa, 10. Villeneuve

Safety Car fährt von 24. bis 28. Runde heraus
Albers dreht sich in Mirabau, es entsteht innerhalb von Momenten ein Verkehrsstau - M. Schumacher fährt Coulthard auf - Wrackteile müssen geborgen werden

Führung im Rennen:

1.-78. Runde: Räikkönen

Ergebnis:

1. Kimi Räikkönen (Finnland) McLaren-Mercedes	1.45:15,556 = 148,501 km/h	
2. Nick Heidfeld (Deutschland) Williams-BMW	1.45:29,433 = 148,176 km/h	13,877 zurück
3. Mark Webber (Australien) Williams-BMW	1.45:34,040 = 148,068 km/h	18,484 zurück
4. Fernando Alonso (Spanien) Renault	1.45:52,043 = 147,648 km/h	36,487 zurück
5. Juan Pablo Montoya (Kolumbien) McLaren-Mercedes	1.45:52,203 = 147,645 km/h	36,647 zurück
6. Ralf Schumacher (Deutschland) Toyota	1.45:52,733 = 147,632 km/h	37,177 zurück
7. Michael Schumacher (Deutschland) Ferrari	1.45:52,779 = 147,631 km/h	37,223 zurück
8. Rubens Barrichello (Brasilien) Ferrari	1.45:53,126 = 147,623 km/h	37,570 zurück
9. Felipe Massa (Brasilien) Sauber-Petronas	1.46:03,563 = 145,492 km/h	1 Runde zurück
10. Jarno Trulli (Italien) Toyota	1.46:14,202 = 145,249 km/h	1 Runde zurück
11. Jacques Villeneuve (Kanada) Sauber-Petronas	1.46:14,667 = 145,238 km/h	1 Runde zurück
12. Giancarlo Fisichella (Italien) Renault	1.46:41,615 = 144,627 km/h	1 Runde zurück
13. Tiago Monteiro (Portugal) Jordan-Toyota	1.46:31,025 = 141,104 km/h	3 Runden zurück
14. Christijan Albers (Niederlande) Minardi-Cosworth	1.46:20,060 = 137,577 km/h	5 Runden zurück

Schnellste Runde im 1. Qualifying: Räikkönen (McLaren-Mercedes): 1:13,644 = 163,271 km/h
Schnellste Runde im Rennen: M. Schumacher (Ferrari): 1:15,842 = 158,540 km/h

Schnellste Runde jedes Fahrers im Rennen: 1. M. Schumacher 1:15,842 (40.), 2. Räikkönen 1:15,921 (41.), 3. Alonso 1:16,600 (19.), 4. Fisichella 1:16,776 (20.), 5. Trulli 1:16,812 (38.), 6. Barrichello 1:16,916 (51.), 7. Webber 1:16,971 (77.), 8. R. Schumacher 1:17,070 (11.), 9. Heidfeld 1:17,159 (15.), 10. Montoya 1:17,403 (50.), 11. Villeneuve 1:17,482 (17.), 12. Coulthard 1:17,693 (15.), 13. Massa 1:17,799 (16.), 14. Liuzzi 1:18,030 (43.), 15. Friesacher 1:19,037 (19.), 16. Albers 1:20,237 (22.), 17. Monteiro 1:20,747 (12.), 18. Karthikeyan 1:22,019 (14.)

WM-Stand: 1. Alonso 49, 2. Räikkönen 27, 3. Trulli 26, 4. Webber 18, 5. Heidfeld 17, 6. R. Schumacher 17, 7. Fisichella 14, 8. Montoya 14, 9. M. Schumacher 12, 10. Coulthard 10, 11. Barrichello 9, 12. Wurz 6, 13. Villeneuve 5, 14. de la Rosa 4, 15. Klien 3, 16. Massa 2, 17. Liuzzi 1

Konstrukteur-WM: 1. Renault 63, 2. McLaren-Mercedes 51, 3. Toyota 43, 4. Williams-BMW 35, 5. Ferrari 21, 6. Red Bull-Cosworth 14, 7. Sauber-Petronas 7

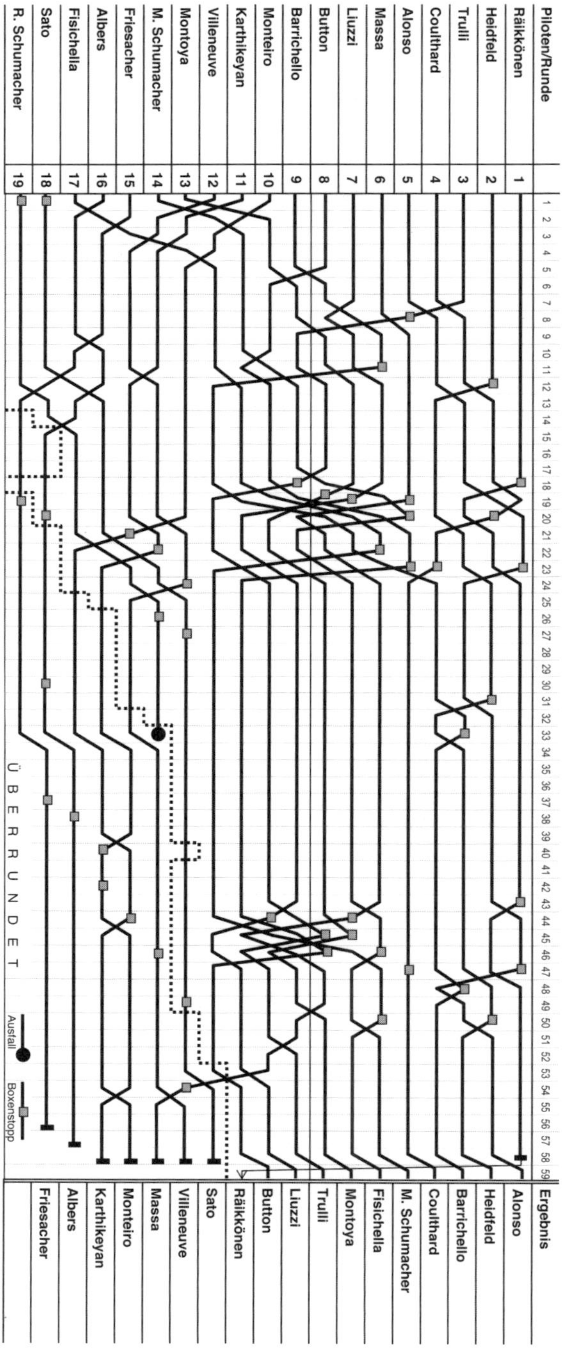
Piloten/Runde
Räikkönen 1
Heidfeld 2
Trulli 3
Coulthard 4
Alonso 5
Massa 6
Liuzzi 7
Button 8
Barrichello 9
Monteiro 10
Karthikeyan 11
Villeneuve 12
Montoya 13
M. Schumacher 14
Friesacher 15
Albers 16
Fisichella 17
Sato 18
R. Schumacher 19
1 2 3 4 5 6 7 8 9 10 11 12 13 14 15 16 17 18 19 20 21 22 23 24 25 26 27 28 29 30 31 32 33 34 35 36 37 38 39 40 41 42 43 44 45 46 47 48 49 50 51 52 53 54 55 56 57 58 59
ÜBERRUNDET
Ausfall
Boxenstopp
Ergebnis
Alonso
Heidfeld
Barrichello
Coulthard
M. Schumacher
Fisichella
Montoya
Trulli
Liuzzi
Button
Räikkönen
Sato
Villeneuve
Massa
Monteiro
Karthikeyan
Albers
Friesacher

Lauf 7 – Großer Preis von Europa – Nürburgring, 29. Mai 2005

1. Training Freitag:
1. Wurz 1:32,670, 2. M. Schumacher 1:33,578, 3. Zonta 1:33,726, 4. Montoya 1:33,873, 5. Barrichello 1:33,984, 6. Räikkönen 1:33,988, 7. Heidfeld 1:34,142, 8. Webber 1:34,248, 9. Klien 1:34,304 10. R. Schumacher 1:35,018, 11. Trulli 1:35,212, 12. Massa 1:36,142, 13. Coulthard 1:36,413, 14. Villeneuve 1:36,716, 15. Liuzzi 1:37,129, 16. Monteiro 1:38,021, 17. Albers 1:38,406, 18. Karthikeyan 1:38,474, 19. Friesacher 1:38,538, 20. Montagny 1:38,725, 21. Sato keine Zeit, 22. Button keine Zeit, 23. Fisichella keine Zeit, 24. Alonso keine Zeit

2. Training Freitag:
1. Wurz 1:30,623, 2. Zonta 1:30,630, 3. Heidfeld 1:31,813, 4. Montoya 1:31,841, 5. Räikkönen 1:31,870, 6. Webber 1:32,088, 7. Barrichello 1:32,143, 8. Alonso 1:32,335, 9. Fisichella 1:32,842, 10. R. Schumacher 1:33,098, 11. Trulli 1:33,168, 12. Klien 1:33,174, 13. M. Schumacher 1:33,242, 14. Coulthard 1:33,430, 15. Sato 1:33,514, 16. Button 1:33,753, 17. Montagny 1:34,090, 18. Massa 1:34,274, 19. Villeneuve 1:34,645, 20. Monteiro 1:34,702, 21. Liuzzi 1:34,842, 22. Albers 1:35,311, 23. Friesacher 1:35,791, 24. Karthikeyan 1:36,702

1. Training (Samstag)		2. Training (Samstag)		Qualifying (Samstag)	
1. Alonso	1:30,615	1. Räikkönen	1:29,680	1. Heidfeld	1:30,081
2. Montoya	1:31,278	2. Montoya	1:29,789	2. Räikkönen	1:30,197
3. Räikkönen	1:31,573	3. Alonso	1:29,987	3. Webber	1:30,368
4. Fisichella	1:31,778	4. Fisichella	1:30,071	4. Trulli	1:30,700
5. Barrichello	1:31,794	5. Trulli	1:30,552	5. Montoya	1:30,890
6. M. Schumacher	1:32,097	6. Heidfeld	1:30,559	6. Alonso	1:31,056
7. Webber	1:32,266	7. Sato	1:30,645	7. Barrichello	1:31,249
8. Heidfeld	1:32,304	8. R. Schumacher	1:30,692	8. R. Schumacher	1:31,392
9. R. Schumacher	1:32,432	9. Button	1:30,773	9. Fisichella	1:31,566
10. Sato	1:32,483	10. M. Schumacher	1:31,026	10. M. Schumacher	1:31,585
11. Button	1:32,501	11. Barrichello	1:31,449	11. Massa	1:32,205
12. Trulli	1:32,719	12. Liuzzi	1:31,572	12. Coulthard	1:32,553
13. Massa	1:33,212	13. Webber	1:32,054	13. Button	1:32,594
14. Coulthard	1:33,365	14. Massa	1:32,079	14. Liuzzi	1:32,642
15. Liuzzi	1:33,414	15. Coulthard	1:32,172	15. Villeneuve	1:32,891
16. Karthikeyan	1:33,681	16. Villeneuve	1:33,140	16. Sato	1:32,926
17. Villeneuve	1:33,731	17. Albers	1:33,977	17. Monteiro	1:35,047
18. Monteiro	1:34,407	18. Monteiro	1:34,527	18. Friesacher	1:35,954
19. Albers	1:34,871	19. Karthikeyan	1:34,640	19. Karthikeyan	1:36,192
20. Friesacher	1:35,067	20. Friesacher	1:35,087	20. Albers	1:36,239

Ab dem GP von Europa nur noch ein Qualifying!

Startaufstellung - inklusive Strafversetzungen:

Nick Heidfeld
Williams-BMW FW27 V10
1:30,081

Kimi Räikkönen
McLaren-Mercedes MP4/20 V10
1:30,197

Mark Webber
Williams-BMW FW27 V10
1:30,368

Jarno Trulli
Toyota TF105 V10
1:30,700

Juan Pablo Montoya
McLaren-Mercedes MP4/20 V10
1:30,890

Fernando Alonso
Renault R25 V10
1:31,056

Rubens Barrichello
Ferrari F2005 V10
1:31,249

Ralf Schumacher
Toyota TF105 V10
1:31,392

Giancarlo Fisichella
Renault R25 V10
1:31,566

Michael Schumacher
Ferrari F2005 V10
1:31,585

Felipe Massa
Sauber-Petronas C24 V10
1:32,205

David Coulthard
Red Bull-Cosworth RB1 V10
1:32,553

Jenson Button
BAR-Honda 007 V10
1:32,594

Vitantonio Liuzzi
Red Bull-Cosworth RB1 V10
1:32,642

Jacques Villeneuve
Sauber-Petronas C24 V10
1:32,891

Takuma Sato
BAR-Honda 007 V10
1:32,926

Tiago Monteiro
Jordan-Toyota EJ15 V10
1:35,047

Patrick Friesacher
Minardi-Cosworth PS05 V10
1:35,954

Narain Karthikeyan
Jordan-Toyota EJ15 V10
1:36,192

Christijan Albers
Minardi-Cosworth PS05 V10
1:36,239

Höchstgeschwindigkeiten (Freitag, 1. oder 2. Training): 1. Alonso 314,3, 2. Wurz 313,2, 3. Fisichella 312,1, 4. Montoya 310,7, 5. Zonta 310,4, 6. Klien 309,8, 7. Albers 308,6, 8. Räikkönen 308,5, 9. Massa 307,0, 10. Coulthard 306,6, 11. Trulli 306,4, 12. Liuzzi 306,2, 13. Webber 306,1, 14. Barrichello 305,8, 15. Heidfeld 305,4, 16. M. Schumacher 305,2, 17. Button 304,7, 18. Friesacher 304,6, 19. Sato 303,9, 20. Montagny 303,2, 21. Villeneuve 302,9, 22. Monteiro 302,9, 23. R. Schumacher 302,2, 24. Karthikeyan 302,0

Höchstgeschwindigkeiten (Qualifying, Samstag): 1. M. Schumacher 310,4, 2. Fisichella 309,7, 3. Coulthard 309,0, 4. Barrichello 309,0, 5. Massa 308,3, 6. Alonso 308,3, 7. Räikkönen 307,9, 8. Liuzzi 307,3, 9. Albers 306,9, 10. Trulli 306,8, 11. Montoya 306,7, 12. Heidfeld 306,7, 13. Button 306,4, 14. Webber 305,5, 15. Sato 305,1, 16. Friesacher 304,9, 17. Villeneuve 303,8, 18. R. Schumacher 302,6, 19. Monteiro 302,5, 20. Karthikeyan 302,0

Höchstgeschwindigkeiten (Sonntag): 1. Barrichello 313,1, 2. Montoya 312,8, , 3. M. Schumacher 311,7, 4. Fisichella 311,6, 5. Alonso 311,5, 6. Sato 309,2, 7. Massa 309,1, 8. Trulli 309,0, 9. Liuzzi 308,8, 10. Villeneuve 308,3, 11. Button 308,3, 12. Albers 307,2, 13. Räikkönen 306,9, 14. Heidfeld 306,8, 15. Karthikeyan 305,2, 16. Coulthard 305,1, 17. R. Schumacher 304,9, 18. Monteiro 303,9, 19. Friesacher 301,0

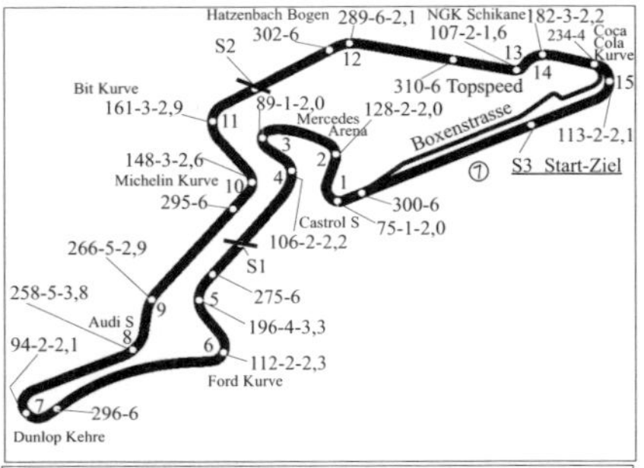

Legende: 132-2-2,1 = 132 km/h-2. Gang-2,1 Gravitation

Wetter am Renntag: Sonnig und warm, 24 Grad Lufttemperatur, 43-45 Grad Asphalttemperatur, 52-55 Prozent Luftfeuchtigkeit, 112.000 Zuschauer am Renntag

Distanz: 60 Runden à 5,148 km = 308,863 km
Ziellinie 0,017 km hinter der Startlinie

Sieger 2004: M. Schumacher (Ferrari), 1.32:35,101 = 200,159 km/h, 2. Barrichello -17,989, 3. Button -22.533

Poleposition 2004: M. Schumacher (Ferrari): 1:28,351 = 209,763 km/h

Schnellste Runde 2004: M. Schumacher (Ferrari): 1:29,468 = 207,144 km/h

Boxenstopps:

Sato:	1. Runde: Tanken und neuer Frontflügel nach Startcrash in 13,6 sec., total 30,6 sec., Platz 18
R. Schumacher:	1. Runde: Tanken und neuer Frontflügel nach Startcrash in 9,7 sec., total 26,8 sec., Platz 19
Trulli:	8. Runde: Drive-Through-Strafe weil die Mechaniker nicht 15 Sekunden vor dem Start den Wagen verlassen haben, verliert total 13,6 sec., Platz 5-9
Barrichello:	11. Runde: Tanken in 9,0 sec., total 25,5 sec., Platz 6-12
Heidfeld:	12. Runde: Tanken in 7,1 sec., total 23,8 sec., Platz 2-4
Räikkönen:	18. Runde: Tanken in 9,1 sec., total 25,7 sec., Platz 1-3
Trulli:	18. Runde: 2. Stopp, Tanken in 10,8 sec., total 27,4 sec., Platz 9-12
Massa:	19. Runde: Tanken in 10,5 sec., total 27,3 sec., Platz 5-9
Liuzzi:	19. Runde: Tanken in total 27,2 sec., Platz 7-11
Montoya:	19. Runde: Tanken in 9,2 sec., total 25,9 sec., Platz 8-10
Friesacher:	19. Runde: Tanken in total 27,8 sec., Platz 19
Coulthard:	20. Runde: Tanken in 10,6 sec., total 27,0 sec., Platz 2-4
M. Schumacher:	20. Runde: Tanken in 9,7 sec., total 26,4 sec., Platz 5-9
Albers:	20. Runde: Tanken in 11,2 sec., total 28,0 sec., Platz 18
Monteiro:	21. Runde: Tanken in total 25,4 sec., Platz 15-17
Fisichella:	22. Runde: Tanken in 10,5 sec., total 26,9 sec., Platz 6-12
Karthikeyan:	22. Runde: Tanken in total 24,7 sec., Platz 14-16
Alonso:	23. Runde: Tanken in 9,6 sec., total 26,4 sec., Platz 1-3
Coulthard:	23. Runde: 2. Stopp, Drive-Through-Strafe für überhöhte Geschwindigkeit bei 1. Stopp, verliert total 13,6 sec., Platz 4-5
Button:	23. Runde: Tanken in total 25,6 sec., Platz 5-11
Villeneuve:	24. Runde: Tanken in 9,2 sec., total 26,0 sec., Platz 13-15
R. Schumacher:	26. Runde: 2. Stopp, Tanken in 8,4 sec., total 25,3 sec., Platz 14
Sato:	27. Runde: 2. Stopp, Tanken in 8,6 sec., total 25,3 sec., Platz 13
Heidfeld:	31. Runde: 2. Stopp, Tanken in 8,1 sec., total 24,9 sec., Platz 2-4
Albers:	30. Runde: 2. Stopp, Drive-Through-Strafe für ignorieren der blauen Flagge, verliert total 13,9 sec., Platz 18
Barrichello:	33. Runde: 2. Stopp, Tanken in 6,8 sec., total 23,3 sec., Platz 3-4
Friesacher:	37. Runde: 2. Stopp, Tanken in total 28,3 sec., Platz 18
Albers:	38. Runde: 3. Stopp, Tanken in total 26,7 sec., Platz 17
Karthikeyan:	40. Runde: 2. Stopp, Tanken in total 24,5 sec., Platz 16
Räikkönen:	43. Runde: 2. Stopp, Tanken in 6,7 sec., total 23,4 sec., Platz 1-2
Monteiro:	42. Runde: 2. Stopp, Tanken in total 24,1 sec., Platz 15
Massa:	44. Runde: 2. Stopp, Tanken in total 24,1 sec., Platz 7-11

Liuzzi:	44. Runde: 2. Stopp, Tanken in 7,6 sec., total 24,2 sec., Platz 10-12
Montoya:	45. Runde: 2. Stopp, Tanken in 7,8 sec., total 23,9 sec., Platz 7-10
Monteiro:	44. Runde: 3. Stopp, Drive-Through-Strafe für ignorieren der blauen Flagge, verliert total 13,7 sec., Platz 15-16
Trulli:	45. Runde: 3. Stopp, Tanken in total 23,5 sec., Platz 8-11
M. Schumacher:	46. Runde: 2. Stopp, Tanken in 6,8 sec., total 22,8 sec., Platz 6-7
Button:	46. Runde: 2. Stopp, Tanken in 6,4 sec., total 23,4 sec., Platz 8-12
Alonso:	47. Runde: 2. Stopp, Tanken in 5,6 sec., total 22,7 sec., Platz 1-4
Villeneuve:	46. Runde: 2. Stopp, Tanken in total 22,9 sec., Platz 14
Coulthard:	47. Runde: 3. Stopp, Tanken in total 22,7 sec., Platz 5
Barrichello:	48. Runde: 3. Stopp, Tanken in 5,2 sec., total 21,8 sec., Platz 3-4
Sato:	49. Runde: 3. Stopp, Tanken in total 21,9 sec., Platz 13
Heidfeld:	50. Runde: 3. Stopp, Tanken in 5,5 sec., total 22,0 sec., Platz 2-3
Fisichella:	50. Runde: 2. Stopp, Tanken in 4,6 sec., total 21,1 sec., Platz 6-7
Massa:	54. Runde: 3. Stopp, Neuer Frontflügel und neuer linker Vorderreifen in 20,6 sec., verliert total 38,4 sec., Platz 13-14
Ausfälle:	
Webber:	1. Runde: Kollision mit Montoya in der ersten Kurve, Platz 3 (am Start)
R. Schumacher:	34. Runde: Dreher nach einem Fahrfehler, Platz 14
Räikkönen:	59. Runde: Durch einen Bremsplatten am linken Vorderreifen starke Vibrationen und in der Folge eine gebrochene Radaufhängung

Startabbruch - Fisichella bleibt am Start stehen und muss an die Box geschoben werden, während das Feld auf eine zweite Aufwärmrunde geht. Fisichella startet aus der Boxengasse.

Kollision in der 1. Kurve zwischen Montoya, Webber. Weiters involviert sind R. Schumacher, M. Schumacher, Barrichello und Sato, diese Piloten können aber weiterfahren.

Stand nach 1. Runde:
1. Räikkönen, 2. Heidfeld, 3. Trulli, 4. Coulthard, 5. Alonso, 6. Massa, 7. Liuzzi, 8. Button, 9. Barrichello, 10. Monteiro

Führung im Rennen:
1.-18. Runde: Räikkönen
19. Runde: Coulthard
20.-23. Runde: Alonso
24.-29. Runde: Räikkönen
30. Runde: Heidfeld
31.-43. Runde: Räikkönen
44.-47. Runde: Alonso
48.-58. Runde: Räikkönen
59. Runde: Alonso

Ergebnis:

1. Fernando Alonso (Spanien) Renault	1.31:46,648 = 198,555 km/h	
2. Nick Heidfeld (Deutschland) Williams-BMW	1.32:03,215 = 197,959 km/h	16,567 zurück
3. Rubens Barrichello (Brasilien) Ferrari	1.32:05,197 = 197,888 km/h	18,549 zurück
4. David Coulthard (Schottland) Red Bull-Cosworth	1.32:18,236 = 197,422 km/h	31,588 zurück
5. Michael Schumacher (Deutschland) Ferrari	1.32:37,093 = 196,752 km/h	50,445 zurück
6. Giancarlo Fisichella (Italien) Renault	1.32:38,580 = 196,700 km/h	51,932 zurück
7. Juan Pablo Montoya (Kolumbien) McLaren-Mercedes	1.32:44,821 = 196,479 km/h	58,173 zurück
8. Jarno Trulli (Italien) Toyota	1.32:57,739 = 196,024 km/h	71,091 zurück
9. Vitantonio Liuzzi (Italien) Red Bull-Cosworth	1.32:58,177 = 196,009 km/h	71,529 zurück
10. Jenson Button (Großbritannien) BAR-Honda	1.33:22,434 = 195,160 km/h	95,786 zurück
11. Kimi Räikkönen (Finnland) McLaren-Mercedes	1.30:08,373 = 198,736 km/h	Ausfall
12. Takuma Sato (Japan) BAR-Honda	1.31:48,301 = 195,131 km/h	1 Runde zurück
13. Jacques Villeneuve (Kanada) Sauber-Petronas	1.32:15,608 = 194,168 km/h	1 Runde zurück
14. Felipe Massa (Brasilien) Sauber-Petronas	1.32:32,755 = 193,568 km/h	1 Runde zurück
15. Tiago Monteiro (Portugal) Jordan-Toyota	1.33:11,372 = 192,232 km/h	1 Runde zurück
16. Narain Karthikeyan (Indien) Jordan-Toyota	1.33:12,277 = 192,200 km/h	1 Runde zurück
17. Christijan Albers (Niederlande) Minardi-Cosworth	1.33:19,276 = 188,650 km/h	2 Runden zurück
18. Patrick Friesacher (Österreich) Minardi-Cosworth	1.32:15,162 = 187,487 km/h	3 Runden zurück

Räikkönen beendet nicht das Rennen, wird aber aufgrund der zurückgelegten Distanz gewertet

Schnellste Runde im Qualifying: Heidfeld (Williams-BMW): 1:30,081 = 205,734 km/h
Schnellste Runde im Rennen: Alonso (Renault): 1:30,711 = 204,305 km/h

Schnellste Runde jedes Fahrers im Rennen: 1. Alonso 1:30,711 (44.), 2. Räikkönen 1:30,940 (9.), 3. Barrichello 1:31,028 (44.), 4. Heidfeld 1:31,124 (9.), 5. Coulthard 1:31,306 (19.), 6. M. Schumacher 1:31,503 (19.), 7. Fisichella 1:31,708 (47.), 8. R. Schumacher 1:31,724 (25.), 9. Trulli 1:31,779 (43.), 10. Montoya 1:31,807 (42.), 11. Sato 1:31,889 (26.), 12. Button 1:31,955 (20.), 13. Liuzzi 1:31,971 (43.), 14. Massa 1:32,329 (18.), 15. Villeneuve 1:32,583 (41.), 16. Karthikeyan 1:33,292 (21.), 17. Monteiro 1:33,425 (39.), 18. Albers 1:35,047 (18.), 19. Friesacher 1:35,536 (18.)

WM-Stand: 1. Alonso 59, 2. Räikkönen 27, 3. Trulli 27, 4. Heidfeld 25, 5. Webber 18, 6. Fisichella 17, 7. R. Schumacher 17, 8. M. Schumacher 16, 9. Montoya 16, 10. Barrichello 15, 11. Coulthard 15, 12. Wurz 6, 13. Villeneuve 5, 14. de la Rosa 4, 15. Klien 3, 16. Massa 2, 17. Liuzzi 1

Konstrukteur-WM: 1. Renault 76, 2. McLaren-Mercedes 53, 3. Toyota 44, 4. Williams-BMW 43, 5. Ferrari 31, 6. Red Bull-Cosworth 19, 7. Sauber-Petronas

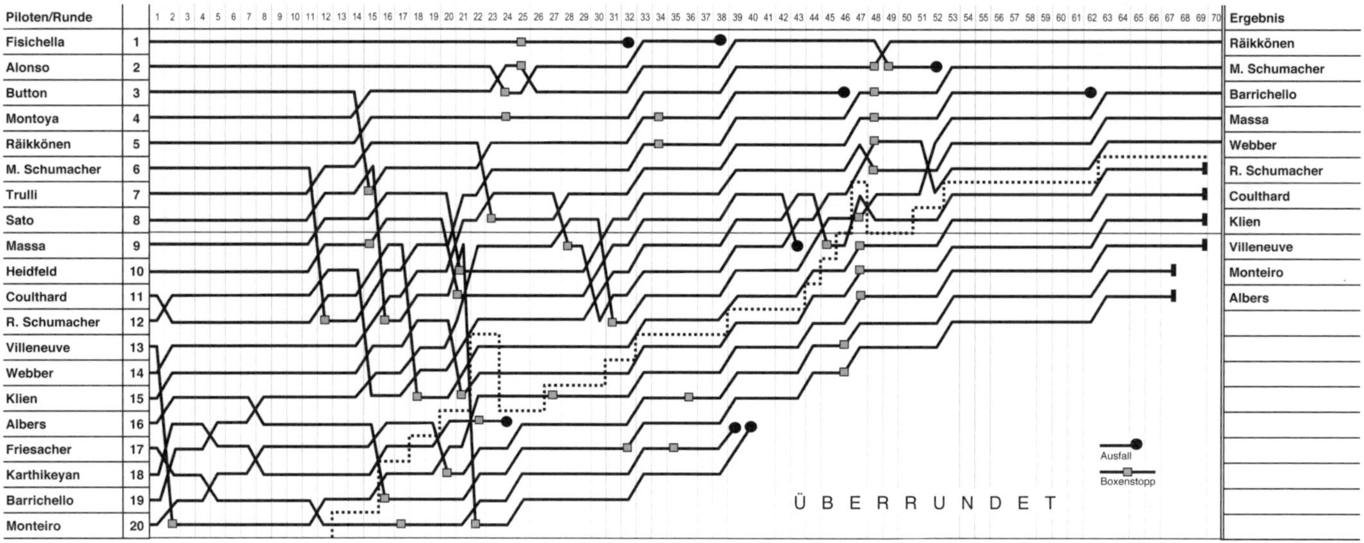
Piloten/Runde
Fisichella 1
Alonso 2
Button 3
Montoya 4
Räikkönen 5
M. Schumacher 6
Trulli 7
Sato 8
Massa 9
Heidfeld 10
Coulthard 11
R. Schumacher 12
Villeneuve 13
Webber 14
Klien 15
Albers 16
Friesacher 17
Karthikeyan 18
Barrichello 19
Monteiro 20
1 2 3 4 5 6 7 8 9 10 11 12 13 14 15 16 17 18 19 20 21 22 23 24 25 26 27 28 29 30 31 32 33 34 35 36 37 38 39 40 41 42 43 44 45 46 47 48 49 50 51 52 53 54 55 56 57 58 59 60 61 62 63 64 65 66 67 68 69 70
Ergebnis
Räikkönen
M. Schumacher
Barrichello
Massa
Webber
R. Schumacher
Coulthard
Klien
Villeneuve
Monteiro
Albers
ÜBERRUNDET
Ausfall
Boxenstopp

Lauf 8 – Großer Preis von Kanada – Montreal, 12. Juni 2005

1. Training Freitag:
1. de la Rosa 1:16,415, 2. Zonta 1:16,584, 3. Räikkönen 1:16,677, 4. Button 1:16,710, 5. M. Schumacher 1:16,872, 6. Montoya 1:16,945, 7. Fisichella 1:17,281, 8. Sato 1:17,458, 9. R. Schumacher 1:17,497, 10. Barrichello 1:17,541, 11. Heidfeld 1:17,739, 12. Trulli 1:18,049, 13. Webber 1:18,138, 14. Massa 1:18,252, 15. Speed 1:18,499, 16. Villeneuve 1:18,732, 17. Klien 1:19,212, 18. Coulthard 1:19,694, 19. Karthikeyan 1:19,791, 20. Friesacher 1:21,990, 21. Albers 1:22,452, 22. Monteiro 1:23,152, 23. Alonso keine Zeit

2. Training Freitag:
1. de la Rosa 1:14,662, 2. Zonta 1:14,858, 3. Alonso 1:15,376, 4. Montoya 1:15,625, 5. Räikkönen 1:15,679, 6. Fisichella 1:15,846, 7. Button 1:16,190, 8. Sato 1:16,313, 9. R. Schumacher 1:16,364, 10. Barrichello 1:16,459, 11. Trulli 1:16,638, 12. Webber 1:16,661, 13. Villeneuve 1:16,718, 14. Massa 1:16,727, 15. Heidfeld 1:16,826, 16. M. Schumacher 1:17,200, 17. Coulthard 1:17,299, 18. Klien 1:17,922, 19. Friesacher 1:18,115, 20. Karthikeyan 1:18,234, 21. Albers 1:18,463, 22. Monteiro 1:19,186, 23. Speed 1:19,270

1. Training (Samstag)		2. Training (Samstag)		Qualifying (Samstag)	
1. Alonso	1:15,582	1. Räikkönen	1:14,232	1. Button	1:15,217
2. Fisichella	1:15,758	2. Alonso	1:14,670	2. M. Schumacher	1:15,475
3. Räikkönen	1:15,826	3. Montoya	1:14,745	3. Alonso	1:15,561
4. Sato	1:16,109	4. Fisichella	1:14,746	4. Fisichella	1:15,577
5. Button	1:16,386	5. Sato	1:14,883	5. Montoya	1:15,669
6. Webber	1:16,463	6. R. Schumacher	1:15,280	6. Sato	1:15,729
7. M. Schumacher	1:16,538	7. Button	1:15,282	7. Räikkönen	1:15,923
8. Heidfeld	1:16,569	8. M. Schumacher	1:15,316	8. Villeneuve	1:16,116
9. Montoya	1:16,749	9. Heidfeld	1:15,723	9. Trulli	1:16,201
10. Massa	1:16,816	10. Webber	1:15,894	10. R. Schumacher	1:16,362
11. R. Schumacher	1:16,999	11. Barrichello	1:15,995	11. Massa	1:16,661
12. Trulli	1:17,441	12. Massa	1:16,020	12. Coulthard	1:16,890
13. Villeneuve	1:17,469	13. Trulli	1:16,063	13. Heidfeld	1:17,081
14. Klien	1:17,595	14. Coulthard	1:16,341	14. Webber	1:17,749
15. Barrichello	1:17,908	15. Villeneuve	1:16,355	15. Albers	1:18,214
16. Coulthard	1:17,992	16. Klien	1:16,355	16. Klien	1:18,249
17. Karthikeyan	1:18,338	17. Karthikeyan	1:17,215	17. Karthikeyan	1:18,664
18. Monteiro	1:18,710	18. Monteiro	1:17,618	18. Monteiro	1:19,034
19. Friesacher	1:21,031	19. Friesacher	1:17,621	19. Friesacher	1:19,574
20. Albers	1:21,882	20. Albers	1:17,725	20. Barrichello	-:--

Startaufstellung - inklusive Strafversetzungen:

Jenson Button
BAR-Honda 007 V10
1:15,217

Michael Schumacher
Ferrari F2005 V10
1:15,475

Fernando Alonso
Renault R25 V10
1:15,561

Giancarlo Fisichella
Renault R25 V10
1:15,577

Juan Pablo Montoya
McLaren-Mercedes MP4/20 V10
1:15,669

Takuma Sato
BAR-Honda 007 V10
1:15,729

Kimi Räikkönen
McLaren-Mercedes MP4/20 V10
1:15,923

Jacques Villeneuve
Sauber-Petronas C24 V10
1:16,116

Jarno Trulli
Toyota TF105 V10
1:16,201

Ralf Schumacher
Toyota TF105 V10
1:16,362

Felipe Massa
Sauber-Petronas C24 V10
1:16,661

David Coulthard
Red Bull-Cosworth RB1 V10
1:16,890

Nick Heidfeld
Williams-BMW FW27 V10
1:17,081

Mark Webber
Williams-BMW FW27 V10
1:17,749

Christijan Albers
Minardi-Cosworth PS05 V10
1:18,214

Christian Klien
Red Bull-Cosworth RB1 V10
1:18,249

Narain Karthikeyan
Jordan-Toyota EJ15 V10
1:18,664

Tiago Monteiro
Jordan-Toyota EJ15 V10
1:19,034

Patrick Friesacher
Minardi-Cosworth PS05 V10
1:19,574

Rubens Barrichello
Ferrari F2005 V10
keine Zeit

Höchstgeschwindigkeiten (Freitag, 1. oder 2. Training): 1. Fisichella 334,6, 2. Alonso 333,6, 3. M. Schumacher 329,8, 4. Barrichello 327,5, 5. Webber 327,4, 6. Heidfeld 327,4, 7. Zonta 326,0, 8. Montoya 325,7, 9. de la Rosa 325,3, 10. Räikkönen 324,3, 11. Massa 323,4, 12. Friesacher 323,2, 13. R. Schumacher 322,6, 14. Sato 322,4, 15. Trulli 321,5, 16. Button 320,8, 17. Karthikeyan 320,5, 18. Klien 320,0, 19. Coulthard 319,7, 20. Speed 318,6, 21. Albers 317,8, 22. Villeneuve 317,3, 23. Monteiro 317,3

Höchstgeschwindigkeiten (Qualifying, Samstag): 1. Fisichella 330,3, 2. Alonso 329,7, 3. M. Schumacher 328,2, 4. Villeneuve 325,0, 5. Massa 323,1, 6. Coulthard 322,4, 7. R. Schumacher 322,2, 8. Montoya 322,0, 9. Albers 321,3, 10. Trulli 320,7, 11. Webber 320,6, 12. Heidfeld 320,5, 13. Klien 320,1, 14. Sato 320,1, 15. Räikkönen 320,0, 16. Button 318,6, 17. Friesacher 315,7, 18. Monteiro 312,8, 19. Karthikeyan 311,1, 20. Barrichello 303,9

Höchstgeschwindigkeiten (Sonntag): 1. M. Schumacher 338,4, 2. Fisichella 338,3, 3. Barrichello 336,7, 4. Webber 336,6, 5. Alonso 335,8, 6. R. Schumacher 335,1, 7. Heidfeld 333,6, 8. Räikkönen 333,0, 9. Trulli 332,2, 10. Villeneuve 332,2, 11. Montoya 331,4, 12. Klien 331,3, 13. Massa 330,9, 14. Albers 330,0, 15. Friesacher 328,1, 16. Coulthard 328,0, 17. Monteiro 326,0, 18. Button 325,1, 19. Karthikeyan 325,1, 20. Sato 323,4

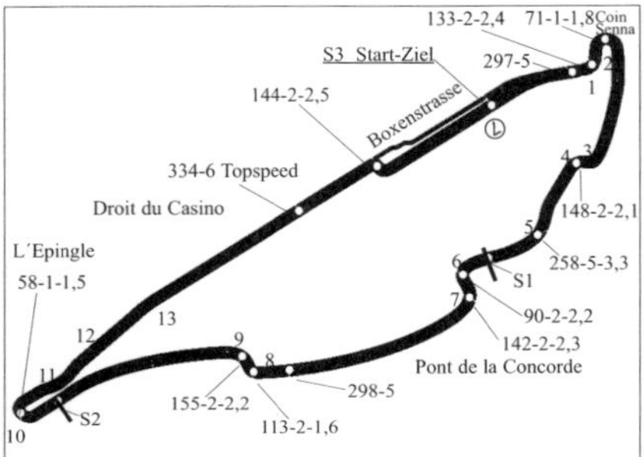

Legende: 132-2-2,1 = 132 km/h-2. Gang-2,1 Gravitation

Wetter am Renntag: Bewölkt, heiss, trocken, 32 Grad Lufttemperatur, 34-46 Grad Asphalttemperatur, 56-58 Prozent Luftfeuchtigkeit, 121.000 Zuschauer am Renntag

Distanz: 70 Runden à 4,361 km = 305,270 km

Sieger 2004: M. Schumacher (Ferrari), 1.28:24,803 = 207,165 km/h, 2. Barrichello -5,108, 3. Button -20,409

Poleposition 2004: R. Schumacher (Williams-BMW): 1:12,275 = 217,220 km/h

Schnellste Runde 2004: Barrichello (Ferrari): 1:13,622 = 213,246 km/h

Boxenstopps:

Villeneuve:	2. Runde: Neue Nase nach Kollision mit Takuma Sato, verliert total 43,4 sec., Platz 20
M. Schumacher:	12. Runde: Tanken in total 25,9 sec., Platz 12
Button:	15. Runde: Tanken in 7,9 sec., total 24,5 sec., Platz 7-6
R. Schumacher:	15. Runde: Tanken in total 27,7 sec., Platz 15
Sato:	16. Runde: Tanken in total 24,9 sec., Platz 12
Albers:	16. Runde: Tanken in total 26,5 sec., Platz 19
Friesacher:	17. Runde: Tanken in total 26,2 sec., Platz 20
Coulthard:	18. Runde: Tanken in total 28,1 sec., Platz 15
Monteiro:	20. Runde: Tanken in total 24,4 sec., Platz 18
Massa:	21. Runde: Tanken in total 28,1 sec., Platz 10
Heidfeld:	21. Runde: Tanken in 11,3 sec., total 28,3 sec., Platz 11
Klien:	21. Runde: Tanken in total 27,4 sec., Platz 15-14
Sato:	22. Runde: 2. Stopp, Getriebeproblem, Wechsel des kompletten Hecks, verliert total 30,51 min., Platz 20
Karthikeyan:	22. Runde: Tanken in total 24,4 sec., Platz 16
Trulli:	23. Runde: Tanken in 11,1 sec., total 27,5 sec., Platz 8
Alonso:	24. Runde: Tanken in 12,7 sec., total 30,0 sec., Platz 3
Räikkönen:	24. Runde: Tanken in total 28,2 sec., Platz 4
Fisichella:	25. Runde: Tanken in 10,0 sec., total 27,2 sec., Platz 1
Montoya:	25. Runde: Tanken in total 27,6 sec., Platz 2-3
Villeneuve:	27. Runde: 2. Stopp, Tanken in total 27,3 sec., Platz 15
Webber:	28. Runde: Tanken in total 26,2 sec., Platz 9
Barrichello:	31. Runde: Tanken in 8,9 sec., total 26,3 sec., Platz 12
Albers:	32. Runde: 2. Stopp, Tanken in total 26,7 sec., Platz 17
Button:	34. Runde: 2. Stopp, Tanken in total 25,5 sec., Platz 4
M. Schumacher:	34. Runde: 2. Stopp, Tanken in 8,3 sec., total 25,2 sec., Platz 5
Friesacher:	35. Runde: 2. Stopp, Tanken in total 26,4 sec., Platz 17
Monteiro:	36. Runde: 2. Stopp, Tanken in total 24,5 sec., Platz 15
R. Schumacher:	45. Runde: 2. Stopp, Tanken in total 25,9 sec., Platz 9
Barrichello:	47. Runde: 2. Stopp, Tanken in total 27,2 sec., Platz 8-7
Räikkönen:	48. Runde: 2. Stopp, Tanken in 10,2 sec., total 28,8 sec., Platz 2-1
Coulthard:	47. Runde: 2. Stopp, Tanken in total 25,8 sec., Platz 9
Monteiro:	46. Runde: 3. Stopp, Tanken in total 25,6 sec., Platz 13-12
Klien:	47. Runde: 2. Stopp, Tanken in total 26,3 sec., Platz 10
M. Schumacher:	48. Runde: 3. Stopp, Tanken in total 23,4 sec., Platz 3
Villeneuve:	47. Runde: 3. Stopp, Tanken in total 24,4 sec., Platz 11

Albers:	46. Runde: 3. Stopp, Tanken in total 27,0 sec., Platz 14-13
Trulli:	48. Runde: 2. Stopp, Tanken in total 24,7 sec., Platz 4
Massa:	48. Runde: 2. Stopp, Tanken in total 25,7 sec., Platz 6
Webber:	48. Runde: 2. Stopp, Tanken in total 23,9 sec., Platz 5
Montoya:	49. Runde: 2. Stopp, Tanken in 6,8 sec., total 24,7 sec., Platz 2

Ausfälle:

Karthikeyan:	25. Runde: Aufhängung rechts hinten nach Berührung der Wand gebrochen, Platz 16
Fisichella:	33. Runde: Hydraulikproblem, Platz 1
Alonso:	39. Runde: Aufhängung rechts hinten nach Berührung der Wand gebrochen, Platz 1
Friesacher:	40. Runde: Hydraulikproblem, dadurch fehlende Servolenkung, Platz 16
Sato:	41. Runde: Mangelnder Hydraulikdruck und blockierende Hinterbremsen, Platz 16
Heidfeld:	44. Runde: Motorschaden aufgrund Überhitzung, Platz 9
Button:	47. Runde: Aufhängung rechts hinten nach Berührung der Wand gebrochen, Platz 3
Trulli:	63. Runde: Bremsscheibe vorne rechts explodiert, Platz 3

- Barrichello startet aus der Boxengasse wegen eines Getriebedefektes im Qualifying,
- Safety Car von der 47. bis zur 51 Runde - Nach dem Unfall von Button werden die Wrackteile von der Fahrbahn entfernt

Stand nach 1. Runde:
1. Fisichella. 2. Alonso, 3. Button, 4. Montoya, 5. Räikkönen, 6. M. Schumacher, 7. Trulli, 8. Sato, 9. Massa, 10. Heidfeld

Führung im Rennen:

1.-32. Runde: Fisichella
33.-38. Runde: Alonso
39.-48. Runde: Montoya
49.-70. Runde: Räikkönen

Ergebnis:

1. Kimi Räikkönen (Finnland) McLaren-Mercedes	1.32:09,290 = 198,754 km/h	
2. Michael Schumacher (Deutschland) Ferrari	1.32:10,427 = 198,713 km/h	1,137 zurück
3. Rubens Barrichello (Brasilien) Ferrari	1.32:49,773 = 197,309 km/h	40,483 zurück
4. Felipe Massa (Brasilien) Sauber-Petronas	1.33:04,429 = 196,792 km/h	55,139 zurück
5. Mark Webber (Australien) Williams-BMW	1.33:05,069 = 196,769 km/h	55,779 zurück
6. Ralf Schumacher (Deutschland) Toyota	1.32:34,221 = 195,035 km/h	1 Runde zurück
7. David Coulthard (Schottland) Red Bull-Cosworth	1.32:44,325 = 194,681 km/h	1 Runde zurück
8. Christian Klien (Österreich) Red Bull-Cosworth	1.32:50,964 = 194,449 km/h	1 Runde zurück
9. Jacques Villeneuve (Kanada) Sauber-Petronas	1.32:51,385 = 194,435 km/h	1 Runde zurück
10. Tiago Monteiro (Portugal) Jordan-Toyota	1.32:16,537 = 189,987 km/h	3 Runden zurück
11. Christijan Albers (Niederlande) Minardi-Cosworth	1.32:26,711 = 189,639 km/h	3 Runden zurück

- Montoya wird disqualifiziert nachdem er die Boxengasse während der Safety-Car-Phase bei Rotlicht verläßt als eben die Wagenkolonne bei der Boxenausfahrt vorbei zieht. (Artikel 149i des Sportlichen Reglements der FIA)

Schnellste Runde im Qualifying: Button (BAR-Honda): 1:15,217 = 208,724 km/h
Schnellste Runde im Rennen: Räikkönen (McLaren-Mercedes): 1:14,384 = 211,061 km/h

Schnellste Runde jedes Fahrers im Rennen: 1. Räikkönen 1:14,384 (23.), 2. Alonso 1:14,727 (38.), 3. M. Schumacher 1:14,868 (32.), 4. Fisichella 1:14,890 (24.), 5. Button 1:15,189 (30.), 6. Webber 1:15,401 (23.), 7. Barrichello 1:15,480 (46.), 8. Heidfeld 1:15,752 (20.), 9. R. Schumacher 1:15,827 (44.), 10. Trulli 1:15,872 (43.), 11. Villeneuve 1:15,945 (26.), 12. Massa 1:16,008 (18.), 13. Sato 1:16,044 (14.), 14. Klien 1:16,299 (46.), 15. Coulthard 1:16,414 (17.), 16. Karthikeyan 1:17,015 (20.), 17. Monteiro 1:17,344 (19.), 18. Albers 1:18,462 (15.), 19. Friesacher 1:18,709 (33.), 20. Montoya 1:14,576 (24.)

WM-Stand: 1. Alonso 59, 2. Räikkönen 37, 3. Trulli 27, 4. Heidfeld 25, 5. M. Schumacher 24, 6. Webber 22, 7. Barrichello 21, 8. R. Schumacher 20, 9. Fisichella 17, 10. Coulthard 17, 11. Montoya 16, 12. Massa 7, 13. Wurz 6, 14. Villeneuve 5, 15. de la Rosa 4, 16. Klien 4, 17. Liuzzi 1

Konstrukteur-WM: 1. Renault 76, 2. McLaren-Mercedes 63, 3. Williams-BMW 47, 4. Toyota 47, 5. Ferrari 45, 6. Red Bull-Cosworth 22, 7. Sauber-Petronas 12

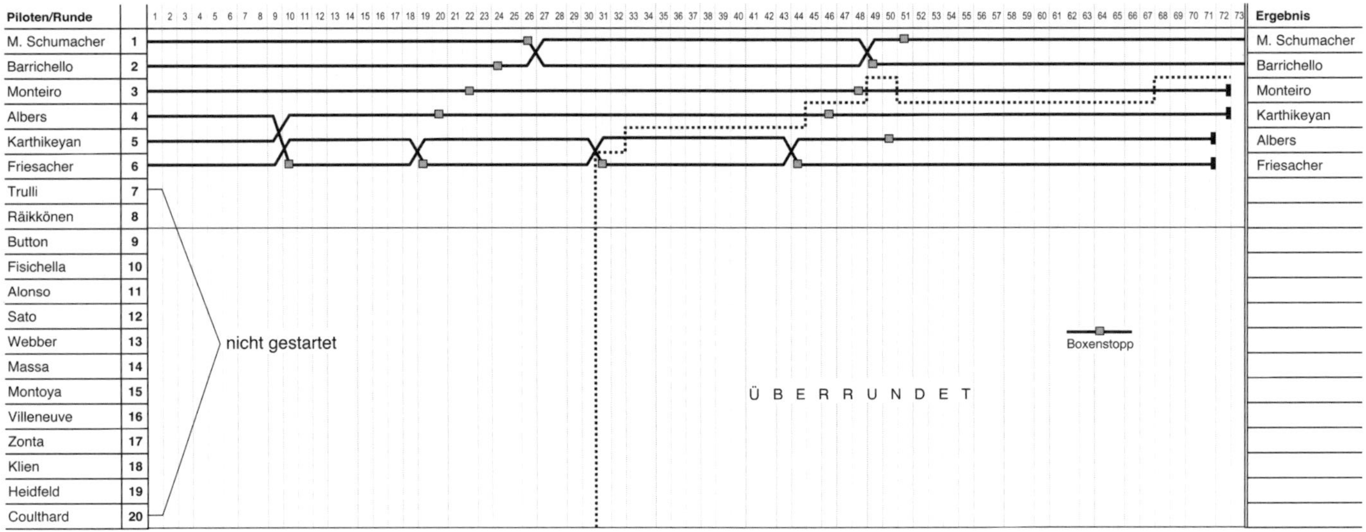
Piloten/Runde
M. Schumacher 1
Barrichello 2
Monteiro 3
Albers 4
Karthikeyan 5
Friesacher 6
Trulli 7
Räikkönen 8
Button 9
Fisichella 10
Alonso 11
Sato 12
Webber 13
Massa 14
Montoya 15
Villeneuve 16
Zonta 17
Klien 18
Heidfeld 19
Coulthard 20
1 2 3 4 5 6 7 8 9 10 11 12 13 14 15 16 17 18 19 20 21 22 23 24 25 26 27 28 29 30 31 32 33 34 35 36 37 38 39 40 41 42 43 44 45 46 47 48 49 50 51 52 53 54 55 56 57 58 59 60 61 62 63 64 65 66 67 68 69 70 71 72 73
nicht gestartet
ÜBERRUNDET
Boxenstopp
Ergebnis
M. Schumacher
Barrichello
Monteiro
Karthikeyan
Albers
Friesacher

Lauf 9 – Großer Preis von USA – Indianapolis, 19. Juni 2005

1. Training Freitag:
1. Montoya 1:12,027, 2. Zonta 1:12,085, 3. Alonso 1:12,666, 4. Heidfeld 1:12,804, 5. Button 1:12,865, 6. de la Rosa 1:12,913, 7. Sato 1:13,013, 8. Fisichella 1:13,024, 9. Webber 1:13,082, 10. M. Schumacher 1:13,242, 11. Barrichello 1:13,245, 12. R. Schumacher 1:13,461, 13. Trulli 1:13,683, 14. Coulthard 1:13,740, 15. Speed 1:13,846, 16. Klien 1:14,444, 17. Massa 1:14,637, 18. Villeneuve 1:14,696, 19. Karthikeyan 1:14,803, 20. Monteiro 1:14,978, 21. Doornbos 1:15,791, 22. Friesacher 1:16,343, 23. Albers 1:16,357, 24. Räikkönen keine Zeit

2. Training Freitag:
1. Montoya 1:11,118, 2. Räikkönen 1:11,228, 3. Barrichello 1:11,746, 4. M. Schumacher 1:11,758, 5. Heidfeld 1:11,825, 6. Coulthard 1:12,076, 7.de la Rosa 1:12,119, 8. Speed 1:12,143, 9. Alonso 1:12,265, 10. Trulli 1:12,344, 11. Fisichella 1:12,384, 12. Massa 1:12,464, 13. Webber 1:12,578, 14. Klien 1:12,664, 15. Button 1:12,803, 16. Sato 1:13,037, 17. Villeneuve 1:13,079, 18. Doornbos 1:13,361, 19. Zonta 1:13,567, 20. Friesacher 1:13,783, 21. Albers 1:13,963, 22. Karthikeyan 1:14,008, 23. Monteiro 1:14,336, 24. R. Schumacher keine Zeit

1. Training (Samstag)		2. Training (Samstag)		Qualifying (Samstag)	
1. Montoya	1:10,726	Räikkönen	1:10,643	Trulli	1:10,625
2. M. Schumacher	1:11,769	Button	1:10,844	Räikkönen	1:10,694
3. Barrichello	1:11,838	Alonso	1:10,920	Button	1:11,277
4. Coulthard	1:12,409	M. Schumacher	1:11,203	Fisichella	1:11,290
5. Monteiro	1:13,399	Sato	1:11,324	M. Schumacher	1:11,369
6. Karthikeyan	1:13,764	Fisichella	1:11,375	Alonso	1:11,380
7. Friesacher	1:14,572	Trulli	1:11,457	Barrichello	1:11,431
8. Albers	1:15,164	Montoya	1:11,574	Sato	1:11,497
9. Villeneuve	-:--	Zonta	1:11,760	Webber	1:11,527
10. Räikkönen	-:--	Barrichello	1:11,794	Massa	1:11,555
11. Button	-:--	Klien	1:11,806	Montoya	1:11,681
12. Sato	-:--	Villeneuve	1:11,875	Villeneuve	1:11,691
13. Heidfeld	-:--	Massa	1:11,915	Zonta	1:11,754
14. Fisichella	-:--	Webber	1:12,080	Klien	1:12,132
15. Webber	-:--	Heidfeld	1:12,186	Heidfeld	1:12,430
16. Massa	-:--	Coulthard	1:12,914	Coulthard	1:12,682
17. Alonso	-:--	Albers	1:13,024	Monteiro	1:13,462
18. Klien	-:--	Monteiro	1:13,051	Albers	1:13,632
19. Zonta	-:--	Karthikeyan	1:13,161	Karthikeyan	1:13,776
20. Trulli	-:--	Friesacher	1:13,501	Friesacher	1:14,494

Startaufstellung - inklusive Strafversetzungen:

Jarno Trulli
Toyota TF105 V10
1:10,625

Kimi Räikkönen
McLaren-Mercedes MP4/20 V10
1:10,694

Jenson Button
BAR-Honda 007 V10
1:11,277

Giancarlo Fisichella
Renault R25 V10
1:11,290

Michael Schumacher
Ferrari F2005 V10
1:11,369

Fernando Alonso
Renault R25 V10
1:11,380

Rubens Barrichello
Ferrari F2005 V10
1:11,431

Takuma Sato
BAR-Honda 007 V10
1:11,497

Mark Webber
Williams-BMW FW27 V10
1:11,527

Felipe Massa
Sauber-Petronas C24 V10
1:11,555

Juan Pablo Montoya
McLaren-Mercedes MP4/20 V10
1:11,681

Jacques Villeneuve
Sauber-Petronas C24 V10
1:11,691

Ricardo Zonta
Toyota TF105 V10
1:11,754

Christian Klien
Red Bull-Cosworth RB1 V10
1:12,132

Nick Heidfeld
Williams-BMW FW27 V10
1:12,430

David Coulthard
Red Bull-Cosworth RB1 V10
1:12,682

Tiago Monteiro
Jordan-Toyota EJ15 V10
1:13,462

Christijan Albers
Minardi-Cosworth PS05 V10
1:13,632

Narain Karthikeyan
Jordan-Toyota EJ15 V10
1:13,776

Patrick Friesacher
Minardi-Cosworth PS05 V10
1:14,494

Höchstgeschwindigkeiten (Freitag, 1. oder 2. Training): 1. de la Rosa 349,1, 2. Räikkönen 346,4, 3. Zonta 346,4, 4. Sato 343,6, 5. Alonso 342,7, 6. Montoya 342,2, 7. Fisichella 341,9, 8. Monteiro 341,8, 9. Villeneuve 340,1, 10. Klien 339,9, 11. Trulli 338,7, 12. Button 338,6, 13. Massa 338,5, 14. Coulthard 338,2, 15. Albers 337,7, 16. Barrichello 336,7, 17. M. Schumacher 336,4, 18. Karthikeyan 336,3, 19. R. Schumacher 336,3, 20. Doornbos 336,1, 21. Friesacher 335,8, 22. Heidfeld 334,1, 23. Speed 333,5, 24. Webber 333,3

Höchstgeschwindigkeiten (Qualifying, Samstag): 1. Trulli 342,2, 2. Zonta 340,3, 3. Alonso 338,1, 4. Massa 335,9, 5. Räikkönen 334,5, 6. Villeneuve 333,3, 7. Fisichella 333,0, 8. Coulthard 332,5, 9. Klien 330,9, 10. Montoya 330,7, 11. Barrichello 330,1, 12. M. Schumacher 328,2, 13. Webber 328,1, 14. Heidfeld 326,7, 15. Button 325,0, 16. Albers 323,7, 17. Sato 323,4, 18. Friesacher 323,1, 19. Karthikeyan 321,8, 20. Monteiro 321,4

Höchstgeschwindigkeiten (Sonntag): 1. Barrichello 343,0, 2. M. Schumacher 339,5, 3. Friesacher 337,9, 4. Albers 336,8, 5. Karthikeyan 336,3, 6. Monteiro 333,6

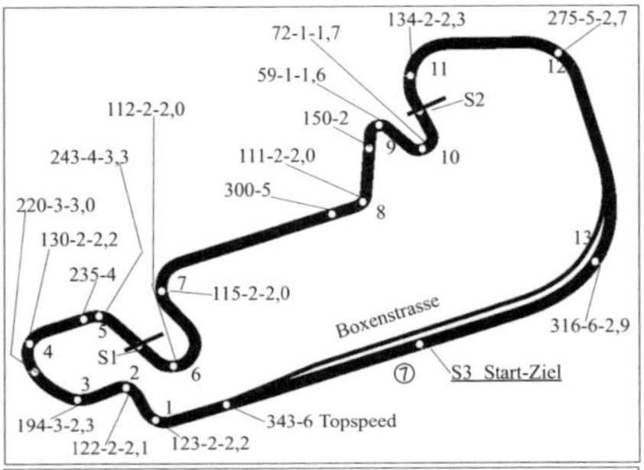

Legende: 132-2-2,1 = 132 km/h-2. Gang-2,1 Gravitation

Wetter am Renntag: Warm, sonnig, 26-27 Grad Lufttemperatur, 29-34 Grad Asphalttemperatur, 43-44 Prozent Luftfeuchtigkeit, 150.000 Zuschauer am Renntag

Distanz: 73 Runden à 4,192 km = 306,016 km

Sieger 2004: M. Schumacher (Ferrari), 1.40:29,914 = 182,698 km/h, 2. Barrichello -2,950, 3. Sato -22,036

Poleposition 2004: Barrichello (Ferrari): 1:10,223 = 214,903 km/h

Schnellste Runde 2004: Barrichello (Ferrari): 1:10,399 = 214,366 km/h

Boxenstopps:

Albers:	10. Runde: Tanken in 8,7 sec., total 25,4 sec., Platz 6
Friesacher:	19. Runde: Tanken in 11,1 sec., total 27,3 sec., Platz 6
Karthikeyan:	20. Runde: Tanken in 8,3 sec., total 25,1 sec., Platz 4
Monteiro:	22. Runde: Tanken in 8,1 sec., total 24,1 sec., Platz 3
Barrichello:	24. Runde: Tanken in 9,5 sec., total 25,8 sec., Platz 2
M. Schumacher:	26. Runde: Die Mechaniker überlegen einen Reifenwechsel hinten, Probleme mit dem Tankrüssel, Tanken in 16,8 sec., total 32,8 sec., Platz 1-2
Albers:	31. Runde: 2. Stopp, Tanken in total 42,3 sec., Motor abgestorben, Platz 6
Friesacher:	44. Runde: 2. Stopp, Probleme mit dem Tankrüssel, Tanken in 21,2 sec., total 37,1 sec., Platz 6
Karthikeyan:	46. Runde: 2. Stopp, Tanken in 8,7 sec., total 25,1 sec., Platz 4
Monteiro:	48. Runde: 2. Stopp, Tanken in 8,2 sec., total 24,0 sec., Platz 3
Barrichello:	49. Runde: 2. Stopp, Tanken in 8,0 sec., total 24,0 sec., Platz 2
M. Schumacher:	51. Runde: 2. Stopp, Tanken in 7,7 sec., total 23,6 sec., Platz 1
Albers:	50. Runde: 3. Stopp, Tanken in 8,4 sec., total 24,4 sec., Platz 5

Ausfälle:

Trulli:	Nach der Aufwärmrunde: Wegen unsicheren Michelin-Reifen die Teilnahme vom Rennen zurückgezogen
Räikkönen:	Nach der Aufwärmrunde: Wegen unsicheren Michelin-Reifen die Teilnahme vom Rennen zurückgezogen
Button:	Nach der Aufwärmrunde: Wegen unsicheren Michelin-Reifen die Teilnahme vom Rennen zurückgezogen
Fisichella:	Nach der Aufwärmrunde: Wegen unsicheren Michelin-Reifen die Teilnahme vom Rennen zurückgezogen
Alonso:	Nach der Aufwärmrunde: Wegen unsicheren Michelin-Reifen die Teilnahme vom Rennen zurückgezogen
Sato:	Nach der Aufwärmrunde: Wegen unsicheren Michelin-Reifen die Teilnahme vom Rennen zurückgezogen
Webber:	Nach der Aufwärmrunde: Wegen unsicheren Michelin-Reifen die Teilnahme vom Rennen zurückgezogen
Massa:	Nach der Aufwärmrunde: Wegen unsicheren Michelin-Reifen die Teilnahme vom Rennen zurückgezogen
Montoya:	Nach der Aufwärmrunde: Wegen unsicheren Michelin-Reifen die Teilnahme vom Rennen zurückgezogen
Villeneuve:	Nach der Aufwärmrunde: Wegen unsicheren Michelin-Reifen die Teilnahme vom Rennen zurückgezogen
Zonta:	Nach der Aufwärmrunde: Wegen unsicheren Michelin-Reifen die Teilnahme vom Rennen zurückgezogen
Klien:	Nach der Aufwärmrunde: Wegen unsicheren Michelin-Reifen die Teilnahme vom Rennen zurückgezogen
Heidfeld:	Nach der Aufwärmrunde: Wegen unsicheren Michelin-Reifen die Teilnahme vom Rennen zurückgezogen
Coulthard:	Nach der Aufwärmrunde: Wegen unsicheren Michelin-Reifen die Teilnahme vom Rennen zurückgezogen

Stand nach 1. Runde:
1. M. Schumacher, 2. Barrichello, 3. Monteiro, 4. Albers, 5. Karthikeyan, 6. Friesacher

Führung im Rennen:

1.-26. Runde: M. Schumacher
27.-48. Runde: Barrichello
49.-73. Runde: M. Schumacher

Ergebnis:

1. Michael Schumacher (Deutschland) Ferrari	1.29:43,181= 204,648 km/h	
2. Rubens Barrichello (Brasilien) Ferrari	1.29:44,703 = 204,590 km/h	1,522 zurück
3. Tiago Monteiro (Portugal) Jordan-Toyota	1.29:50,824 = 201,558 km/h	1 Runde zurück
4. Narain Karthikeyan (Indien) Jordan-Toyota	1.30:21,953 = 200,401 km/h	1 Runde zurück
5. Christijan Albers (Niederlande) Minardi-Cosworth	1.30:28,309 = 197,386 km/h	2 Runden zurück
6. Patrick Friesacher (Österreich) Minardi-Cosworth	1.30:43,889 = 196,821 km/h	2 Runden zurück

Schnellste Runde im Qualifying: Trulli (Toyota): 1:10,625 = 213,680 km/h
Schnellste Runde im Rennen: M. Schumacher (Ferrari): 1:11,497 = 211,074 km/h

Schnellste Runde jedes Fahrers im Rennen: 1. M. Schumacher 1:11,497 (48.), 2. Barrichello 1:11,649 (48.), 3. Monteiro 1:13,237 (44.), 4. Karthikeyan 1:13,370 (65.), 5. Albers 1:13,907 (2.), 6. Friesacher 1:14,490 (43.),

WM-Stand: 1. Alonso 59, 2. Räikkönen 37, 3. M. Schumacher 34, 4. Barrichello 29, 5. Trulli 27, 6. Heidfeld 25, 7. Webber 22, 8. R. Schumacher 20, 9. Fisichella 17, 10. Coulthard 17, 11. Montoya 16, 12. Massa 7, 13. Monteiro 6, 14. Wurz 6, 15. Villeneuve 5, 16. Karthikeyan 5, 17. Albers 4, 18. de la Rosa 4, 19. Klien 4, 20. Friesacher 3, 21. Liuzzi 1

Konstrukteur-WM: 1. Renault 76, 2. McLaren-Mercedes 63, 3. Ferrari 63, 4. Williams-BMW 47, 5. Toyota 47, 6. Red Bull-Cosworth 22, 7. Sauber-Petronas 12, 8. Jordan-Toyota 11, 9. Minardi-Cosworth 7

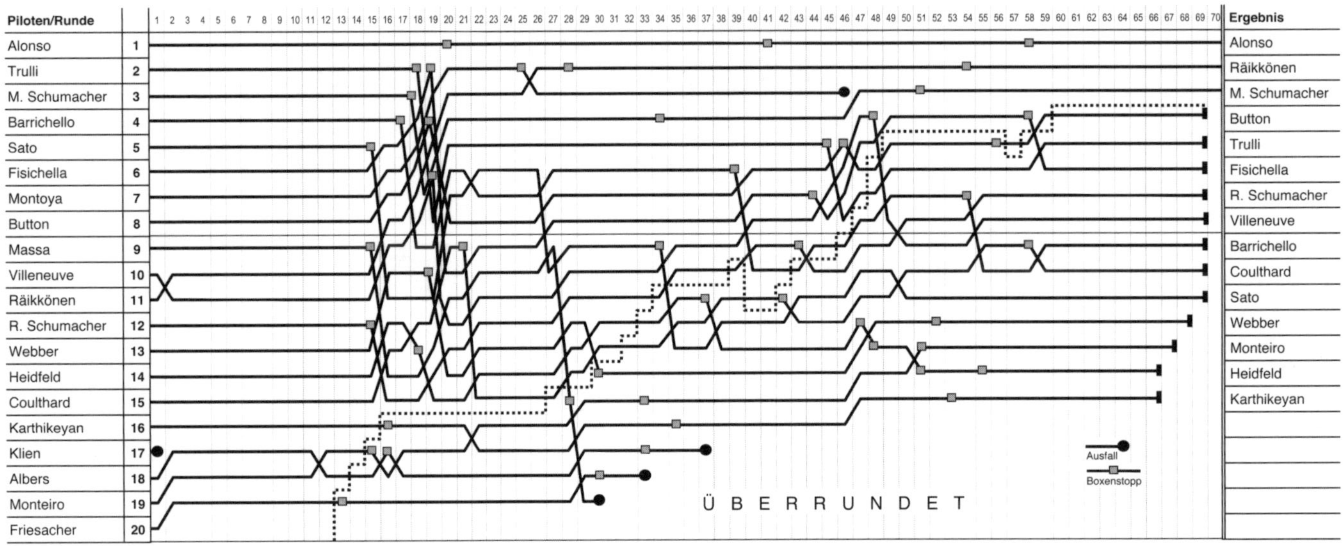
Piloten/Runde
Alonso 1
Trulli 2
M. Schumacher 3
Barrichello 4
Sato 5
Fisichella 6
Montoya 7
Button 8
Massa 9
Villeneuve 10
Räikkönen 11
R. Schumacher 12
Webber 13
Heidfeld 14
Coulthard 15
Karthikeyan 16
Klien 17
Albers 18
Monteiro 19
Friesacher 20
1 2 3 4 5 6 7 8 9 10 11 12 13 14 15 16 17 18 19 20 21 22 23 24 25 26 27 28 29 30 31 32 33 34 35 36 37 38 39 40 41 42 43 44 45 46 47 48 49 50 51 52 53 54 55 56 57 58 59 60 61 62 63 64 65 66 67 68 69 70
ÜBERRUNDET
Ausfall
Boxenstopp
Ergebnis
Alonso
Räikkönen
M. Schumacher
Button
Trulli
Fisichella
R. Schumacher
Villeneuve
Barrichello
Coulthard
Sato
Webber
Monteiro
Heidfeld
Karthikeyan

Lauf 10 – Großer Preis von Frankreich – Magny Cours, 3. Juli 2005

1. Training Freitag:
1. de la Rosa 1:14,778, 2. Alonso 1:15,183, 3. Fisichella 1:15,255, 4. Sato 1:15,530, 5. Räikkönen 1:15,877, 6. Button 1:16,038, 7. Panis 1:16,146, 8. Montoya 1:16,366, 9. R. Schumacher 1:16,731, 10. Heidfeld 1:16,758, 11. M. Schumacher 1:16,838, 12. Coulthard 1:17,168, 13. Klien 1:17,343, 14. Barrichello 1:17,389, 15. Webber 1:17,451, 16. Massa 1:17,777, 17. Villeneuve 1:18,192, 18. Liuzzi 1:18,876, 19. Doornbos 1:19,001, 20. Karthikeyan 1:20,067, 21. Albers 1:20,387, 22. Friesacher 1:20,725, 23. Monteiro 1:21,725, 24. Trulli keine Zeit

2. Training Freitag:
1. de la Rosa 1:14,460, 2. Montoya 1:15,129, 3. M. Schumacher 1:15,204, 4. Alonso 1:15,242, 5. Fisichella 1:15,380, 6. Panis 1:15,483, 7. Barrichello 1:15,605, 8. Trulli 1:15,774, 9. R. Schumacher 1:15,925, 10. Coulthard 1:16,371, 11. Villeneuve 1:16,430, 12. Button 1:16,597, 13. Massa 1:16,753, 14. Sato 1:16,890, 15. Liuzzi 1:16,987, 16. Webber 1:17,107, 17. Heidfeld 1:17,192, 18. Doornbos 1:17,574, 19. Karthikeyan 1:17,790, 20. Albers 1:18,508, 21. Friesacher 1:18,814, 22. Klien 1:18,897, 23. Monteiro 1:19,186, 24. Räikkönen keine Zeit

1. Training (Samstag)		2. Training (Samstag)		Qualifying (Samstag)	
1. Alonso	1:23,939	1. Fisichella	1:14,466	1. Alonso	1:14,412
2. Fisichella	1:24,922	2. R. Schumacher	1:14,603	2. Trulli	1:14,521
3. Räikkönen	1:26,483	3. Räikkönen	1:14,649	3. Räikkönen	1:14,559
4. Coulthard	1:27,019	4. Alonso	1:14,792	4. M. Schumacher	1:14,572
5. Button	1:27,276	5. M. Schumacher	1:14,979	5. Sato	1:14,655
6. Webber	1:27,313	6. Sato	1:15,177	6. Barrichello	1:14,832
7. Heidfeld	1:27,510	7. Barrichello	1:15,218	7. Fisichella	1:14,887
8. Friesacher	1:30,166	8. Montoya	1:15,223	8. Button	1:15,051
9. Albers	1:31,872	9. Button	1:15,228	9. Montoya	1:15,406
10. Trulli	-:--	10. Trulli	1:15,249	10. Massa	1:15,566
11. Montoya	-:--	11. Coulthard	1:15,305	11. Villeneuve	1:15,699
12. Monteiro	-:--	12. Webber	1:16,080	12. R. Schumacher	1:15,771
13. Sato	-:--	13. Klien	1:16,095	13. Webber	1:15,885
14. R. Schumacher	-:--	14. Villeneuve	1:16,125	14. Heidfeld	1:16,207
15. Karthikeyan	-:--	15. Heidfeld	1:16,372	15. Coulthard	1:16,434
16. Massa	-:--	16. Massa	1:16,454	16. Klien	1:16,547
17. Villeneuve	-:--	17. Albers	1:17,846	17. Karthikeyan	1:17,857
18. Klien	-:--	18. Friesacher	1:17,929	18. Friesacher	1:17,960
19. M. Schumacher	-:--	19. Karthikeyan	1:18,195	19. Monteiro	1:18,047
20. Barrichello	-:--	20. Monteiro	1:18,310	20. Albers	1:18,335

Startaufstellung - inklusive Strafversetzungen:

Fernando Alonso
Renault R25 V10
1:14,412

Jarno Trulli
Toyota TF105 V10
1:14,521

Michael Schumacher
Ferrari F2005 V10
1:14,572

Takuma Sato
BAR-Honda 007 V10
1:14,655

Rubens Barrichello
Ferrari F2005 V10
1:14,832

Giancarlo Fisichella
Renault R25 V10
1:14,887

Jenson Button
BAR-Honda 007 V10
1:15,051

Juan Pablo Montoya
McLaren-Mercedes MP4/20 V10
1:15,406

Felipe Massa
Sauber-Petronas C24 V10
1:15,566

Jacques Villeneuve
Sauber-Petronas C24 V10
1:15,699

Ralf Schumacher
Toyota TF105 V10
1:15,771

Mark Webber
Williams-BMW FW27 V10
1:15,885

Kimi Räikkönen
McLaren-Mercedes MP4/20 V10
1:14,559

Nick Heidfeld
Williams-BMW FW27 V10
1:16,207

David Coulthard
Red Bull-Cosworth RB1 V10
1:16,434

Christian Klien
Red Bull-Cosworth RB1 V10
1:16,547

Narain Karthikeyan
Jordan-Toyota EJ15 V10
1:17,857

Patrick Friesacher
Minardi-Cosworth PS05 V10
1:17,960

Tiago Monteiro
Jordan-Toyota EJ15 V10
1:18,047

Christijan Albers
Minardi-Cosworth PS05 V10
1:18,335

Räikkönen wird nach Motorenwechsel um 10 Plätze nach hinten versetzt

Höchstgeschwindigkeiten (Freitag, 1. oder 2. Training): 1. de la Rosa 323,8, 2. Alonso 320,7, 3. Panis 315,9, 4. Räikkönen 315,3, 5. Fisichella 315,1, 6. Massa 314,7, 7. Montoya 314,6, 8. Albers 313,4, 9. M. Schumacher 313,2, 10. Doornbos 313,0, 11. Barrichello 313,0, 12. Sato 313,0, 13. Villeneuve 312,9, 14. Trulli 311,2, 15. Button 311,2, 16. R. Schumacher 310,1, 17. Klien 309,5, 18. Karthikeyan 309,5, 19. Coulthard 309,4, 20. Liuzzi 309,4, 21. Heidfeld 306,9, 22. Friesacher 306,3, 23. Monteiro 306,2, 24. Webber 305,6

Höchstgeschwindigkeiten (Qualifying, Samstag): 1. M. Schumacher 313,9, 2. R. Schumacher 312,7, 3. Barrichello 312,5, 4. Räikkönen 311,9, 5. Alonso 311,5, 6. Fisichella 311,5, 7. Montoya 310,7, 8. Coulthard 310,5, 9. Klien 309,7, 10. Massa 309,2, 11. Villeneuve 308,5, 12. Sato 308,4, 13. Button 308,0, 14. Albers 307,9, 15. Trulli 307,4, 16. Heidfeld 307,3, 17. Friesacher 305,7, 18. Webber 304,3, 19. Karthikeyan 304,0, 20. Monteiro 302,8

Höchstgeschwindigkeiten (Sonntag): 1. Albers 322,0, 2. Räikkönen 321,6, 3. Sato 321,0, 4. Klien 320,4, 5. Coulthard 320,0, 6. Button 319,9, 7. Montoya 319,5, 8. Fisichella 319,3, 9. Barrichello 319,1, 10. Alonso 318,8, 11. R. Schumacher 318,3, 12. M. Schumacher 317,6, 13. Friesacher 317,1, 14. Villeneuve 315,4, 15. Massa 315,1, 16. Karthikeyan 314,5, 17. Trulli 314,2, 18. Heidfeld 313,6, 19. Webber 313,2, 20. Monteiro 312,6

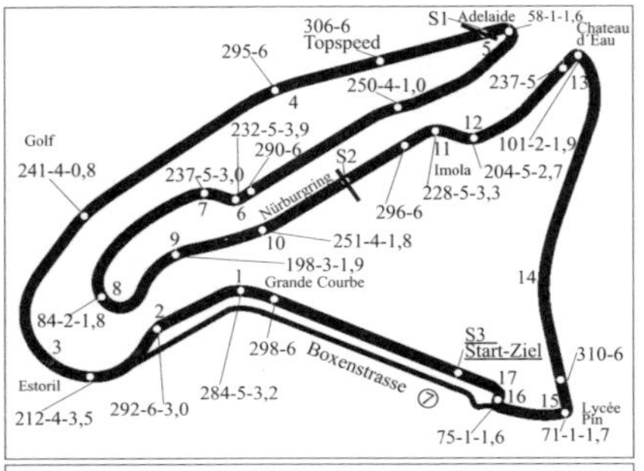

Legende: 132-2-2,1 = 132 km/h-2. Gang-2,1 Gravitation

Wetter am Renntag: Sonnig, heiß, trocken, 30-33 Grad Lufttemperatur, 43-51 Grad Asphalttemperatur, 33-41 Prozent Luftfeuchtigkeit, 80.000 Zuschauer am Renntag

Distanz: 70 Runden à 4,411 km = 308,586 km
Ziellinie 0,184 km hinter der Startlinie

Sieger 2004: M. Schumacher (Ferrari), 1.30:18,133 = 205,035 km/h, 2. Alonso -8,329, 3. Barrichello -31,622

Poleposition 2004: Alonso (Renault): 1:13,698 = 215,468 km/h

Schnellste Runde 2004: M. Schumacher (Ferrari): 1:15,377 = 210,669 km/h

Boxenstopps:

Friesacher:	13. Runde: Tanken in total 42,0 sec., Platz 19
Sato:	15. Runde: Tanken in 7,2 sec., total 20,6 sec., Platz 5-11
Massa:	15. Runde: Tanken in total 21,5 sec., Platz 9-14
R. Schumacher:	15. Runde: Tanken in 10,0 sec., total 23,6 sec., Platz 12-15
Monteiro:	15. Runde: Tanken in 7,2 sec., total 20,7 sec., Platz 17-18
Karthikeyan:	16. Runde: Tanken in 7,6 sec., total 21,5 sec., Platz 16
Albers:	16. Runde: Tanken in total 25,8 sec., Platz 17-18
Barrichello:	17. Runde: Tanken in 8,1 sec., total 21,3 sec., Platz 4-9
Trulli:	18. Runde: Tanken in 9,0 sec., total 22,5 sec., Platz 2-8
M. Schumacher:	18. Runde: Tanken in 6,6 sec., total 19,8 sec., Platz 3-7
Heidfeld:	18. Runde: Tanken in 6,7 sec., total 20,2 sec., Platz 13-15
Fisichella:	19. Runde: Tanken in 14,1 sec., Probleme mit der Tankanlage, verliert total 27,2 sec., Platz 2-10
Button:	19. Runde: Tanken in 9,5 sec., total 23,0 sec., Platz 4-8
Villeneuve:	19. Runde: Tanken in total 24,2 sec., Platz 6-12
Webber:	19. Runde: Tanken in 7,6 sec., Sitz wird sehr heiß, Mechaniker schütten Wasser ins Cockpit, total 21,3 sec., Platz 10-14
Alonso:	20. Runde: Tanken in 7,6 sec., total 21,3 sec., Platz 1
Coulthard:	21. Runde: Tanken in 7,8 sec., total 21,1 sec., Platz 9-15
Montoya:	25. Runde: Tanken in 9,4 sec., total 23,3 sec., Platz 2-3
Räikkönen:	28. Runde: Tanken in 9,4 sec., total 22,7 sec., Platz 2
Massa:	28. Runde: 2. Stopp, Tanken, verliert Hydraulikdruck, Lenkung ist schwergängig, verliert total 7,09 min., Platz 15-19
Webber:	30. Runde: 2. Stopp, Tanken in 7,6 sec., Sitz wird sehr heiß, Mechaniker schütten Wasser ins Cockpit, total 22,8 sec., Platz 14
Friesacher:	30. Runde: 2. Stopp, Tanken in 8,4 sec., total 22,3 sec., Platz 18
M. Schumacher:	34. Runde: 2. Stopp, Tanken in 6,2 sec., total 19,6 sec., Platz 4
Monteiro:	33. Runde: 2. Stopp, Tanken in total 20,6 sec., Platz 15
Sato:	34. Runde: 2. Stopp, Tanken in 8,3 sec., total 21,7 sec., Platz 9-13
Albers:	33. Runde: 2. Stopp, Tanken in 8,2 sec., total 21,6 sec., Platz 17
Karthikeyan:	35. Runde: 2. Stopp, Tanken in 7,4 sec., total 21,1 sec., Platz 16
Heidfeld:	37. Runde: 2. Stopp, Tanken in 6,9 sec., total 20,3 sec., Platz 11-13
Barrichello:	39. Runde: 2. Stopp, Tanken in 5,4 sec., total 19,9 sec., Platz 6-10
Alonso:	41. Runde: 2. Stopp, Tanken in 7,6 sec., total 21,2 sec., Platz 1
Coulthard:	42. Runde: 2. Stopp, Tanken in 6,8 sec., total 20,2 sec., Platz 11-12
R. Schumacher:	43. Runde: 2. Stopp, Tanken in 9,5 sec., total 22,8 sec., Platz 9-10
Fisichella:	44. Runde: 2. Stopp, Tanken in 5,9 sec., total 19,0 sec., Platz 7-8
Trulli:	45. Runde: 2. Stopp, Tanken in 8,4 sec., total 21,7 sec., Platz 5-8

Button:	46. Runde: 2. Stopp, Tanken in 8,3 sec., total 21,6 sec., Platz 5-6
Heidfeld:	47. Runde: 3. Stopp, Wagen wird überprüft, Fehlerhaftes Differential, verliert total 26,7 sec., Platz 12-13
Villeneuve:	48. Runde: 2. Stopp, Tanken in 8,4 sec., total 22,0 sec., Platz 4-8
Heidfeld:	48. Runde: 4. Stopp, Wagen wird überprüft, Fehlerhaftes Differential, total 35,1 sec., Platz 13
M. Schumacher:	51. Runde: 3. Stopp, Tanken in 7,1 sec., total 20,4 sec., Platz 3
Webber:	52. Runde: 3. Stopp, Tanken in 7,5 sec., Sitz wird sehr heiß, Mechaniker schütten Wasser ins Cockpit, total 21,2 sec., Platz 12
Monteiro:	51. Runde: 3. Stopp, Tanken in total 20,1 sec., Platz 13
Heidfeld:	51. Runde: 5. Stopp, Wagen wird überprüft, Fehlerhaftes Differential, verliert total 11,7 sec., Platz 14
Barrichello:	54. Runde: 3. Stopp, Tanken in 6,1 sec., total 19,3 sec., Platz 7-10
Räikkönen:	55. Runde: 2. Stopp, Tanken in 6,2 sec., total 19,4 sec., Platz 2
Karthikeyan:	53. Runde: 3. Stopp, Tanken in total 19,8 sec., Platz 15
Sato:	56. Runde: 3. Stopp, Tanken in 5,8 sec., total 19,1 sec., Platz 11
Alonso:	58. Runde: 3. Stopp, Tanken in 5,4 sec., total 18,9 sec., Platz 1
Heidfeld:	55. Runde: 6. Stopp, Wagen wird überprüft, Fehlerhaftes Differential, verliert total 21,1 sec., Platz 14
Fisichella:	58. Runde: 3. Stopp, Tanken, Motor stirbt ab, verliert total 32,4 sec., Platz 4-6
Coulthard:	58. Runde: 3. Stopp, Tanken in 5,9 sec., total 19,3 sec., Platz 9-10

Ausfälle:

Klien:	2. Runde: Benzindruckverlust, Platz 17
Massa:	31. Runde: Hydraulikschaden, Platz 19
Friesacher:	34. Runde: Ventilkappe vergessen am Reifen links hinten, daher Luftdruckverlust, Platz 18
Albers:	38. Runde: Ventilkappe vergessen am Reifen links hinten, daher Luftdruckverlust, Platz 17
Montoya:	47. Runde: Hydraulikdefekt - in der Folge Getriebeschaden, Platz 3

Stand nach 1. Runde:
1. Alonso, 2. Trulli, 3. Schumacher, 4. Barrichello, 5. Sato, 6. Fisichella, 7. Montoya, 8. Button, 9. Massa, 10. Villeneuve

Führung im Rennen:

1.-70. Runde: Alonso

Ergebnis:

1. Fernando Alonso (Spanien) Renault	1.31:22,233 = 202,638 km/h	
2. Kimi Räikkönen (Finnland) McLaren-Mercedes	1.31:34,038 = 202,202 km/h	11,805 zurück
3. Michael Schumacher (Deutschland) Ferrari	1.32:44,147 = 199,654 km/h	81,914 zurück
4. Jenson Button (Großbritannien) BAR-Honda	1.31:25,973 = 199,605 km/h	1 Runde zurück
5. Jarno Trulli (Italien) Toyota	1.31:30,412 = 199,444 km/h	1 Runde zurück
6. Giancarlo Fisichella (Italien) Renault	1.31:39,266 = 199,122 km/h	1 Runde zurück
7. Ralf Schumacher (Deutschland) Toyota	1.31:52,356 = 198,650 km/h	1 Runde zurück
8. Jacques Villeneuve (Kanada) Sauber-Petronas	1.31:56,677 = 198,494 km/h	1 Runde zurück
9. Rubens Barrichello (Brasilien) Ferrari	1.32:00,392 = 198,360 km/h	1 Runde zurück
10. David Coulthard (Schottland) Red Bull-Cosworth	1.32:02,698 = 198,278 km/h	1 Runde zurück
11. Takuma Sato (Japan) BAR-Honda	1.32:22,308 = 197,576 km/h	1 Runde zurück
12. Mark Webber (Australien) Williams-BMW	1.31:36,599 = 196,330 km/h	2 Runden zurück
13. Tiago Monteiro (Portugal) Jordan-Toyota	1.32:06,232 = 192,404 km/h	3 Runden zurück
14. Nick Heidfeld (Deutschland) Williams-BMW	1.32:05,264 = 189,564 km/h	4 Runden zurück
15. Narain Karthikeyan (Indien) Jordan-Toyota	1.32:09,774 = 189,409 km/h	4 Runden zurück

Schnellste Runde im Qualifying: Alonso (Renault): 1:14,412 = 213,401 km/h
Schnellste Runde im Rennen: Räikkönen (McLaren-Mercedes): 1:16,423 = 207,785

Schnellste Runde jedes Fahrers im Rennen: 1. Räikkönen 1:16,423 (25.), 2. Alonso 1:16,502 (5.), 3. Montoya 1:16,656 (24.), 4. Button 1:17,408 (18.), 5. Fisichella 1:17,511 (18.), 6. Coulthard 1:17,611 (39.), 7. M. Schumacher 1:17,714 (22.), 8. Trulli 1:17,792 (67.), 9. Massa 1:17,805 (11.), 10. Villeneuve 1:17,841 (17.), 11. Sato 1:17,929 (8.), 12. Barrichello 1:17,960 (4.), 13. Heidfeld 1:18,102 (36.), 14. R. Schumacher 1:18,103 (36.), 15. Webber 1:18,395 (17.), 16. Monteiro 1:20,004 (32.), 17. Karthikeyan 1:20,156 (9.), 18. Albers 1:21,077 (8.), 19. Friesacher 1:21,451 (4.)

WM-Stand: 1. Alonso 69, 2. Räikkönen 45, 3. M. Schumacher 40, 4. Trulli 31, 5. Barrichello 29, 6. Heidfeld 25, 7. Webber 22, 8. R. Schumacher 22, 9. Fisichella 20, 10. Coulthard 17, 11. Montoya 16, 12. Massa 7, 13. Monteiro 6, 14. Wurz 6, 15. Villeneuve 6, 16. Button 5, 17. Karthikeyan 5, 18. Albers 4, 19. de la Rosa 4, 20. Klien 4, 21. Friesacher 3, 22. Liuzzi 1

Konstrukteur-WM: 1. Renault 89, 2. McLaren-Mercedes 71, 3. Ferrari 69, 4. Toyota 53, 5. Williams-BMW 47, 6. Red Bull-Cosworth 22, 7. Sauber-Petronas 13, 8. Jordan-Toyota 119. Minardi-Cosworth 7, 10. BAR-Honda 5

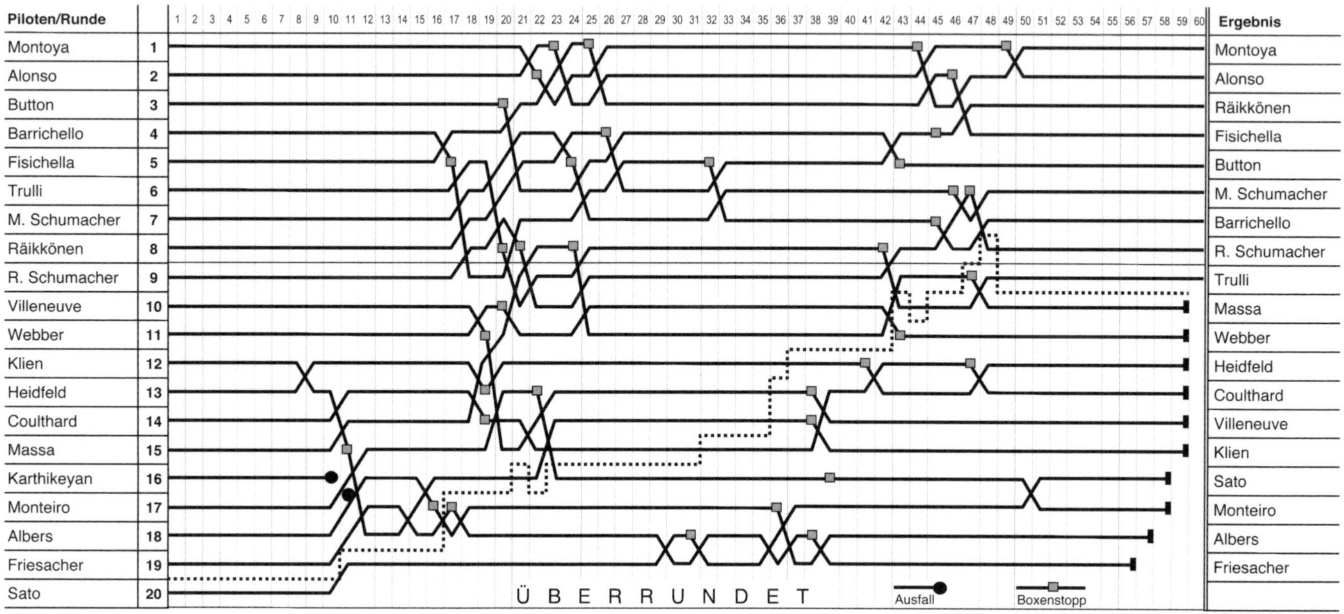

Piloten/Runde
1 2 3 4 5 6 7 8 9 10 11 12 13 14 15 16 17 18 19 20 21 22 23 24 25 26 27 28 29 30 31 32 33 34 35 36 37 38 39 40 41 42 43 44 45 46 47 48 49 50 51 52 53 54 55 56 57 58 59 60
Montoya 1
Alonso 2
Button 3
Barrichello 4
Fisichella 5
Trulli 6
M. Schumacher 7
Räikkönen 8
R. Schumacher 9
Villeneuve 10
Webber 11
Klien 12
Heidfeld 13
Coulthard 14
Massa 15
Karthikeyan 16
Monteiro 17
Albers 18
Friesacher 19
Sato 20
ÜBERRUNDET
Ausfall
Boxenstopp
Ergebnis
Montoya
Alonso
Räikkönen
Fisichella
Button
M. Schumacher
Barrichello
R. Schumacher
Trulli
Massa
Webber
Heidfeld
Coulthard
Villeneuve
Klien
Sato
Monteiro
Albers
Friesacher

Lauf 11 – Großer Preis von England – Silverstone, 10. Juli 2005

1. Training Freitag:
1. de la Rosa 1:19,205, 2. Zonta 1:20,139, 3. Button 1:20,211, 4. Räikkönen 1:20,411, 5. R. Schumacher 1:21,080, 6. Montoya 1:21,091, 7. M. Schumacher 1:21,453, 8. Sato 1:21,582, 9. Barrichello 1:22,216, 10. Massa 1:22,350, 11. Coulthard 1:22,403, 12. Klien 1:22,456, 13. Liuzzi 1:22,615, 14. Villeneuve 1:23,370, 15. Webber 1:23,394, 16. Heidfeld 1:24,321, 17. Karthikeyan 1:24,581, 18. Monteiro 1:25,488, 19. Doornbos 1:25,560, 20. Albers 1:25,897, 21. Friesacher 1:27,246, 22. Alonso keine Zeit, 23. Fisichella keine Zeit, 24. Trulli keine Zeit

2. Training Freitag:
1. de la Rosa 1:18,530, 2. Zonta 1:18,964, 3. Montoya 1:20,252, 4. Räikkönen 1:20,384, 5. R. Schumacher 1:20,602, 6. Trulli 1:20,816, 7. Alonso 1:20,990, 8. Liuzzi 1:21,004, 9. Coulthard 1:21,034, 10. M. Schumacher 1:21,044, 11. Button 1:21,186, 12. Webber 1:21,235, 13. Fisichella 1:21,279, 14. Klien 1:21,323, 15. Barrichello 1:21,519, 16. Massa 1:21,577, 17. Villeneuve 1:22,180, 18. Heidfeld 1:22,500, 19. Sato 1:22,795, 20. Doornbos 1:22,812, 21. Albers 1:23,390, 22. Monteiro 1:23,629, 23. Karthikeyan 1:23,891, 24. Friesacher 1:24,594

1. Training (Samstag)		2. Training (Samstag)		Qualifying (Samstag)	
1. Räikkönen	1:20,975	1. Alonso	1:20,077	1. Alonso	1:19,905
2. Alonso	1:21,402	2. Montoya	1:20,128	2. Räikkönen	1:19,932
3. Button	1:21,996	3. Trulli	1:20,449	3. Button	1:20,207
4. Fisichella	1:22,331	4. R. Schumacher	1:20,524	4. Montoya	1:20,382
5. Montoya	1:22,377	5. Button	1:20,763	5. Trulli	1:20,459
6. Sato	1:22,389	6. Fisichella	1:20,798	6. Barrichello	1:20,906
7. Massa	1:22,413	7. M. Schumacher	1:20,893	7. Fisichella	1:21,010
8. M. Schumacher	1:22,496	8. Webber	1:21,004	8. Sato	1:21,114
9. Klien	1:22,645	9. Heidfeld	1:21,052	9. R. Schumacher	1:21,191
10. R. Schumacher	1:22,775	10. Klien	1:21,064	10. M. Schumacher	1:21,275
11. Coulthard	1:23,026	11. Barrichello	1:21,371	11. Villeneuve	1:21,352
12. Barrichello	1:23,182	12. Villeneuve	1:21,476	12. Webber	1:21,997
13. Villeneuve	1:23,191	13. Massa	1:21,704	13. Coulthard	1:22,108
14. Trulli	1:23,458	14. Sato	1:21,931	14. Heidfeld	1:22,117
15. Heidfeld	1:23,480	15. Monteiro	1:22,036	15. Klien	1:22,207
16. Webber	1:23,705	16. Karthikeyan	1:22,634	16. Massa	1:22,495
17. Monteiro	1:23,820	17. Coulthard	1:23,165	17. Karthikeyan	1:23,583
18. Karthikeyan	1:24,230	18. Albers	1:23,444	18. Albers	1:24,576
19. Albers	1:25,007	19. Friesacher	1:23,586	19. Friesacher	1:25,566
20. Friesacher	1:25,696	20. Räikkönen	-:--	20. Monteiro	-:--

Startaufstellung – inklusive Strafversetzungen:

Fernando Alonso
Renault R25 V10
1:19,905

Jenson Button
BAR-Honda 007 V10
1:20,207

Juan Pablo Montoya
McLaren-Mercedes MP4/20 V10
1:20,382

Jarno Trulli
Toyota TF105 V10
1:20,459

Rubens Barrichello
Ferrari F2005 V10
1:20,906

Giancarlo Fisichella
Renault R25 V10
1:21,010

Takuma Sato
BAR-Honda 007 V10
1:21,114

Ralf Schumacher
Toyota TF105 V10
1:21,191

Michael Schumacher
Ferrari F2005 V10
1:21,275

Jacques Villeneuve
Sauber-Petronas C24 V10
1:21,352

Mark Webber
Williams-BMW FW27 V10
1:21,997

Kimi Räikkönen
McLaren-Mercedes MP4/20 V10
1:19,932

David Coulthard
Red Bull-Cosworth RB1 V10
1:22,108

Nick Heidfeld
Williams-BMW FW27 V10
1:22,117

Christian Klien
Red Bull-Cosworth RB1 V10
1:22,207

Felipe Massa
Sauber-Petronas C24 V10
1:22,495

Narain Karthikeyan
Jordan-Toyota EJ15 V10
1:23,583

Christijan Albers
Minardi-Cosworth PS05 V10
1:24,576

Patrick Friesacher
Minardi-Cosworth PS05 V10
1:25,566

Tiago Monteiro
Jordan-Toyota EJ15 V10
keine Zeit

Räikkönen und **Monteiro** werden nach Motorenwechsel um 10 Plätze nach hinten versetzt

Höchstgeschwindigkeiten (Qualifying, Samstag): 1. Räikkönen 316,4, 2. Montoya 315,1, 3. Fisichella 315,0, 4. Barrichello 314,3, 5. Alonso 313,9, 6. Klien 313,8, 7. Sato 313,4, 8. M. Schumacher 312,6, 9. Coulthard 311,9, 10. Button 311,5, 11. Villeneuve 310,7, 12. Karthikeyan 310,4, 13. Massa 308,9, 14. R. Schumacher 308,4, 15. Albers 308,3, 16. Heidfeld 308,1, 17. Friesacher 308,0, 18. Webber 307,0, 19. Trulli 306,2

Höchstgeschwindigkeiten (Sonntag): 1. Räikkönen 325,4, 2. Fisichella 3131,1, 3. Coulthard 322,5, 4. Sato 322,0, 5. Klien 321,8, 6. Alonso 320,5, 7. M. Schumacher 320,4, 8. Montoya 320,3, 9. Albers 319,5, 10. Barrichello 319,4, 11. Button 316,4, 12. Villeneuve 315,3, 13. R. Schumacher 315,0, 14. Karthikeyan 314,6, 15. Heidfeld 313,8, 16. Webber 313,5, 17. Friesacher 313,2, 18. Trulli 312,9, 19. Massa 312,3, 20. Monteiro 310,9

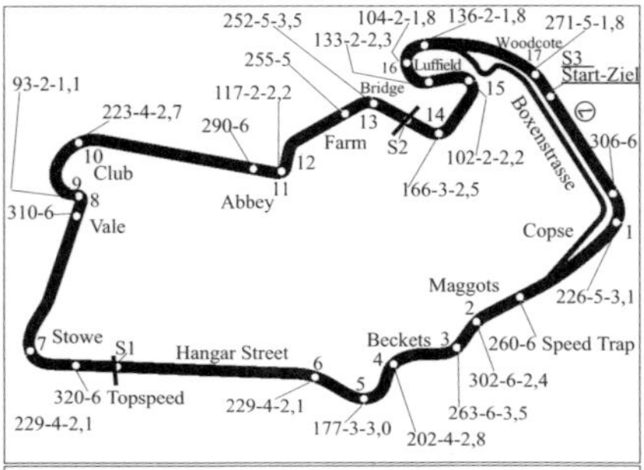

Legende: 132-2-2,1 = 132 km/h-2. Gang-2,1 Gravitation

Wetter am Renntag: Sonnig, sommerlich warm, 27-29 Grad Lufttemperatur, 45-46 Grad Asphalttemperatur, 40-43 Prozent Luftfeuchtigkeit, 100.000 Zuschauer am Renntag

Distanz: 60 Runden à 5,141 km = 308,355 km
Ziellinie 0,105 km hinter der Startlinie

Sieger 2004: M. Schumacher (Ferrari), 1.24:42,700 = 218,403 km/h, 2. Räikkönen -2,130, 3. Barrichello -3,114

Poleposition 2004: Räikkönen (McLaren-Mercedes): 1:18,233 = 236,570 km/h

Schnellste Runde 2004: M. Schumacher (Ferrari): 1:18,739 = 235,049 km/h

Höchstgeschwindigkeit stammt vom 1. Sektor, nach Hangar Street

Boxenstopps:

Klien:	11. Runde: Tanken in 10,5 sec., total 25,5 sec., Platz 15-18
Albers:	16. Runde: Tanken in 10,4 sec., total 25,5 sec., Platz 17-18
Barrichello:	17. Runde: Tanken in 6,1 sec., total 21,4 sec., Platz 5-9
Friesacher:	17. Runde: Tanken in 10,4 sec., total 26,0 sec., Platz 17-18
Villeneuve:	19. Runde: Tanken, Tankrüssel klemmt, verliert total 36,6 sec., Platz 11-15
Heidfeld:	19. Runde: Tanken in 8,5 sec., total 23,8 sec., Platz 13-12
Coulthard:	19. Runde: Tanken in total 26,0 sec., Platz 14
Button:	20. Runde: Tanken in 9,2 sec., total 24,2 sec., Platz 3-6
Trulli:	20. Runde: Tanken in 9,1 sec., total 24,1 sec., Platz 8-10
Webber:	20. Runde: Tanken in 8,7 sec., total 24,0 sec., Platz 10-11
R. Schumacher:	21. Runde: Tanken in 10,2 sec., total 25,4 sec., Platz 8-10
Montoya:	22. Runde: Tanken in 8,8 sec., total 23,8 sec., Platz 2-3
Monteiro:	22. Runde: Tanken in total 23,7 sec., Platz 13-16
Alonso:	23. Runde: Tanken in 9,2 sec., total 24,6 sec., Platz 1-3
M. Schumacher:	24. Runde: Tanken in 8,7 sec., total 23,9 sec., Platz 5-7
Massa:	24. Runde: Tanken in total 24,5 sec., Platz 8-11
Fisichella:	25. Runde: Tanken in 9,0 sec., total 24,0 sec., Platz 1-3
Räikkönen:	26. Runde: Tanken in 8,0 sec., total 23,2 sec., Platz 4-6
Barrichello:	32. Runde: 2. Stopp, Tanken in 6,3 sec., total 21,3 sec., Platz 5-7
Sato:	31. Runde: Tanken in 10,7 sec., total 25,9 sec., Platz 18-19
Albers:	36. Runde: 2. Stopp, Tanken in 8,1 sec., total 24,6 sec., Platz 17-19
Villeneuve:	38. Runde: 2. Stopp, Tanken in total 24,4 sec., Platz 13-14
Klien:	38. Runde: 2. Stopp, Tanken in 10,7 sec., total 25,5 sec., Platz 14-15
Friesacher:	38. Runde: 2. Stopp, Tanken in 9,3 sec., total 24,7 sec., Platz 18-19
Monteiro:	39. Runde: 2. Stopp, Tanken in total 23,1 sec., Platz 16
Heidfeld:	41. Runde: 2. Stopp, Tanken in 7,9 sec., total 23,0 sec., Platz 12-13
Trulli:	42. Runde: 2. Stopp, Tanken in total 22,4 sec., Platz 8-10
Button:	43. Runde: 2. Stopp, Tanken in 8,0 sec., total 23,1 sec., Platz 5
Montoya:	44. Runde: 2. Stopp, Tanken in 6,6 sec., total 21,8 sec., Platz 1-3
Webber:	43. Runde: 2. Stopp, Tanken in 7,3 sec., total 22,4 sec., Platz 11
Räikkönen:	45. Runde: 2. Stopp, Tanken in 6,0 sec., total 21,1 sec., Platz 4
Barrichello:	45. Runde: 3. Stopp, Tanken in 6,2 sec., total 21,3 sec., Platz 7-8
Fisichella:	46. Runde: 2. Stopp, Tanken in 7,3 sec., Motor stirbt ab, verliert total 33,8 sec., Platz 2-4
M. Schumacher:	46. Runde: 2. Stopp, Tanken in 5,6 sec., total 20,7 sec., Platz 6-7
R. Schumacher:	47. Runde: 2. Stopp, Tanken in 5,7 sec., total 21,0 sec., Platz 6-8
Massa:	47. Runde: 2. Stopp, Tanken in total 21,2 sec., Platz 9-10
Coulthard:	47. Runde: 2. Stopp, Tanken in 6,2 sec., total 21,1 sec., Platz 12-13
Alonso:	49. Runde: 2. Stopp, Tanken in 4,9 sec., total 20,3 sec., Platz 1-2

Ausfälle:

Karthikeyan: 11. Runde: Elektronikdefekt, Platz 16

Sato drückt aus Versehen am Ende der Aufwärmrunde am Lenkrad einen falschen Knopf – dadurch stirbt der Motor ab und der Wagen wird weggeschoben.
Safety Car von der 1. bis zur 2. Runde. Die Rennleitung überreagiert, da der Wagen von Sato schon vor dem Start weggeschoben war.

Stand nach 1. Runde:
1. Montoya, 2. Alonso, 3. Button, 4. Barrichello, 5. Fisichella, 6. Trulli, 7. M. Schumacher, 8. Räikkönen, 9. R. Schumacher, 10. Villeneuve

Führung im Rennen:

1.-21. Runde: Montoya
22.-23. Runde: Alonso
24.-25. Runde: Fisichella
26.-44. Runde: Montoya
45.-49. Runde: Alonso
50.-60. Runde: Montoya

Ergebnis:

1. Juan Pablo Montoya (Kolumbien) McLaren-Mercedes	1.24:29,588 = 218,968 km/h	
2. Fernando Alonso (Spanien) Renault	1.24:32,327 = 218,849 km/h	2,739 zurück
3. Kimi Räikkönen (Finnland) McLaren-Mercedes	1.24:44,024 = 218,346 km/h	14,436 zurück
4. Giancarlo Fisichella (Italien) Renault	1.24:47,502 = 218,197 km/h	17,914 zurück
5. Jenson Button (Großbritannien) BAR-Honda	1.25:09,852 = 217,242 km/h	40,264 zurück
6. Michael Schumacher (Deutschland) Ferrari	1.25:44,910 = 215,762 km/h	75,322 zurück
7. Rubens Barrichello (Brasilien) Ferrari	1.25:46,155 = 215,710 km/h	76,567 zurück
8. Ralf Schumacher (Deutschland) Toyota	1.25:48,800 = 215,599 km/h	79,212 zurück
9. Jarno Trulli (Italien) Toyota	1.25:50,439 = 215,530 km/h	80,851 zurück
10. Felipe Massa (Brasilien) Sauber-Petronas	1.24:51,371 = 214,396 km/h	1 Runde zurück
11. Mark Webber (Australien) Williams-BMW	1.25:26,369 = 212,932 km/h	1 Runde zurück
12. Nick Heidfeld (Deutschland) Williams-BMW	1.25:32,661 = 212,671 km/h	1 Runde zurück
13. David Coulthard (Schottland) Red Bull-Cosworth	1.25:33,495 = 212,636 km/h	1 Runde zurück
14. Jacques Villeneuve (Kanada) Sauber-Petronas	1.25:36,545 = 212,510 km/h	1 Runde zurück
15. Christian Klien (Österreich) Red Bull-Cosworth	1.25:37,219 = 212,482 km/h	1 Runde zurück
16. Takuma Sato (Japan) BAR-Honda	1.25:22,151 = 209,494 km/h	2 Runden zurück
17. Tiago Monteiro (Portugal) Jordan-Toyota	1.25:52,094 = 208,277 km/h	2 Runden zurück
18. Christijan Albers (Niederlande) Minardi-Cosworth	1.25:19,249 = 205,998 km/h	3 Runden zurück
19. Patrick Friesacher (Österreich) Minardi-Cosworth	1.24:41,329 = 203,893 km/h	4 Runden zurück

Schnellste Runde im Qualifying: Alonso (Renault): 1:19,905 = 231,620 km/h
Schnellste Runde im Rennen: Räikkönen (McLaren-Mercedes): 1:20,502 = 229,902 km/h

Schnellste Runde jedes Fahrers im Rennen: 1. Räikkönen 1:20,502 (60.), 2. Montoya 1:20,700 (41.), 3. Fisichella 1:21,159 (43.), 4. Alonso 1:21,228 (40.), 5. M. Schumacher 1:21,675 (23.), 6. R. Schumacher 1:21,960 (46.), 7. Button 1:21,993 (42.), 8. Trulli 1:22,112 (56.), 9. Barrichello 1:22,302 (41.), 10. Massa 1:22,466 (45.), 11. Sato 1:22,551 (54.), 12. Coulthard 1:23,089 (44.), 13. Klien 1:23,147 (58.), 14. Villeneuve 1:23,210 (16.), 15. Webber 1:23,291 (16.), 16. Heidfeld 1:23,360 (58.), 17. Monteiro 1:24,247 (38.), 18. Karthikeyan 1:25,257 (8.), 19. Albers 1:26,182 (53.), 20. Friesacher 1:26,489 (37.)

WM-Stand: 1. Alonso 77, 2. Räikkönen 51, 3. M. Schumacher 43, 4. Barrichello 31, 5. Trulli 31, 6. Montoya 26, 7. Fisichella 25, 8. Heidfeld 25, 9. R. Schumacher 23, 10. Webber 22, 11. Coulthard 17, 12. Button 9, 13. Massa 7, 14. Monteiro 6, 15. Wurz 6, 16. Villeneuve 6, 17. Karthikeyan 5, 18. Albers 4, 19. de la Rosa 4, 20. Klien 4, 21. Friesacher 3, 22. Liuzzi 1

Konstrukteur-WM: 1. Renault 102, 2. McLaren-Mercedes 87, 3. Ferrari 74, 4. Toyota 54, 5. Williams-BMW 47, 6. Red Bull-Cosworth 22, 7. Sauber-Petronas 13, 8. Jordan-Toyota 11, 9. BAR-Honda 9, 10. Minardi-Cosworth 7

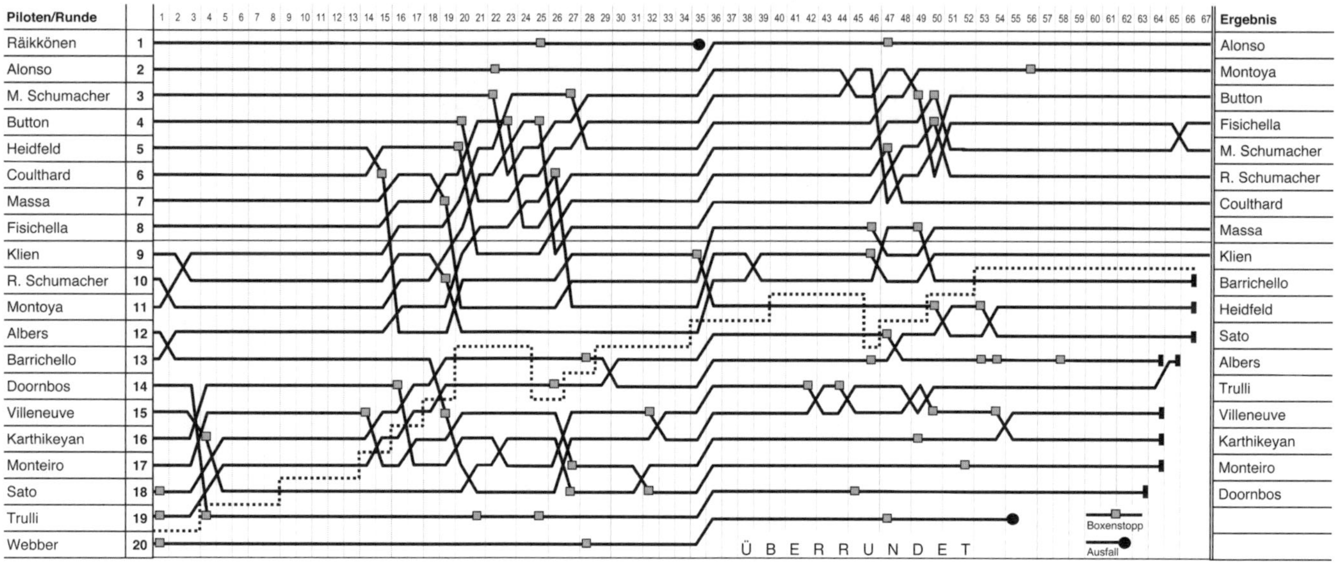
Piloten/Runde
Räikkönen 1
Alonso 2
M. Schumacher 3
Button 4
Heidfeld 5
Coulthard 6
Massa 7
Fisichella 8
Klien 9
R. Schumacher 10
Montoya 11
Albers 12
Barrichello 13
Doornbos 14
Villeneuve 15
Karthikeyan 16
Monteiro 17
Sato 18
Trulli 19
Webber 20
1 2 3 4 5 6 7 8 9 10 11 12 13 14 15 16 17 18 19 20 21 22 23 24 25 26 27 28 29 30 31 32 33 34 35 36 37 38 39 40 41 42 43 44 45 46 47 48 49 50 51 52 53 54 55 56 57 58 59 60 61 62 63 64 65 66 67
Ü B E R R U N D E T
Boxenstopp
Ausfall
Ergebnis
Alonso
Montoya
Button
Fisichella
M. Schumacher
R. Schumacher
Coulthard
Massa
Klien
Barrichello
Heidfeld
Sato
Albers
Trulli
Villeneuve
Karthikeyan
Monteiro
Doornbos

Lauf 12 – Großer Preis von Deutschland – Hockenheim, 24. Juli 2005

1. Training Freitag:
1. Wurz 1:14,277, 2. Zonta 1:14,893, 3. Räikkönen 1:15,634, 4. Button 1:15,851, 5. Montoya 1:15,901, 6. M. Schumacher 1:16,259, 7. Barrichello 1:16,280, 8. Liuzzi 1:16,733, 9. Sato 1:16,795, 10. R. Schumacher 1:17,197, 11. Coulthard 1:17,277, 12. Trulli 1:17,341, 13. Klien 1:17,423, 14. Massa 1:17,442, 15. Heidfeld 1:17,665, 16. Webber 1:17,689, 17. Villeneuve 1:18,132, 18. Karthikeyan 1:18,988, 19. Albers 1:19,151, 20. Monteiro 1:19,400, 21. Kiesa 1:19,933, 22. Doornbos 1:20,108, 23. Fisichella keine Zeit, 24. Alonso keine Zeit

2. Training Freitag:
1. Wurz 1:13,973, 2. Räikkönen 1:14,576, 3. Alonso 1:15,560, 4. Montoya 1:15,772, 5. Zonta 1:16,091, 6. Fisichella 1:16,146, 7. Massa 1:16,161, 8. Liuzzi 1:16,297, 9. Trulli 1:16,411, 10. M. Schumacher 1:16,474, 11. R. Schumacher 1:16,575, 12. Klien 1:16,658, 13. Button 1:16,752, 14. Webber 1:16,879, 15. Heidfeld 1:16,893, 16. Barrichello 1:16,913, 17. Villeneuve 1:16,938, 18. Sato 1:16,992, 19. Karthikeyan 1:17,506, 20. Albers 1:17,830, 21. Doornbos 1:17,978, 22. Monteiro 1:18,227, 23. Kiesa 1:19,484, 24. Coulthard keine Zeit

1. Training (Samstag)		2. Training (Samstag)		Qualifying (Samstag)	
1. Räikkönen	1:15,684	1. Räikkönen	1:14,128	1. Räikkönen	1:14,320
2. Montoya	1:15,753	2. Montoya	1:14,449	2. Button	1:14,759
3. Alonso	1:16,477	3. Alonso	1:14,758	3. Alonso	1:14,904
4. Klien	1:16,698	4. Fisichella	1:14,958	4. Fisichella	1:14,927
5. Massa	1:16,799	5. Button	1:15,072	5. M. Schumacher	1:15,006
6. Coulthard	1:16,926	6. Webber	1:15,111	6. Webber	1:15,070
7. Webber	1:16,961	7. M. Schumacher	1:15,253	7. Heidfeld	1:15,403
8. Trulli	1:17,053	8. Heidfeld	1:15,255	8. Sato	1:15,501
9. Fisichella	1:17,061	9. Klien	1:15,388	9. Trulli	1:15,532
10. Sato	1:17,331	10. Trulli	1:15,417	10. Klien	1:15,635
11. Button	1:17,397	11. Coulthard	1:15,491	11. Coulthard	1:15,679
12. Villeneuve	1:17,408	12. R. Schumacher	1:15,585	12. R. Schumacher	1:15,689
13. Heidfeld	1:17,536	13. Sato	1:15,699	13. Massa	1:16,009
14. Barrichello	1:17,599	14. Massa	1:15,781	14. Villeneuve	1:16,012
15. M. Schumacher	1:17,617	15. Villeneuve	1:16,037	15. Barrichello	1:16,230
16. Karthikeyan	1:18,102	16. Barrichello	1:16,072	16. Albers	1:17,519
17. Albers	1:18,217	17. Albers	1:16,674	17. Doornbos	1:18,313
18. R. Schumacher	1:18,229	18. Doornbos	1:16,912	18. Monteiro	1:18,599
19. Doornbos	1:19,083	19. Karthikeyan	1:17,210	19. Montoya	-:--
20. Monteiro	1:19,103	20. Monteiro	1:17,966	20. Karthikeyan	-:--

Startaufstellung - inklusive Strafversetzungen:

Kimi Räikkönen
McLaren-Mercedes MP4/20 V10
1:14,320

Jenson Button
BAR-Honda 007 V10
1:14,759

Fernando Alonso
Renault R25 V10
1:14,904

Giancarlo Fisichella
Renault R25 V10
1:14,927

Michael Schumacher
Ferrari F2005 V10
1:15,006

Mark Webber
Williams-BMW FW27 V10
1:15,070

Nick Heidfeld
Williams-BMW FW27 V10
1:15,403

Takuma Sato
BAR-Honda 007 V10
1:15,501

Jarno Trulli
Toyota TF105 V10
1:15,532

Christian Klien
Red Bull-Cosworth RB1 V10
1:15,635

David Coulthard
Red Bull-Cosworth RB1 V10
1:15,679

Ralf Schumacher
Toyota TF105 V10
1:15,689

Felipe Massa
Sauber-Petronas C24 V10
1:16,009

Jacques Villeneuve
Sauber-Petronas C24 V10
1:16,012

Rubens Barrichello
Ferrari F2005 V10
1:16,230

Christijan Albers
Minardi-Cosworth PS05 V10
1:17,519

Robert Doornbos
Minardi-Cosworth PS05 V10
1:18,313

Tiago Monteiro
Jordan-Toyota EJ15 V10
1:18,599

Juan Pablo Montoya
McLaren-Mercedes MP4/20 V10
keine Zeit

Narain Karthikeyan
Jordan-Toyota EJ15 V10
keine Zeit

Höchstgeschwindigkeiten (Freitag, 1. oder 2. Training): 1. Alonso 332,0, 2. Zonta 331,4, 3. Wurz 331,1, 4. Räikkönen 330,5, 5. Fisichella 330,2, 6. Trulli 329,9, 7. Kiesa 328,0, 8. Montoya 327,3, 9. Karthikeyan 326,7, 10. Liuzzi 325,5, 11. Button 324,9, 12. Klien 323,3, 13. Massa 323,3, 14. Coulthard 322,9, 15. Albers 322,7, 16. Sato 322,6, 17. Doornbos 321,6, 18. M. Schumacher 321,3, 19. Barrichello 320,9, 20. R. Schumacher 320,7, 21. Villeneuve 320,5, 22. Webber 319,4, 23. Heidfeld 318,5, 24. Monteiro 317,0

Höchstgeschwindigkeiten (Qualifying, Samstag): 1. Alonso 323,7, 2. Räikkönen 323,1, 3. Montoya 322,8, 4. Trulli 322,1, 5. Villeneuve 319,5, 6. Fisichella 319,4, 7. Coulthard 319,3, 8. Massa 319,2, 9. R. Schumacher 318,8, 10. M. Schumacher 318,6, 11. Klien 317,9, 12. Button 317,7, 13. Albers 317,0, 14. Karthikeyan 315,7, 15. Heidfeld 315,6, 16. Sato 315,4, 17. Barrichello 315,3, 18. Doornbos 312,9, 19. Webber 312,3, 20. Monteiro 312,1

Höchstgeschwindigkeiten (Sonntag): 1. Montoya 341,0, 2. Villeneuve 331,4, 3. Fisichella 330,5, 4. Albers 330,1, 5. R. Schumacher 329,9, 6. Trulli 329,8, 7. Coulthard 329,6, 8. Klien 329,4, 9. Alonso 328,2, 10. Massa 327,6, 11. Räikkönen 327,1, 12. Button 326,5, 13. Sato 324,6, 14. Doornbos 324,5, 15. Karthikeyan 323,9, 16. M. Schumacher 323,9, 17. Heidfeld 323,4, 18. Monteiro 323,0, 19. Barrichello 321,4, 20. Webber 314,7

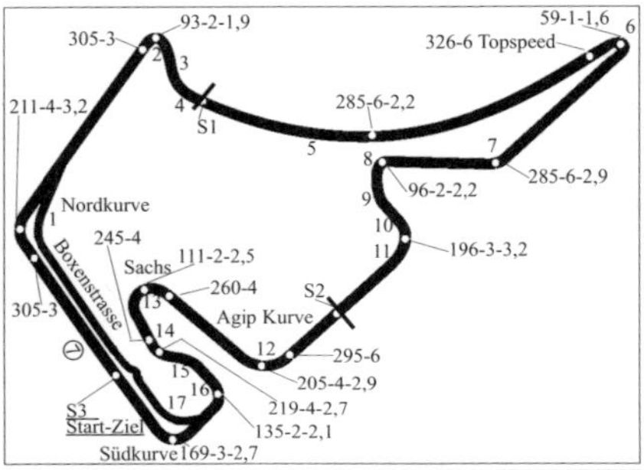

Legende: 132-2-2,1 = 132 km/h-2. Gang-2,1 Gravitation

Wetter am Renntag: Trocken, bewölkt, 24 Grad Lufttemperatur, 26-31 Grad Asphalttemperatur, 52-55 Prozent Luftfeuchtigkeit, 110.000 Zuschauer am Renntag

Distanz: 67 Runden à 4,574 km = 306,458 km

Sieger 2004: M. Schumacher (Ferrari), 1.23:54,848 = 215,852 km/h, 2. Button -8,388, 3. Alonso -16,351

Poleposition 2004: M. Schumacher (Ferrari): 1:13,306 = 224,625 km/h

Schnellste Runde 2004: Räikkönen (McLaren-Mercedes): 1:13,780 = 223,182 km/h

Boxenstopps:

Sato:	1. Runde: Tanken in 11,9 sec., Wechsel der Nase nach Kollision mit Fisichella in 1. Kurve, verliert total 26,7 sec., Platz 18
Trulli:	1. Runde: Wechsel des linken Vordereifens nachdem sich ein Reifenschaden ankündigt, verliert total 24,3 sec., Platz 19
Webber:	1. Runde: Tanken und Reparatur der Spurstange rechts hinten nach Kollision mit Sato in der ersten Kurve, verliert total 12,45 min., Platz 20
Villeneuve:	4. Runde: Tanken und Kontrolle nach Berührung mit Doornbos in der Haarnadel in 8,2 sec., total 22,8 sec., Platz 16-18
Doornbos:	4. Runde: Tanken in total 27,7 sec., Platz 19
Monteiro:	14. Runde: Tanken in 6,5 sec., total 20,9 sec., Platz 15-17
Heidfeld:	15. Runde: Tanken in 8,0 sec., total 22,1 sec., Platz 6-12
Karthikeyan:	16. Runde: Tanken in 8,1 sec., total 22,9 sec., Platz 14-17
Massa:	19. Runde: Tanken in 10,6 sec., total 24,5 sec., Platz 7-11
Klien:	19. Runde: Tanken in 10,2 sec., total 24,9 sec., Platz 10-12
Albers:	19. Runde: Tanken in total 26,2 sec., Platz 15-17
Button:	20. Runde: Tanken in 9,2 sec., total 23,4 sec., Platz 4-7
Coulthard:	20. Runde: Tanken in 10,2 sec., total 24,0 sec., Platz 5-9
Alonso:	22. Runde: Tanken in 9,3 sec., total 23,8 sec., Platz 2
M. Schumacher:	22. Runde: Tanken in 9,3 sec., total 23,7 sec., Platz 3-6
Doornbos:	21. Runde: 2. Stopp, Tanken in total 22,4 sec., Platz 19
Fisichella:	23. Runde: Tanken in 10,2 sec., total 24,4 sec., Platz 4-8
Räikkönen:	25. Runde: Tanken in 9,0 sec., total 23,1 sec., Platz 1
R. Schumacher:	25. Runde: Tanken in 8,6 sec., total 23,0 sec., Platz 4-9
Barrichello:	26. Runde: Tanken in total 22,5 sec., Platz 6-11
Trulli:	26. Runde: 2. Stopp, Tanken in total 23,4 sec., Platz 14
Montoya:	27. Runde: Tanken in 9,9 sec., total 24,7 sec., Platz 3-5
Doornbos:	25. Runde: 3. Stopp, Tanken und Reifenwechsel in total 26,3 sec., Platz 19
Monteiro:	27. Runde: 2. Stopp, Tanken in total 47,8 sec., Platz 17
Sato:	28. Runde: 2. Stopp, Tanken in 9,0 sec., total 23,2 sec., Platz 13
Villeneuve:	27. Runde: 2. Stopp, Wechsel beider Vorderreifen nach Kollision mit Monteiro wegen starker Vibrationen in 11,6 sec., verliert total 29,4 sec., Platz 18
Karthikeyan:	32. Runde: 2. Stopp, Tanken in total 22,5 sec., Platz 15-16
Monteiro:	32. Runde: 3. Stopp, Tanken in total 30,2 sec., Platz 18
Heidfeld:	35. Runde: 2. Stopp, Tanken in 6,5 sec., total 20,7 sec., Platz 9-11
Webber:	28. Runde: 2. Stopp, Tanken in total 21,0 sec., Platz 20
Albers:	42. Runde: 2. Stopp, Tanken in total 24,7 sec., Platz 14-15
Karthikeyan:	44. Runde: 3. Stopp, Drive-Through-Strafe für ignorieren der blauen Flagge, verliert total 11,1 sec., Platz 14-15

Button:	46. Runde: 2. Stopp, Tanken in 7,7 sec., total 21,8 sec., Platz 2-7
Massa:	46. Runde: 2. Stopp, Tanken in total 22,8 sec., Platz 8-9
Klien:	46. Runde: 2. Stopp, Tanken in total 23,2 sec., Platz 9-10
Alonso:	47. Runde: 2. Stopp, Tanken in 7,8 sec., total 22,2 sec., Platz 1
Coulthard:	47. Runde: 2. Stopp, Tanken in 7,6 sec., total 21,6 sec., Platz 5-7
Trulli:	47. Runde: 3. Stopp, Tanken in 5,9 sec., total 19,9 sec., Platz 12-13
Doornbos:	45. Runde: 4. Stopp, Stop-and-Go-Strafe wegen gleichzeitigen Tankens und Reifenwechsels, verliert total 28,4 sec., Platz 18
M. Schumacher:	49. Runde: 2. Stopp, Tanken in total 20,9 sec., Platz 2-6
Barrichello:	49. Runde: 2. Stopp, Tanken in total 20,5 sec., Platz 8-10
Fisichella:	50. Runde: 2. Stopp, Tanken in 9,1 sec., total 23,2 sec., Platz 3-5
R. Schumacher:	50. Runde: 2. Stopp, Tanken in 6,3 sec., total 20,4 sec., Platz 4-6
Heidfeld:	50. Runde: 3. Stopp, Tanken in total 20,4 sec., Platz 11-12
Villeneuve:	49. Runde: 3. Stopp, Tanken in total 22,3 sec., Platz 16
Karthikeyan:	50. Runde: 4. Stopp, Tanken in total 21,5 sec., Platz 15
Sato:	53. Runde: 3. Stopp, Tanken in 6,1 sec., total 20,5 sec., Platz 11-12
Trulli:	53. Runde: 4. Stopp, Drive-Through-Strafe für Ignorieren der blauen Flagge, verliert total 11,0 sec., Platz 13
Monteiro:	52. Runde: 4. Stopp, Tanken in total 21,2 sec., Platz 17
Trulli:	54. Runde: 5. Stopp, Kontrolle wegen Problems mit dem Pneumatik-Druck in 5,6 sec., verliert total 19,7 sec., Platz 13
Montoya:	56. Runde: 2. Stopp, Tanken in 6,2 sec., total 20,4 sec., Platz 2
Karthikeyan:	54. Runde: 5. Stopp, Tanken in total 24,6 sec., Platz 15-16
Webber:	47. Runde: 3. Stopp, Tanken und Kontrolle der beschädigten Radaufhängung, verliert total 43,7 sec., Platz 19
Trulli:	58. Runde: 6. Stopp, Kontrolle wegen Problems mit dem Pneumatik-Druck, verliert total 22,0 sec., Platz 13

Ausfälle:

Räikkönen:	36. Runde: Hydraulikdefekt nachdem ein Mechaniker vergisst, eine Schraube zu zudrehen, Platz 1
Webber:	55. Runde: Aufhängungsschaden rechts hinten, Platz 19
Trulli:	65. Runde: Pneumatikschaden, Platz 13

Stand nach 1. Runde:
1. Räikkönen, 2. Alonso 3. M. Schumacher, 4. Button, 5. Heidfeld, 6. Coulthard, 7. Massa, 8. Fisichella, 9. Klien, 10. R. Schumacher

Führung im Rennen:

1.-35. Runde: Räikkönen
36.-67. Runde: Alonso

Ergebnis:

1. Fernando Alonso (Spanien) Renault	1.26:28,599 = 212,629 km/h	
2. Juan Pablo Montoya (Kolumbien) McLaren-Mercedes	1.26:51,168 = 211,708 km/h	22,569 zurück
3. Jenson Button (Großbritannien) BAR-Honda	1.26:53,021 = 211,633 km/h	24,422 zurück
4. Giancarlo Fisichella (Italien) Renault	1.27:19,186 = 210,576 km/h	50,587 zurück
5. Michael Schumacher (Deutschland) Ferrari	1.27:20,289 = 210,532 km/h	51,690 zurück
6. Ralf Schumacher (Deutschland) Toyota	1.27:20,841 = 210,509 km/h	52,242 zurück
7. David Coulthard (Schottland) Red Bull-Cosworth	1.27:21,299 = 210,491 km/h	52,700 zurück
8. Felipe Massa (Brasilien) Sauber-Petronas	1.27:25,169 = 210,336 km/h	56,570 zurück
9. Christian Klien (Österreich) Red Bull-Cosworth	1.27:38,417 = 209,806 km/h	69,818 zurück
10. Rubens Barrichello (Brasilien) Ferrari	1.26:35,324 = 209,184 km/h	1 Runde zurück
11. Nick Heidfeld (Deutschland) Williams-BMW	1.27:00,680 = 208,168 km/h	1 Runde zurück
12. Takuma Sato (Japan) BAR-Honda	1.27:03,966 = 208,037 km/h	1 Runde zurück
13. Christijan Albers (Niederlande) Minardi-Cosworth	1.27:42,081 = 203,401 km/h	2 Runden zurück
14. Jarno Trulli (Italien) Toyota	1.25:08,964 = 206,274 km/h	Ausfall
15. Jacques Villeneuve (Kanada) Sauber-Petronas	1.26:50,262 = 202,264 km/h	3 Runden zurück
16. Narain Karthikeyan (Indien) Jordan-Toyota	1.27:37,881 = 200,432 km/h	3 Runden zurück
17. Tiago Monteiro (Portugal) Jordan-Toyota	1.27:42,805 = 200,244 km/h	3 Runden zurück
18. Robert Doornbos (Niederlande) Minardi-Cosworth	1.26:41,640 = 199,433 km/h	4 Runden zurück

Trulli beendet nicht das Rennen, wird aber aufgrund der zurückgelegten Distanz gewertet

Schnellste Runde im Qualifying: Räikkönen (McLaren-Mercedes): 1:14,320 = 221,560 km/h
Schnellste Runde im Rennen: Räikkönen (McLaren-Mercedes): 1:14,873 = 219,924 km/h

Schnellste Runde jedes Fahrers im Rennen: 1. Räikkönen 1:14,873 (24.), 2. Alonso 1:15,235 (21.), 3. Button 1:15,843 (19.), 4. Montoya 1:15,878 (54.), 5. Fisichella 1:15,890 (21.), 6. R. Schumacher 1:16,073 (23.), 7. M. Schumacher 1:16,099 (18.), 8. Coulthard 1:16,233 (18.), 9. Klien 1:16,236 (45.), 10. Massa 1:16,288 (45.), 11. Trulli 1:16,474 (45.), 12. Barrichello 1:16,528 (47.), 13. Heidfeld 1:16,607 (10.), 14. Sato 1:16,725 (27.), 15. Webber 1:16,803 (46.), 16. Villeneuve 1:17,122 (26.), 17. Monteiro 1:18,106 (12.), 18. Karthikeyan 1:18,212 (7.), 19. Albers 1:18,425 (11.), 20. Doornbos 1:19,025 (44.)

WM-Stand: 1. Alonso 87, 2. Räikkönen 51, 3. M. Schumacher 47, 4. Montoya 34, 5. Barrichello 31, 6. Trulli 31, 7. Fisichella 30, 8. R. Schumacher 26, 9. Heidfeld 25, 10. Webber 22, 11. Coulthard 19, 12. Button 15, 13. Massa 8, 14. Monteiro 6, 15. Wurz 6, 16. Villeneuve 6, 17. Karthikeyan 5, 18. Albers 4, 19. de la Rosa 4, 20. Klien 4, 21. Friesacher 3, 22. Liuzzi 1

Konstrukteur-WM: 1. Renault 117, 2. McLaren-Mercedes 95, 3. Ferrari 74, 4. Toyota 57, 5. Williams-BMW 47, 6. Red Bull-Cosworth 24, 7. BAR-Honda 15, 8. Sauber-Petronas 14, 9. Jordan-Toyota 11, 10. Minardi-Cosworth 7

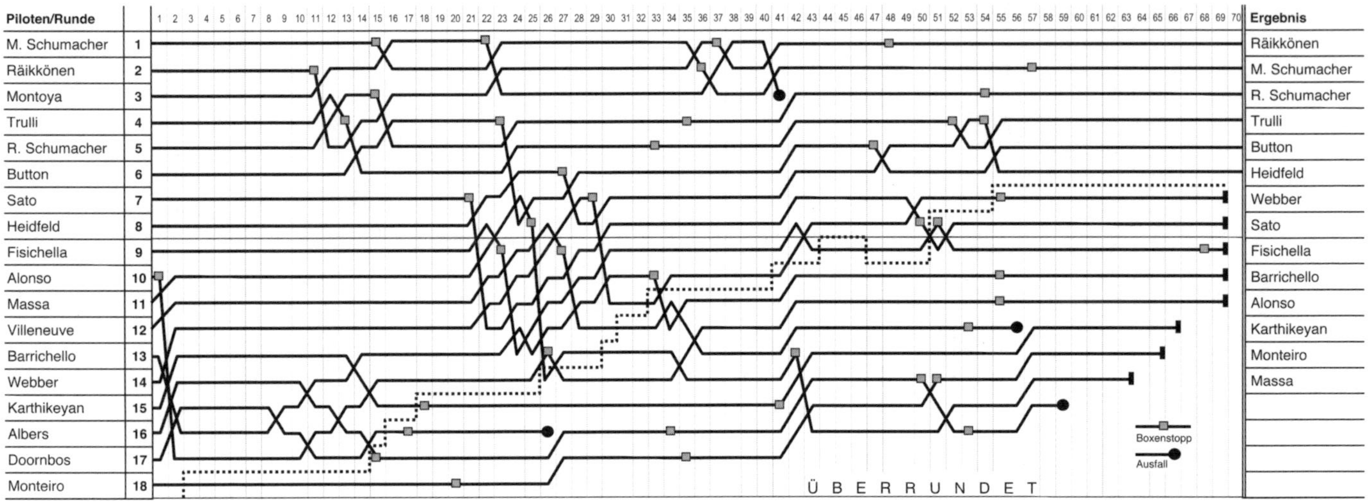
Piloten/Runde
M. Schumacher 1
Räikkönen 2
Montoya 3
Trulli 4
R. Schumacher 5
Button 6
Sato 7
Heidfeld 8
Fisichella 9
Alonso 10
Massa 11
Villeneuve 12
Barrichello 13
Webber 14
Karthikeyan 15
Albers 16
Doornbos 17
Monteiro 18
1 2 3 4 5 6 7 8 9 10 11 12 13 14 15 16 17 18 19 20 21 22 23 24 25 26 27 28 29 30 31 32 33 34 35 36 37 38 39 40 41 42 43 44 45 46 47 48 49 50 51 52 53 54 55 56 57 58 59 60 61 62 63 64 65 66 67 68 69 70
ÜBERRUNDET
Boxenstopp
Ausfall
Ergebnis
Räikkönen
M. Schumacher
R. Schumacher
Trulli
Button
Heidfeld
Webber
Sato
Fisichella
Barrichello
Alonso
Karthikeyan
Monteiro
Massa

Lauf 13 – Großer Preis von Ungarn – Budapest, 31. Juli 2005

1. Training Freitag:
1. Wurz 1:21,411, 2. Barrichello 1:22,834, 3. Button 1:23,028, 4. Räikkönen 1:23,159, 5. M. Schumacher 1:23,234, 6. Massa 1:23,375, 7. Heidfeld 1:23,384, 8. Montoya 1:23,558, 9. Sato 1:23,679, 10. R. Schumacher 1:23,706, 11. Trulli 1:23,764, 12. Alonso 1:23,833, 13. Webber 1:23,918, 14. Fisichella 1:23,940, 15. Liuzzi 1:24,174, 16. Zonta 1:24,270, 17. Villeneuve 1:24,683, 18. Karthikeyan 1:26,130, 19. Doornbos 1:27,011, 20. Monteiro 1:27,344, 21. Albers 1:27,540, 22. Kiesa 1:28,230, 23. Nissany 1:34,319, 24. Coulthard keine Zeit, 25. Klien keine Zeit

2. Training Freitag:
1. Zonta 1:20,409, 2. Wurz 1:20,519, 3. Räikkönen 1:21,281, 4. Trulli 1:21,410, 5. R. Schumacher 1:21,631, 6. Montoya 1:21,662, 7. Barrichello 1:21,914, 8. Alonso 1:22,473, 9. Button 1:22,544, 10. Klien 1:22,626, 11. Fisichella 1:22,652, 12. Heidfeld 1:22,861, 13. Coulthard 1:22,886, 14. Liuzzi 1:22,913, 15. Webber 1:22,935, 16. Villeneuve 1:23,558, 17. Sato 1:23,560, 18. Massa 1:23,574, 19. Doornbos 1:23,670, 20. Albers 1:24,093, 21. Monteiro 1:24,862, 22. Karthikeyan 1:25,184, 23. Kiesa 1:25,269, 24. M. Schumacher keine Zeit, 25. Nissany keine Zeit

1. Training (Samstag)		2. Training (Samstag)		Qualifying (Samstag))	
1. Räikkönen	1:21,686	1. Räikkönen	1:20,203	1. M. Schumacher	1:19,882
2. M. Schumacher	1:21,842	2. Montoya	1:20,517	2. Montoya	1:20,779
3. Montoya	1:21,980	3. M. Schumacher	1:20,773	3. Trulli	1:20,839
4. R. Schumacher	1:22,712	4. R. Schumacher	1:20,903	4. Räikkönen	1:20,891
5. Alonso	1:22,798	5. Barrichello	1:21,266	5. R. Schumacher	1:20,964
6. Trulli	1:22,888	6. Fisichella	1:21,276	6. Alonso	1:21,141
7. Heidfeld	1:23,167	7. Button	1:21,301	7. Barrichello	1:21,158
8. Barrichello	1:23,583	8. Alonso	1:21,336	8. Button	1:21,302
9. Webber	1:23,678	9. Sato	1:21,880	9. Fisichella	1:21,333
10. Massa	1:23,715	10. Webber	1:21,889	10. Sato	1:21,787
11. Button	1:23,902	11. Heidfeld	1:21,918	11. Klien	1:21,937
12. Coulthard	1:23,932	12. Klien	1:22,340	12. Heidfeld	1:22,086
13. Klien	1:24,006	13. Coulthard	1:22,534	13. Coulthard	1:22,279
14. Sato	1:24,070	14. Trulli	1:22,699	14. Massa	1:22,565
15. Villeneuve	1:24,078	15. Massa	1:22,753	15. Villeneuve	1:22,866
16. Fisichella	1:24,200	16. Albers	1:22,979	16. Webber	1:23,495
17. Doornbos	1:25,691	17. Villeneuve	1:22,985	17. Albers	1:24,443
18. Karthikeyan	1:25,721	18. Doornbos	1:23,358	18. Karthikeyan	1:25,057
19. Albers	1:25,947	19. Karthikeyan	1:24,265	19. Doornbos	1:25,484
20. Monteiro	1:26,600	20. Monteiro	1:24,628	20. Monteiro	-:--

Startaufstellung - inklusive Strafversetzungen:

Michael Schumacher
Ferrari F2005 V10
1:19,882

Juan Pablo Montoya
McLaren-Mercedes MP4/20 V10
1:20,779

Jarno Trulli
Toyota TF105 V10
1:20,839

Kimi Räikkönen
McLaren-Mercedes MP4/20 V10
1:20,891

Ralf Schumacher
Toyota TF105 V10
1:20,964

Fernando Alonso
Renault R25 V10
1:21,141

Rubens Barrichello
Ferrari F2005 V10
1:21,158

Jenson Button
BAR-Honda 007 V10
1:21,302

Giancarlo Fisichella
Renault R25 V10
1:21,333

Takuma Sato
BAR-Honda 007 V10
1:21,787

Christian Klien
Red Bull-Cosworth RB1 V10
1:21,937

Nick Heidfeld
Williams-BMW FW27 V10
1:22,086

David Coulthard
Red Bull-Cosworth RB1 V10
1:22,279

Felipe Massa
Sauber-Petronas C24 V10
1:22,565

Jacques Villeneuve
Sauber-Petronas C24 V10
1:22,866

Mark Webber
Williams-BMW FW27 V10
1:23,495

Christijan Albers
Minardi-Cosworth PS05 V10
1:24,443

Narain Karthikeyan
Jordan-Toyota EJ15 V10
1:25,057

Robert Doornbos
Minardi-Cosworth PS05 V10
1:25,484

Tiago Monteiro
Jordan-Toyota EJ15 V10
keine Zeit

Monteiro wird nach Motorenwechsel um 10 Plätze nach hinten versetzt

Höchstgeschwindigkeiten (Freitag, 1. oder 2. Training): 1. Wurz 307,9, 2. Räikkönen 306,1, 3. Montoya 305,3, 4. Sato 304,4, 5. Button 304,0, 6. Alonso 303,9, 7. Fisichella 303,0, 8. Liuzzi 302,7, 9. Barrichello 302,0, 10. Heidfeld 301,7, 11. Trulli 300,3, 12. Webber 300,2, 13. Monteiro 300,2, 14. Kiesa 300,0, 15. Villeneuve 299,6, 16. Karthikeyan 299,0, 17. Massa 298,7, 18. Albers 298,6, 19. Zonta 298,6, 20. Doornbos 298,5, 21. Klien 297,5, 22. Coulthard 296,8, 23. M. Schumacher 296,8, 24. R. Schumacher 296,0, 25. Nissany 289,7

Höchstgeschwindigkeiten (Qualifying, Samstag): 1. Räikkönen 309,0, 2. Montoya 303,7, 3. Sato 301,3, 4. Button 301,1, 5. M. Schumacher 301,0, 6. Heidfeld 301,0, 7. Fisichella 299,7, 8. Webber 299,6, 9. Coulthard 298,5, 10. Villeneuve 298,5, 11. Trulli 297,9, 12. Barrichello 297,9, 13. Alonso 297,9, 14. Massa 297,8, 15. Doornbos 297,6, 16. R. Schumacher 297,5, 17. Karthikeyan 296,3, 18. Klien 295,6, 19. Albers 295,1

Höchstgeschwindigkeiten (Sonntag): 1. Webber 309,5, 2. Montoya 309,3, 3. Räikkönen 309,2, 4. Barrichello 308,8, 5. Fisichella 306,9, 6. Alonso 306,9, 7. Button 306,1, 8. Villeneuve 305,4, 9. Sato 305,3, 10. M. Schumacher 303,7, 11. R. Schumacher 302,9, 12. Heidfeld 302,7, 13. Monteiro 302,6, 14. Trulli 301,9, 15. Doornbos 301,6, 16. Massa 301,5, 17. Albers 301,1, 18. Karthikeyan 300,7, 19. Klien 287,0, 20. Coulthard 284,3

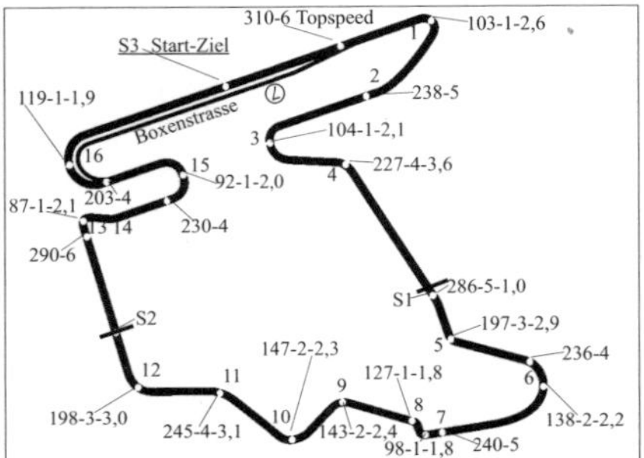

Legende: 132-2-2,1 = 132 km/h-2. Gang-2,1 Gravitation

Wetter am Renntag: Leicht bewölkt und heiß, 34-36 Grad Lufttemperatur, 44-46 Grad Asphalttemperatur, 41-43 Prozent Luftfeuchtigkeit, 120.000 Zuschauer am Renntag

Distanz: 70 Runden à 4,381 km = 306,663 km
Ziellinie 0,007 km hinter der Startlinie

Sieger 2004: M. Schumacher (Ferrari), 1.35:26,131 = 192,798 km/h, 2. Barrichello -4,696, 3. Alonso -44,599

Poleposition 2004: M. Schumacher (Ferrari): 1:19,146 = 199,272 km/h

Schnellste Runde 2004: M. Schumacher (Ferrari): 1:19,071 = 199,461 km/h

Boxenstopps:

Alonso:	1. Runde: Tanken und neuer Frontflügel nach Berührung mit R. Schumacher in erster Kurve, verliert total 27,8 sec., Platz 10-17
Barrichello:	1. Runde: Tanken und neuer Frontflügel nach Berührung mit Trulli in erster Kurve in total 23,4 sec., Platz 13-16
Monteiro:	1. Runde: Wechsel der Hinterreifen nach Schäden durch Trümmerteile in der ersten Kurve, verliert total 26,2 sec., Platz 18
Räikkönen:	11. Runde: Tanken in 8,5 sec., total 22,2 sec., Platz 2-5
Trulli:	13. Runde: Tanken in 7,0 sec., total 21,1 sec., Platz 4-6
M. Schumacher:	15. Runde: Tanken in total 22,5 sec., Platz 1-2
R. Schumacher:	15. Runde: Tanken in 6,9 sec., total 21,1 sec., Platz 3-5
Albers:	15. Runde: Tanken in total 22,8 sec., Platz 17
Doornbos:	17. Runde: Tanken in total 22,3 sec., Platz 16
Karthikeyan:	18. Runde: Tanken in total 23,1 sec., Platz 15
Sato:	21. Runde: Tanken in 10,5 sec., total 24,7 sec., Platz 7-12
Montoya:	22. Runde: Tanken in 9,9 sec., total 23,7 sec., Platz 1-3
Monteiro:	20. Runde: 2. Stopp, Tanken in total 20,7 sec., Platz 18
Button:	23. Runde: Tanken in total 22,5 sec., Platz 4-8
Fisichella:	23. Runde: Tanken in 10,8 sec., total 24,9 sec., Platz 9-13
Massa:	25. Runde: Tanken in total 24,8 sec., Platz 8-14
Alonso:	26. Runde: 2. Stopp, Tanken in 9,4 sec., total 23,7 sec., Platz 13-14
Heidfeld:	27. Runde: Tanken in total 23,9 sec., Platz 6-8
Villeneuve:	27. Runde: Tanken in 9,9 sec., total 23,9sec., Platz 9-12
Webber:	29. Runde: Tanken in 9,2 sec., total 23,1 sec., Platz 7-11
Trulli:	33. Runde: 2. Stopp, Tanken in 7,4 sec., total 21,5 sec., Platz 5
Barrichello:	33. Runde: 2. Stopp, Tanken in total 21,9 sec., Platz 10-12
R. Schumacher:	35. Runde: 2. Stopp, Tanken in 6,8 sec., total 20,8 sec., Platz 4
M. Schumacher:	36. Runde: 2. Stopp, Tanken in total 21,8 sec., Platz 2-3
Albers:	34. Runde: 2. Stopp, Tanken in total 22,4 sec., Platz 16
Räikkönen:	37. Runde: 2. Stopp, Tanken in total 19,5 sec., Platz 1-2
Monteiro:	35. Runde: 3. Stopp, Tanken in total 21,0 sec., Platz 17
Karthikeyan:	41. Runde: 2. Stopp, Tanken in total 23,6 sec., Platz 15-14
Massa:	42. Runde: 2. Stopp, Tanken und Einbau neuer Zündspulen in total 8,20 min., Platz 13-16
Button:	47. Runde: 2. Stopp, Tanken in 6,8 sec., total 21,7 sec., Platz 5-6
Räikkönen:	48. Runde: 3. Stopp, Tanken in 7,1 sec., total 21,1 sec., Platz 1
Sato:	50. Runde: 2. Stopp, Tanken in 7,5 sec., total 21,2 sec., Platz 8-9
Fisichella:	51. Runde: 2. Stopp, Tanken in 6,3 sec., total 20,4 sec., Platz 8-9
Trulli:	52. Runde: 3. Stopp, Tanken in 6,3 sec., total 20,3 sec., Platz 4-5

Albers:	50. Runde:	3. Stopp, Tanken und Hydraulik-Probleme, Versuch einer Reparatur, verliert total 5,59 min. Platz 14-15
R. Schumacher:	54. Runde:	3. Stopp, Tanken in 5,7 sec., total 19,9 sec., Platz 3
Monteiro:	51. Runde:	4. Stopp, Tanken in total 20,9 sec., Platz 14
Heidfeld:	54. Runde:	2. Stopp, Tanken in 5,9 sec., total 20,0 sec., Platz 4-6
Villeneuve:	53. Runde:	2. Stopp, Tanken in total 22,5 sec., Platz 12
Webber:	55. Runde:	2. Stopp, Tanken in total 20,2 sec., Platz 7
Barrichello:	55. Runde:	3. Stopp, Tanken in 5,4 sec., total 19,3 sec., Platz 10
Alonso:	55. Runde:	3. Stopp, Tanken in 5,5 sec., total 19,4 sec., Platz 11
M. Schumacher:	57. Runde:	3. Stopp, Tanken in 5,1 sec., total 19,2 sec., Platz 2
Albers:	53. Runde:	4. Stopp, Tanken und Hydraulik-Probleme, Versuch einer Reparatur, verliert total 3,46 min., Platz 16
Fisichella:	68. Runde:	3. Stopp, Tanken weil Benzindruck nachlässt, verliert total 18,9 sec., Platz 9

Ausfälle:

Klien:	1. Runde:	Unfall, Villeneuve erwischt das Red Bull-Heck mit dem linken Vorderreifen – Klien überschlägt sich in der ersten Kurve, bleibt aber unverletzt, Platz 11 (am Start)
Coulthard:	1. Runde:	fährt über den Frontflügel, den Alonso zuvor verloren hat, Dreher, Platz 13 (am Start)
Doornbos:	27. Runde:	Hydraulikdefekt, Platz 16
Montoya:	42. Runde:	Bruch der Antriebswelle, Platz 1
Villeneuve:	57. Runde:	ein kleines Feuer während des Boxenstopps beschädigt einige Komponenten, defekte Zündspulle Platz 12
Albers:	60. Runde:	Hydraulikprobleme Platz 15

Stand nach 1. Runde:
1. M. Schumacher, 2. Montoya, 3. Räikkönen, 4. Trulli, 5. R. Schumacher, 6. Button, 7. Sato, 8. Heidfeld, 9. Fisichella, 10. Massa

Führung im Rennen:

1.-15. Runde: M. Schumacher
16.-22. Runde: Montoya
23.-35. Runde: M. Schumacher
36.-37. Runde: Räikkönen
38.-40. Runde: Montoya
41.-70. Runde: Räikkönen

Ergebnis:

1. Kimi Räikkönen (Finnland) McLaren-Mercedes	1.37:25,552 = 188,859 km/h	
2. Michael Schumacher (Deutschland) Ferrari	1.38:01,133 = 187,716 km/h	35,581 zurück
3. Ralf Schumacher (Deutschland) Toyota	1.38:01,681 = 187,699 km/h	36,129 zurück
4. Jarno Trulli (Italien) Toyota	1.38:19,773 = 187,123 km/h	54,221 zurück
5. Jenson Button (Großbritannien) BAR-Honda	1.38:24,384 = 186,977 km/h	58,832 zurück
6. Nick Heidfeld (Deutschland) Williams-BMW	1.38:33,927 = 186,675 km/h	68,375 zurück
7. Mark Webber (Australien) Williams-BMW	1.37:33,302 = 185,914 km/h	1 Runde zurück
8. Takuma Sato (Japan) BAR-Honda	1.37:46,472 = 185,497 km/h	1 Runde zurück
9. Giancarlo Fisichella (Italien) Renault	1.38:07,300 = 184,841 km/h	1 Runde zurück
10. Rubens Barrichello (Brasilien) Ferrari	1.38:14,241 = 184,623 km/h	1 Runde zurück
11. Fernando Alonso (Spanien) Renault	1.38:15,467 = 184,585 km/h	1 Runde zurück
12. Narain Karthikeyan (Indien) Jordan-Toyota	1.38:10,414 = 179,388 km/h	3 Runden zurück
13. Tiago Monteiro (Portugal) Jordan-Toyota	1.38:06,357 = 176,832 km/h	4 Runden zurück
14. Felipe Massa (Brasilien) Sauber-Petronas	1.38:38,861 = 167,867 km/h	7 Runden zurück

Schnellste Runde im Qualifying: M. Schumacher (Ferrari): 1:19,882 = 197,436 km/h
Schnellste Runde im Rennen: Räikkönen (McLaren-Mercedes): 1:21,219 = 194,186 km/h

Schnellste Runde jedes Fahrers im Rennen: 1. Räikkönen 1:21,219 (40.), 2. Montoya 1:21,237 (20.), 3. M. Schumacher 1:21,476 (13.), 4. Trulli 1:21,842 (32.), 5. R. Schumacher 1:21,873 (13.), 6. Heidfeld 1:22,053 (53.), 7. Sato 1:22,399 (45.), 8. Button 1:22,406 (70.), 9. Webber 1:22,453 (47.), 10. Fisichella 1:22,506 (19.), 11. Barrichello 1:22,768 (20.), 12. Alonso 1:22,884 (51.), 13. Massa 1:23,048 (22.), 14. Villeneuve 1:23,118 (23.), 15. Karthikeyan 1:24,446 (17.), 16. Monteiro 1:24,774 (15.), 17. Doornbos 1:25,646 (16.), 18. Albers 1:25,956 (8.)

WM-Stand: 1. Alonso 87, 2. Räikkönen 61, 3. M. Schumacher 55, 4. Trulli 36, 5. Montoya 34, 6. R. Schumacher 32, 7. Barrichello 31, 8. Fisichella 30, 9. Heidfeld 28, 10. Webber 24, 11. Button 19, 12. Coulthard 19, 13. Massa 8, 14. Monteiro 6, 15. Wurz 6, 16. Villeneuve 6, 17. Karthikeyan 5, 18. Albers 4, 19. de la Rosa 4, 20. Klien 4, 21. Friesacher 3, 22. Liuzzi 1, 23. Sato 1

Konstrukteur-WM: 1. Renault 117, 2. McLaren-Mercedes 105, 3. Ferrari 86, 4. Toyota 68, 5. Williams-BMW 52, 6. Red Bull-Cosworth 24, 7. BAR-Honda 20, 8. Sauber-Petronas 14, 9. Jordan-Toyota 11, 10. Minardi-Cosworth 7

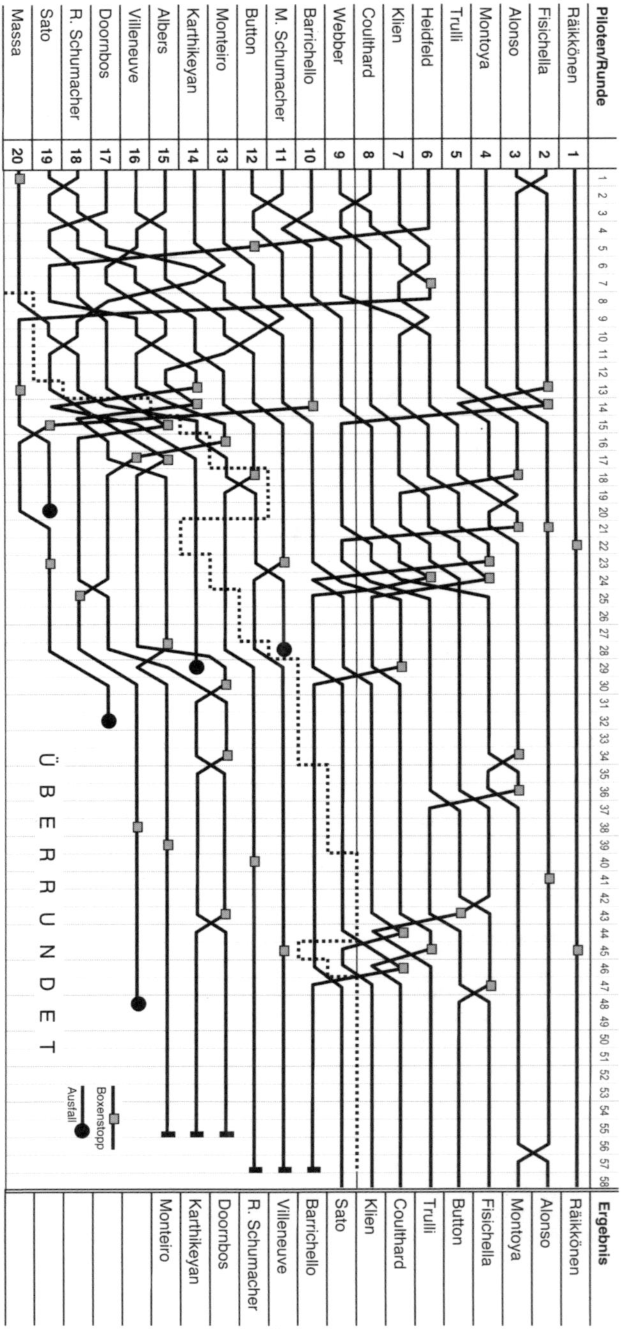

Piloten/Runde
1 Räikkönen
2 Fisichella
3 Alonso
4 Montoya
5 Trulli
6 Heidfeld
7 Klien
8 Coulthard
9 Webber
10 Barrichello
11 M. Schumacher
12 Button
13 Monteiro
14 Karthikeyan
15 Albers
16 Villeneuve
17 Doornbos
18 R. Schumacher
19 Sato
20 Massa
1 2 3 4 5 6 7 8 9 10 11 12 13 14 15 16 17 18 19 20 21 22 23 24 25 26 27 28 29 30 31 32 33 34 35 36 37 38 39 40 41 42 43 44 45 46 47 48 49 50 51 52 53 54 55 56 57 58
ÜBERRUNDET
Boxenstopp
Ausfall
Ergebnis
Räikkönen
Alonso
Montoya
Fisichella
Button
Trulli
Coulthard
Klien
Sato
Barrichello
Villeneuve
R. Schumacher
Doornbos
Karthikeyan
Monteiro

Lauf 14 – Großer Preis der Türkei – Istanbul, 21. August 2005

1. Training Freitag:
1. de la Rosa 1:27,882, 2. Räikkönen 1:28,453, 3. Webber 1:28,765, 4. Zonta 1:28,810, 5. Button 1:28,968, 6. Montoya 1:29,183, 7. Alonso 1:29,283, 8. M. Schumacher 1:29,766, 9. Sato 1:30,050, 10. Fisichella 1:30,106, 11. Massa 1:30,368, 12. R. Schumacher 1:30,563, 13. Trulli 1:30,785, 14. Heidfeld 1:30,847, 15. Villeneuve 1:30,847, 16. Klien 1:31,008, 17. Barrichello 1:31,294, 18. Coulthard 1:31,306, 19. Liuzzi 1:31,353, 20. Monteiro 1:32,147, 21. Kiesa 1:32,501, 22. Karthikeyan 1:32,886, 23. Albers 1:33,474, 24. Doornbos 1:35,367, 25. Toccacelo 1:36,411

2. Training Freitag:
1. Zonta 1:25,583, 2. de la Rosa 1:26,196, 3. Montoya 1:26,525, 4. Räikkönen 1:27,274, 5. Button 1:27,346, 6. Liuzzi 1:27,578, 7. Alonso 1:27,579, 8. Fisichella 1:27,673, 9. Trulli 1:27,964, 10. Sato 1:28,081, 11. Webber 1:28,120, 12. Coulthard 1:28,235, 13. M. Schumacher 1:28,293, 14. Villeneuve 1:28,404, 15. Barrichello 1:28,460, 16. R. Schumacher 1:28,641, 17. Massa 1:28,681, 18. Klien 1:28,828, 19. Heidfeld 1:28,959, 20. Monteiro 1:30,626, 21. Doornbos 1:30,628, 22. Albers 1:30,730, 23. Kiesa 1:30,884, 24. Karthikeyan 1:30,899, 25. Toccacelo 1:32,813

1. Training (Samstag)		2. Training (Samstag)		Qualifying (Samstag)	
1. Montoya	1:26,857	1. Räikkönen	1:26,120	1. Räikkönen	1:26,797
2. Button	1:27,031	2. Button	1:26,599	2. Fisichella	1:27,039
3. Alonso	1:27,119	3. Alonso	1:26,627	3. Alonso	1:27,050
4. Räikkönen	1:27,134	4. Montoya	1:26,748	4. Montoya	1:27,352
5. Sato	1:27,159	5. Fisichella	1:27,240	5. Trulli	1:27,501
6. Heidfeld	1:27,471	6. Sato	1:27,308	6. Heidfeld	1:27,929
7. Webber	1:27,633	7. Webber	1:27,335	7. Webber	1:27,944
8. Fisichella	1:27,921	8. R. Schumacher	1:27,556	8. Massa	1:28,419
9. Coulthard	1:27,953	9. Coulthard	1:27,796	9. R. Schumacher	1:28,594
10. Massa	1:28,018	10. Massa	1:27,829	10. Klien	1:28,963
11. R. Schumacher	1:28,049	11. Klien	1:27,919	11. Barrichello	1:29,369
12. Klien	1:28,063	12. Trulli	1:27,921	12. Coulthard	1:29,764
13. Trulli	1:28,468	13. Heidfeld	1:27,951	13. Button	1:30,063
14. M. Schumacher	1:28,487	14. M. Schumacher	1:28,155	14. Sato	1:30,175
15. Villeneuve	1:28,740	15. Villeneuve	1:28,534	15. Monteiro	1:30,710
16. Barrichello	1:28,854	16. Barrichello	1:28,615	16. Albers	1:32,186
17. Monteiro	1:30,216	17. Monteiro	1:28,830	17. M. Schumacher	-:--
18. Albers	1:30,837	18. Doornbos	1:30,155	18. Karthikeyan	-:--
19. Doornbos	1:30,851	19. Albers	1:30,999	19. Villeneuve	-:--
20. Karthikeyan	-:--	20. Karthikeyan	-:--	20. Doornbos	-:--

Startaufstellung - inklusive Strafversetzungen:

Kimi Räikkönen
McLaren-Mercedes MP4/20 V10
1:26,797

Giancarlo Fisichella
Renault R25 V10
1:27,039

Fernando Alonso
Renault R25 V10
1:27,050

Juan Pablo Montoya
McLaren-Mercedes MP4/20 V10
1:27,352

Jarno Trulli
Toyota TF105 V10
1:27,501

Nick Heidfeld
Williams-BMW FW27 V10
1:27,929

Mark Webber
Williams-BMW FW27 V10
1:27,944

Felipe Massa
Sauber-Petronas C24 V10
1:28,419

Ralf Schumacher
Toyota TF105 V10
1:28,594

Christian Klien
Red Bull-Cosworth RB1 V10
1:28,963

Rubens Barrichello
Ferrari F2005 V10
1:29,369

David Coulthard
Red Bull-Cosworth RB1 V10
1:29,764

Jenson Button
BAR-Honda 007 V10
1:30,063

Tiago Monteiro
Jordan-Toyota EJ15 V10
1:30,710

Christijan Albers
Minardi-Cosworth PS05 V10
1:32,186

Jacques Villeneuve
Sauber-Petronas C24 V10
keine Zeit

Robert Doornbos
Minardi-Cosworth PS05 V10
keine Zeit

Narain Karthikeyan
Jordan-Toyota EJ15 V10
keine Zeit

Michael Schumacher
Ferrari F2005 V10
keine Zeit

Takuma Sato
BAR-Honda 007 V10
keine Zeit

Karthikeyan, **M. Schumacher**, **Sato** und **Doornbos** werden nach Motorenwechsel um 10 Plätze nach hinten versetzt. **Sato** absolviert seine Auslaufrunde so langsam, dass er im Mittelsektor bereits dem nächsten Fahrer, Webber, in die Quere kommt - seine Zeit wird aberkannt.

Höchstgeschwindigkeiten (Freitag, 1. oder 2. Training): 1. Alonso 329,2, 2. Zonta 325,2, 3. de la Rosa 324,0, 4. Fisichella 323,8, 5. Massa 321,4, 6. Button 320,7, 7. Montoya 320,7, 8. Trulli 320,3, 9. Webber 320,1, 10. Coulthard 319,8, 11. Räikkönen 319,8, 12. Barrichello 319,4, 13. Sato 318,3, 14. Liuzzi 318,2, 15. Klien 317,7, 16. Albers 317,1, 17. Kiesa 317,1, 18. M. Schumacher 316,9, 19. Villeneuve 316,0, 20. Heidfeld 315,6, 21. R. Schumacher 315,0, 22. Doornbos 314,6, 23. Toccacelo 312,4, 24. Monteiro 311,5, 25. Karthikeyan 311,2

Höchstgeschwindigkeiten (Qualifying, Samstag): 1. Alonso 329,5, 2. Montoya 326,3, 3. Fisichella 325,3, 4. R. Schumacher 324,0, 5. Räikkönen 323,7, 6. Trulli 323,3, 7. Sato 322,6, 8. Klien 322,4, 9. Massa 321,1, 10. Albers 319,5, 11. Webber 319,5, 12. Heidfeld 319,1, 13. Coulthard 318,7, 14. Monteiro 317,0, 15. Barrichello 316,9, 16. Button 308,3, 17. M. Schumacher 304,9, 18. Villeneuve 281,9, 19. Karthikeyan 273,7, 20. Doornbos 261,0

Höchstgeschwindigkeiten (Sonntag): 1. Montoya 330,3, 2. Räikkönen 329,2, 3. Trulli 329,0, 4. Alonso 328,5, 5. Coulthard 326,9, 6. Fisichella 326,1, 7. Barrichello 325,9, 8. M. Schumacher 325,3, 9. Karthikeyan 324,5, 10. Sato 324,4, 11. Massa 324,2, 12. Klien 323,8, 13. Monteiro 323,2, 14. R. Schumacher 323,1, 15. Button 320,6, 16. Albers 320,1, 17. Heidfeld 319,3, 18. Villeneuve 318,6, 19. Webber 318,4, 20. Doornbos 315,6

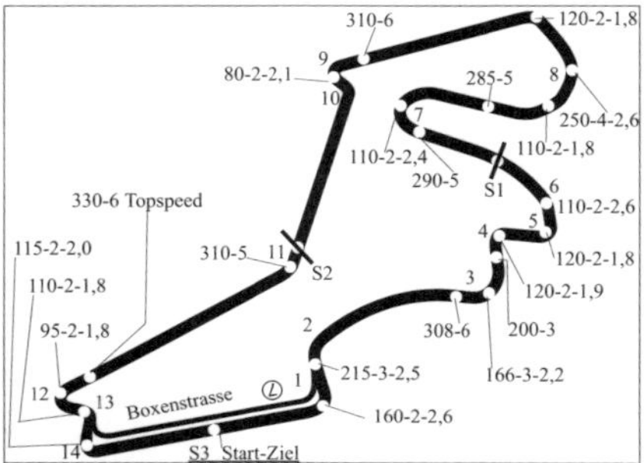

Legende: 132-2-2,1 = 132 km/h-2. Gang-2,1 Gravitation

Wetter am Renntag: Sonnig, heiß und trocken, 30 Grad Lufttemperatur, 37-46 Grad Asphalttemperatur, 45-46 Prozent Luftfeuchtigkeit, 90.000 Zuschauer am Renntag

Distanz: 58 Runden à 5,338 km = 309,396 km
Ziellinie 0,208 km hinter der Startlinie

Boxenstopps:

Massa:	1. Runde: Tanken und neuer Frontflügel nach Berührung mit Heidfeld, verliert total 25,3 sec., Platz 20
Heidfeld:	5. Runde: Neuer Reifen rechts hinten nach Berührung mit Massa in 8,2 sec., total 26,0 sec., Platz 12-19
Webber:	9. Runde: Reifenwechsel rechts hinten nach Schaden, verliert total 30,9 sec., Platz 20
Alonso:	13. Runde: Tanken in 10,1 sec., total 27,2 sec., Platz 2-5
Heidfeld:	13. Runde: 2. Stopp, Tanken in total 26,8 sec., Platz 14-19
Fisichella:	14. Runde: Tanken in 17,6 sec., Tankstutzen klemmt, verliert total 36,9 sec., Platz 2-9
Webber:	13. Runde: 2. Stopp, Tanken und neuer Frontflügel nach Berührung mit M. Schumacher, in 24,1 sec., verliert total 42,1 sec., Platz 20
M. Schumacher:	14. Runde: Reifenwechsel links hinten nach Berührung mit Webber in 40,0 sec., verliert total 59,0 sec., Platz 10-19
Monteiro:	14. Runde: Tanken in total 28,7 sec., Platz 14-18
Doornbos:	15. Runde: Tanken in total 44,4 sec., Platz 15-18
M. Schumacher:	15. Runde: 2. Stopp, Tanken und Tausch der Servolenkung, verliert total 25,22 min., Platz 19-20
Albers:	16. Runde: Tankversuch aber Tankrüssel klemmt, verliert total 23,6 sec., Platz 13-16
Karthikeyan:	17. Runde: Tanken in total 24,7 sec., Platz 15-16
Albers:	17. Runde: 2. Stopp, Tanken in total 26,7 sec., Platz 16-17
Trulli:	18. Runde: Tanken in 10,3 sec., total 27,0 sec., Platz 3-7
R. Schumacher:	18. Runde: Tanken in total 27,5 sec., Platz 12-13
Montoya:	21. Runde: Tanken in 7,9 sec., Tankrüssel klemmt, Lollipop-Mann gibt voreilig das Signal zum Wegfahren, Tank-Mann wird mitgerissen, total 27,8 sec., Platz 2
Button:	21. Runde: Tanken in 11,5 sec., total 28,5 sec., Platz 3-7
Räikkönen:	22. Runde: Tanken in 10,0 sec., total 27,5 sec., Platz 1
Klien:	23. Runde: Tanken in 8,9 sec., total 26,5 sec., Platz 4-10
Villeneuve:	23. Runde: Tanken in total 26,4 sec., Platz 11-12
Coulthard:	24. Runde: Tanken in total 25,9 sec., Platz 4-8
Barrichello:	24. Runde: Tanken in 9,1 sec., total 26,0 sec., Platz 6-10
Albers:	25. Runde: 3. Stopp, Tanken und Versuch einer Reparatur von Getriebeproblemen, verliert total 2,31 min., Platz 18
Sato:	29. Runde: Tanken in 10,6 sec., total 28,9 sec., Platz 7
Monteiro:	28. Runde: 2. Stopp, Tanken in total 50,7 sec., Platz 15-16
Karthikeyan:	30. Runde: 2. Stopp, Tanken in total 24,5 sec., Platz 13-14
Alonso:	34. Runde: 2. Stopp, Tanken in 12,3 sec., total 29,5 sec., Platz 3-4
Doornbos:	34. Runde: 2. Stopp, Tanken in total 30,5 sec., Platz 13-14
Montoya:	41. Runde: 2. Stopp, Tanken in 7,7 sec., total 24,9 sec., Platz 2
R. Schumacher:	40. Runde: 2. Stopp, Tanken in total 23,7 sec., Platz 12
Monteiro:	39. Runde: 3. Stopp, Tanken in total 27,1 sec., Platz 15
M. Schumacher:	23. Runde: 3. Stopp, Tanken in total 25,0 sec., Platz 19

Albers:	39. Runde: 4. Stopp, Versuch einer Reparatur von Getriebeproblemen, verliert total 1,43 min., Platz 16
Trulli:	43. Runde: 2. Stopp, Tanken in 6,7 sec., total 23,3 sec., Platz 5-8
Karthikeyan:	43. Runde: 3. Stopp, Tanken in total 23,7 sec., Platz 13-14
Klien:	44. Runde: 2. Stopp, Tanken in total 23,9 sec., Platz 7-9
Räikkönen:	45. Runde: 2. Stopp, Tanken in 6,2 sec., total 23,3 sec., Platz 1
Coulthard:	45. Runde: 2. Stopp, Tanken in 7,5 sec., total 23,1 sec., Platz 6
Villeneuve:	45. Runde: 2. Stopp, Tanken in total 23,3 sec., Platz 11
Barrichello:	46. Runde: 2. Stopp, Tanken in 6,1 sec., total 22,9 sec., Platz 7-10
Button:	47. Runde: 2. Stopp, Tanken in 6,1 sec., total 23,0 sec., Platz 4-5

Ausfälle:

Webber:	21. Runde: Reifenschaden hinten links, Platz 19
Massa:	29. Runde: Pneumatikschaden, Platz 11
Heidfeld:	30. Runde: Reifenschaden hinten links, Platz 14
M. Schumacher:	33. Runde: (nach Kollision mit Webber) Lenkungsdefekt, später Aufgabe, Platz 17
Albers:	49. Runde: Getriebeschaden, Platz 16

Sato startet aus der Boxengasse

Stand nach 1. Runde:
1. Räikkönen, 2. Fisichella, 3. Alonso, 4. Montoya, 5. Trulli, 6. Heidfeld, 7. Klien, 8. Coulthard, 9. Webber, 10. Barrichello

Führung im Rennen:

1.-58. Runde: Räikkönen

Ergebnis:

1. Kimi Räikkönen (Finnland) McLaren-Mercedes	1.24:34,454 = 219,496 km/h	
2. Fernando Alonso (Spanien) Renault	1.24:53,063 = 218,694 km/h	18,609 zurück
3. Juan Pablo Montoya (Kolumbien) McLaren-Mercedes	1.24:54,089 = 218,650 km/h	19,635 zurück
4. Giancarlo Fisichella (Italien) Renault	1.25:12,427 = 217,866 km/h	37,973 zurück
5. Jenson Button (Großbritannien) BAR-Honda	1.25:13,758 = 217,809 km/h	39,304 zurück
6. Jarno Trulli (Italien) Toyota	1.25:29,874 = 217,125 km/h	55,420 zurück
7. David Coulthard (Schottland) Red Bull-Cosworth	1.25:43,750 = 216,539 km/h	69,296 zurück
8. Christian Klien (Österreich) Red Bull-Cosworth	1.25:46,076 = 216,441 km/h	71,622 zurück
9. Takuma Sato (Japan) BAR-Honda	1.26:24,441 = 214,840 km/h	109,987 zurück
10. Rubens Barrichello (Brasilien) Ferrari	1.24:37,474 = 215,581 km/h	1 Runde zurück
11. Jacques Villeneuve (Kanada) Sauber-Petronas	1.25:08,046 = 214,291 km/h	1 Runde zurück
12. Ralf Schumacher (Deutschland) Toyota	1.25:08,608 = 214,267 km/h	1 Runde zurück
13. Robert Doornbos (Niederlande) Minardi-Cosworth	1.24:48,942 = 207,543 km/h	3 Runden zurück
14. Narain Karthikeyan (Indien) Jordan-Toyota	1.25:01,551 = 207,030 km/h	3 Runden zurück
15. Tiago Monteiro (Portugal) Jordan-Toyota	1.25:15,082 = 206,482 km/h	3 Runden zurück

Schnellste Runde im Qualifying: Räikkönen (McLaren-Mercedes): 1:26,797 = 221,399 km/h
Schnellste Runde im Rennen: Montoya (McLaren-Mercedes): 1:24,770 = 226,693 km/h

Schnellste Runde jedes Fahrers im Rennen: 1. Montoya 1:24,770 (39.), 2. Räikkönen 1:25,030 (40.), 3. Alonso 1:25,524 (58.), 4. Fisichella 1:25,604 (34.), 5. Button 1:25,790 (58.), 6. Sato 1:25,858 (54.), 7. Trulli 1:26,178 (52.), 8. Klien 1:26,374 (58.), 9. Coulthard 1:26,417 (58.), 10. Massa 1:26,514 (27.), 11. Barrichello 1:26,635 (45.), 12. Webber 1:26,791 (12.), 13. Villeneuve 1:26,967 (44.), 14. M. Schumacher 1:26,991 (21.), 15. R. Schumacher 1:27,025 (38.), 16. Heidfeld 1:27,353 (25.), 17. Monteiro 1:29,035 (50.), 18. Doornbos 1:29,229 (53.), 19. Karthikeyan 1:29,286 (42.), 20. Albers 1:29,392 (13.)

WM-Stand: 1. Alonso 95, 2. Räikkönen 71, 3. M. Schumacher 55, 4. Montoya 40, 5. Trulli 39, 6. Fisichella 35, 7. R. Schumacher 32, 8. Barrichello 31, 9. Heidfeld 28, 10. Webber 24, 11. Button 23, 12. Coulthard 21, 13. Massa 8, 14. Monteiro 6, 15. Wurz 6, 16. Villeneuve 6, 17. Karthikeyan 5, 18. Klien 5, 19. Albers 4, 20. de la Rosa 4, 21. Friesacher 3, 22. Sato 1, 23. Liuzzi 1

Konstrukteur-WM: 1. Renault 130, 2. McLaren-Mercedes 121, 3. Ferrari 86, 4. Toyota 71, 5. Williams-BMW 52, 6. Red Bull-Cosworth 27, 7. BAR-Honda 24, 8. Sauber-Petronas 14, 9. Jordan-Toyota 11, 10. Minardi-Cosworth 7

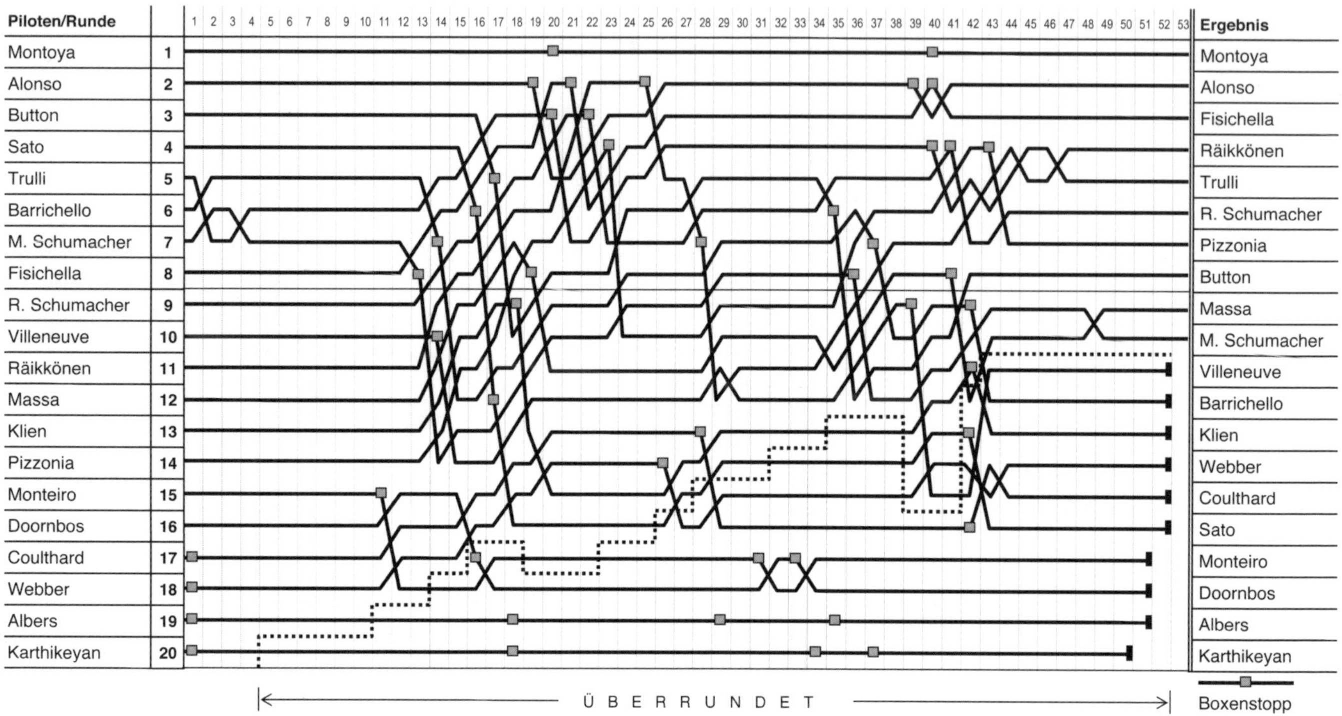
Piloten/Runde
Montoya 1
Alonso 2
Button 3
Sato 4
Trulli 5
Barrichello 6
M. Schumacher 7
Fisichella 8
R. Schumacher 9
Villeneuve 10
Räikkönen 11
Massa 12
Klien 13
Pizzonia 14
Monteiro 15
Doornbos 16
Coulthard 17
Webber 18
Albers 19
Karthikeyan 20
1 2 3 4 5 6 7 8 9 10 11 12 13 14 15 16 17 18 19 20 21 22 23 24 25 26 27 28 29 30 31 32 33 34 35 36 37 38 39 40 41 42 43 44 45 46 47 48 49 50 51 52 53
Ergebnis
Montoya
Alonso
Fisichella
Räikkönen
Trulli
R. Schumacher
Pizzonia
Button
Massa
M. Schumacher
Villeneuve
Barrichello
Klien
Webber
Coulthard
Sato
Monteiro
Doornbos
Albers
Karthikeyan
ÜBERRUNDET
Boxenstopp

Lauf 15 – Großer Preis von Italien – Monza, 4. September 2005

1. Training Freitag:
1. de la Rosa 1:20,201, 2. Webber 1:21,816, 3. Räikkönen 1:21,842, 4. Montoya 1:22,078, 5. Heidfeld 1:22,351, 6. Zonta 1:22,567, 7. Sato 1:22,568, 8. M. Schumacher 1:23,739, 9. Coulthard 1:24,001, 10. Liuzzi 1:24,166, 11. Barrichello 1:24,196, 12. Monteiro 1:25,134, 13. Kiesa 1:25,374, 14. Albers 1:25,497, 15. Karthikeyan 1:25,611, 16. Doornbos 1:25,853, 17. Toccacelo 1:25,896, 18. Villeneuve keine Zeit, 19. Button keine Zeit, 20. Massa keine Zeit, 21. Klien keine Zeit, 22. Alonso keine Zeit, 23. Fisichella keine Zeit, 24. Trulli keine Zeit, 25. R. Schumacher keine Zeit

2. Training Freitag:
1. Zonta 1:20,531, 2. Montoya 1:21,583, 3. Räikkönen 1:21,735, 4. de la Rosa 1:21,922, 5. Webber 1:22,032, 6. Heidfeld 1:22,107, 7. Liuzzi 1:22,253, 8. Trulli 1:22,278, 9. Fisichella 1:22,440, 10. Alonso 1:22,594, 11. Klien 1:22,600, 12. M. Schumacher 1:22,749, 13. Massa 1:23,052, 14. R. Schumacher 1:23,126, 15. Villeneuve 1:23,208, 16. Barrichello 1:23,213, 17. Sato 1:23,223, 18. Button 1:23,415, 19. Coulthard 1:23,506, 20. Monteiro 1:23,994, 21. Karthikeyan 1:24,202, 22. Doornbos 1:24,233, 23. Albers 1:24,264, 24. Toccacelo 1:25,245, 25. Kiesa keine Zeit

1. Training (Samstag)		2. Training (Samstag)		Qualifying (Samstag)	
1. Räikkönen	1:22,415	1. Räikkonen	1:20,916	1. Räikkönen	1:20,878
2. M. Schumacher	1:22,550	2. Montoya	1:21,318	2. Montoya	1:21,054
3. Montoya	1:22,676	3. Sato	1:21,399	3. Alonso	1:21,319
4. Alonso	1:22,867	4. Alonso	1:21,548	4. Button	1:21,369
5. Fisichella	1:22,900	5. Trulli	1:21,884	5. Sato	1:21,477
6. Webber	1:23,162	6. Fisichella	1:21,951	6. Trulli	1:21,640
7. Sato	1:23,257	7. Webber	1:22,066	7. M. Schumacher	1:21,721
8. Button	1:23,875	8. Coulthard	1:22,291	8. Barrichello	1:21,962
9. R. Schumacher	1:23,898	9. Klien	1:22,345	9. Fisichella	1:22,068
10. Barrichello	1:23,942	10. M. Schumacher	1:22,395	10. R. Schumacher	1:22,266
11. Coulthard	1:24,019	11. Barrichello	1:22,437	11. Coulthard	1:22,304
12. Trulli	1:24,129	12. Button	1:22,558	12. Villeneuve	1:22,356
13. Pizzonia	1:24,367	13. Villeneuve	1:22,701	13. Klien	1:22,532
14. Klien	1:24,390	14. R. Schumacher	1:22,710	14. Webber	1:22,560
15. Massa	1:24,447	15. Pizzonia	1:22,823	15. Massa	1:23,060
16. Monteiro	1:24,668	16. Massa	1:23,389	16. Pizzonia	1:23,291
17. Villeneuve	1:25,041	17. Monteiro	1:23,472	17. Monteiro	1:24,666
18. Karthikeyan	1:25,172	18. Doornbos	1:23,676	18. Doornbos	1:24,904
19. Doornbos	1:25,722	19. Albers	1:24,104	19. Karthikeyan	1:25,859
20. Albers	1:26,197	20. Karthikeyan	1:24,772	20. Albers	1:26,964

Startaufstellung - inklusive Strafversetzungen:

Juan Pablo Montoya
McLaren-Mercedes MP4/20 V10
1:21,054

Fernando Alonso
Renault R25 V10
1:21,319

Jenson Button
BAR-Honda 007 V10
1:21,369

Takuma Sato
BAR-Honda 007 V10
1:21,477

Jarno Trulli
Toyota TF105 V10
1:21,640

Michael Schumacher
Ferrari F2005 V10
1:21,721

Rubens Barrichello
Ferrari F2005 V10
1:21,962

Giancarlo Fisichella
Renault R25 V10
1:22,068

Ralf Schumacher
Toyota TF105 V10
1:22,266

David Coulthard
Red Bull-Cosworth RB1 V10
1:22,304

Kimi Räikkönen
McLaren-Mercedes MP4/20 V10
1:20,878

Jacques Villeneuve
Sauber-Petronas C24 V10
1:22,356

Christian Klien
Red Bull-Cosworth RB1 V10
1:22,532

Mark Webber
Williams-BMW FW27 V10
1:22,560

Felipe Massa
Sauber-Petronas C24 V10
1:23,060

Antonio Pizzonia
Williams-BMW FW27 V10
1:23,291

Tiago Monteiro
Jordan-Toyota EJ15B V10
1:24,666

Robert Doornbos
Minardi-Cosworth PS05 V10
1:24,904

Narain Karthikeyan
Jordan-Toyota EJ15 V10
1:25,859

Christijan Albers
Minardi-Cosworth PS05 V10
1:26,964

Räikkönen wird nach Motorenwechsel um 10 Plätze nach hinten versetzt

Höchstgeschwindigkeiten (Freitag, 1. oder 2. Training): 1. Fisichella 362,9, 2. de la Rosa 361,5, 3. Montoya 361,3, 4. Räikkönen 359,8, 5. Coulthard 359,7, 6. Zonta 359,0, 7. Klien 356,5, 8. Alonso 356,4, 9. Monteiro 356,3, 10. Webber 355,9, 11. Heidfeld 355,9, 12. M. Schumacher 355,6, 13. Karthikeyan 355,4, 14. R. Schumacher 355,3, 15. Doornbos 355,3, 16. Albers 355,2, 17. Toccacelo 355,1, 18. Liuzzi 354,6, 19. Sato 354,2, 20. Villeneuve 353,9, 21. Massa 353,2, 22. Trulli 353,2, 23. Barrichello 352,0, 24. Kiesa 351,6, 25. Button 350,7

Höchstgeschwindigkeiten (Qualifying, Samstag): 1. Alonso 359,5, 2. M. Schumacher 358,3, 3. Villeneuve 356,3, 4. Fisichella 356,3, 5. Montoya 356,3, 6. Räikkönen 355,7, 7. Webber 355,4, 8. Barrichello 355,2, 9. Massa 354,3, 10. Klien 353,9, 11. Sato 353,6, 12. Coulthard 353,1, 13. Pizzonia 352,5, 14. Albers 351,4, 15. Trulli 350,3, 16. Doornbos 350,0, 17. Button 349,9, 18. R. Schumacher 349,8, 19. Karthikeyan 347,1, 20. Monteiro 344,4

Höchstgeschwindigkeiten (Sonntag): 1. Räikkönen 370,1, 2. M. Schumacher 369,9, 3. Montoya 366,1, 4. Villeneuve 365,9, 5. Webber 365,8, 6. Barrichello 364,9, 7. Fisichella 364,6, 8. Pizzonia 364,4, 9. Sato 364,1, 10. Klien 363,7, 11. Coulthard 363,3 12. Trulli 362,2, 13. Monteiro 360,8, 14. Alonso 360,6, 15. Massa 360,3, 16. Button 359,1, 17. R. Schumacher 358,6, 18. Doornbos 357,6, 19. Karthikeyan 357,6, 20. Albers 356,7

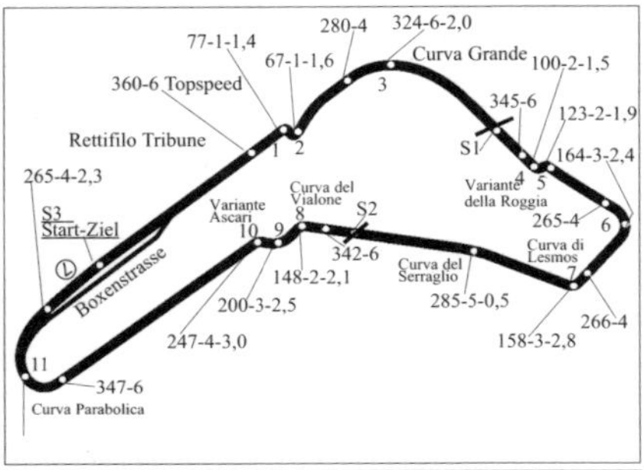

Legende: 132-2-2,1 = 132 km/h-2. Gang-2,1 Gravitation

Wetter am Renntag: Sonnig und warm, 28 Grad Lufttemperatur, 45 Grad Asphalttemperatur, 47-48 Prozent Luftfeuchtigkeit, 60.000 Zuschauer am Renntag

Distanz: 53 Runden à 5,793 km = 306,720 km
Ziellinie 0,309 km hinter der Startlinie

Sieger 2004: Barrichello (Ferrari), 1.15:18,448 = 244,374 km/h, 2. M. Schumacher -1,347, 3. Button -10,197

Poleposition 2004: Barrichello (Ferrari): 1:19,525 = 260,395 km/h

Schnellste Runde 2004: Barrichello (Ferrari): 1:21,046 = 257,320 km/h

Boxenstopps:

Coulthard:	1. Runde: Tanken und neuer Frontflügel nach Kollision mit Webber in 2. Schikane, verliert total 30,9 sec., Platz 17
Webber:	1.Runde: Tanken und neuer Frontflügel nach Kollision mit Coulthard in 2. Schikane, verliert total 29,0 sec., Platz 18
Albers:	1. Runde: Tanken und neuer Frontflügel nach Kollision mit Karthikeyan in 1. Schikane, verliert total 29,8 sec., Platz 19
Karthikeyan:	1. Runde: Neuer linker Hinterreifen nach Kollision mit Albers in 1. Schikane, verliert total 28,2 sec., Platz 20
Monteiro:	11. Runde: Tanken in total 27,7 sec., Platz 15-18
M. Schumacher:	13. Runde: Tanken in 9,8 sec., total 28,0 sec., Platz 8-14
Barrichello:	14. Runde: Tanken in 9,2 sec., total 27,2 sec., Platz 7-12
Villeneuve:	14. Runde: Tanken in 10,9 sec., total 29,0 sec., Platz 10-14
Sato:	16. Runde: Tankversuch, aber es fließt kein Benzin, verliert total 26,8 sec., Platz 6-12
Doornbos:	16. Runde: Tanken in total 28,9 sec., Platz 17-18
Button:	17. Runde: Tanken in 10,3 sec., total 28,6 sec., Platz 5-10
Sato:	17. Runde: 2. Stopp, Tanken in 8,5 sec., total 26,8 sec., Platz 12-16
Albers:	18. Runde: 2. Stopp, Tanken in total 28,2 sec., Platz 19
Klien:	18. Runde: Tanken in 10,5 sec., total 28,8 sec., Platz 9-13
Karthikeyan:	18. Runde: 2. Stopp, Tanken in total 26,5 sec., Platz 20
Alonso:	19. Runde: Tanken in 11,0 sec., total 30,1 sec., Platz 2-5
Massa:	19. Runde: Tanken in total 27,6 sec., Platz 8-11
Montoya:	20. Runde: Tanken in 8,2 sec., total 26,9 sec., Platz 1
Trulli:	20. Runde: Tanken in 8,3 sec., total 26,6 sec., Platz 3-7
Fisichella:	21. Runde: Tanken in 8,0 sec., total 26,4 sec., Platz 2-6
R. Schumacher:	22. Runde: Tanken in total 26,6 sec., Platz 3-7
Pizzonia:	23. Runde: Tanken in 8,8 sec., total 27,3 sec., Platz 4-10
Räikkönen:	25. Runde: Tanken in 11,5 sec., total 29,8 sec., Platz 2-5
Webber:	26. Runde: 2. Stopp, Tanken in 7,7 sec., total 26,0 sec., Platz 14-16
Räikkönen:	28. Runde: 2. Stopp, Wechsel des linken Hinterreifens nach Reifenschaden in 5,0 sec., verliert total 23,1 sec., Platz 7-12
Coulthard:	28. Runde: 2. Stopp, Tanken in total 29,3 sec., Platz 12-16
Albers:	29. Runde: 3. Stopp, Drive-Through-Strafe für Ignorieren der blauen Flagge, verliert total 15,2 sec., Platz 19
Monteiro:	31. Runde: 2. Stopp, Tanken in total 28,5 sec., Platz 17-18

Doornbos:	33. Runde: 2. Stopp, Tanken in total 30,8 sec., Platz 17-18
Button:	35. Runde: 2. Stopp, Tanken in total 26,6 sec., Platz 6-12
Karthikeyan:	34. Runde: 3. Stopp, Tanken und Überprüfung des Autos nach einem Ausrutscher, verliert total 28,0 sec., Platz 20
M. Schumacher:	36. Runde: 2. Stopp, Tanken in 7,6 sec., total 25,9 sec., Platz 8-12
Albers:	35. Runde: 4. Stopp, Tanken in total 29,9 sec., Platz 19
Barrichello:	37. Runde: 2. Stopp, Tanken in 6,9 sec., total 25,7 sec., Platz 7-10
Alonso:	39. Runde: 2. Stopp, Tanken in 9,8 sec., total 28,8 sec., Platz 2-3
Villeneuve:	39. Runde: 2. Stopp, Tanken in total 25,2 sec., Platz 9-15
Montoya:	40. Runde: 2. Stopp, Tanken in 7,1 sec., total 25,1 sec., Platz 1
Karthikeyan:	37. Runde: 4. Stopp, Überprüfung des Autos nach Ausrutscher, verliert total 32,2 sec., Platz 20
Fisichella:	40. Runde: 2. Stopp, Tanken in 7,8 sec., total 25,9 sec., Platz 2-3
Trulli:	40. Runde: 2. Stopp, Tanken in total 24,5 sec., Platz 4-6
R. Schumacher:	41. Runde: 2. Stopp, Tanken in 5,7 sec., total 23,9 sec., Platz 4-7
Massa:	41. Runde: 2. Stopp, Tanken in total 24,1 sec., Platz 8-12
Barrichello:	42. Runde: 3. Stopp, Reifenwechsel links hinten nach Luftverlust in 7,7 sec., verliert total 26,0 sec., Platz 9-12
Klien:	42. Runde: 2. Stopp, Tanken in total 24,2 sec., Platz 11-13
Sato:	42. Runde: 3. Stopp, Tanken in total 24,1 sec., Platz 13-16
Webber:	42. Runde: 3. Stopp, Tanken in 5,2 sec., total 23,6 sec., Platz 14-15
Pizzonia:	43. Runde: 2. Stopp, Tanken in total 23,7 sec., Platz 4-7

Keine Ausfälle! Erstmals seit dem Grand Prix der Niederlande in Zandvoort 1961 (15 gestartet, 15 im Ziel, Sieger Wolfgang Graf Berghe von Trips/Ferrari) – ohne Berücksichtigung des diesjährigen Rennens in Indianapolis

Stand nach 1. Runde:
1. Montoya, 2. Alonso, 3. Button, 4. Sato, 5. Trulli, 6. Barrichello, 7. M. Schumacher, 8. Fisichella, 9. R. Schumacher, 10. Villeneuve

Führung im Rennen:

1.-53. Runde: Montoya

Ergebnis:

1. Juan Pablo Montoya (Kolumbien) McLaren-Mercedes	1.14:28,659 = 247,096 km/h	
2. Fernando Alonso (Spanien) Renault	1.14:31,138 = 246,959 km/h	2,479 zurück
3. Giancarlo Fisichella (Italien) Renault	1.14:46,634 = 246,106 km/h	17,975 zurück
4. Kimi Räikkönen (Finnland) McLaren-Mercedes	1.14:51,434 = 245,843 km/h	22,775 zurück
5. Jarno Trulli (Italien) Toyota	1.15:02,445 = 245,242 km/h	33,786 zurück
6. Ralf Schumacher (Deutschland) Toyota	1.15:12,584 = 244,691 km/h	43,925 zurück
7. Antonio Pizzonia (Brasilien) Williams-BMW	1.15:13,302 = 244,652 km/h	44,643 zurück
8. Jenson Button (Großbritannien) BAR-Honda	1.15:32,294 = 243,627 km/h	63,635 zurück
9. Felipe Massa (Brasilien) Sauber-Petronas	1.15:44,072 = 242,996 km/h	75,413 zurück
10. Michael Schumacher (Deutschland) Ferrari	1.16:04,729 = 241,896 km/h	96,070 zurück
11. Jacques Villeneuve (Kanada) Sauber-Petronas	1.14:29,901 = 242,362 km/h	1 Runde zurück
12. Rubens Barrichello (Brasilien) Ferrari	1.14:33,570 = 242,163 km/h	1 Runde zurück
13. Christian Klien (Österreich) Red Bull-Cosworth	1.14:34,359 = 242,121 km/h	1 Runde zurück
14. Mark Webber (Australien) Williams-BMW	1.14:35,624 = 242,052 km/h	1 Runde zurück
15. David Coulthard (Schottland) Red Bull-Cosworth	1.14:51,151 = 241,215 km/h	1 Runde zurück
16. Takuma Sato (Japan) BAR-Honda	1.14:52,104 = 241,164 km/h	1 Runde zurück
17. Tiago Monteiro (Portugal) Jordan-Toyota	1.14:42,264 = 237,041 km/h	2 Runden zurück
18. Robert Doornbos (Niederlande) Minardi-Cosworth	1.14:53,706 = 236,437 km/h	2 Runden zurück
19. Christijan Albers (Niederlande) Minardi-Cosworth	1.15:26,715 = 234,713 km/h	2 Runden zurück
20. Narain Karthikeyan (Indien) Jordan-Toyota	1.15:45,892 = 229,135 km/h	3 Runden zurück

Schnellste Runde im Qualifying: Räikkönen (McLaren-Mercedes): 1:20,878 = 257,855 km/h
Schnellste Runde im Rennen: Räikkönen (McLaren-Mercedes): 1:21,504 = 255,874 km/h

Schnellste Runde jedes Fahrers im Rennen: 1. Räikkönen 1:21,504 (51.), 2. Montoya 1:21,828 (15.), 3. Alonso 1:22,146 (16.), 4. Fisichella 1:22,587 (16.), 5. Trulli 1:22,831 (19.), 6. Pizzonia 1:22,870 (21.), 7. Webber 1:22,935 (40.), 8. R. Schumacher 1:23,076 (19.), 9. Button 1:23,161 (16.), 10. Sato 1:23,341 (14.), 11. Massa 1:23,365 (18.), 12. Barrichello 1:23,466 (13.), 13. M. Schumacher 1:23,584 (5.), 14. Klien 1:23,633 (17.), 15. Coulthard 1:23,867 (18.), 16. Villeneuve 1:23,892 (13.), 17. Monteiro 1:24,810 (9.), 18. Albers 1:24,966 (33.), 19. Karthikeyan 1:25,146 (17.), 20. Doornbos 1:25,193 (31.)

WM-Stand: 1. Alonso 103, 2. Räikkönen 76, 3. M. Schumacher 55, 4. Montoya 50, 5. Trulli 43, 6. Fisichella 41, 7. R. Schumacher 35, 8. Barrichello 31, 9. Heidfeld 28, 10. Button 24, 11. Webber 24, 12. Coulthard 21, 13. Massa 8, 14. Monteiro 6, 15. Wurz 6, 16. Villeneuve 6, 17. Karthikeyan 5, 18. Klien 5, 19. Albers 4, 20. de la Rosa 4, 21. Friesacher 3, 22. Pizzonia 2, 23. Sato 1, 24. Liuzzi 1

Konstrukteur-WM: 1. Renault 144, 2. McLaren-Mercedes 136, 3. Ferrari 86, 4. Toyota 78, 5. Williams-BMW 54, 6. Red Bull-Cosworth 27, 7. BAR-Honda 25, 8. Sauber-Petronas 14, 9. Jordan-Toyota 11, 10. Minardi-Cosworth 7

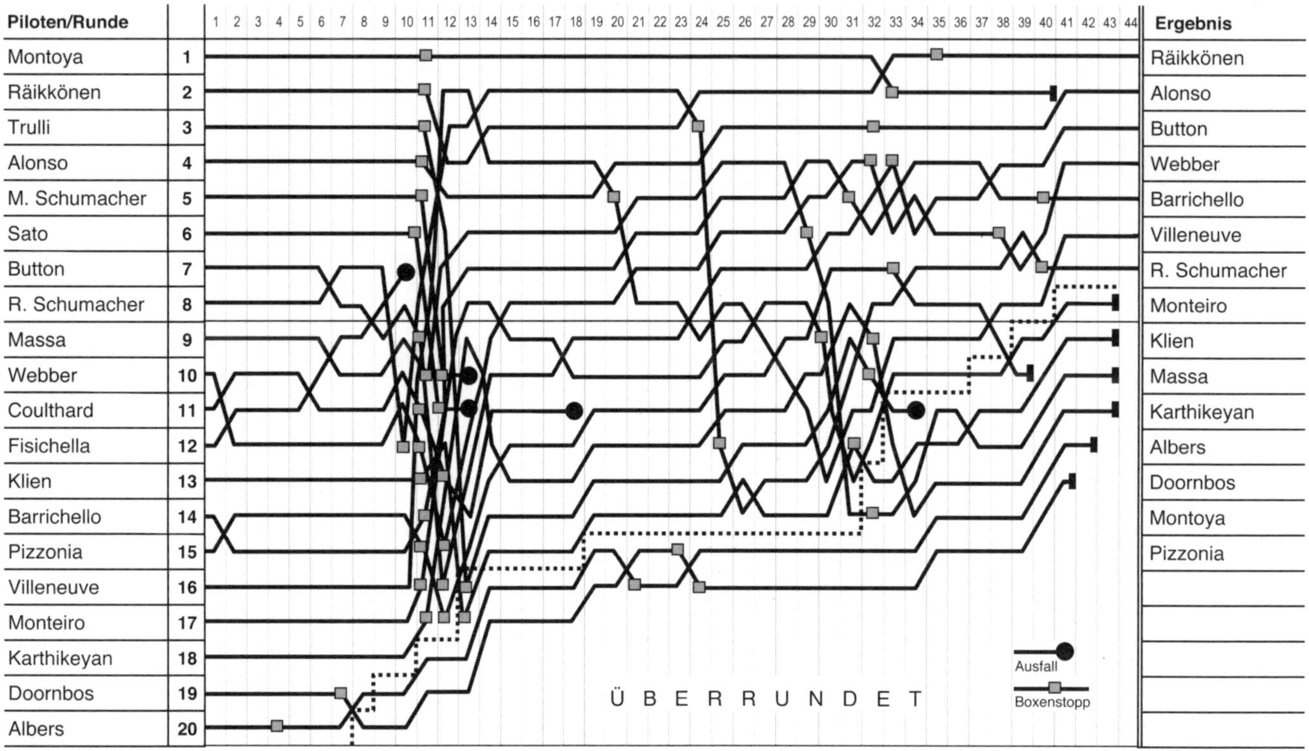
Piloten/Runde
Montoya 1
Räikkönen 2
Trulli 3
Alonso 4
M. Schumacher 5
Sato 6
Button 7
R. Schumacher 8
Massa 9
Webber 10
Coulthard 11
Fisichella 12
Klien 13
Barrichello 14
Pizzonia 15
Villeneuve 16
Monteiro 17
Karthikeyan 18
Doornbos 19
Albers 20
1 2 3 4 5 6 7 8 9 10 11 12 13 14 15 16 17 18 19 20 21 22 23 24 25 26 27 28 29 30 31 32 33 34 35 36 37 38 39 40 41 42 43 44
Ergebnis
Räikkönen
Alonso
Button
Webber
Barrichello
Villeneuve
R. Schumacher
Monteiro
Klien
Massa
Karthikeyan
Albers
Doornbos
Montoya
Pizzonia
Ü B E R R U N D E T
Ausfall
Boxenstopp

Lauf 16 – Großer Preis von Belgien - Spa Francorchamps, 11. September 2005

1. Training Freitag:
1. Räikkönen 1:48,206, 2. Wurz 1:48,216, 3. Fisichella 1:48,619, 4. Zonta 1:49,445, 5. Webber 1:49,692, 6. Button 1:49,890, 7. Trulli 1:50,542, 8. M. Schumacher 1:50,564, 9. R. Schumacher 1:50,820, 10. Liuzzi 1:50,951, 11. Sato 1:51,003, 12. Barrichello 1:51,177, 13. Villeneuve 1:52,173, 14. Massa 1:52,236, 15. Karthikeyan 1:53,148, 16. Pizzonia 1:53,535, 17. Albers 1:53,807, 18. Kiesa 1:54,437, 19. Doornbos 1:54,973, 20. Monteiro 1:55,174, 21. Toccacelo 2:02,502, 22. Coulthard keine Zeit, 23. Klien keine Zeit, 24. Alonso keine Zeit, 25. Montoya keine Zeit

2. Training Freitag: wegen Schlechtwetters keine gezeiteten Runden

1. Training (Samstag)		2. Training (Samstag)		Qualifying (Samstag)	
1. Räikkönen	1:48,125	1. Alonso	1:46,307	1. Montoya	1:46,391
2. Montoya	1:48,516	2. Räikkönen	1:46,641	2. Räikkönen	1:46,440
3. Fisichella	1:48,883	3. Trulli	1:46,681	3. Fisichella	1:46,497
4. Alonso	1:49,286	4. Montoya	1:46,858	4. Trulli	1:46,596
5. M. Schumacher	1:49,520	5. Fisichella	1:47,049	5. Alonso	1:46,760
6. Button	1:49,780	6. R. Schumacher	1:47,054	6. R. Schumacher	1:47,401
7. Webber	1:50,066	7. Button	1:47,419	7. M. Schumacher	1:47,476
8. Coulthard	1:50,139	8. Sato	1:47,507	8. Massa	1:47,867
9. R. Schumacher	1:50,403	9. M. Schumacher	1:47,773	9. Button	1:47,978
10. Pizzonia	1:50,449	10. Barrichello	1:47,991	10. Webber	1:48,071
11. Trulli	1:50,451	11. Pizzonia	1:48,092	11. Sato	1:48,353
12. Sato	1:50,750	12. Villeneuve	1:48,204	12. Coulthard	1:48,508
13. Massa	1:50,877	13. Webber	1:48,213	13. Barrichello	1:48,550
14. Klien	1:50,907	14. Massa	1:48,551	14. Villeneuve	1:48,889
15. Villeneuve	1:51,655	15. Coulthard	1:48,866	15. Pizzonia	1:48,898
16. Monteiro	1:51,953	16. Klien	1:48,877	16. Klien	1:48,994
17. Albers	1:53,250	17. Albers	1:49,166	17. Doornbos	1:49,779
18. Doornbos	1:53,278	18. Doornbos	1:49,208	18. Albers	1:49,842
19. Karthikeyan	1:53,480	19. Monteiro	1:50,740	19. Monteiro	1:51,498
20. Barrichello	-:--	20. Karthikeyan	1:51,594	20. Karthikeyan	1:51,675

Startaufstellung - inklusive Strafversetzungen:

Juan Pablo Montoya
McLaren-Mercedes MP4/20 V10
1:46,391

Kimi Räikkönen
McLaren-Mercedes MP4/20 V10
1:46,440

Jarno Trulli
Toyota TF105 V10
1:46,596

Fernando Alonso
Renault R25 V10
1:46,760

Ralf Schumacher
Toyota TF105 V10
1:47,401

Michael Schumacher
Ferrari F2005 V10
1:47,476

Felipe Massa
Sauber-Petronas C24 V10
1:47,867

Jenson Button
BAR-Honda 007 V10
1:47,978

Mark Webber
Williams-BMW FW27 V10
1:48,071

Takuma Sato
BAR-Honda 007 V10
1:48,353

David Coulthard
Red Bull-Cosworth RB1 V10
1:48,508

Rubens Barrichello
Ferrari F2005 V10
1:48,550

Giancarlo Fisichella
Renault R25 V10
1:46,497

Jacques Villeneuve
Sauber-Petronas C24 V10
1:48,889

Antonio Pizzonia
Williams-BMW FW27 V10
1:48,898

Christian Klien
Red Bull-Cosworth RB1 V10
1:48,994

Robert Doornbos
Minardi-Cosworth PS05 V10
1:49,779

Christijan Albers
Minardi-Cosworth PS05 V10
1:49,842

Tiago Monteiro
Jordan-Toyota EJ15B V10
1:51,498

Narain Karthikeyan
Jordan-Toyota EJ15B V10
1:51,675

Fisichella wird nach Motorenwechsel um 10 Plätze nach hinten versetzt

Höchstgeschwindigkeiten (Qualifying, Samstag): 1. Fisichella 337,9, 2. Alonso 333,9, 3. Villeneuve 330,8, 4. Massa 330,6, 5. Räikkönen 328,6, 6. Pizzonia 327,2, 7. Klien 326,9, 8. Montoya 326,9, 9. Coulthard 326,5, 10. Albers 326,0, 11. Doornbos 325,8, 12. Webber 325,2, 13. M. Schumacher 323,3, 14. Sato 323,2, 15. Barrichello 323,2, 16. Button 322,2, 17. R. Schumacher 322,0, 18. Trulli 321,6, 19. Karthikeyan 319,1, 20. Monteiro 317,3

Höchstgeschwindigkeiten (Sonntag): 1. Fisichella 336,7, 2. Villeneuve 335,0, 3. Pizzonia 333,8, 4. Alonso 333,5, 5. Massa 332,5, 6. Webber 331,3, 7. Räikkönen 330,7, 8. Coulthard 330,1, 9. Karthikeyan 330,1, 10. Klien 329,2, 11. Montoya 327,8, 12. Sato 325,5, 13. Button 326,9, 14. R. Schumacher 326,2, 15. Trulli 325,5, 16. Barrichello 324,1, 17. M. Schumacher 323,0, 18. Albers 321,7, 19. Monteiro 320,4, 20. Doornbos 320,2

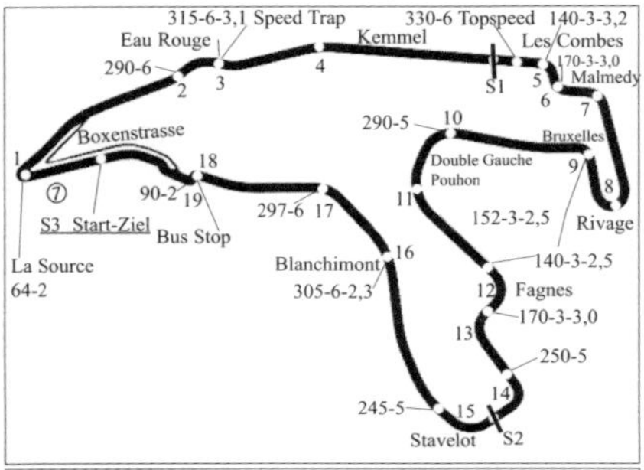

Legende: 132-2-2,1 = 132 km/h-2. Gang-2,1 Gravitation

Wetter am Renntag: Stark bewölkt, ab und zu Nieselregen, 18 Grad Lufttemperatur, 18-20 Grad Asphalttemperatur, 91-92 Prozent Luftfeuchtigkeit, 53.000 Zuschauer am Renntag

Distanz: 44 Runden à 6,976 km = 306,927 km
Ziellinie 0,017 km hinter der Startlinie

Sieger 2004: Räikkönen (McLaren-Mercedes), 1.32:35,274 = 198,898 km/h, 2. M. Schumacher -3,132, 3. Barrichello -4,371

Poleposition 2004: Trulli (Renault): 1:56,232 = 216,064 km/h

Schnellste Runde 2004: Räikkönen (McLaren-Mercedes): 1:45,108 = 238,931 km/h

Höchstgeschwindigkeit stammt vom 1. Sektor, nach Kemmel

Boxenstopps:

Albers:	4. Runde: Tanken und Reifenwechsel (auf Intermediates) in 14,4 sec., total 40,4 sec., Platz 20
Doornbos:	7. Runde: Tanken und Reifenwechsel (auf Intermediates) in total 39,8 sec., Platz 19-20
R. Schumacher:	10. Runde: Tanken und Reifenwechsel (auf Intermediates) in total 32,8 sec., Platz 12-8
Montoya:	11. Runde: Tanken und Reifenwechsel (auf Intermediates) in 10,0 sec., total 36,6 sec., Platz 1
Räikkönen:	11. Runde: Tanken und Reifenwechsel (auf Intermediates) in 9,3 sec., total 38,1 sec., Platz 2-3
Trulli:	11. Runde: Tanken und Reifenwechsel (auf Trockenreifen) in total 39,6 sec., Platz 3-6
Alonso:	11. Runde: Tanken und Reifenwechsel (auf Intermediates) in 8,1 sec., total 37,2 sec., Platz 4-5
M. Schumacher:	11. Runde: Tanken und Reifenwechsel (auf Trockenreifen) in total 38,9 sec., Platz 5-10
Sato:	11. Runde: Tanken und Reifenwechsel (auf Trockenreifen) in 5,9 sec., total 40,8 sec., Platz 6-11
Button:	11. Runde: Tanken und Reifenwechsel (auf Trockenreifen) in 6,9 sec., total 52,5 sec., Platz 9-16
Massa:	11. Runde: Tanken und Reifenwechsel (auf Intermediates) in total 46,9 sec., Platz 10-7
Coulthard:	11. Runde: Tanken und Reifenwechsel (auf Trockenreifen) in total 47,9 sec., Platz 11-13
Webber:	11. Runde: Tanken und Reifenwechsel (auf Trockenreifen) in 8,2 sec., total 49,9 sec., Platz 12-15
Klien:	11. Runde: Tanken und Reifenwechsel (auf Trockenreifen) in total 56,9 sec., Platz 13-12
Pizzonia:	11. Runde: Tanken und Reifenwechsel (auf Trockenreifen) in total 55,3 sec., Platz 15-17
Barrichello:	11. Runde: Tanken und Reifenwechsel (auf Intermediates) in total 42,6 sec., Platz 14-8
Monteiro:	11. Runde: Tanken und Reifenwechsel (auf Intermediates) in total 39,7 sec., Platz 16-9
Karthikeyan:	11. Runde: Tanken und Reifenwechsel (auf Intermediates) in total 49,9 sec., Platz 17-14
M. Schumacher:	12. Runde: 2. Stopp, Reifenwechsel (auf Intermediates), verliert total 32,7 sec., Platz 10
Sato:	12. Runde: 2. Stopp, Reifenwechsel (auf Intermediates), verliert total 34,7 sec., Platz 11
Coulthard:	12. Runde: 2. Stopp, Reifenwechsel (auf Intermediates), verliert total 49,1 sec., Platz 13-14
Webber:	12. Runde: 2. Stopp, Reifenwechsel (auf Intermediates), verliert total 35,6 sec., Platz 15-12
Button:	12. Runde: 2. Stopp, Reifenwechsel (auf Intermediates), verliert total 40,1 sec., Platz 16-13
Pizzonia:	12. Runde: 2. Stopp, Reifenwechsel (auf Intermediates), verliert total 55,6 sec., Platz 17-15
Trulli:	13. Runde: 2. Stopp, Reifenwechsel (auf Intermediates), verliert total 34,7 sec., Platz 16-14
Klien:	13. Runde: 2. Stopp, Reifenwechsel (auf Intermediates), verliert total 35,0 sec., Platz 17-15
Villeneuve:	20. Runde: Tanken und Reifenwechsel (auf Intermediates) in 12,3 sec., total 38,2 sec., Platz 5-8
Albers:	21. Runde: 2. Stopp, Tanken und Reifenwechsel (auf Intermediates) in 11,9 sec., total 37,4 sec., Platz 16
R. Schumacher:	24. Runde: 2. Stopp, Tanken und Reifenwechsel (auf Trockenreifen) in 9,9 sec., total 36,4 sec., Platz 3-12
Doornbos:	23. Runde: 2. Stopp, Tanken und Reifenwechsel (auf Trockenreifen) in total 35,8 sec., Platz 15-16
R. Schumacher:	25. Runde: 3. Stopp, Reifenwechsel (auf Intermediates) in 5,3 sec., verliert total 31,0 sec., Platz 12-14
Doornbos:	24. Runde: 3. Stopp, Reifenwechsel (auf Intermediates), verliert total 36,5 sec., Platz 16
Massa:	29. Runde: 2. Stopp, Tanken und Reifenwechsel (auf Trockenreifen) in 8,9 sec., total 34,4 sec., Platz 6-8
Monteiro:	30. Runde: 2. Stopp, Tanken und Reifenwechsel (auf Intermediates) in 8,4 sec., total 34,2 sec., Platz 9-13

Barrichello:	31. Runde: 2. Stopp, Tanken und Reifenwechsel (auf Intermediates) in 6,8 sec., total 32,1 sec., Platz 5-6
Klien:	31. Runde: 3. Stopp, Tanken und Reifenwechsel (auf Intermediates) in total 33,7 sec., Platz 12-13
Alonso:	32. Runde: 2. Stopp, Tanken und Reifenwechsel (auf Intermediates) in 6,7 sec., total 32,5 sec., Platz 3
Webber:	32. Runde: 3. Stopp, Tanken und Reifenwechsel (auf Intermediates) in total 33,0 sec., Platz 4-6
Karthikeyan:	32. Runde: 2. Stopp, Tanken und Reifenwechsel (auf Trockenreifen) in total 39,7 sec., Platz 9-12
Trulli:	32. Runde: 3. Stopp, Reifenwechsel (auf Intermediates), verliert total 35,2 sec., Platz 10-11
Montoya:	33. Runde: 2. Stopp, Tanken und Reifenwechsel (auf Intermediates) in 7,2 sec., total 32,9 sec., Platz 2
Massa:	32. Runde: 3. Stopp, Reifenwechsel (auf Intermediates), verliert total 32,6 sec., Platz 14
Button:	33. Runde: 3. Stopp, Tanken und Reifenwechsel (auf Intermediates) in 6,9 sec., total 32,5 sec., Platz 4-6
Pizzonia:	33. Runde: 3. Stopp, Tanken und Reifenwechsel (auf Trockenreifen) in 8,2 sec., total 33,8 sec., Platz 7-8
Räikkönen:	35. Runde: 2. Stopp, Tanken und Reifenwechsel (auf Intermediates) in 6,2 sec., total 31,5 sec., Platz 1
Webber:	38. Runde: 4. Stopp, Tanken und Reifenwechsel (auf Trockenreifen) in 6,5 sec., total 31,8 sec., Platz 6-7
Pizzonia:	39. Runde: 4. Stopp, Reifenwechsel (auf Intermediates), verliert 6,9 sec., total 32,4 sec., Platz 10
Barrichello:	40. Runde: 3. Stopp, Tanken und Reifenwechsel (auf Trockenreifen) in 6,3 sec., total 31,8 sec., Platz 5
R. Schumacher:	40. Runde: 4. Stopp, Reifenwechsel (auf Trockenreifen), verliert total 30,3 sec., Platz 7

Ausfälle:

Fisichella:	11. Runde: Unfall in Eau Rouge, Platz 7
Sato:	14. Runde: Kollision mit M. Schumacher, Platz 11
M. Schumacher:	14. Runde: Kollision mit Sato, Platz 10
Coulthard:	19. Runde: Motorschaden, Platz 11
Trulli:	35. Runde: Unfall in La Source, Platz 11
Pizzonia:	40. Runde: Kollision mit Montoya, Platz 10
Montoya:	41. Runde: Kollision mit Pizzonia, Platz 2

Doornbos und Albers starten aus der Boxengasse

Stand nach 1. Runde:
1. Montoya, 2. Räikkönen, 3. Trulli, 4. Alonso, 5. M. Schumacher, 6. Sato, 7. Button, 8. R. Schumacher, 9. Massa, 10. Webber

Safety Car-Phase von der 11. bis zur 12. Runde nach Unfall von Fisichella in Eau Rouge um Wrackteile zu bergen

Führung im Rennen:

1.-32. Runde: Montoya
33.-44. Runde: Räikkönen

Ergebnis:

1. Kimi Räikkönen (Finnland) McLaren-Mercedes	1.30:01,295 = 204,568 km/h	
2. Fernando Alonso (Spanien) Renault	1.30:29,689 = 203,499 km/h	28,394 zurück
3. Jenson Button (Großbritannien) BAR-Honda	1.30:33,372 = 203,361 km/h	32,077 zurück
4. Mark Webber (Australien) Williams-BMW	1.31:10,462 = 201,982 km/h	69,167 zurück
5. Rubens Barrichello (Brasilien) Ferrari	1.31:19,431 = 201,651 km/h	78,136 zurück
6. Jacques Villeneuve (Kanada) Sauber-Petronas	1.31:28,730 = 201,310 km/h	87,435 zurück
7. Ralf Schumacher (Deutschland) Toyota	1.31:28,869 = 201,305 km/h	87,574 zurück
8. Tiago Monteiro (Portugal) Jordan-Toyota	1.30:02,004 = 199,893 km/h	1 Runde zurück
9. Christian Klien (Österreich) Red Bull-Cosworth	1.30:15,290 = 199,402 km/h	1 Runde zurück
10. Felipe Massa (Brasilien) Sauber-Petronas	1.30:52,661 = 198,036 km/h	1 Runde zurück
11. Narain Karthikeyan (Indien) Jordan-Toyota	1.30:53,970 = 197,988 km/h	1 Runde zurück
12. Christijan Albers (Niederlande) Minardi-Cosworth	1.31:36,029 = 191,904 km/h	2 Runden zurück
13. Robert Doornbos (Niederlande) Minardi-Cosworth	1.30:26,656 = 189,729 km/h	3 Runden zurück
14. Juan Pablo Montoya (Kolumbien) McLaren-Mercedes	1.22:21,834 = 203,261 km/h	Ausfall
15. Antonia Pizzonia (Brasilien) Williams-BMW	1.22:09,425 = 198,678 km/h	Ausfall

Montoya und Pizzonia beenden nicht das Rennen, werden aber aufgrund der zurückgelegten Distanz gewertet

Schnellste Runde im Qualifying: Montoya (McLaren-Mercedes): 1:46,391 = 236,050 km/h
Schnellste Runde im Rennen: R. Schumacher (Toyota): 1:51,453 = 225,329 km/h

Schnellste Runde jedes Fahrers im Rennen: 1. R. Schumacher 1:51,453 (43.), 2. Webber 1:52,287 (44.), 3. Klien 1:52,582 (43.), 4. Barrichello 1:52,590 (44.), 5. Button 1:53,323 (44.), 6. Räikkönen 1:53,810 (34.), 7. Villeneuve 1:54,251 (44.), 8. Karthikeyan 1:55,885 (43.), 9. Montoya 1:55,988 (14.), 10. Alonso 1:56,131 (31.), 11. Trulli 1:56,953 (3.), 12. Fisichella 1:57,117 (9.), 13. M. Schumacher 1:57,444 (10.), 14. Sato 1:57,534 (10.), 15. Pizzonia 1:57,541 (32.), 16. Massa 1:57,748 (28.), 17. Monteiro 1:57,886 (41.), 18. Coulthard 1:58,451 (8.), 19. Doornbos 2:01,148 (38.), 20. Albers 2:01,627 (6.)

WM-Stand: 1. Alonso 111, 2. Räikkönen 86, 3. M. Schumacher 55, 4. Montoya 55, 5. Trulli 43, 6. Fisichella 41, 7. R. Schumacher 37, 8. Barrichello 35, 9. Button 30, 10. Webber 29, 11. Heidfeld 28, 12. Coulthard 21, 13. Villeneuve 9, 14. Massa 8, 15. Monteiro 7, 16. Wurz 6, 17. Karthikeyan 5, 18. Klien 5, 19. Albers 4, 20. de la Rosa 4, 21. Friesacher 3, 22. Pizzonia 2, 23. Sato 1, 24. Liuzzi

Konstrukteur-WM: 1. Renault 152, 2. McLaren-Mercedes 146, 3. Ferrari 90, 4. Toyota 80, 5. Williams-BMW 59, 6. BAR-Honda 31, 7. Red Bull-Cosworth 27, 8. Sauber-Petronas 17, 9. Jordan-Toyota 11, 10. Minardi-Cosworth 7

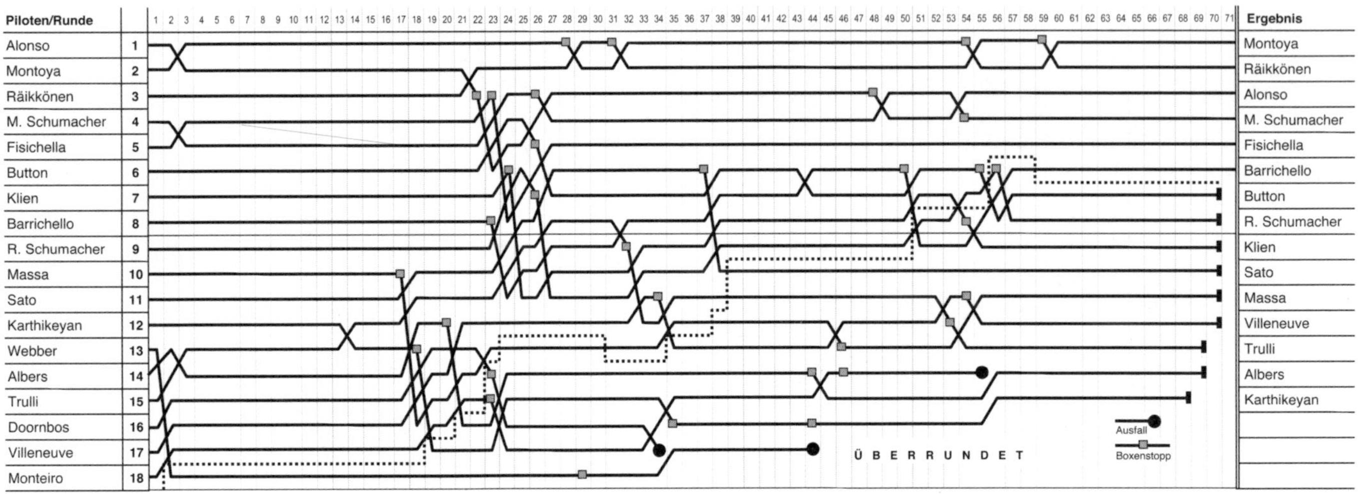

Piloten/Runde
Alonso 1
Montoya 2
Räikkönen 3
M. Schumacher 4
Fisichella 5
Button 6
Klien 7
Barrichello 8
R. Schumacher 9
Massa 10
Sato 11
Karthikeyan 12
Webber 13
Albers 14
Trulli 15
Doornbos 16
Villeneuve 17
Monteiro 18
1 2 3 4 5 6 7 8 9 10 11 12 13 14 15 16 17 18 19 20 21 22 23 24 25 26 27 28 29 30 31 32 33 34 35 36 37 38 39 40 41 42 43 44 45 46 47 48 49 50 51 52 53 54 55 56 57 58 59 60 61 62 63 64 65 66 67 68 69 70 71
Ü B E R R U N D E T
Ausfall
Boxenstopp
Ergebnis
Montoya
Räikkönen
Alonso
M. Schumacher
Fisichella
Barrichello
Button
R. Schumacher
Klien
Sato
Massa
Villeneuve
Trulli
Albers
Karthikeyan

Lauf 17 – Großer Preis von Brasilien - Interlagos, 25. September 2005

1. Training Freitag:
1. Wurz 1:11,701, 2. Sato 1:12,738, 3. Alonso 1:12,782, 4. Button 1:12,918, 5. Räikkönen 1:13,065, 6. Fisichella 1:13,094, 7. Montoya 1:13,256, 8. Pizzonia 1:13,427, 9. Webber 1:13,509, 10. Zonta 1:13,573, 11. R. Schumacher 1:13,788, 12. M. Schumacher 1:14,154, 13. Barrichello 1:14,282, 14. Klien 1:14,468, 15. Trulli 1:14,504, 16. Coulthard 1:14,724, 17. Liuzzi 1:14,842, 18. Villeneuve 1:15,211, 19. Karthikeyan 1:16,230, 20. Monteiro 1:16,230, 21. Kiesa 1:16,351, 22. Doornbos 1:16,769, 23. Albers 1:17,180, 24. Massa keine Zeit

2. Training Freitag:
1. Wurz 1:12,083, 2. Montoya 1:12,694, 3. Zonta 1:12,706, 4. Massa 1:12,710, 5. Barrichello 1:13,088, 6. Räikkönen 1:13,172, 7. Villeneuve 1:13,202, 8. M. Schumacher 1:13,205, 9. Trulli 1:13,493, 10. Fisichella 1:13,518, 11. Alonso 1:13,545, 12. Webber 1:13,650, 13. Pizzonia 1:13,828, 14. Doornbos 1:13,922, 15. Coulthard 1:14,006, 16. Liuzzi 1:14,141, 17. Button 1:14,189, 18. R. Schumacher 1:14,427, 19. Albers 1:14,563, 20. Sato 1:14,584, 21. Monteiro 1:14,671, 22. Klien 1:14,698, 23. Kiesa 1:15,094, 24. Karthikeyan 1:15,187

1. Training (Samstag)		2. Training (Samstag)		Qualifying (Samstag)	
1. Alonso	1:12,738	1. Räikkönen	1:11,929	1. Alonso	1:11,988
2. Fisichella	1:12,789	2. Alonso	1:12,110	2. Montoya	1:12,145
3. Montoya	1:13,050	3. Button	1:12,148	3. Fisichella	1:12,558
4. Räikkönen	1:13,088	4. Fisichella	1:12,158	4. Button	1:12,696
5. Button	1:13,186	5. Montoya	1:12,292	5. Räikkönen	1:12,781
6. Barrichello	1:13,529	6. Barrichello	1:12,382	6. Klien	1:12,889
7. Pizzonia	1:13,795	7. M. Schumacher	1:12,453	7. M. Schumacher	1:12,976
8. Trulli	1:13,869	8. R. Schumacher	1:12,509	8. Trulli	1:13,041
9. R. Schumacher	1:13,908	9. Pizzonia	1:12,752	9. Massa	1:13,151
10. M. Schumacher	1:13,952	10. Massa	1:12,799	10. Barrichello	1:13,183
11. Sato	1:14,042	11. Klien	1:12,811	11. R. Schumacher	1:13,285
12. Klien	1:14,051	12. Coulthard	1:13,199	12. Villeneuve	1:13,372
13. Webber	1:14,112	13. Trulli	1:13,222	13. Monteiro	1:13,387
14. Massa	1:14,255	14. Karthikeyan	1:13,242	14. Webber	1:13,538
15. Coulthard	1:14,401	15. Monteiro	1:13,305	15. Pizzonia	1:13,581
16. Villeneuve	1:14,479	16. Villeneuve	1:13,508	16. Coulthard	1:13,844
17. Monteiro	1:14,851	17. Sato	1:13,817	17. Karthikeyan	1:14,520
18. Karthikeyan	1:15,252	18. Albers	1:14,012	18. Albers	1:14,763
19. Doornbos	1:15,772	19. Webber	1:14,114	19. Doornbos	-:--
20. Albers	1:15,815	20. Doornbos	1:14,595	20. Sato	-:--

Startaufstellung - inklusive Strafversetzungen:

Fernando Alonso
Renault R25 V10
1:11,988

Juan Pablo Montoya
McLaren-Mercedes MP4/20 V10
1:12,145

Giancarlo Fisichella
Renault R25 V10
1:12,558

Jenson Button
BAR-Honda 007 V10
1:12,696

Kimi Räikkönen
McLaren-Mercedes MP4/20 V10
1:12,781

Christian Klien
Red Bull-Cosworth RB1 V10
1:12,889

Michael Schumacher
Ferrari F2005 V10
1:12,976

Felipe Massa
Sauber-Petronas C24 V10
1:13,151

Rubens Barrichello
Ferrari F2005 V10
1:13,183

Ralf Schumacher
Toyota TF105 V10
1:13,285

Tiago Monteiro
Jordan-Toyota EJ15B V10
1:13,387

Mark Webber
Williams-BMW FW27 V10
1:13,538

Antonio Pizzonia
Williams-BMW FW27 V10
1:13,581

David Coulthard
Red Bull-Cosworth RB1 V10
1:13,844

Narain Karthikeyan
Jordan-Toyota EJ15B V10
1:14,520

Christijan Albers
Minardi-Cosworth PS05 V10
1:14,763

Jarno Trulli
Toyota TF105 V10
1:13,041

Robert Doornbos
Minardi-Cosworth PS05 V10
keine Zeit

Takuma Sato
BAR-Honda 007 V10
keine Zeit

Jacques Villeneuve
Sauber-Petronas C24 V10
1:13,372

Sato wird wegen Kollision mit M. Schumacher im Grand Prix von Belgien und nach Motorenwechsel um 10 Plätze nach hinten versetzt. **Trulli** wird nach Motorenwechsel um 10 Plätze nach hinten versetzt. **Villeneuve** verliert wegen eines Formfehlers den 11. Startplatz. Ein Gelenk der Verbindungsstange am Stabiliastor wurde im Parc Fermé ausgetauscht ohne die FIA zu benachrichtigten.

Höchstgeschwindigkeiten (Freitag, 1. oder 2. Training): 1. Wurz 326,4, 2. Räikkönen 322,8, 3. Alonso 322,2, 4. Fisichella 321,8, 5. Zonta 321,1, 6. Villeneuve 318,9, 7. M. Schumacher 317,4, 8. Montoya 317,0, 9. Massa 316,1, 10. Sato 314,9, 11. Barrichello 314,5, 12. Trulli 313,4, 13. Liuzzi 313,0, 14. Monteiro 312,5, 15. Webber 312,4, 16. Button 312,2, 17. R. Schumacher 312,2, 18. Albers 311,7, 19. Pizzonia 311,5, 20. Doornbos 310,0, 21. Coulthard 308,7, 22. Klien 307,9, 23. Kiesa 307,5, 24. Karthikeyan 307,1

Höchstgeschwindigkeiten (Qualifying, Samstag): 1. Fisichella 321,8, 2. Montoya 320,2, 3. M. Schumacher 318,1, 4. Räikkönen 317,3, 5. Alonso 316,4, 6. Massa 314,5, 7. Pizzonia 314,0, 8. Doornbos 313,3, 9. Coulthard 312,5, 10. Albers 311,9, 11. Klien 311,9, 12. R. Schumacher 311,5, 13. Trulli 310,3, 14. Villeneuve 309,8, 15. Barrichello 309,7, 16. Monteiro 309,3, 17. Webber 307,2, 18. Karthikeyan 307,1, 19. Button 305,6

Höchstgeschwindigkeiten (Sonntag): 1. Räikkönen 333,7, 2. Montoya 331,7, 3. Fisichella 330,8, 4. Alonso 328,9, 5. Barrichello 328,9, 6. M. Schumacher 328,6, 7. Massa 326,9, 8. Villeneuve 325,5, 9. Sato 324,3, 10. Button 323,6, 11. Trulli 323,4, 12. R. Schumacher 322,4, 13. Klien 321,9, 14. Doornbos 321,7, 15. Monteiro 321,3, 16. Albers 320,1, 17. Karthikeyan 317,8, 18. Webber 317,1

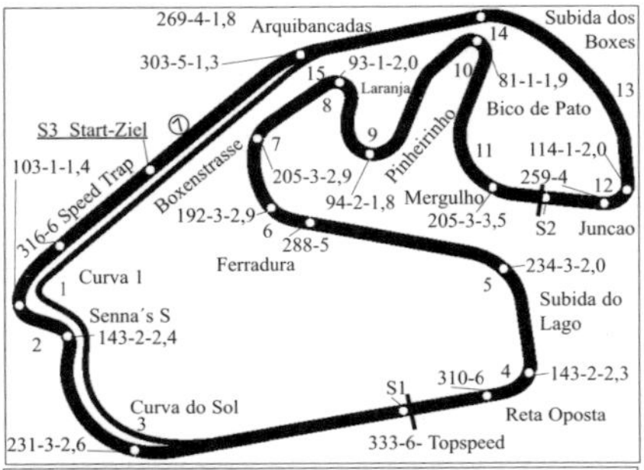

Legende: 132-2-2,1 = 132 km/h-2. Gang-2,1 Gravitation

Wetter am Renntag: stark bewölkt, windig, 24 Grad Lufttemperatur, 22-23 Grad Asphalttemperatur, 64-66 Prozent Luftfeuchtigkeit, 65.000 Zuschauer am Renntag

Distanz: 71 Runden à 4,309 km = 305,909 km
Ziellinie 0,030 km hinter der Startlinie

Sieger 2004: Montoya (Williams-BMW), 1.28:01,451 = 208,516 km/h, 2. Räikkönen -1,022, 3. Barrichello -24,099

Poleposition 2004: Barrichello (Ferrari): 1:10,646 = 219,579 km/h

Schnellste Runde 2004: Montoya (Williams-BMW): 1:11,473 = 217,038 km/h

Höchstgeschwindigkeit stammt vom 1. Sektor, vor Reta Oposta

Boxenstopps:

Webber:	1. Runde: Tanken und Reparatur an Karosserie nach Kollision mit Pizzonia und Coulthard, verliert total 32,26 min., Platz 13-18
Massa:	17. Runde: Tanken in 9,6 sec., total 27,0 sec., Platz 10-16
Karthikeyan:	18. Runde: Tanken in 9,3 sec., total 26,9 sec., Platz 13-17
Albers:	20. Runde: Tanken in total 26,3 sec., Platz 12-16
Alonso:	22. Runde: Tanken in 8,0 sec., total 25,5 sec., Platz 3-6
Fisichella:	23. Runde: Tanken in 8,3 sec., total 25,5 sec., Platz 3-8
Barrichello:	23. Runde: Tanken in 8,6 sec., total 25,7 sec., Platz 8-11
Doornbos:	23. Runde: Tanken in total 26,5 sec., Platz 14-16
Monteiro:	23. Runde: Tanken in total 25,5 sec., Platz 15-17
Klien:	24. Runde: Tanken in 10,1 sec., total 27,3 sec., Platz 6-11
M. Schumacher:	26. Runde: Tanken in 8,8 sec., total 25,9 sec., Platz 3-4
Button:	26. Runde: Tanken in total 27,0 sec., Platz 5-7
R. Schumacher:	26. Runde: Tanken in 9,2 sec., total 26,5 sec., Platz 7-11
Montoya:	28. Runde: Tanken in 8,2 sec., total 25,6 sec., Platz 1-2
Räikkönen:	31. Runde: Tanken in 10,0 sec., total 27,1 sec., Platz 1-2
Trulli:	32. Runde: Tanken in 7,5 sec., total 24,9 sec., Platz 9-12
Villeneuve:	34. Runde: Tanken in 6,3 sec., total 23,9 sec., Platz 11-13
Karthikeyan:	35. Runde: 2. Stopp, Reifenwechsel links hinten nach Bremsplatten, verliert total 24,5 sec., Platz 16
Sato:	37. Runde: Tanken in 11,7 sec., total 29,0 sec., Platz 6-10
Albers:	44. Runde: 2. Stopp, Tanken in total 28,1 sec., Platz 14-15
Karthikeyan:	44. Runde: 3. Stopp, Tanken in total 26,5 sec., Platz 16
Massa:	46. Runde: 2. Stopp, Tanken in 8,1 sec., total 25,7 sec., Platz 13
Monteiro:	46. Runde: 2. Stopp, Tanken in total 25,2 sec., Platz 14
Alonso:	48. Runde: 2. Stopp, Tanken in 7,6 sec., total 25,2 sec., Platz 3-4
Fisichella:	49. Runde: 2. Stopp, Tanken in 6,8 sec., total 24,0 sec., Platz 5
Barrichello:	50. Runde: 2. Stopp, Tanken in 6,8 sec., total 23,5 sec., Platz 6-9
Montoya:	54. Runde: 2. Stopp, Tanken in 6,2 sec., total 23,3 sec., Platz 1-2
M. Schumacher:	54. Runde: 2. Stopp, Tanken in 5,8 sec., total 22,9 sec., Platz 4
Trulli:	53. Runde: 2. Stopp, Tanken in total 28,8 sec., Platz 12-13
Klien:	54. Runde: 2. Stopp, Tanken in 6,5 sec., total 23,6 sec., Platz 8-9
Webber:	29. Runde: 2. Stopp, Tanken in total 23,7 sec., Platz 18
Villeneuve:	54. Runde: 2. Stopp, Tanken in total 24,2 sec., Platz 11-12
Button:	55. Runde: 2. Stopp, Tanken in 7,1 sec., total 24,6 sec., Platz 6-7
R. Schumacher:	56. Runde: 2. Stopp, Tanken in 5,4 sec., total 22,3 sec., Platz 6-8
Räikkönen:	59. Runde: 2. Stopp, Tanken in 5,8 sec., total 22,5 sec., Platz 1-2

Ausfälle:

Coulthard:	1. Runde: Kollision in der 1. Kurve mit Pizzonia und Webber, Platz 14 (am Start)
Pizzonia:	1. Runde: Kollision in der 1. Kurve mit Coulthard und Webber, Platz 13 (am Start)
Doornbos:	35. Runde: Ölleck, Platz 17
Webber:	46. Runde: nicht klassifiziert - keine 90 Prozent der Distanz absolviert, Platz 17
Monteiro:	56. Runde: Mechanischer Defekt, Platz 14
Trulli:	70. Runde: Pneumatik-Problem, Platz 13

- Villeneuve startet aus der Boxengasse
- Monteiro startet aus der Boxengasse und tankt auf

Safety Car von der 2. bis zur 3. Runde nach Kollision zwischen Coulthard, Webber und Pizzonia um Wrackteile zu bergen

Stand nach 1. Runde:
1. Alonso, 2. Montoya, 3. Räikkönen, 4. M. Schumacher, 5. Fisichella, 6. Button, 7. Klien, 8. Barrichello, 9. R. Schumacher, 10. Massa

Führung im Rennen:

1.-2. Runde: Alonso
3.-28. Runde: Montoya
29.-31. Runde: Räikkönen
32.-54. Runde: Montoya
55.-59. Runde: Räikkönen
60.-71. Runde: Montoya

Ergebnis:

1. Juan Pablo Montoya (Kolumbien) McLaren-Mercedes	1.29:20,574 = 205,439 km/h	
2. Kimi Räikkönen (Finnland) McLaren-Mercedes	1.29:23,101 = 205,342 km/h	2,527 zurück
3. Fernando Alonso (Spanien) Renault	1.29:45,414 = 204,491 km/h	24,840 zurück
4. Michael Schumacher (Deutschland) Ferrari	1.29:56,242 = 204,081 km/h	35,668 zurück
5. Giancarlo Fisichella (Italien) Renault	1.30:00,792 = 203,909 km/h	40,218 zurück
6. Rubens Barrichello (Brasilien) Ferrari	1.30:29,747 = 202,822 km/h	69,173 zurück
7. Jenson Button (Großbritannien) BAR-Honda	1.29:24,301 = 202,404 km/h	1 Runde zurück
8. Ralf Schumacher (Deutschland) Toyota	1.29:25,343 = 202,365 km/h	1 Runde zurück
9. Christian Klien (Österreich) Red Bull-Cosworth	1.29:28,687 = 202,239 km/h	1 Runde zurück
10. Takuma Sato (Japan) BAR-Honda	1.30:05,528 = 200,861 km/h	1 Runde zurück
11. Felipe Massa (Brasilien) Sauber-Petronas	1.30:16,625 = 200,449 km/h	1 Runde zurück
12. Jacques Villeneuve (Kanada) Sauber-Petronas	1.30:17,449 = 200,419 km/h	1 Runde zurück
13. Jarno Trulli (Italien) Toyota	1.29:04,725 = 200,243 km/h	Ausfall
14. Christijan Albers (Niederlande) Minardi-Cosworth	1.30:26,178 = 197,237 km/h	2 Runden zurück
15. Narain Karthikeyan (Indien) Jordan-Toyota	1.29:30,524 = 196,393 km/h	3 Runden zurück

Trulli beendet nicht das Rennen, wird aber aufgrund der zurückgelegten Distanz gewertet.

Schnellste Runde im Qualifying: Alonso (Renault): 1:11,988 = 215,485 km/h
Schnellste Runde im Rennen: Räikkönen (McLaren-Mercedes): 1:12,268 = 214,651 km/h

Schnellste Runde jedes Fahrers im Rennen: 1. Räikkönen 1:12,268 (29.), 2. Montoya 1:12,650 (27.), 3. Alonso 1:12,653 (21.), 4. M. Schumacher 1:12,800 (25.), 5. Fisichella 1:13,190 (11.), 6. Barrichello 1:13,192 (49.), 7. Trulli 1:13,570 (69.), 8. Webber 1:13,590 (45.), 9. R. Schumacher 1:13,724 (25.), 10. Button 1:13,746 (24.), 11. Klien 1:13,800 (50.), 12. Villeneuve 1:14,054 (25.), 13. Massa 1:14,343 (70.), 14. Sato 1:14,394 (32.), 15. Karthikeyan 1:14,906 (41.), 16. Monteiro 1:15,113 (41.), 17. Albers 1:15,527 (19.), 18. Doornbos 1:15,792 (16.)

WM-Stand: 1. Alonso 117, 2. Räikkönen 94, 3. Montoya 60, 4. M. Schumacher 60, 5. Fisichella 45, 6. Trulli 43, 7. Barrichello 38, 8. R. Schumacher 38, 9. Button 32, 10. Webber 29, 11. Heidfeld 28, 12. Coulthard 21, 13. Villeneuve 9, 14. Massa 8, 15. Monteiro 7, 16. Wurz 6, 17. Karthikeyan 5, 18. Klien 5, 19. Albers 4, 20. de la Rosa 4, 21. Friesacher 3, 22. Pizzonia 2, 23. Sato 1, 24. Liuzzi 1

Konstrukteur-WM: 1. McLaren-Mercedes 164, 2. Renault 162, 3. Ferrari 98, 4. Toyota 81, 5. Williams-BMW 59, 6. BAR-Honda 33, 7. Red Bull-Cosworth 27, 8. Sauber-Petronas 17, 9. Jordan-Toyota 12, 10. Minardi-Cosworth 7

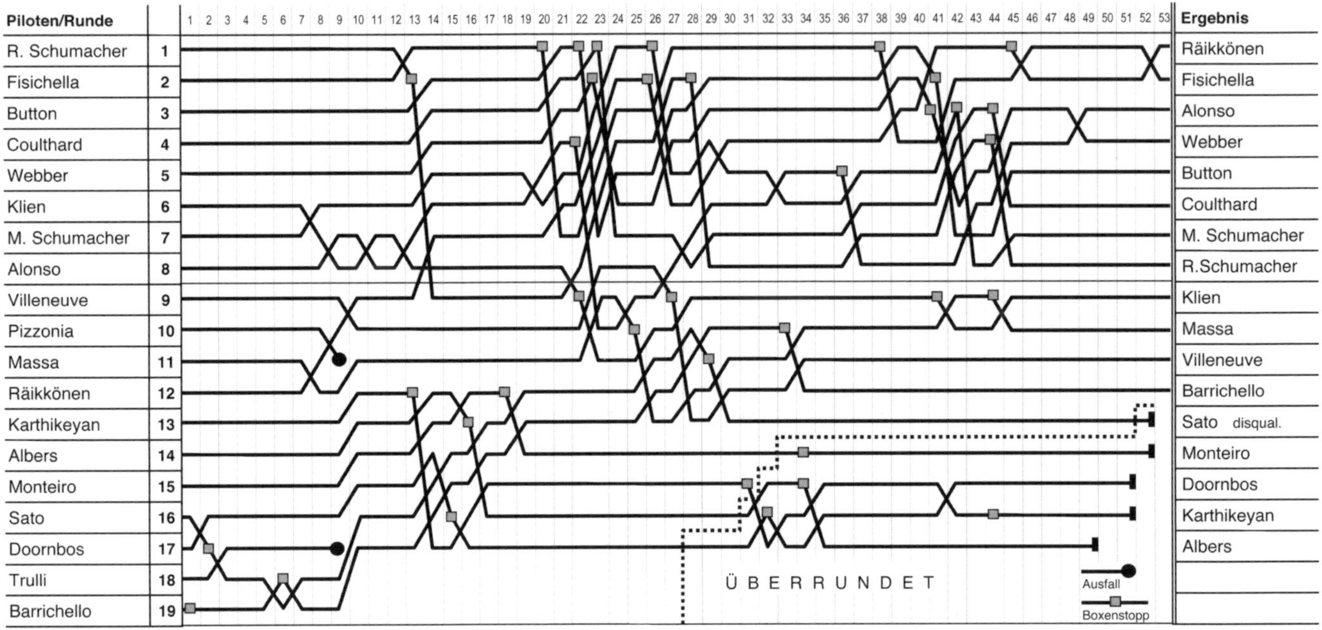
Piloten/Runde
R. Schumacher 1
Fisichella 2
Button 3
Coulthard 4
Webber 5
Klien 6
M. Schumacher 7
Alonso 8
Villeneuve 9
Pizzonia 10
Massa 11
Räikkönen 12
Karthikeyan 13
Albers 14
Monteiro 15
Sato 16
Doornbos 17
Trulli 18
Barrichello 19
1 2 3 4 5 6 7 8 9 10 11 12 13 14 15 16 17 18 19 20 21 22 23 24 25 26 27 28 29 30 31 32 33 34 35 36 37 38 39 40 41 42 43 44 45 46 47 48 49 50 51 52 53
ÜBERRUNDET
Ausfall
Boxenstopp
Ergebnis
Räikkönen
Fisichella
Alonso
Webber
Button
Coulthard
M. Schumacher
R.Schumacher
Klien
Massa
Villeneuve
Barrichello
Sato disqual.
Monteiro
Doornbos
Karthikeyan
Albers

Lauf 18 – Großer Preis von Japan - Suzuka, 9. Oktober 2005

1. Training Freitag:
1. de la Rosa 1:30,532, 2. Zonta 1:31,075, 3. Button 1:32,043, 4. Coulthard 1:32,229, 5. Montoya 1:32,321, 6. Alonso 1:32,370, 7. Fisichella 1:32,470, 8. Sato 1:32,791, 9. Webber 1:33,098, 10. Klien 1:33,139, 11. Massa 1:33,257, 12. Liuzzi 1:33,441, 13. Räikkönen 1:33,486, 14. Pizzonia 1:33,528, 15. Villeneuve 1:33,645, 16. Barrichello 1:33,700, 17. R. Schumacher 1:33,735, 18. M. Schumacher 1:33,886, 19. Trulli 1:34,535, 20. Yamamoto 1:36,295, 21. Albers 1:37,153, 22. Karthikeyan 1:37,154, 23. Doornbos 1:37,816, 24. Monteiro 1:38,250

2. Training Freitag:
1. Zonta 1:30,682, 2. M. Schumacher 1:31,716, 3. de la Rosa 1:31,821, 4. Barrichello 1:32,267, 5. Räikkönen 1:32,849, 6. R. Schumacher 1:32,917, 7. Trulli 1:33,122, 8. Alonso 1:33,259, 9. Button 1:33,453, 10. Webber 1:33,520, 11. Coulthard 1:33,563, 12. Pizzonia 1:33,679, 13. Sato 1:34,330, 14. Fisichella 1:34,400, 15. Massa 1:34,421, 16. Klien 1:34,707, 17. Yamamoto 1:34,829, 18. Villeneuve 1:34,874, 19. Liuzzi 1:34,977, 20. Doornbos 1:35,150, 21. Monteiro 1:35,388, 22. Montoya 1:37,371, 23. Albers 1:37,626, 24. Karthikeyan 1:38,034

1. Training (Samstag)		2. Training (Samstag)		Qualifying (Samstag)	
1. M. Schumacher	1:46,543	1. Fisichella	1:50,136	1. R. Schumacher	1:46,106
2. Räikkönen	1:48,729	2. Karthikeyan	1:50,150	2. Button	1:46,141
3. Montoya	1:49,097	3. R. Schumacher	1:50,369	3. Fisichella	1:46,276
4. Webber	1:49,484	4. Button	1:50,920	4. Klien	1:46,464
5. Pizzonia	1:50,537	5. Albers	1:50,994	5. Sato	1:46,841
6. Karthikeyan	1:50,811	6. Monteiro	1:51,223	6. Coulthard	1:46,892
7. Barrichello	1:50,846	7. Webber	1:51,274	7. Webber	1:47,233
8. Button	1:51,884	8. Trulli	1:51,503	8. Villeneuve	1:47,440
9. Monteiro	1:52,023	9. Coulthard	1:51,710	9. Barrichello	1:48,248
10. Albers	1:52,700	10. Doornbos	1:51,971	10. Massa	1:48,278
11. Coulthard	1:53,346	11. Alonso	1:52,667	11. Karthikeyan	1:48,718
12. Sato	1:53,454	12. Klien	1:52,897	12. Pizzonia	1:48,898
13. Klien	1:54,348	13. Villeneuve	1:53,460	13. Albers	1:50,843
14. Trulli	-:--	14. Barrichello	1:53,739	14. M. Schumacher	1:52,676
15. Doornbos	-:--	15. Massa	1:53,842	15. Doornbos	1:52,894
16. R. Schumacher	-:--	16. Sato	1:54,307	16. Alonso	1:54,667
17. Massa	-:--	17. Pizzonia	2:01,075	17. Räikkönen	2:02,309
18. Villeneuve	-:--	18. M. Schumacher	-:--	18. Montoya	-:--
19. Alonso	-:--	19. Räikkönen	-:--	19. Trulli	-:--
20. Fisichella	-:--	20. Montoya	-:--	20. Monteiro	-:--

Startaufstellung - inklusive Strafversetzungen:

Ralf Schumacher
Toyota TF105B V10
1:46,106

Jenson Button
BAR-Honda 007 V10
1:46,141

Giancarlo Fisichella
Renault R25 V10
1:46,276

Christian Klien
Red Bull-Cosworth RB1 V10
1:46,464

Takuma Sato
BAR-Honda 007 V10
1:46,841

David Coulthard
Red Bull-Cosworth RB1 V10
1:46,892

Mark Webber
Williams-BMW FW27 V10
1:47,233

Jacques Villeneuve
Sauber-Petronas C24 V10
1:47,440

Rubens Barrichello
Ferrari F2005 V10
1:48,248

Felipe Massa
Sauber-Petronas C24 V10
1:48,278

Narain Karthikeyan
Jordan-Toyota EJ15B V10
1:48,718

Antonio Pizzonia
Williams-BMW FW27 V10
1:48,898

Christijan Albers
Minardi-Cosworth PS05 V10
1:50,843

Michael Schumacher
Ferrari F2005 V10
1:52,676

Robert Doornbos
Minardi-Cosworth PS05 V10
1:52,894

Fernando Alonso
Renault R25 V10
1:54,667

Kimi Räikkönen
McLaren-Mercedes MP4/20 V10
2:02,309

Juan Pablo Montoya
McLaren-Mercedes MP4/20 V10
keine Zeit

Jarno Trulli
Toyota TF105B V10
keine Zeit

Tiago Monteiro
Jordan-Toyota EJ15B V10
keine Zeit

Räikkönen wird nach Motorenwechsel um 10 Plätze nach hinten versetzt

Höchstgeschwindigkeiten (Freitag, 1. oder 2. Training): 1. Zonta 315,1, 2. Räikkönen 313,1, 3. Montoya 312,9, 4. Alonso 312,7, 5. Fisichella 311,5, 6. de la Rosa 311,2, 7. M. Schumacher 310,6, 8. Coulthard 309,3, 9. Massa 309,3, 10. Sato 309,2, 11. Barrichello 307,8, 12. Villeneuve 307,4, 13. Liuzzi 306,3, 14. Webber 304,1, 15. Pizzonia 303,7, 16. Button 303,7, 17. R. Schumacher 303,2, 18. Klien 302,6, 19. Yamamoto 300,8, 20. Trulli 300,0, 21. Doornbos 296,1, 22. Karthikeyan 294,6, 23. Monteiro 291,3, 24. Albers 283,1

Höchstgeschwindigkeiten (Qualifying, Samstag): 1. Villeneuve 303,8, 2. Massa 303,1, 3. Button 302,0, 4. Sato 301,8, 5. R. Schumacher 300,5, 6. Barrichello 299,9, 7. Coulthard 299,0, 8. Pizzonia 299,0, 9. Klien 298,4, 10. Karthikeyan 297,7, 11. Montoya 297,7, 12. Webber 297,6, 13. Albers 296,6, 14. Fisichella 294,1, 15. Doornbos 293,6, 16. Räikkönen 289,7, 17. Alonso 288,6, 18. M. Schumacher 262,5

Höchstgeschwindigkeiten (Sonntag): 1. Räikkönen 328,6, 2. Alonso 327,8, 3. Villeneuve 324,0, 4. Montoya 321,4, 5. Barrichello 321,0, 6. Doornbos 320,4, 7. Massa 320,3, 8. M. Schumacher 320,3, 9. Sato 320,2, 10. Albers 319,9, 11. Fisichella 318,5, 12. Button 318,4, 13. Coulthard 317,6, 14. Pizzonia 316,3, 15. Karthikeyan 316,2, 16. Webber 315,5, 17. Klien 314,9, 18. Monteiro 313,6, 19. Trulli 313,3, 20. R. Schumacher 312,1

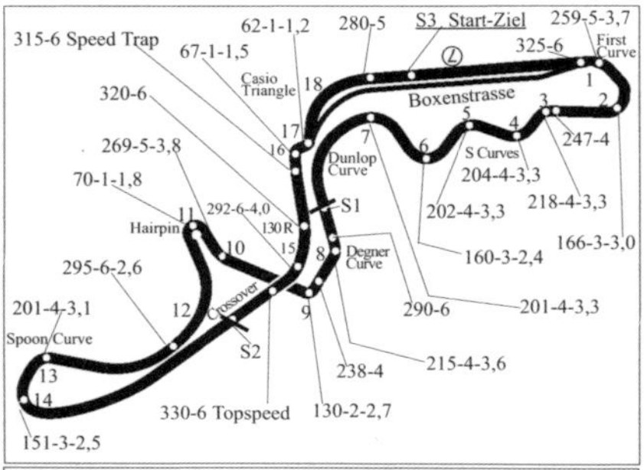

Legende: 132-2-2,1 = 132 km/h-2. Gang-2,1 Gravitation

Wetter am Renntag: Heiter, windig, 26-27 Grad Lufttemperatur, 28-35 Grad Asphalttemperatur, 42-47 Prozent Luftfeuchtigkeit, 156.000 Zuschauer am Renntag

Distanz: 53 Runden à 5,807 km = 307,573 km
Ziellinie 0,198 km hinter der Startlinie

Sieger 2004: M. Schumacher (Ferrari), 1.24:26,985 = 218,524 km/h, 2. R. Schumacher -14,098, 3. Button -19,662

Poleposition 2004: M. Schumacher (Ferrari): 1:33,542 = 223,484 km/h

Schnellste Runde 2004: Barrichello (Ferrari): 1:32,730 = 225,441 km/h

Höchstgeschwindigkeit stammt vom 2. Sektor, vor 130 R

Boxenstopps:

Barrichello:	1. Runde: Wechsel von linken hinteren Reifen nach Kollision mit Sato in 10,3 sec., verliert total 27,0 sec., Platz 19
Sato:	2. Runde: Neue Nase nach Kollision mit Barrichello in 9,4 sec., verliert total 24,0 sec., Platz 17-18
Barrichello:	6. Runde: 2. Stopp, Tanken in 6,2 sec., total 21,2 sec., Platz 18-19
R. Schumacher:	13. Runde: Tanken in 6,8 sec., total 21,8 sec., Platz 2-9
Karthikeyan:	13. Runde: Tanken in 9,0 sec., total 23,4 sec., Platz 12-17
Doornbos:	15. Runde: Tanken in total 23,8 sec., Platz 16-17
Albers:	16. Runde: Tanken in total 23,7 sec., Platz 13-16
Monteiro:	18. Runde: Tanken in total 22,2 sec., Platz 12-14
Fisichella:	20. Runde: Tanken in total 22,6 sec., Platz 1-7
Button:	22. Runde: Tanken in 11,7 sec., total 26,0 sec., Platz 1-7
Alonso:	22. Runde: Tanken in 7,2 sec., total 21,9 sec., Platz 4-10
Klien:	22. Runde: Tanken in total 23,8 sec., Platz 9-11
Coulthard:	23. Runde: Tanken in total 24,0 sec., Platz 1-7
Webber:	23. Runde: Tanken in total 22,3 sec., Platz 2-6
Massa:	25. Runde: Tanken in 8,6 sec., total 23,1 sec., Platz 10-13
M. Schumacher:	26. Runde: Tanken in 7,3 sec., total 21,8 sec., Platz 1-5
Räikkönen:	26. Runde: Tanken in 8,3 sec., total 22,9 sec., Platz 2-6
Villeneuve:	27. Runde: Tanken in 11,6 sec., total 26,3 sec., Platz 9-13
R. Schumacher:	28. Runde: 2. Stopp, Tanken in 7,3 sec., total 22,0 sec., Platz 2-8
Sato:	29. Runde: 2. Stopp, Tanken in total 24,8 sec., Platz 11-13
Karthikeyan:	31. Runde: 2. Stopp, Tanken in total 23,8 sec., Platz 15-17
Doornbos:	32. Runde: 2. Stopp, Tanken, fährt über den Haltepunkt hinaus und fährt einen Mechaniker an, verliert total 24,6 sec., Platz 16-17
Barrichello:	33. Runde: 3. Stopp, Tanken in 8,8 sec., total 23,8 sec., Platz 10-12
Monteiro:	34. Runde: 2. Stopp, Tanken in total 23,4 sec., Platz 14
Albers:	34. Runde: 2. Stopp, Tanken, fährt über den Haltepunkt hinaus, Tankschlauch sitzt nicht perfekt, es entsteht ein Feuer, welches schnell gelöscht wird, verliert total 3,54 min., Platz 15-17
Alonso:	36. Runde: 2. Stopp, Tanken in 7,5 sec., total 22,3 sec., Platz 5-8
Fisichella:	38. Runde: 2. Stopp, Tanken in 8,0 sec., total 22,5 sec., Platz 1-4
Button:	41. Runde: 2. Stopp, Tanken in 6,7 sec., total 21,1 sec., Platz 2-7
Webber:	41. Runde: 2. Stopp, Tanken in 6,2 sec., total 20,4 sec., Platz 3-6
Klien:	41. Runde: 2. Stopp, Tanken in total 21,0 sec., Platz 9-10
M. Schumacher:	42. Runde: 2. Stopp, Tanken in 9,8 sec., total 24,8 sec., Platz 3-8

Coulthard:	44. Runde: 2. Stopp, Tanken in total 20,3 sec., Platz 3-6
R. Schumacher:	44. Runde: 3. Stopp, Tanken in 4,7 sec., total 19,5 sec., Platz 4-8
Massa:	44. Runde: 2. Stopp, Tanken in total 19,9 sec., Platz 9-10
Räikkönen:	45. Runde: 2. Stopp, Tanken in 4,9 sec., total 18,8 sec., Platz 1-2
Karthikeyan:	44. Runde: 3. Stopp, Tanken in total 19,9 sec., Platz 16

Ausfälle:

Montoya:	1. Runde: Unfall nach dem er in Kurve 18 versucht hat, Villeneuve außen zu überholen, Platz 18 (am Start)
Trulli:	10. Runde: Kollision mit Sato, Platz 17
Pizzonia:	10. Runde: dreht sich in Degner-Kurve von der Strecke, Platz 11

Trulli startet aus der Boxengasse

Stand nach 1. Runde:
1. R. Schumacher, 2. Fisichella, 3. Button, 4. Coulthard, 5. Webber, 6. Klien, 7. M. Schumacher, 8. Alonso, 9. Villeneuve, 10. Pizzonia

Safety Car von der 2. bis zur 7. Runde nach Unfall von Montoya um den Wagen zu bergen

Führung im Rennen:

1.-12. Runde: R. Schumacher
13.-20. Runde: Fisichella
21.-22. Runde: Button
23. Runde: Coulthard
24.-26. Runde: M. Schumacher
27.-38. Runde: Fisichella
39.-40. Runde: Button
41.-45. Runde: Räikkönen
46.-52. Runde: Fisichella
53. Runde: Räikkönen
Ergebnis:

1. Kimi Räikkönen (Finnland) McLaren-Mercedes	1.29:02,212 = 207,266 km/h	
2. Giancarlo Fisichella (Italien) Renault	1.29:03,845 = 207,203 km/h	1,633 zurück
3. Fernando Alonso (Spanien) Renault	1.29:19,668 = 206,591 km/h	17,456 zurück
4. Mark Webber (Australien) Williams-BMW	1.29:24,486 = 206,406 km/h	22,274 zurück
5. Jenson Button (Großbritannien) BAR-Honda	1.29:31,719 = 206,128 km/h	29,507 zurück
6. David Coulthard (Schottland) Red Bull-Cosworth	1.29:33,813 = 206,047 km/h	31,601 zurück
7. Michael Schumacher (Deutschland) Ferrari	1.29:36,091 = 205,960 km/h	33,879 zurück
8. Ralf Schumacher (Deutschland) Toyota	1.29:51,760 = 205,362 km/h	49,548 zurück
9. Christian Klien (Österreich) Red Bull-Cosworth	1.29:54,137 = 205,271 km/h	51,925 zurück
10. Felipe Massa (Brasilien) Sauber-Petronas	1.29:59,721 = 205,059 km/h	57,509 zurück
11. Rubens Barrichello (Brasilien) Ferrari	1.30:02,845 = 204,940 km/h	60,633 zurück
12. Jacques Villeneuve (Kanada) Sauber-Petronas*	1.30:25,433 = 204,087 km/h**	73,221 zurück**
13. Tiago Monteiro (Portugal) Jordan-Toyota	1.30:41,749 = 199,633 km/h	1 Runde zurück
14. Robert Doornbos (Niederlande) Minardi-Cosworth	1.29:13,775 = 199,009 km/h	2 Runden zurück
15. Narain Karthikeyan (Indien) Jordan-Toyota	1.29:51,967 = 197,599 km/h	2 Runden zurück
16. Christijan Albers (Niederlande) Minardi-Cosworth	1.29:19,802 = 190,985 km/h	4 Runden zurück

*Die Rennleitung hat Villeneuve nachträglich mit einer Zeitstrafe von 25 Sekunden belegt, weil er nach Ansicht der Stewards Montoya von der Strecke gedrängt hat.
** inklusive 25-Sekunden-Zeitstrafe
Die Rennleitung hat Sato nachträglich disqualifiziert, weil er nach Ansicht der Stewards den Unfall von Trulli verursacht hat.

Schnellste Runde im Qualifying: R. Schumacher (Toyota): 1:46,106 = 197,021 km/h
Schnellste Runde im Rennen: Räikkönen (McLaren-Mercedes): 1:31,540 = 228,372 km/h

Schnellste Runde jedes Fahrers im Rennen: 1. Räikkönen 1:31,540 (44.), 2. Alonso 1:31,599 (21.), 3. Fisichella 1:32,522 (19.), 4. Button 1:32,754 (19.), 5. M. Schumacher 1:32,763 (25.), 6. R. Schumacher 1:32,795 (9.), 7. Webber 1:33,022 (21.), 8. Coulthard 1:33,023 (18.), 9. Barrichello 1:33,133 (52.), 10. Massa 1:33,232 (43.), 11. Villeneuve 1:33,288 (50.), 12. Klien 1:33,499 (49.), 13. Sato 1:34,186 (28.), 14. Monteiro 1:35,458 (17.), 15. Karthikeyan 1:35,887 (11.), 16. Albers 1:36,039 (33.), 17. Doornbos 1:36,574 (50.), 18. Pizzonia 1:36,711 (9.), 19. Trulli 1:37,428 (9.)

WM-Stand: 1. Alonso 123, 2. Räikkönen 104, 3. M. Schumacher 62, 4. Montoya 60, 5. Fisichella 53, 6. Trulli 43, 7. R. Schumacher 39, 8. Barrichello 38, 9. Button 36, 10. Webber 34, 11. Heidfeld 28, 12. Coulthard 24, 13. Villeneuve 9, 14. Massa 8, 15. Monteiro 7, 16. Wurz 6, 17. Karthikeyan 5, 18. Klien 5, 19. Albers 4, 20. De La Rosa 4, 21. Friesacher 3, 22. Pizzonia 2, 23. Sato 1, 24. Liuzzi 1

Konstrukteur-WM: 1. Renault 176, 2. McLaren-Mercedes 174, 3. Ferrari 100, 4. Toyota 82, 5. Williams-BMW 59, 6. BAR-Honda 37, 7. Red Bull-Cosworth 30, 8. Sauber-Petronas 17, 9. Jordan-Toyota 12, 10. Minardi-Cosworth 7

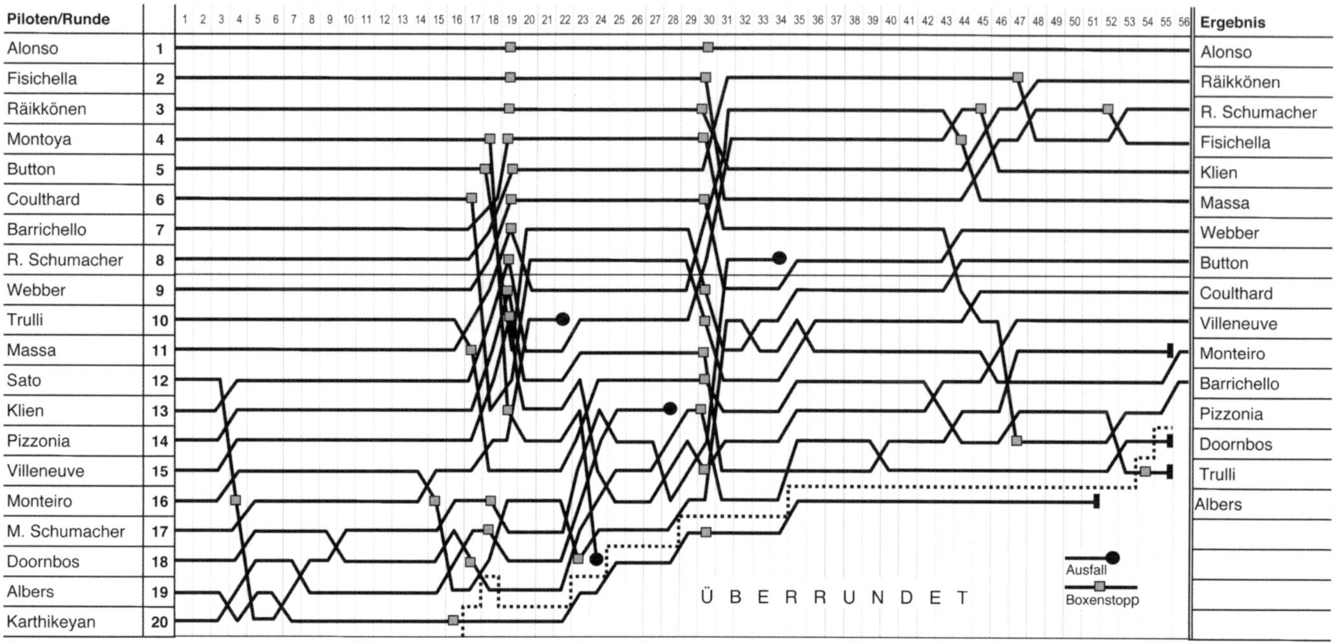
Piloten/Runde
Alonso 1
Fisichella 2
Räikkönen 3
Montoya 4
Button 5
Coulthard 6
Barrichello 7
R. Schumacher 8
Webber 9
Trulli 10
Massa 11
Sato 12
Klien 13
Pizzonia 14
Villeneuve 15
Monteiro 16
M. Schumacher 17
Doornbos 18
Albers 19
Karthikeyan 20
1 2 3 4 5 6 7 8 9 10 11 12 13 14 15 16 17 18 19 20 21 22 23 24 25 26 27 28 29 30 31 32 33 34 35 36 37 38 39 40 41 42 43 44 45 46 47 48 49 50 51 52 53 54 55 56
ÜBERRUNDET
Ausfall
Boxenstopp
Ergebnis
Alonso
Räikkönen
R. Schumacher
Fisichella
Klien
Massa
Webber
Button
Coulthard
Villeneuve
Monteiro
Barrichello
Pizzonia
Doornbos
Trulli
Albers

Lauf 19 – Großer Preis von China - Shanghai, 16. Oktober 2005

1. Training Freitag:
1. de la Rosa 1:33,463, 2. Barrichello 1:35,303, 3. Zonta 1:35,373, 4. Räikkönen 1:35,481, 5. M. Schumacher 1:35,494, 6. Montoya 1:35,521, 7. Alonso 1:35,605, 8. Webber 1:35,945, 9. Coulthard 1:36,089, 10. Button 1:36,096, 11. Pizzonia 1:36,208, 12. Sato 1:36,829, 13. R. Schumacher 1:36,866, 14. Liuzzi 1:37,119, 15. Massa 1:37,123, 16. Fisichella 1:37,143, 17. Klien 1:37,490, 18. Villeneuve 1:37,688, 19. Trulli 1:37,764, 20. Karthikeyan 1:38,308, 21. Monteiro 1:39,088, 22. Kiesa 1:39,687, 23. Doornbos 1:40,724, 24. Albers 1:40,787

2. Training Freitag:
1. de la Rosa 1:32,834, 2. Zonta 1:32,977, 3. Räikkönen 1:34,092, 4. Alonso 1:34,226, 5. Montoya 1:34,541, 6. Barrichello 1:34,618, 7. Fisichella 1:34,932, 8. Webber 1:35,035, 9. Button 1:35,072, 10. Massa 1:35,196, 11. Coulthard 1:35,201, 12. Liuzzi 1:35,306, 13. Sato 1:35,397, 14. M. Schumacher 1:35,567, 15. Klien 1:35,613, 16. Pizzonia 1:35,709, 17. Villeneuve 1:35,894, 18. R. Schumacher 1:36,051, 19. Trulli 1:36,079, 20. Kiesa 1:36,644, 21. Doornbos 1:36,993, 22. Albers 1:37,173, 23. Monteiro 1:37,435, 24. Karthikeyan 1:37,467

1. Training (Samstag)		2. Training (Samstag)		Qualifying (Samstag)	
1. Räikkönen	1:34,253	1. Räikkönen	1:33,212	1. Alonso	1:34,080
2. Montoya	1:34,446	2. Montoya	1:33,554	2. Fisichella	1:34,401
3. Fisichella	1:34,472	3. Alonso	1:33,793	3. Räikkönen	1:34,488
4. Alonso	1:34,631	4. Fisichella	1:34,392	4. Button	1:34,801
5. Webber	1:34,749	5. Coulthard	1:34,453	5. Montoya	1:35,188
6. Button	1:35,004	6. Barrichello	1:34,535	6. M. Schumacher	1:35,301
7. Coulthard	1:35,296	7. Button	1:34,729	7. Coulthard	1:35,428
8. Sato	1:35,461	8. M. Schumacher	1:34,807	8. Barrichello	1:35,610
9. Massa	1:35,532	9. Pizzonia	1:34,835	9. R. Schumacher	1:35,723
10. Pizzonia	1:35,675	10. Webber	1:35,004	10. Webber	1:35,739
11. M. Schumacher	1:35,981	11. Trulli	1:35,107	11. Massa	1:35,898
12. Villeneuve	1:35,982	12. Klien	1:35,179	12. Trulli	1:36,044
13. Barrichello	1:35,994	13. Sato	1:35,280	13. Pizzonia	1:36,445
14. Trulli	1:36,100	14. Karthikeyan	1:35,310	14. Klien	1:36,472
15. R. Schumacher	1:36,251	15. R. Schumacher	1:35,371	15. Karthikeyan	1:36,707
16. Monteiro	1:37,555	16. Monteiro	1:35,488	16. Villeneuve	1:36,788
17. Karthikeyan	1:37,563	17. Massa	1:35,693	17. Sato	1:37,083
18. Doornbos	1:38,072	18. Albers	1:36,397	18. Albers	1:39,105
19. Albers	1:38,697	19. Villeneuve	1:36,417	19. Monteiro	1:39,233
20. Klien	-:--	20. Doornbos	1:36,558	20. Doornbos	1:39,460

Startaufstellung - inklusive Strafversetzungen:

Fernando Alonso
Renault R25 V10
1:34,080

Giancarlo Fisichella
Renault R25 V10
1:34,401

Kimi Räikkönen
McLaren-Mercedes MP4/20 V10
1:34,488

Jenson Button
BAR-Honda 007 V10
1:34,801

Juan Pablo Montoya
McLaren-Mercedes MP4/20 V10
1:35,188

Michael Schumacher
Ferrari F2005 V10
1:35,301

David Coulthard
Red Bull-Cosworth RB1 V10
1:35,428

Rubens Barrichello
Ferrari F2005 V10
1:35,610

Ralf Schumacher
Toyota TF105B V10
1:35,723

Mark Webber
Williams-BMW FW27 V10
1:35,739

Felipe Massa
Sauber-Petronas C24 V10
1:35,898

Jarno Trulli
Toyota TF105B V10
1:36,044

Antonio Pizzonia
Williams-BMW FW27 V10
1:36,445

Christian Klien
Red Bull-Cosworth RB1 V10
1:36,472

Narain Karthikeyan
Jordan-Toyota EJ15B V10
1:36,707

Jacques Villeneuve
Sauber-Petronas C24 V10
1:36,788

Takuma Sato
BAR-Honda 007 V10
1:37,083

Christijan Albers
Minardi-Cosworth PS05 V10
1:39,105

Tiago Monteiro
Jordan-Toyota EJ15B V10
1:39,233

Robert Doornbos
Minardi-Cosworth PS05 V10
1:39,460

Höchstgeschwindigkeiten (Freitag, 1. oder 2. Training): 1. Pizzonia 324,8, 2. Klien 328,0, 3. Albers 324,8, 4. Coulthard 327,7, 5. Massa 329,1, 6. Alonso 339,6, 7. Fisichella 342,4, 8. Villeneuve 329,6, 9. Trulli 323,0, 10. Button 329,6, 11. Montoya 331,3, 12. Räikkönen 331,1, 13. Webber 321,8, 14. M. Schumacher 332,4, 15. Karthikeyan 328,3, 16. Kiesa 325,0, 17. de la Rosa 331,7, 18. R. Schumacher 324,6, 19. Zonta 331,8, 20. Doornbos 329,5, 21. Barrichello 329,7, 22. Sato 330,9, 23. Monteiro 322,2, 24. Liuzzi 329,3

Höchstgeschwindigkeiten (Qualifying, Samstag): 1. Alonso 338,9, 2. Fisichella 338,2, 3. M. Schumacher 334,3, 4. Albers 334,1, 5. Barrichello 334,0, 6. Villeneuve 333,8, 7. Montoya 332,6, 8. Doornbos 332,2, 9. Räikkönen 332,2, 10. Coulthard 330,8, 11. Monteiro 330,4, 12. Massa 330,3, 13. Button 329,9, 14. Karthikeyan 329,0, 15. Klien 329,0, 16. Sato 327,5, 17. R. Schumacher 323,8, 18. Webber 322,2, 19. Pizzonia 322,1, 20. Trulli 320,8

Höchstgeschwindigkeiten (Sonntag): 1. M. Schumacher 342,6, 2. Montoya 340,6, 3. Villeneuve 340,1, 4. Klien 339,4, 5. Fisichella 339,3, 6. Coulthard 338,6, 7. Button 338,3, 8. Alonso 338,0, 9. Räikkönen 336,8, 10. Sato 336,2, 11. Barrichello 336,0, 12. Pizzonia 336,0, 13. Albers 336,0, 14. Webber 335,2, 15. Doornbos 334,6, 16. Massa 333,8, 17. Karthikeyan 332,2, 18. Monteiro 331,6, 19. Trulli 328,4, 20. R. Schumacher 325,8

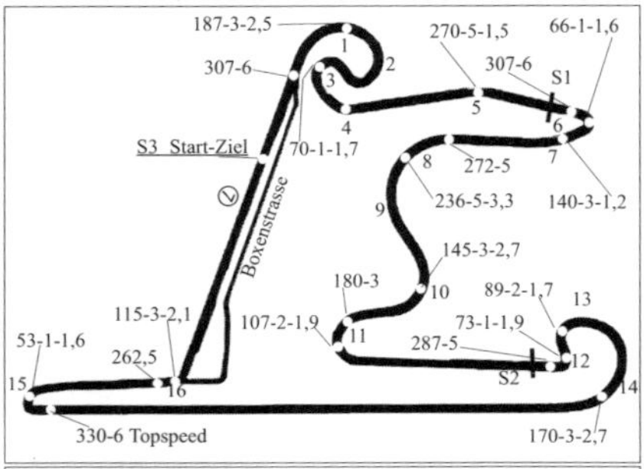

Legende: 132-2-2,1 = 132 km/h-2. Gang-2,1 Gravitation

Wetter am Renntag: Sonnig und mild, 25 Grad Lufttemperatur, 27-28 Grad Asphalttemperatur, 26-27 Prozent Luftfeuchtigkeit, 120.000 Zuschauer am Renntag

Distanz: 56 Runden à 5,451 km = 305,066 km
Ziellinie 0,190 km hinter der Startlinie

Sieger 2004: Barrichello (Ferrari): 1.29:12,420 = 205,185 km/h, 2. Button -1,347, 3. Räikkönen -1,469

Poleposition 2004: Barrichello (Ferrari): 1:34,012 = 208,735 km/h

Schnellste Runde 2004: M. Schumacher (Ferrari): 1:32,238 = 212,749 km/h

Boxenstopps:

Sato:	4. Runde: Drive-Through-Strafe für Frühstart, verliert total 13,8 sec., Platz 16-20
Monteiro:	15. Runde: Tanken in total 25,2 sec., Platz 16-19
Albers:	16. Runde: Tanken in total 27,5 sec., Platz 20
Coulthard:	17. Runde: Tanken in total 26,1 sec., Platz 6-13
Trulli:	17. Runde: Tanken in total 26,8 sec., Platz 11-15
Doornbos:	17. Runde: Tanken in total 26,9 sec., Platz 18-19
Montoya:	18. Runde: Tanken in 10,0 sec., total 27,2 sec., Platz 4-13
Button:	18. Runde: Tanken in 10,0 sec., total 26,9 sec., Platz 5-11
Sato:	18. Runde: 2. Stopp, Tanken in total 26,3 sec., Platz 16-17
Karthikeyan:	18. Runde: Tanken in total 27,0 sec., Platz 17-18
Alonso:	19. Runde: Tanken in 7,3 sec., total 24,5 sec., Platz 1
Fisichella:	19. Runde: Tanken in 7,9 sec., total 24,5 sec., Platz 2
Räikkönen:	19. Runde: Tanken in 10,0 sec., total 27,0 sec., Platz 3
Barrichello:	19. Runde: Tanken in total 26,3 sec., Platz 4
R. Schumacher:	19. Runde: Tanken in total 26,3 sec., Platz 5
Webber:	19. Runde: Tanken in total 27,3 sec., Platz 6
Massa:	19. Runde: Tanken in total 26,7 sec., Platz 7-9
Klien:	19. Runde: Tanken in total 26,0 sec., Platz 8-11
Pizzonia:	19. Runde: Tanken in total 31,2 sec., Platz 9-12
Villeneuve:	19. Runde: Tanken in total 31,3 sec., Platz 10-13
Montoya:	19. Runde: 2. Stopp, Reifenwechsel rechts vorne nach Beschädigung auf dem kaputten Kanaldeckel nach Kurve 10, in 11,2 sec., verliert total 27,8 sec., Platz 13-14
Monteiro:	23. Runde: 2. Stopp, Tanken in total 29,3 sec., Platz 18-17
Alonso:	30. Runde: 2. Stopp, Tanken in 8,0 sec., total 24,9 sec., Platz 1
Fisichella:	30. Runde: 2. Stopp, Tanken in total 23,9 sec., Platz 2-6
Räikkönen:	30. Runde: 2. Stopp, Tanken in total 21,9 sec., Platz 3-5
Barrichello:	30. Runde: 2. Stopp, Tanken in total 23,2 sec., Platz 4-7
Webber:	30. Runde: 2. Stopp, Tanken in total 23,5 sec., Platz 6-9
Button:	30. Runde: 2. Stopp, Tanken in 5,8 sec., total 22,9 sec., Platz 9-11
Coulthard:	30. Runde: 2. Stopp, Tanken in total 25,2 sec., Platz 10-12
Pizzonia:	30. Runde: 2. Stopp, Tanken in total 27,6 sec., Platz 11-15
Trulli:	30. Runde: 2. Stopp, Tanken in total 23,6 sec., Platz 12-13
Doornbos:	30. Runde: 2. Stopp, Tanken in total 26,7 sec., Platz 13-16
Villeneuve:	30. Runde: 2. Stopp, Tanken in total 23,2 sec., Platz 15-14
Albers:	30. Runde: 2. Stopp, Tanken in total 29,4 sec., Platz 17
Massa:	44. Runde: 2. Stopp, Tanken in total 23,4 sec., Platz 4-6
Klien:	45. Runde: 2. Stopp, Tanken in total 22,3 sec., Platz 3-5

Barrichello:	46. Runde: 3. Stopp, Tanken in 4,4 sec., total 20,9 sec., Platz 10-14
R. Schumacher:	47. Runde: 2. Stopp, Tanken in 4,7 sec., total 21,7 sec., Platz 2-4
Fisichella:	52. Runde: 3. Stopp, Drive-Through-Strafe für verzögerndes Fahren in der Boxengasse, verliert total 13,8 sec., Platz 3-4
Trulli:	54. Runde: 3. Stopp, Tanken in total 29,4 sec., Platz 15

Ausfälle:

M. Schumacher:	23. Runde: Dreht sich hinter Massa in der 1. Safety-Car-Phase mit kalten Reifen von der Strecke, Platz 10
Montoya:	25. Runde: Motorschaden, Platz 18
Karthikeyan:	29. Runde: Unfall in Kurve 13, Platz 18
Sato:	35. Runde: Getriebedefekt, Platz 8
Albers:	52. Runde: Verliert eine Radmutter und defekter Diffusor, Platz 16
Doornbos:	56. Runde: Missverständnis (glaubte das Rennen sei schon vorüber), Platz 14
Pizzonia:	56. Runde: Reifenschaden rechts hinten, Platz 11

- Albers kollidiert mit dem extrem langsam- und Zick-Zack fahrenden M. Schumacher auf dem Weg zur Startaufstellung und beschädigt die linke vordere und hintere Radaufhängung, sowie den Kühler des Ferraris. Die rechte vordere Aufhängung des Minardis ist beschädigt. Beide Piloten müssen in deren Ersatzwagen, die am Wochenende noch nicht bewegt wurden, aus der Boxengasse starten.
- Karthikeyan fährt nach der Aufwärmrunde an die Box und startet aus der Boxengasse, aus Sicherheitsgründen wird der Jordan-Toyota kurz gecheckt.

Stand nach 1. Runde:
1. Alonso, 2. Fisichella, 3. Räikkönen, 4. Montoya, 5. Button, 6. Coulthard, 7. Barrichello, 8. R. Schumacher, 9. Webber, 10. Trulli

- Safety-Car-Phase von Runde 19 bis 23: Ein kaputter Kanaldeckel nach Kurve 10 wird repariert
- Safety-Car-Phase von Runde 29 bis 33: Wrackteile werden nach dem Unfall von Karthikeyan von der Fahrbahn entfernt

Führung im Rennen:
1.-56. Runde: Alonso
Ergebnis:

1. Fernando Alonso (Spanien) Renault	1.39:53,618 = 183,234 km/h	
2. Kimi Räikkönen (Finnland) McLaren-Mercedes	1.39:57,633 = 183,111 km/h	4,015 zurück
3. Ralf Schumacher (Deutschland) Toyota	1.40:18,994 = 182,461 km/h	25,376 zurück
4. Giancarlo Fisichella (Italien) Renault	1.40:19,732 = 182,439 km/h	26,114 zurück
5. Christian Klien (Österreich) Red Bull-Cosworth	1.40:25,457 = 182,266 km/h	31,839 zurück
6. Felipe Massa (Brasilien) Sauber-Petronas	1.40:30,018 = 182,128 km/h	36,400 zurück
7. Mark Webber (Australien) Williams-BMW	1.40:30,460 = 182,115 km/h	36,842 zurück
8. Jenson Button (Großbritannien) BAR-Honda	1.40:34,867 = 181,982 km/h	41,249 zurück
9. David Coulthard (Schottland) Red Bull-Cosworth	1.40:37,865 = 181,891 km/h	44,247 zurück
10. Jacques Villeneuve (Kanada) Sauber-Petronas	1.40:53,595 = 181,419 km/h	59,977 zurück
11. Tiago Monteiro (Portugal) Jordan-Toyota	1.41:18,266 = 180,682 km/h	84,648 zurück
12. Rubens Barrichello (Brasilien) Ferrari	1.41:26,430 = 180,440 km/h	92,812 zurück
13. Antonia Pizzonia (Brasilien) Williams-BMW	1.39:23,847 = 180,858 km/h	Ausfall
14. Robert Doornbos (Niederlande) Minardi-Cosworth	1.39:53,277 = 179,970 km/h	Ausfall
15. Jarno Trulli (Italien) Toyota	1.40:56,442 = 178,093 km/h	1 Runde zurück
16. Christijan Albers (Niederlande) Minardi-Cosworth	1.35:36,880 = 174,331 km/h	Ausfall

Pizzonia, Doornbos und Albers beenden nicht das Rennen, werden aber aufgrund der zurückgelegten Distanz gewertet

Schnellste Runde im Qualifying: Alonso (Renault): 1:34,080 = 208,584 km/h
Schnellste Runde im Rennen: Räikkönen (McLaren-Mercedes): 1:33,242 = 210,458 km/h

Schnellste Runde jedes Fahrers im Rennen: 1. Räikkönen 1:33,242 (56.), 2. Alonso 1:33,536 (45.), 3. Fisichella 1:33,563 (54.), 4. Klien 1:33,727 (43.), 5. R. Schumacher 1:34,035 (44.), 6. Massa 1:34,094 (43.), 7. Webber 1:34,271 (53.), 8. Montoya 1:34,501 (15.), 9. Pizzonia 1:34,560 (52.), 10. Coulthard 1:34,585 (54.), 11. Villeneuve 1:34,713 (53.), 12. Button 1:34,766 (53.), 13. Barrichello 1:35,011 (18.), 14. Trulli 1:35,347 (16.), 15. Sato 1:35,587 (17.), 16. M. Schumacher 1:35,877 (16.), 17. Monteiro 1:36,563 (13.), 18. Doornbos 1:36,894 (54.), 19. Albers 1:37,215 (48.), 20. Karthikeyan 1:37,398 (17.)

WM-Stand: 1. Alonso 133, 2. Räikkönen 112, 3. M. Schumacher 62, 4. Montoya 60, 5. Fisichella 58, 6. R. Schumacher 45, 7. Trulli 43, 8. Barrichello 38, 9. Button 37, 10. Webber 36, 11. Heidfeld 28, 12. Coulthard 24, 13. Massa 11, 14. Villeneuve 9, 15. Klien 9, 16. Monteiro 7, 17. Wurz 6, 18. Karthikeyan 5,19. Albers 4, 20. de la Rosa 4, 21. Friesacher 3, 22. Pizzonia 2, 23. Sato 1, 24. Liuzzi 1

Konstrukteur-WM: 1. Renault 191, 2. McLaren-Mercedes 182, 3. Ferrari 100, 4. Toyota 88, 5. Williams-BMW 66, 6. BAR-Honda 38, 7. Red Bull-Cosworth 34, 8. Sauber-Petronas 20, 9. Jordan-Toyota 12, 10. Minardi-Cosworth 7

GRAND-PRIX-SIEGER 1950-2005

84 Große Preise	Michael Schumacher (Deutschland)
51 Große Preise	Alain Prost (Frankreich)
41 Große Preise	Ayrton Senna (Brasilien)
31 Große Preise	Nigel Mansell (England)
27 Große Preise	Jackie Stewart (Schottland)
25 Große Preise	Jim Clark (Schottland)
	Niki Lauda (Österreich)
24 Große Preise	Juan Manuel Fangio (Argentinien)
23 Große Preise	Nelson Piquet (Brasilien)
22 Große Preise	Damon Hill (England)
20 Große Preise	Mika Hakkinen (Finnland)
16 Große Preise	Stirling Moss (England)
14 Große Preise	Jack Brabham (Australien)
	Graham Hill (England)
	Emerson Fittipaldi (Brasilien)
13 Große Preise	Alberto Ascari (Italien)
	David Coulthard (Schottland)
12 Große Preise	Mario Andretti (USA)
	Alan Jones (Australien)
	Carlos Reutemann (Argentinien)
11 Große Preise	Jacques Villeneuve (Kanada)
10 Große Preise	James Hunt (England)
	Ronnie Peterson (Schweden)
	Jody Scheckter (Südafrika)
	Gerhard Berger (Österreich)
9 Große Preise	Rubens Barrichello (Brasilien)
	Kimi Räikkönen (Finnland)
8 Große Preise	Denis Hulme (Neuseeland)
	Jacky Ickx (Belgien)
	Fernando Alonso (Spanien)
7 Große Preise	Rene Arnoux (Frankreich)
	Juan Pablo Montoya (Kolumbien)
6 Große Preise	Tony Brooks (England)
	John Surtees (England)
	Jochen Rindt (Österreich)
	Gilles Villeneuve (Kanada)
	Jacques Laffitte (Frankreich)
	Ralf Schumacher (Deutschland)
	Riccardo Patrese (Italien)
5 Große Preise	Dr. Giuseppe Nino Farina (Italien)
	Clay Regazzoni (Schweiz)
	John Watson (Irland)
	Keke Rosberg (Finnland)
	Michele Alboreto (Italien)
4 Große Preise	Bruce McLaren (Neuseeland)
	Dan Gurney (USA)
	Eddie Irvine (Irland)
3 Große Preise	Mike Hawthorn (England)
	Peter Collins (England)
	Phil Hill (USA)
	Didier Pironi (Frankreich)
	Thierry Boutsen (Belgien)
	Johnny Herbert (England)
	Heinz Harald Frentzen (Deutschland)
2 Große Preise	Froilan Gonzalez (Argentinien)
	Maurice Trintignant (Frankreich)
	Wolfgang Graf Berghe von Trips (Deutschland)
	Pedro Rodriguez (Mexiko)
	Jo Siffert (Schweiz)
	Peter Revson (USA)
	Patrick Depailler (Frankreich)
	Jean-Pierre Jabouille (Frankreich)
	Patrick Tambay (Frankreich)
	Elio de Angelis (Italien)
	Giancarlo Fisichella (Italien)
1 Großer Preis	Giancarlo Baghetti (Italien)
	Lorenzo Bandini (Italien)
	Jean-Pierre Beltoise (Frankreich)
	Vittorio Brambilla (Italien)
	Joakim Bonnier (Schweden)
	Francois Cevert (Frankreich)
	Luigi Fagioli (Italien)
	Peter Gethin (England)
	Richie Ginther (USA)
	Innes Ireland (Schottland)
	Jochen Mass (Deutschland)
	Luigi Musso (Italien)
	Alessandro Nannini (Italien)
	Gunnar Nilsson (Schweden)
	Carlos Pace (Brasilien)
	Ludovico Scarfiotti (Italien)
	Piero Taruffi (Italien)
	Jean Alesi (Frankreich)
	Olivier Panis (Frankreich)
	Jarno Trulli (Italien)

SIEGERMARKEN DER WM-LÄUFE 1950-2005

(exklusive Indianapolis, das 1950-1960 zur Fahrer-WM zählte)

Ferrari	183	Cooper	16	Wolf	3
McLaren	148	Alfa Romeo	10	Honda	2
Williams	113	Mercedes	9	Eagle	1
Lotus	79	Maserati	9	Hesketh	1
Brabham	35	Matra	9	Penske	1
Benetton	27	Vanwall	9	Porsche	1
Renault	25	Ligier	9	Shadow	1
Tyrrell	23	Jordan	4	Stewart	1
BRM	17	March	3		